COLECCIÓN
JÓVENES INVESTIGADORES

4

COMPLIANCE Y NUDGE EN LA ADMINISTRACIÓN PÚBLICA

HERRAMIENTAS INNOVADORAS PARA LA PREVENCIÓN DE LA CORRUPCIÓN Y PROMOCIÓN DE LA INTEGRIDAD DE LOS EMPLEADOS PÚBLICOS

COLECCIÓN
JÓVENES INVESTIGADORES

4

COMPLIANCE Y NUDGE EN LA ADMINISTRACIÓN PÚBLICA

HERRAMIENTAS INNOVADORAS PARA LA PREVENCIÓN DE LA CORRUPCIÓN Y PROMOCIÓN DE LA INTEGRIDAD DE LOS EMPLEADOS PÚBLICOS

Edérson dos Santos Alves

COLEX 2024

Calle Costa Rica, número 5, 3.º B (local comercial)
A Coruña, C.P. 15004
info@colex.es
www.colex.es

I.S.B.N.: 978-84-1194-351-2
Depósito legal: 737-2024

SUMARIO

CAPÍTULO III

HACIA UNA ADMINISTRACIÓN PÚBLICA ÍNTEGRA: NORMATIVAS Y MECANISMOS EXISTENTES PARA PROMOCIÓN DE RESPONSABILIDAD Y *COMPLIANCE* ENTRE LOS EMPLEADOS PÚBLICOS

CAPÍTULO IV

TÉCNICAS DE *NUDGE* Y *COMPLIANCE* EN LA ADMINISTRACIÓN PÚBLICA: FOMENTAR EL CUMPLIMIENTO NORMATIVO Y PREVENIR LA CORRUPCIÓN

DEDICATORIA

«Algún día quiero ser la mitad de lo que mis padres representan para mí. Porque lo más valioso es dar todo lo que tienes, sin importar lo que sea». La frase que escogí como base para esta obra es una evidencia de que la familia es el cimiento de todo. En mi caso, me ha brindado su amor incondicional durante toda mi existencia. Mis padres, **Eva Louro dos Santos** y **Antônio da Silva Alves**, son para mí un ejemplo de sacrificio y dedicación. Gracias por haber sido mis mejores maestros, siempre diciéndome poco y enseñándome mucho.

«Algum dia eu quero ser metade do que meus pais são para mim. Porque a coisa mais valiosa é dar tudo o que você tem, não importa o que seja». A frase que escolhi como base para esta obra é uma prova de que a família é a base de tudo. No meu caso, proporcionou-me amor incondicional durante toda a minha existência. Meus pais, Eva Louro dos Santos e Antônio da Silva Alves, são para mim um exemplo de sacrifício e dedicação. Obrigado por serem meus melhores professores, sempre me falando um pouco e me ensinando muito.

AGRADECIMIENTOS

Mi más sincera gratitud a mi familia y amigos por su inagotable apoyo y paciencia, pilares fundamentales en mi viaje académico.

Extiendo un especial reconocimiento a mi tutora, la profesora Zulima Sánchez, cuya guía y estímulo han sido cruciales en desarrollo de este libro y por ayudarme a madurar como investigador.

Agradezco profundamente al Prof. Dr. Paulo R. Suárez de la Universidad de Sevilla por su invaluable apoyo y sabiduría, de la que sigo aprendiendo constantemente y por su asistencia para la consecución de esta obra y su paciencia.

Mi gratitud también al Programa Erasmus+ Prácticas, que amplió mis horizontes y enriqueció mi investigación, culminando en este libro. Finalmente, expreso mi reconocimiento a la Universidad de Salamanca, cuya enseñanza y lema «Decíamos ayer, diremos mañana» encapsulan mi experiencia y crecimiento durante este desafiante pero gratificante durante el doctorado y máster.

Es con profunda gratitud y respeto que extiendo mis más sinceros agradecimientos a los distinguidos académicos que han enriquecido mi viaje doctoral. Al Profesor Dr. Luís Vedovato, de la Universidad Estatal de Campinas, por su acogida y guía invaluable; su mentoría ha sido un faro de conocimiento y sabiduría. Al Profesor Dr. A.D.N. (Toon) Kerkhoff, del Instituto de Administración Pública de la Universidad de Leiden, (Holanda) y al Dr. Edoardo Celeste, de la Universidad de la Dublin City (Irlanda), por su apoyo y perspectivas académicas que han ampliado los horizontes de mis investigaciones.

Al Profesor Dr. Manuel Villoria, de la Universidad Rey Juan Carlos y la Profesora Maria De Benedetto, de la Universidad Roma Tre, por impulsarme a explorar nuevas dimensiones en el campo de la transparencia y la prevención de la corrupción. Mi experiencia en Alemania en la Humboldt-Universität, bajo la tutela del Profesor Luis Greco, y en la Hertie School in Berlín, con la Profesora Alina Mungiu-Pippidi, han sido vitales para el progreso y profundización de mis investigaciones en la lucha contra la corrupción.

Un agradecimiento especial al Profesor Michel Lysander, del Instituto Ludwig Boltzmann y la Universidad de Viena, he aprendido mucho de tu experiencia y conocimientos en derechos humanos. En Portugal, mi gratitud al

Dr. Vasco Pereira, del CIDP de la Facultad de Derecho de la Universidad de Lisboa, y a la Profesora Isabel Fonseca, de la Universidad de Minho, por su acogida excepcional y apoyo constante en la investigación sobre la Administración Pública.

Estos ilustres profesionales no solo han sido mentores y guías académicos, sino también inspiraciones personales y profesionales. Su compromiso con la excelencia, su integridad y su pasión por el derecho han dejado una huella indeleble en mi carrera y en mi persona. A todos, mi más profundo agradecimiento y respeto.

Con profunda gratitud, reconozco a aquellos cuyas experiencias y sabiduría han enriquecido este trabajo, especialmente a la Dra. I. C. Lopera y la Dra. María del Val, cuya cercanía trasciende la distancia que han apoyado arduamente en toda esta trayectoria y han sido fundamental a en mi desarrollo como investigador. Agradezco a Dra. Fabiana Coelho y Dr. Edilson Vitorelli por hacer real mi sueño del doctorado, a Dra. María Adriana Torres por su constante estimulo, y a Thaiane Ribeiro y Tim por compartir momentos únicos en mi vida. Un agradecimiento especial a Ana Paula Carvalho, mi ángel de guía, por su incondicional apoyo con todos los proyectos. A Beatriz Brito y Gabriela Aguirre por sus inquebrantables compañías colaborando siempre en diversos proyectos académicos y también a Pedro Durão, Carlos de Miguel y a Carolina Trigueiro, he aprendido mucho y desarrollado con su amistad. Aunque no haya mencionado a todos de manera explícita. Sus contribuciones han sido esenciales en esta jornada académica y personal. Espero poder devolver todo el apoyo que me han brindado, que esta obra sea de utilidad para aquellos que la lean y que les brinde información valiosa y nuevas ideas.

Con mis profundos agradecimientos,

Botuporã, 01 de diciembre de 2023

RESUMEN

La corrupción es un fenómeno complejo y multifacético que representa una amenaza para la democracia y los derechos humanos En este contexto, el *compliance* y el *nudge* emergen como nuevas herramientas que pueden contribuir a la prevención y el control de la corrupción en la Administración Pública. El compliance es un enfoque de gestión que busca prevenir el incumplimiento normativo mediante la implementación de un conjunto de medidas y controles. El nudge, por su parte, es una técnica de diseño que busca influir en el comportamiento humano de forma sutil. El libro se adentra en la aplicación de las técnicas de *nudge* y *compliance* en la Administración pública española como métodos para mejorar el cumplimiento de las normativas y reducir la corrupción. La obra se divide en cuatro partes. En la primera parte, se realiza un análisis exhaustivo de la corrupción, sus causas y consecuencias. En la segunda parte, se examina el compliance y su aplicación en la Administración Pública. En la tercera parte, se analizan los principios y normas existentes para fomentar el compliance y prevenir la corrupción en el empleo público. Finalmente, en la cuarta parte, se identifican y analizan estrategias combinables con nudge y compliance para fortalecer la transparencia y prevenir la corrupción.

Palabras claves: nudge, compliance, corrupción; administración pública.

ABSTRACT

Corruption is a complex and multifaceted phenomenon that threatens democracy and Human Rights. In this context, compliance and nudge emerge as new tools that can contribute to preventing and controlling corruption in Public Administration. Compliance is a management approach that seeks to prevent regulatory non-compliance by implementing measures and controls. Nudge, conversely, is a design technique that aims to influence human behavior subtly. This book delves into applying nudge and compliance techniques in the Spanish Public Administration to improve compliance with regulations and reduce corruption. The work is divided into four parts. In the first part, an exhaustive analysis of corruption, its causes, and consequences is carried out. The second part examines compliance and its application in Public Administration. The third part analyses existing principles and norms to promote compliance and prevent corruption in public employment. Finally, in the fourth part, strategies that can be combined with nudge and compliance to strengthen transparency and to avoid corruption are identified and analysed.

Keywords: nudge, compliance, corruption, public administration.

PRÓLOGO

Con placer y profunda amistad con el autor, así como con familiaridad con su obra, me dispongo a prologar ***Compliance y nudge en la Administración pública***, una obra trascendental escrita por Edérson dos Santos Alves. Esta labor me llena de satisfacción por varias razones. En primer lugar, he sido testigo cercano de su trayectoria hasta la culminación de su tesis doctoral, cuyo fruto se refleja en este texto. En segundo lugar, compartimos vivencias y amistades en el arduo camino académico.

En un mundo cada vez más complejo y exigente, la Administración pública se enfrenta a desafíos sin precedentes para asegurar la transparencia, eficiencia y buena gobernanza, pilares que garantizan el derecho fundamental a una Administración Pública digna. Entre estos desafíos, la lucha contra la corrupción emerge como una prioridad, erosionando la confianza ciudadana en las instituciones y obstaculizando el desarrollo sostenible.

Compliance y nudge en la Administración Pública, de Edérson dos Santos, se presenta como un pilar académico para comprender y enfrentar las complejidades de esta lucha contra la corrupción en el ámbito público. La obra ofrece un análisis meticuloso de las herramientas y estrategias disponibles para promover la integridad y el cumplimiento normativo en la función pública, destacando el rol esencial del «compliance» y las técnicas de «nudge» en este proceso.

El autor comienza explorando la corrupción desde una perspectiva multidimensional, abordando sus diversas tipologías y manifestaciones, tanto en el ámbito político como en la contratación pública. Se resalta la importancia y complejidad de medir la corrupción, un fenómeno que afecta a todos los estratos sociales y conlleva graves consecuencias económicas, sociales y políticas.

La obra se sumerge en el análisis de la corrupción desde la óptica de la Agenda 2030 y los tratados internacionales, subrayando la necesidad de un enfoque global y multisectorial para combatir este flagelo. Se examinan las violaciones de los derechos humanos derivadas de la corrupción, evidenciando su impacto negativo en la vida de las personas y la debilitación de las democracias.

En este contexto, el autor presenta el «compliance» como una herramienta esencial para fortalecer la integridad y la transparencia en la Administración Pública. El «compliance» se define como un conjunto de principios, normas y procedimientos que permiten a las organizaciones prevenir, detectar y corregir irregularidades, fomentando una cultura de ética y responsabilidad.

El segundo capítulo se enfoca en la aplicación del «compliance» en la función pública, explorando su evolución y desarrollo en el contexto internacional, con énfasis en su relevancia dentro de la Agenda 2030 y la lucha contra la corrupción.

El autor analiza el marco jurídico europeo sobre el «compliance» público, resaltando las directivas y recomendaciones de la Unión Europea en materia de prevención de la corrupción y buen gobierno. También examina el papel del «compliance» en la función pública española, destacando su contribución a la integridad y transparencia en la Administración.

La obra profundiza en los mecanismos de control y auditoría del «compliance» en la función pública, subrayando el papel del «public compliance officer» como figura clave en la implementación de estas estrategias. Se destaca la importancia de los códigos de ética y conducta como instrumentos para promover una cultura de integridad entre los empleados públicos.

El tercer capítulo analiza la normativa y los mecanismos existentes para promover la responsabilidad y el «compliance» entre los empleados públicos, explorando la estructura del empleo público en España y los principios fundamentales que rigen la función pública.

El autor examina en detalle el Estatuto Básico del Empleado Público (TREBEP), analizando sus fundamentos, principios y régimen jurídico, con el objetivo de situar la técnica presentada en el ámbito del Derecho Administrativo español. Se presta especial atención a los códigos éticos para los empleados públicos, como instrumentos para guiar su conducta y fortalecer la integridad en la Administración.

Se analizan las limitaciones del TREBEP en materia de lucha contra la corrupción y cumplimiento normativo, explorando las posibilidades de implementar la normativa europea en el TREBEP para prevenir la corrupción entre los funcionarios y empleados públicos. Se destaca el papel fundamental de los canales de denuncia («whistleblowing») en este proceso.

Finalmente, el cuarto capítulo aborda las técnicas de «nudge» y su aplicación en la Administración Pública para fomentar el cumplimiento normativo y prevenir la corrupción. Se ofrece una definición clara y concisa del concepto de «nudge», explicando sus fundamentos y principios.

La obra explora la evidencia empírica sobre la aplicación de las técnicas de «nudge» en diversos ámbitos, destacando su potencial para influir positivamente en el comportamiento humano. Se propone un enfoque conductual y normativo para prevenir la corrupción en la Administración pública, utilizando las técnicas de «nudge» como herramientas complementarias.

Finalmente, se presentan ejemplos de la aplicación de las técnicas de «nudge» en la lucha contra la corrupción, demostrando su viabilidad y eficacia en diversos contextos. Se analiza la sinergia entre «compliance» y «nudge», explorando las posibilidades de integrar estas estrategias para fortalecer la integridad en la Administración.

En suma, *Compliance y nudge en la Administración pública* de Edérson dos Santos Alves no solo representa un exhaustivo análisis de las herramientas y estrategias fundamentales para combatir la corrupción en el ámbito público, sino que también ofrece una visión integral y propositiva para promover la integridad y la transparencia en las instituciones gubernamentales. Desde su enfoque multidimensional hasta sus propuestas concretas, esta obra se erige como un referente indispensable para académicos, profesionales del derecho, funcionarios públicos y ciudadanos preocupados por fortalecer la democracia y el buen gobierno.

Por consiguiente, recomendamos fervientemente la lectura de esta obra a todos aquellos interesados en comprender los desafíos contemporáneos que enfrenta la Administración Pública en su lucha contra la corrupción. Su riguroso análisis, acompañado de propuestas concretas y ejemplos aplicados, brinda una guía invaluable para aquellos comprometidos con la construcción de instituciones transparentes, éticas y responsables. En un momento crucial donde la integridad y la confianza en las instituciones son vitales, *Compliance y nudge en la Administración pública* emerge como una herramienta imprescindible para promover un cambio significativo hacia una gestión pública más eficiente y ética.

Como codirector de la colección, me llena de orgullo que la obra de Éderson dos Santos Alves se integre como la cuarta monografía de la colección «Jóvenes Investigadores» y, más, que me haya elegido a mí, otro joven investigador, para esta importante e inmerecida tarea, para la cual podría contar con voces mucho más autorizadas.

Llegado a este punto, no puedo hacer más que recomendar su lectura y desear el mejor de los éxitos a su autor, a quien auguro un brillante futuro académico.

En Málaga, 07 de mayo de 2024

Prof. Dr. Ramón Suárez
Profesor de Derecho Procesal
Universidad de Málaga
Director de la colección «Jóvenes Investigadores»

INTRODUCCIÓN

En un mundo donde la lucha contra la corrupción y las violaciones de derechos humanos son desafíos constantes, surge una nueva perspectiva en el campo del derecho administrativo: el *nudge*[1] *y el compliance*. En esta obra, se exploran las técnicas del *nudge*, esas pequeñas intervenciones que, de forma sutil, pueden alterar el comportamiento humano y cómo su implementación, junto con estrategias de compliance, puede mejorar notablemente el cumplimiento de las normas por parte de los empleados públicos y reducir las prácticas corruptas.

A lo largo de este libro, me he enfocado en cómo el *nudge* y el *compliance* pueden ser utilizados para fomentar el cumplimiento de normas y prevenir la corrupción en la Administración pública española[2]. Se han analizado casos exitosos en distintos países, donde estas técnicas han promovido cambios positivos en el comportamiento de los empleados públicos, reforzando la cultura de legalidad y ética en las instituciones. Con esto, busco contribuir al desarrollo de políticas y prácticas que promuevan la integridad y la eficacia en la gestión pública de España.

Los objetivos específicos de esta obra incluyen un análisis exhaustivo sobre la corrupción, su naturaleza y diversas formas, destacando su impacto en contextos políticos, la contratación pública y los derechos humanos. Se estudia el concepto de *compliance* y su aplicación en la función pública, con

---

1. Este libro conserva las expresiones en inglés «nudging» y «nudge». Se recomienda «acicate» como la traducción al español para estas palabras. «Acicate» se define como un incentivo o estímulo, y se propone como una alternativa cuando se usa «nudge» como sustantivo. *Vid.* Fundación del Español Urgente - Fundéu RAE, ««acicate», alternativa a «nudge». La palabra española «acicate» es una alternativa válida al anglicismo «nudge» para hacer referencia a un estímulo o incentivo, señala la Fundéu BBVA». (10 October 2017), https://www.fundeu.es/recomendacion/acicate-alternativa-a-nudge/, accessed 1 May 2023.

2. *Vid.* Dos Santos Alves, E. «Nudging Compliance: Empowering Public Employees to Uphold Regulations and Safeguard Against Corruption / Nudging Compliance: Acicatear a los Empleados Públicos para que Cumplan la Normativa y Prevengan la Corrupción» (Facultad De Derecho Programa De Doctorado «Administración, Hacienda y Justicia en el Estado Social», Universidad De Salamanca 2023), https://gredos.usal.es/bitstream/handle/10366/153305/Santos%20Alves%2C%20Ederson%20Dos%20%28v.r.%29.pdf?sequence=1&isAllowed=y, accessed 15 November 2023

un enfoque en la prevención y control de la corrupción. Además, se investigan las normas y mecanismos existentes para fomentar el compliance y prevenir la corrupción en el empleo público, analizando su eficacia y posibles lagunas. Por último, se identifican estrategias que pueden combinarse con *nudge y compliance* para fortalecer la transparencia, el cumplimiento de normas y la prevención de la corrupción.

La pregunta que guio es trabajo fue: «¿Cómo se pueden aplicar las técnicas de *nudge* y *compliance* en la Administración pública, desde una perspectiva teórica y con enfoque en el derecho administrativo, para fortalecer el compliance y prevenir la corrupción para los empleados públicos?». La investigación y el análisis realizados en los distintos capítulos contribuyen al desarrollo de recomendaciones y propuestas para la implementación efectiva del *nudge* y *compliance* en la Administración pública española.

El enfoque de este libro es jurídico descriptivo[3] y deductivo, limitándose a analizar los problemas jurídicos y resaltando los aspectos principales. Para abordar esta temática, se utilizó una metodología cualitativa, mediante el análisis exhaustivo de leyes, tratados, doctrina y jurisprudencia española. Que se llevó a cabo esta investigación, se utilizó principalmente el método deductivo, el cual se fundamenta en el análisis de leyes y principios de aplicación universal. Se recurrió a fuentes secundarias y se realizó una exhaustiva recopilación de artículos relevantes para sustentar los argumentos expuestos. En cuanto a la metodología utilizada, se empleó la investigación documental, la cual consistió en el análisis de datos y documentos pertinentes al ámbito jurídico. Se dio especial atención al enfoque jurídico dogmático[4], el cual implicó investigar las leyes y jurisprudencias, tanto españolas como europeas, relacionadas con el tema en estudio.

En el primer capítulo del libro, se lleva a cabo un análisis exhaustivo sobre la corrupción, su naturaleza multifacética y las diferentes formas en las que se presenta. También se examinan como medir[5] la corrupción, destacando su

---

3. Reynaldo Mario TANTALEÁN ODAR, «El Alcance de Las Investigaciones Jurídicas» (2015), 12 *Derecho y cambio social,* 20, 06.

4. Manuel SÁNCHEZ ZORRILLA, «La Metodología En La Investigación Jurídica: Características Peculiares y Pautas Generales Para Investigar En El Derecho» (2011), *Revista telemática de Filosofía del Derecho* 317, 336.

5. *Vid.* APRIL K CLARK, «Measuring Corruption: Transparency International's "Corruption Perceptions Index"», *Corruption, Accountability and Discretion*, vol 29 (Emerald Publishing Limited 2017), https://www.emerald.com/insight/content/doi/10.1108/S2053-769720170000029001/full/html, accessed 15 May 2023; GISSUR Ó ERLINGSSON, «Measuring Corruption: Whose Perceptions Should We Rely On?: Evidence from Iceland» (2016), 12 *Stjornmal Og Stjornsysla/The Icelandic Review of Politics & Administration* 215; S. SEQUEIRA, «Advances in Measuring Corruption in the Field» in D. SERRA and L. WANTCHEKON (eds), *New Advances in Experimental Research on Corruption (Research in Experimental Economics)* (Emerald Group Publishing 2012); Arthur SHACKLOCK and Fredrik GALTUNG, *Measuring Corruption* (Routledge 2016); Angela HAWKEN and Gerardo L. MUNCK, «Measu-

complejidad y su impacto en los contextos políticos[6], la contratación pública[7] y los derechos humanos. Se aborda también la importancia de la Agenda 2030 y los tratados internacionales en la lucha contra la corrupción.

Es crucial reconocer que la corrupción socava la confianza de los ciudadanos en sus gobiernos[8]. Por lo tanto, es nuestra responsabilidad como académicos y profesionales comprometidos buscar soluciones efectivas para combatir este problema. En este sentido, la aplicación de técnicas de *nudge* y *compliance* en la Administración pública emerge como una herramienta prometedora en este sentido.

En el capítulo dos, se abordará el concepto de *compliance* y su aplicación en la función pública. Se analiza su definición, origen y evolución, así como el marco jurídico europeo y las regulaciones relevantes en España. Se examinaron los mecanismos existentes para prevenir la corrupción y fomentar el *compliance*, como los códigos de ética, las auditorías y los mecanismos disciplinarios.

Aunque el *compliance* se ha desarrollado principalmente en el ámbito empresarial, su aplicación en la función pública ha cobrado una importancia creciente en los últimos años debido a la necesidad de garantizar la transparencia, la integridad y la eficiencia en la gestión de los recursos públicos.

---

ring Corruption: A Critical Assessment and a Proposal» (2009), Perspectives on Corruption and Human Development, MACMILLAN, http://papers.ssrn.com/sol3/papers.cfm?abstract_id=2480847, accessed 19 May 2023; Erlingsson; Fredrik GALTUNG, «Measuring the Immeasurable: Boundaries and Functions of (Macro) Corruption Indices», *Measuring Corruption* (Routledge 2006).

6. *Vid.* Ramón SORIANO, «La corrupción política: Tipos, causas y remedios» (2011), 45 *Anales de la Cátedra Francisco* SUÁREZ 383, https://revistaseug.ugr.es/index.php/acfs/article/view/538, accessed 22 May 2023.

7. *Vid.* Rodolfo CANCINO GÓMEZ, «La Buena Administración Pública Sobre Contratación Pública y Anticorrupción Dentro Del T-MEC» (2021), 15 *DIGNITAS*; María Concepción CAMPOS ACUÑA, «Compliance En La Contratación Pública: Mapa de Riesgos Corrupción y Claves Para Su Gestión» (2019), *Gabilex: Revista del Gabinete Jurídico de Castilla-La Mancha* 101; José Manuel MARTÍNEZ FERNÁNDEZ, «Contratación Pública y Transparencia. Medidas Prácticas para Atajar la Corrupción en el Marco de la Nueva Regulación» (2016), Wolters Kluwer; MARTÍNEZ FERNÁNDEZ, José Manuel, «Transparencia Versus Corrupción En La Contratación Pública. Medidas de Transparencia En Todas Las Fases de La Contratación Pública Como Antídoto Contra La Corrupción» (Tesis, UNIVERSIDAD DE LEÓN 2015), https://buleria.unileon.es/bitstream/handle/10612/7261/TESIS DE JOSÉ MANUEL MARTÍNEZ FERNÁNDEZ.pdf?sequence=1.

8. *Vid.* Sanjeev GUPTA, Hamid DAVOODI and Rosa ALONSO-TERME, «Does Corruption Affect Income Inequality and Poverty?» (2002), 3 *Economics of governance* 23; Democratic Governance Group Bureau for Development Policy United Nations Development Programme, «Corruption and Development Anti-Corruptions for Poverty Reduction, Realization of the MDGs and Promoting Sustainable Development» (2008), *United Nations Development Programme* 1, www.undp.org/governance; Jens CHR ANDVIG and Odd-Helge FJELDSTAD, «Crime, Poverty and Police Corruption in Developing Countries» (2008), *CMI Working Paper*.

El *compliance* surge y se usa en el contexto de la «autorregulación» y de la libertad para decidir la organización interna de las sociedades mercantiles de derecho privado, dirigida a la prevención de riesgos derivados de su actividad empresarial.

La importancia del *compliance* radica en su capacidad para mitigar los riesgos legales, financieros y de reputación. En el contexto de la prevención de la corrupción y la promoción de la conformidad en la Administración pública, el *compliance* se traduce en la adopción de políticas preventivas y el fomento de reformas legales.

Para España y, específicamente, para su función pública, el *compliance* se erige como un arma potente para prevenir y combatir la corrupción. Pero para que sea efectiva, debe estar acompañada de auditorías y mecanismos de control, códigos de ética y conducta, y programas de *compliance público*. El desafío es la implementación y adaptación en el contexto específico de España.

El tercer capítulo se centró en las normas y mecanismos existentes para prevenir la corrupción y fomentar el *compliance* en la Administración pública. También, buscó abordar cómo estas normativas podrían ayudar a que los funcionarios públicos desempeñen sus labores cumpliendo con las normas marcas. Es decir, cómo la regulación del buen Gobierno puede facilitar el efectivo *compliance* y llegar a ser un mecanismo de control de corrupción más concreta. El «Texto refundido del Estatuto Básico del Empleado Público», o TREBEP, proporciona la base para una administración pública eficaz y ética, pero también presenta sus propios desafíos.

Además, el TREBEP establece la obligación de los empleados públicos de actuar con integridad y responsabilidad en el desempeño de sus funciones, y de evitar cualquier actuación que pueda producir discriminación o corrupción. Estos principios éticos y deberes pueden ayudar a prevenir la corrupción en la Administración pública, al establecer un marco normativo claro y exigente para la actuación de los empleados públicos.

En España existen leyes y reglamentos que establecen penas para los empleados públicos que incumplan sus obligaciones y cometan delitos relacionados con su trabajo. Se establecen sanciones para los empleados públicos que cometan estos delitos, que incluyen la destitución de su cargo, multas y penas de prisión, dependiendo de la gravedad del delito cometido. Es importante que los empleados públicos cumplan con sus obligaciones de forma ética y legal para garantizar el buen funcionamiento del Estado y la confianza de los ciudadanos en sus instituciones.

La función de combatir la corrupción también recae en el derecho administrativo, ya que los empleados públicos que no cumplan con la norma pueden ser sancionados por el derecho administrativo sancionador [9]. El derecho penal

9. Tomás CANO CAMPOS, «Derecho Administrativo Sancionador» (1995), *Revista Española de Derecho Constitucional* 339.

es la última ratio[10], y existen muchos medios anteriores que deben ser utilizados antes de recurrir al derecho penal. El principio de última ratio asegura que el poder punitivo del Estado no se ejerza de manera excesiva o arbitraria.

Ahora bien, para mejorar la eficacia de las medidas de prevención y control de la corrupción, debemos complementar los esfuerzos legales y regulatorios con una comprensión más profunda de la conducta humana. En este sentido, la aplicación de la técnica del *nudge*, puede ser muy beneficiosa.

En el cuarto y último capítulo, se explorará cómo la combinación de *nudge* con *compliance* puede ser una estrategia integral y eficaz para prevenir la corrupción. La técnica *nudge*, originalmente desarrollada en el ámbito de la economía conductual, utiliza pequeños estímulos para orientar el comportamiento de las personas hacia determinadas decisiones sin restringir su libertad de elección.

El concepto de *nudge*, que en español podría traducirse como «acicatear»[11] o «pequeño empujón», es la capacidad de influir en el comportamiento de las personas de manera sutil, sin coacción ni imposición[12].

Es importante destacar que el enfoque de *nudge y el compliance* no pretende sustituir las sanciones ni los incentivos económicos, sino complementarlos de manera inteligente. Reconocemos que cada contexto y situación requiere un abordaje específico y adaptado a sus particularidades. Por lo tanto, se propone una visión integral que combine el uso de *nudge* con otras estrategias de *compliance*.

Es por eso por lo que sugiero que, a través de la implementación de *nudge* y el fortalecimiento de los mecanismos de *compliance*, podemos «acicatear» a los empleados públicos para que tomen decisiones éticas y se mantengan fieles a los principios de transparencia, integridad y responsabilidad. Estas técnicas nos permiten influir de manera sutil pero efectiva en su compor-

10. En este sentido, *vid.* Faustino García de la Torre, «Crisis del principio penal de ultima ratio ¿Debemos retomar la orientación constitucional del Derecho penal?» (2021), *Anales de la Cátedra Francisco* Suárez 131, https://revistaseug.ugr.es/index.php/acfs/article/view/16747, accessed 3 February 2023; Matthias Jahn and Dominik Brodowski, «Das Ultima Ratio-Prinzip Als Strafverfassungsrechtliche Vorgabe Zur Frage Der Entbehrlichkeit von Straftatbeständen» (2017), 129 *Zeitschrift für die gesamte Strafrechtswissenschaft* 363, https://www.degruyter.com/document/doi/10.1515/zstw-2017-0015/html, accessed 5 January 2023; Marc Salat Paisal, «El Derecho Penal Como Prima Ratio: La Inadecuación Del Derecho Administrativo Sancionador y La Necesidad de Bscar Soluciones En El Seno Del Derecho Penal» (2019), *Revista General de Derecho Administrativo* 15, https://laadministracionaldia.inap.es/noticia.asp?id=1509744, accessed 10 May 2023; Cerezo Mir, José (n 820); Vázquez (n 787).

11. Sobre acicate *Vid.* Ponce Solé Juli, *Acicates (nudges), buen gobierno y buena administración: Aportaciones de las ciencias conductuales, nudging y sector público y privado* (Marcial Pons 2022).

12. Richard Thaler and C Sunstein, «NUDGE: Improving Decisions About Health», *Wealth, and Happiness*, vol 47 (2009), 20.

tamiento, recordándoles constantemente la importancia de cumplir con las normas y resistir las tentaciones corruptas.

De Benedetto señala que la tradicional idea de prevenir la corrupción a través de la ley puede ser contraproducente, ya que las leyes en sí mismas pueden ser una fuente de corrupción[13]. Además, la autora Baez-Camargo indica que las reformas anticorrupción han fracasado en países como México, Rusia y Tanzania debido a la falta de poder de aplicación y la politización de las agencias encargadas de hacer cumplir la ley. A pesar de que se han implementado marcos legales para combatir la corrupción, estos no han sido efectivos debido a la falta de voluntad política y los intereses creados[14].

En respuesta a esto, el *nudge* podría contribuir en este sentido. Noore Alam Siddiquee resalta que con el *nudge* se puede alentar a los ciudadanos y a los funcionarios públicos a cumplir con las regulaciones anticorrupción, fortaleciendo así la transparencia y la integridad en el ámbito público[15].

Propone Ponce Solé que se utilicen opciones por defecto *nudge* en la regulación, lo que favorece la concesión de ayudas sociales a las personas necesitadas solicitantes y avanza hacia la sustitución de complejas acreditaciones documentales por declaraciones responsables[16].

En esta línea, se ha examinado la literatura existente, destacando la importancia de llevar a cabo trabajos académicos y experimentos en el campo de la economía conductual (*behavioral compliance*[17], *behavioral law*[18], *y behavio-*

13. Maria DE BENEDETTO, *Corruption from a Regulatory Perspective* (Hart Publishing 2021), https://www.bloomsbury.com/uk/corruption-from-a-regulatory-perspective-9781509929238/, accessed 10 June 2023.

14. BAEZ-CAMARGO and LEDENEVA (n 98).

15. SIDDIQUEE and ZAFARULLAH (n 98).

16. Sobre acicate *Vid.* PONCE SOLÉ JULI, *Acicates (nudges), buen gobierno y buena administración: Aportaciones de las ciencias conductuales, nudging y sector público y* privado (Marcial Pons 2022).

17. *Vid.* James T TEDESCHI and others, «Power, Influence, and Behavioral Compliance» (1970), 4 *Law & Society Review* 521; Angela BIAGGIO and Aroldo RODRIGUES, «Behavioral Compliance and Devaluation of the Forbidden Object as a Function of Probability of Detection and Severity of Threat» (1971), 4 *Developmental Psychology* 320; Donald C. LANGEVOORT, «Global Behavioral Compliance» [2022], *Corporate Compliance on a Global Scale* 217; Curt C. BRAUN and others, «Differences in Behavioral Compliance as a Function of Warning Color» (1994), 38, 379; Eugene Y Chan, «Moral Foundations Underlying Behavioral Compliance during the COVID-19 Pandemic» (2020), 171, *Personality and Individual Differences* 110463; Firas ALOMARI, «How to Improve Patient Satisfaction Behavioral Compliance and Hospital Image through Nurse Caring: Strategizing for Healthcare during COVID-19» [2021], *Health Marketing Quarterly* 1; GÓMEZ-GARCÍA and SOTO-MOTA (n 58).

18. *Vid.* Julio PONCE SOLÉ, Estrella MONTOLÍO DURÁN and José Andrés ROZÁS VALDÉS, «Derecho Conductual y Nudges: Implicaciones Jurídicas y LINGüísticas» [2021], *Gestión y Análisis de Políticas Públicas* 58; Cass SUNSTEIN, «Análisis Conductual Del Derecho» [2012], *Themis Revista de Derecho* 53; Juli PONCE SOLÉ, «Derecho Administrativo, Ciencias Conductuales y

ral public Administration[19]). Estas disciplinas ofrecen herramientas que pueden fomentar el *compliance* por parte de los empleados públicos y combatir la corrupción. Estos enfoques pueden colaborar de manera conjunta en la lucha contra la corrupción y el *compliance* por parte de los empleados públicos. Es fundamental tener en cuenta que estas áreas de estudio están interconectadas y trabajan en conjunto con otras disciplinas, como la psicología y la economía, para mejorar la integridad y la calidad de los servicios ofrecidos en la Administración pública.

De acuerdo con Villagrasa y Ponce Solé en la discusión acerca del uso de herramientas anticorrupción y antifraude, a menudo se percata del potencial de las ciencias del comportamiento para mejorar y fortalecer la prevención de conductas que violan la ética pública y el marco normativo. Esto resulta sorprendente que estas contribuciones no sean consideradas más a menudo, dado el creciente interés que están despertando en el diseño de políticas públicas[20].

En este sentido, cabe recordar la importancia de la colaboración entre políticos, expertos en comportamiento y profesionales de la Administración pública en la lucha contra la corrupción y la promoción de una cultura de legalidad y ética en la Administración pública. También pone de relieve la

---

Nudging En La Gestión Pública – Dialnet» (2018), 15, *Revista Vasca de Gestión de Personas y Organizaciones Públicas* 8, https://dialnet.unirioja.es/servlet/articulo?codigo=6748829; Thomas S ULEN, «La Importancia Del Derecho Conductual» (2015), 2 *Revista de Teoría del Derecho de la Universidad de Palermo* 25; Daniel KAHNEMAN, Jack L KNETSCH and Richard H THALER, «Behavioral Law and Economics Experimental Tests of the Endowment Effect and the Coase Theorem»; José María ABELLÁN-PERPIÑÁN, César CIERCO SEIRA, and David JIMÉNEZ-GÓMEZ, «Nudges y La Pandemia: Un Análisis Desde La Economía y El Derecho Conductual. Informe SESPAS 2022» (2022), 36 *Gaceta sanitaria* S93; «Promoting Compliance , Rule of Law and Anti-Corruption Using Behavioral Science and Nudge».

19. *Vid.* Stephan GRIMMELIKHUIJSEN and others, «Behavioral public Administration: Combining Insights from Public Administration and Psychology» (2017), 77, *Public Administration Review* 45; Lars TUMMERS, «Behavioral public Administration», *Oxford Research Encyclopedia of Politics* (2020), https://, accessed 19 May 2023; Rosanna NAGTEGAAL, «Handling Heuristics: How Behavioral Sciences Can Support Decision-Making in the Public Sector» (PhD Thesis, Utrecht University 2022), https://dspace.library.uu.nl/handle/1874/416553; Asmus LETH OLSEN and others, «Behavioral public Administration: Connecting Psychology with European Public Administration Research» [2018], *The Palgrave handbook of public administration and management in Europe* 1121; Asmus LETH OLSEN and others, «Behavioral Dishonesty in the Public Sector» (2019), 29, *Journal of Public Administration Research and Theory* 572, https://doi.org/10.1093/jopart/muy058, accessed 11 June 2023; R PAUL BATTAGLIO JR and others, «Behavioral public Administration Ad Fontes: A Synthesis of Research on Bounded Rationality, Cognitive Biases, and Nudging in Public Organizations» (2019), 79, *Public Administration Review* 304; Syon P BHANOT and Elizabeth LINOS, «Behavioral public Administration: Past, Present, and Future» (2020), 80, *Public Administration Review* 168.

20. Oscar CAPDEFERRO VILLAGRASA and Juli PONCE SOLÉ, «Nudging e Inteligencia Artificial Contra La Corrupción En El Sector Público: Posibilidades y Riesgos» [2022], *Revista Digital de Derecho Administrativo*, 225, 228.

necesidad de implementar medidas que complementen sanciones e incentivos económicos con estrategias de influencia más sutiles y efectivas.

En esta obra, subrayamos la necesidad de la formación y capacitación de los empleados públicos, en este sentido refuerzan las recomendaciones de los informes de GRECO 62[21] y 83 que sea formación específica y periódica sobre ética, integridad y anticorrupción. Es imperativo proveerles de herramientas y conocimientos que les capaciten para tomar decisiones éticas y bien informadas, alineadas con el interés social. Para ello, es necesario implementar mecanismos de control y seguimiento eficaces que aseguren la implementación adecuada de políticas de *nudge* y un monitoreo constante de sus resultados.

Los empleados públicos son pilares fundamentales para el correcto funcionamiento de nuestras instituciones y en la confianza que la sociedad deposita en ellas. Sin embargo, no podemos obviar que enfrentan desafíos y tentaciones que pueden comprometer su integridad y la eficacia de la Administración pública.

Esta realidad refuerza la necesidad de políticas públicas más sólidas por parte del gobierno español y de la Unión Europea, que incorporen el uso de técnicas de *compliance y nudge*. Dichas políticas deben estar orientadas a facilitar la aplicación de los derechos humanos y al cumplimiento de los objetivos de la Agenda 2030.

Concluyendo esta introducción, reiteramos la necesidad de avanzar en la adopción de estrategias innovadoras que integren el *compliance y nudge* en la Administración pública. Esta integración no solo contribuirá al fortalecimiento de nuestras instituciones, sino que también promoverá una sociedad más justa, transparente y alineada con los principios de legalidad, ética y buen gobierno. Esta obra aspira a ser un aporte significativo en este sentido, brindando una perspectiva crítica y constructiva para influenciar positivamente en la toma de decisiones políticas y administrativas en España y más allá de sus fronteras.

21. GRECO, «Informe De Evaluación: Cuarta Ronda De Evaluación. Prevención de la corrupción respecto de parlamentarios, jueces y fiscales» (2019), GRECO 62 83, https://rm.coe.int/CoERMPublicCommonSearchServices/DisplayDCTMContent?documentId=09000016806ca049, accessed 14 August 2023.

CAPÍTULO I

ANÁLISIS DE LA CORRUPCIÓN

La corrupción es tan antigua como la civilización humana, sus formas están sujetas a un cambio y redefinición continuos[22]. La corrupción vuelve a ocupar un lugar destacado en la agenda política internacional como consecuencia de la globalización, la expansión de la democracia y los grandes escándalos[23]. Principalmente, con la pandemia de COVID-19 se ha incrementado la probabilidad de la aparición de corrupción[24]. Tal como advertía la OCDE[25], la relajación de los Gobiernos en las regulaciones de adquisiciones y en la aceleración de los procesos y proyectos de construcción e infraestructura a raíz de aquella, estaban creando, a nivel global, un «paraíso para la corrupción».

Este escenario destaca la importancia del cumplimiento normativo o *compliance* en la lucha contra la corrupción, tanto que la OCDE lanzó el informe *Anti-corruption compliance in times of crisis*. El *compliance* se refiere a la práctica de asegurar que una organización o entidad opere en conformidad con las leyes y regulaciones aplicables, así como con las normas y políticas internas[26].

---

22. Ulrich Von Alemann, «The Unknown Depths of Political Theory: The Case for a Multidimensional Concept of Corruption» (2004), 42 Crime L. & Soc. Change 25.

23. Arnold J Heidenheimer and Michael Johnston, Political Corruption: Concepts and Contexts, vol 1 (Transaction Publishers 2011).

24. Martin Loosemore and others, «The Role of Construction Corruption in Worsening the Human Impact of Natural Disasters: A Systematic Literature Review», Proceedings of the 37th Annual ARCOM Conference, ARCOM 2021 (2021),.

25. OECD, «Anti-Corruption Compliance in Times of Crisis: Building Resilience and Seizing Opportunities», vol 19 (2022), OECD Business and Finance Policy Papers 19, https://www.oecd-ilibrary.org/finance-and-investment/anti-corruption-compliance-in-times-of-crisis_467cf791-en, accessed 20 May 2023.

26. En este sentido *Vid.* Thorben Klopp, Der Compliance-Beauftragte (DUNCKER UND HUMBLOT 2012), https://elibrary.duncker-humblot.com/book/32900/der-compliance-beauftragte, accessed 17 May 2023; Concepción Campos Acuña, «Compliance En La Administración Pública: Dificultades y Propuestas» (2017), 102, Colección: Temas de Administración Local; Sergio Martín Esquivel, «Ética Pública y Compliance Del Sector Público» [2018], La Buena Administración y la Ética 245, https://www.academia.edu/download/67506757/Libro_Gabardo_Salgado_Colombia_V_2.pdf#page=245, accessed 3 May

Su papel es esencial para prevenir, detectar y reaccionar ante la corrupción, promoviendo una cultura de integridad y legalidad en las instituciones.

Por tanto, la implementación de normativas anticorrupción en un país puede contribuir significativamente a controlar la corrupción y, a su vez, a proteger los derechos humanos[27]. Estas normativas pueden incluir, entre otras, medidas de transparencia[28], responsabilidad y participación ciudadana[29], así como sanciones efectivas para los actos de corrupción.

Existe una aceptación generalizada entre los expertos de que la corrupción deteriora el bienestar social, intensifica la pobreza[30] y la desigualdad, altera las decisiones de políticas públicas, disminuye la inversión y limita el creci-

2023; Elena GUTIERREZ, «Corrupción Pública: Concepto y Mediciones. Hacia El Public Compliance Como Herramienta de Prevención de Riesgos Penales» (2018), 13 Política criminal 104, http://politcrim.com/wp-content/uploads/2019/04/Vol13N25A3.pdf; Frederico De LACERDA Da Costa Pinto and others, «Compliance y Lucha Contra La Corrupción En España, Portugal e Iberoamérica» [2021], Compliance y lucha contra la corrupción en España, Portugal e Iberoamérica, 1.

27. *Vid.* Anne PETERS, «La Corrupción Como Una Violación de Derechos Humanos» (2020), 6, Revista del Centro de Estudios Constitucionales 123; Luz Ángela Cardona, Horacio Ortiz and Luis Daniel Vázquez, «Violación de Derechos Humanos En México. Un Costo Poco Advertido de La Corrupción» (2018), 25 Política y gobierno 153; Angélica Sofía Clavijo Castañeda, «Actos de Corrupción Como Violación a Los Derechos Humanos» (2012), 7 Saber, Ciencia y Libertad 35; Max Silva Abbott, «El Deber de Prevenir Violaciones a Los Derechos Humanos y Algunas Posibles Consecuencias» (2016), 22 Revista de Derecho de la Universidad San Sebastian 45; Anne PETERS, «Corruption as a Violation of International Human Rights» (2018), 29 European Journal of International Law 1251.

28. En este sentido *Vid.* Alina MUNGIU-PIPPIDI, «Transparency and Corruption: Measuring Real Transparency by a New Index» n/a Regulation & Governance, https://onlinelibrary.wiley.com/doi/abs/10.1111/rego.12502, accessed 9 February 2023; Manuel VILLORIA and Jesus Lizcano, «Corrupción y Transparencia: Aspectos Contextuales, Metodológicos y Empíricos», (2013), 14 Revista de Responsabilidad Social de la Empresa 13; Marianne GONZÁLEZ and others, Transparencia, Lucha Contra La Corrupcion y El Sistema Interamericano de Derechos Humanos. (2011), http://repositorio.uchile.cl/bitstream/handle/2250/122732/Transparencia-lucha-contra-la-corrupcion.pdf?sequence=2; MARTÍNEZ FERNÁNDEZ, José Manuel, «Transparencia Versus Corrupción En La Contratación Pública. Medidas de Transparencia En Todas Las Fases de La Contratación Pública Como Antídoto Contra La Corrupción» (Tesis, Universidad de León 2015), https://buleria.unileon.es/bitstream/handle/10612/7261/TESIS DE JOSÉ MANUEL MARTÍNEZ FERNÁNDEZ.pdf?sequence=1.

29. Ramón SORIANO, «La corrupción política: Tipos, causas y remedios» (2011), 45 Anales de la Cátedra Francisco SUÁREZ 383, https://revistaseug.ugr.es/index.php/acfs/article/view/538, accessed 22 May 2023.

30. Sanjeev GUPTA, Hamid DAVOODI and Rosa ALONSO-TERME, «Does Corruption Affect Income Inequality and Poverty?» (2002), 3 Economics of governance 23; Democratic Governance Group Bureau for Development Policy United Nations Development Programme, «Corruption and Development Anti-Corruptions for Poverty Reduction, Realization of the MDGs and Promoting Sustainable Development» [2008], United Nations Development Programme 1, www.undp.org/governance; Jens Chr Andvig and Odd-Helge Fjeldstad, «Crime, Poverty and Police Corruption in Developing Countries» [2008], CMI Working Paper.

miento del producto interno bruto[31]. Debido a estas graves consecuencias para el desarrollo de los países, durante las últimas décadas, la lucha contra la corrupción ha sido el centro de numerosas investigaciones.

Sumado a esto, la corrupción tiene un impacto destructivo sobre el desarrollo económico y aún más sobre un desarrollo económico sostenible[32]. Por otro lado, también crea un capital social nocivo[33], es decir, establece una red de prácticas opacas y oscuras, con clientelismo incluido[34], que tiene como

31. Rodrigo R LEDERMAN, Daniel; LOAYZA, Norman V.; SOARES, «Accountability and Corruption: Political Institutions Matter», (2005), 17 Economics & Politics. Blackwell Publishing Ltd. 1; Johann LAMBSDORFF, «Chapter 10 Behavioral and Experimental Economics as a Guidance to Anticorruption» in Danila SERRA and Leonard Wantchekon (eds), *New Advances in Experimental Research on Corruption*, vol 15 (Emerald Group Publishing Limited 2012); Johann LAMBSDORFF, «Preventing Corruption by Promoting Trust – Insights from Behavioral Science» (2015),; Khalid Sekkat and Pierre-Guillaume Méon, «Does Corruption Grease or Sand the Wheels of Growth?» (2005), 122 Public Choice 69; Daniel KAUFMANN, Aart KRAAY and Pablo ZOIDO, «Governance Matters» (1999), WPS 2196 World Bank Policy Research Working Paper; Paolo MAURO, «Corruption and Growth» (1995), 110–3 Quarterly Journal of Economics 681; Paolo MAURO, «The Persistence of Corruption and Slow Economic Growth» (2002),.

32. Susan ROSE-ACKERMAN, «Corruption: A Study in Political Economy» [1978], Nova Iorque: Academic Press; Susan ROSE-ACKERMAN, *La Corrupción y Los Gobiernos: Causas, Consecuencias y Reforma* (Siglo XXI de España Editores 2001); Paolo MAURO, «Corruption and Growth» (1995), 110–3 Quarterly Journal of Economics 681; Shang-Jin Wei, «How Taxing Is Corruption on International Investors?» (2000), 82 Review of economics and statistics 1; Alberto Ades and Rafael DI TELLA, «The New Economics of Corruption: A Survey and Some New Results» (1997), 45 Political Studies 496; Donatella DELLA PORTA, «Social Capital, Beliefs in Government, and Political Corruption», *Disaffected democracies* (Princeton University Press 2018); Pranab BARDHAN, «Corruption and Development: A Review of Issues» (1997), 35 Journal of Economic Literature; HEIDENHEIMER and JOHNSTON (n 80); Geoffrey M Hogdson and Shuxia JIANG, «The Economics of Corruption and the Corruption of Economics: An Institutionalist Perspective» (2007), 41 Journal of Economic Issues 1043; Axel Dreher and Thomas HERZFELD, «The Economic Costs of Corruption: A Survey and New Evidence» [2005], Available at SSRN 734184; Herfried Münkler, Karsten Fischer and Harald Bluhm, «Das Ende Einer Semantischen Karriere?: Zur Gegenbegrifflichkeit von Gemeinwohl Und Politischer Korruption», *Berichte und Abhandlungen/Berlin-Brandenburgische Akademie der Wissenschaften (vormals Preußische Akademie der Wissenschaften); 8.2000* (2000),; A Cooper Drury, Jonathan Krieckhaus and Michael Lusztig, «Corruption, Democracy, and Economic Growth» (2006), 27 International political science review 121; GUPTA, DAVOODI and ALONSO-TERME (n 87); Vito TANZI and Hamid DAVOODI, «Corruption, Public Investment, and Growth» (Springer 1998), http://link.springer.com/chapter/10.1007/978-4-431-67939-4_4; Hogdson and JIANG.

33. Margaret LEVI, «Social and Unsocial Capital: A Review Essay of Robert Putnam»s Making Democracy Work» (1996), 24 Politics & Society 45.

34. Anne DEYSINE, «Political Corruption: A Review of the Literature» (1980), 8 European journal of political research 447; Jun'ichi Kawata, *Comparing Political Corruption and Clientelism* (Ashgate Publishing, Ltd 2006); Jonathan Hopkin, «Conceptualizing Political Clientelism: Political Exchange and Democratic Theory» (2006),; Mario Caciagli, *Il Clientelismo. Passato, Presente, Futuro* (Di Girolamo 2009); Perspectives Susan ROSE-ACKERMAN, «Political Corruption and Reform in Democracies: Theoretical Perspectives», *Comparing political*

objetivo el abuso de fondos públicos, la obtención de privilegios indebidos y la instauración de reglas que aseguren la actividad delictiva sin ser denunciada ni filtrada[35]. Además, la corrupción en el sector de la construcción puede empeorar significativamente el impacto económico, social y medioambiental de las catástrofes de origen natural[36]. Igualmente, esta impide el progreso de instituciones que fomentan un equilibrio eficiente y equitativo[37]. A nivel general, perjudica el funcionamiento de la democracia y el Estado de derecho, socavando la igualdad política y el bienestar común[38].

La corrupción, entendida como el abuso de poder para beneficio propio, afecta negativamente el desarrollo de un país, perjudicando la confianza pública, la calidad de la democracia[39] y la justicia social. En particular, la corrupción de los funcionarios[40] puede tener un impacto directo en los derechos humanos. Al desviar recursos públicos para fines personales, la corrup-

---

corruption and clientelism (Routledge 2017); Masaya Kobayashi, «Political Clientelism and Corruption: Neo-Structuralism and Republicanism», *Comparing political corruption and clientelism* (Routledge 2017).

35. Luigi Manzetti and Carole Wilson, «Why Do Corrup Governments Maintain Public Support», *Charles, Blake y Stephen* Morris. *Corruption and democracy in Latin America* (University of Pittsburgh Press 2009).

36. Loosemore and others (n 81).

37. Della Porta (n 89); Arvind K Jain, *The Political Economy of Corruption*, vol 2 (Routledge 2001); Manuel Villoria and Fernando Jiménez, «La Corrupción En España (2004-2010): Datos, Percepción y Efectos» (2012), 138 Revista Española de Investigaciones Sociológicas (REIS) 109; Jeri Gloria Ramón Ruffner, «Corrupción, Ética y Función Pública En El Perú» (2014), 22 Quipukamayoc 59; Heidenheimer and Johnston (n 80).

38. Daniel Treisman, «The Causes of Corruption: A Cross-National Study» (2000), 76 Journal of Public Economics 399, www.elsevier.nl/locate/econbase; Mark E. Warren, «What Does Corruption Mean in a Democracy?» (2004), 48 American journal of political science 328; Manuel Villoria Mendieta, «Corrupción», *Conceptos políticos: en el contexto español* (Síntesis 2007); Miguel Ángel Polo Santillán, «Corrupción de La Función Pública, Ética Cívica y Democracia» [2020], Trayectorias Humanas Trascontinentales, http://www.unilim.fr/URL:https://www.unilim.fr/trahs/2520.

39. Drury, Krieckhaus and Lusztig (n 89); Arnold J Heidenheimer, «Disjunctions between Corruption and Democracy? A Qualitative Exploration» (2004), 42 Crime L. & Soc. Change 99; Abog Carlos Marcelo Lamoglia and Nicolás Rodríguez-García, «Administración Pública y Corrupción» Ciudad Autónoma de Buenos Aires: Zavalia.

40. Gerhard Anders, «Like Chameleons. Civil Servants and Corruption in Malawi» [2002], Bulletin de l»APAD; Gerhard Anders, «Civil Servants in Malawi: Cultural Dualism, Moonlighting and Corruption in the Shadow of Good Governance»; Adang Budiman, Amanda Roan and Victor J Callan, «Rationalizing Ideologies, Social Identities and Corruption among Civil Servants in Indonesia during the Suharto Era» (2013), 116 Journal of business ethics 139; Mariana Borges and others, «Combatting Corruption among Civil Servants: Interdisciplinary Perspectives on What Works» [2017], USAID Research and Innovations Grants Working Paper Series. Washington/DC: USAID; Katalin Pallai and Anikó Gregor, «Assessment of Effectiveness of Public Integrity Training Workshops for Civil Servants - A Case Study» (2016), 34 Teaching Public Administration.

ción puede obstaculizar el acceso de los ciudadanos a servicios esenciales como la salud[41], la educación y la justicia, comprometiendo así su bienestar y sus derechos fundamentales.

Igualmente, la corrupción, a pesar de ser un fenómeno ampliamente estudiado en la literatura, presenta una variada gama de definiciones que dependen del sector y la disciplina en los que se aborde[42]. Conceptos como clientelismo, abuso de poder, captura del Estado y patrimonialismo se agrupan bajo la idea de corrupción desde perspectivas económicas, legales y gubernamentales[43]. Además, la literatura aborda definiciones de corrupción gubernamental y burocrática[44], corrupción política[45], y corrupción como decadencia moral y falta de ética[46].

Por otro lado, la investigación social se ha centrado en clasificar tipos y subtipos de corrupción, destacando categorías como corrupción a gran escala, corrupción estructural, corrupción sistémica o endémica, microcorrupción o *«petty corruption»*[47], y rentismo[48]. Sin embargo, la definición más

---

41. C. BAEZ CAMARGO and others, «Using Behavioural Insights to Reduce Gift-Giving in a Tanzanian Public Hospital: Findings from a Mixed-Methods Evaluation. Basel Institute on Governance» (Basel Institute on Governance 2022), https://baselgovernance.org/publications/TZ-giftgiving, accessed 10 June 2023; Claudia BAEZ-CAMARGO and Alena LEDENEVA, «Where Does Informality Stop and Corruption Begin? Informal Governance and the Public/Private Crossover in Mexico, Russia and Tanzania» (2017), 95 The Slavonic and East European Review 49; Claudia BAEZ-CAMARGO, «Developing Anti-Corruption Interventions Addressing Social Norms: Lessons from a Field Pilot in Tanzania», vol 40 (Basel Insititute on Governance 2022) Working Paper, https://edoc.unibas.ch/89202/, accessed 10 June 2023; Noore Alam SIDDIQUEE and Habib ZAFARULLAH, «Absolute Power, Absolute Venality: The Politics of Corruption and Anti-Corruption in Malaysia» [2020], Public Integrity 1; Tobias H STARK, «Adopting a Peer-Led Approach to Disseminate Anti-Corruption Messages: Results of the Network Survey» (Basel Institute on Governance 2022), https://baselgovernance.org/sites/default/files/2022-09/220908_tz_report_2_network_survey.pdf, accessed 10 June 2023.

42. Jens Chr. ANDVIG and others, *Corruption. A Review of Contemporary Research* (Chr Michelsen Institute 2001).

43. Aiysha VARRAICH, «Corruption: An Umbrella Concept» [2014], QoG Working Paper Series 2014:05, https://gupea.ub.gu.se/bitstream/handle/2077/38896/gupea_2077_38896_1.pdf?sequence=1&isAllowed=y, accessed 3 January 2023.

44. Susan ROSE-ACKERMAN and Bonnie PALIFKA, *Corruption and Government: Causes, Consequences, and Reform, Second Edition* (2016),.

45. HEIDENHEIMER and JOHNSTON (n 80); William Reno, «Corruption and State Politics in Sierra Leone», *Corruption and state politics in Sierra Leone* (Cambridge University Press; African Studies Series, 83 1995).

46. Samuel P HUNTINGTON, *Political Order in Changing Societies* (Yale university press 2006); Richard Mulgan, «Aristotle on Legality and Corruption» [2012], Corruption 25.

47. ANDVIG and others (n 99).

48. Mushtaq H KHAN and Kwame SUNDARAM JOMO, *Rents, Rent-Seeking and Economic Development: Theory and Evidence in Asia* (Cambridge University Press 2000).

popular es la promovida por Transparencia Internacional y el Banco Mundial, que entienden la corrupción como «el abuso del poder confiado para obtener beneficios o ganancias privadas»[49].

Otros estudios apuntan que la corrupción suele ser un factor detrás de los fracasos en políticas económicas y sociales[50]. Este planteamiento ha estado en la base de la estrategia de gobernabilidad de varios organismos financieros internacionales recientemente. En otras palabras, la corrupción obstaculiza el desarrollo, ya que impide un gobierno eficaz y eficiente.

La etimología de la palabra proviene del verbo latino *corruptus o corrumpĕre,* que tiene muchas denominaciones, pero todas ellas son negativas: «romper o destruir[51], alterar y trastrocar; echar a perder, depravar, dañar, pudrir; sobornar; pervertir; estragar, viciar»[52]. El *Diccionario de la Real Academia Española* la definió como «Acción y efecto de corromper o corromperse»[53].

Es importante resaltar que, a pesar de la diversidad de las definiciones de *corrupción*, las que más repercusión tienen en los esfuerzos actuales contra la corrupción son las definiciones legales, como *soborno, malversación de fondos* u *obstrucción a la justicia*[54]. Sin embargo, el esfuerzo por definir la corrupción de manera precisa y cuantificable es esencial para describir con mayor precisión sus causas y posibles efectos[55]. Exige una exploración exhaustiva de sus definiciones, formas, normativas legales y tratados inter-

---

49. Transparencia Internacional, «El Índice de Percepción de La Corrupción Muestra Un Estancamiento de La Lucha Contra La Corrupción En La Mayoría de Los Países», https://www.transparency.org/news/pressrelease/el_indice_de_percepcion_de_la_corrupcion_2018.

50. Jorge MALEM SEÑA, «Financiación de Partidos Políticos, Democracia y Corrupción» [2002], La corrupción: Aspectos éticos, económicos, políticos y jurídicos, Gedisa, Barcelona.

51. Adam GRAYCAR and Tim PRENZLER, *Understanding and Preventing Corruption* (Springer 2013).

52. MARTÍNEZ FERNÁNDEZ, José Manuel (n 85).

53. «1. f. Acción y efecto de corromper o corromperse. 2. f. Alteración o vicio en un libro o escrito. 3. f. Vicio o abuso introducido en las cosas no materiales. Corrupción de costumbres, de voces. 4. f. En las organizaciones, especialmente en las públicas, práctica consistente en la utilización de las funciones y medios de aquellas en provecho, económico o de otra índole, de sus gestores «*Vid.* REAL ACADEMIA ESPAÑOLA, «Corrupción | Definición | Diccionario de La Lengua Española | RAE -» (*23.a ed., [versión 23.4 en línea]*), https://dle.rae.es/corrupción#4ayBRPW, accessed 20 March 2021.

54. United Nations, *United Nations Office on Drugs and Crime—UNODC* (Routledge 2003), https://www.unodc.org/documents/brussels/UN_Convention_Against_Corruption.pdf.

55. Benjamin A OLKEN and Rohini PANDE, «Corruption in Developing Countries» (2012), 4 Annu. Rev. Econ. 479.

nacionales[56] vigentes para combatirla. Sin embargo, una cosa es clara, la corrupción es un concepto multidimensional y universal.[57]

En este sentido, hay estudios solo dedicados en analizar el concepto[58] de corrupción. Una de las definiciones más tempranas y duraderas la proporciona Nye[59], quien define la corrupción como «mal uso o abuso del poder confiado para beneficio propio»[60]. Sin embargo, la definición más popular es la promovida por el Banco Mundial, que entiende la corrupción como «el abuso de un cargo público para obtener beneficios privados» [61]. Por otra parte, el autor Robert Klitgaard define la corrupción que es una conducta que se desvía de los deberes formales del rol público por ganancias de interés privado (personal, familiar o grupal), pecuniarias o relacionadas con el estatus, o que viola las reglas contra el ejercicio de ciertos tipos de conducta de interés privado[62].

El mismo autor destacó que la corrupción está presente en casi todas partes, que su alcance y daños sociales serán diferentes en cada caso, y que consiste en el uso indebido de las esferas oficiales para obtener resultados no oficiales en beneficio personal o de una empresa o partido político. Este puede producirse en el seno de organizaciones públicas o privadas, y puede tratarse de actitudes omisivas o de otro tipo que exijan una comisión, siendo internas de una organización o que implique también a sus clientes[63].

---

56. En este sentido *Vid.* OCDE, «Convención Para Combatir El Cohecho de Servidores Públicos Extranjeros En Transacciones Comerciales Internacionales y Documentos Relacionados» (1997), www.oecd.org%2Fdaf%2Fanti-bribery%2FConvCombatBribery_Spanish.pdf; ONU, «Convención De Las Naciones Unidas Contra La Corrupción», ttps://www.unodc.org/documents/corruption/publications_merida_s.pdf; Naciones Unidas- ONU, *Compendio de Instrumentos Jurídicos Universales y Regionales Contra La Corrupción* (United Nations Office on Drugs and Crime 2010), http://www.un-ilibrary.org/democracy-and-governance/compendio-de-instrumentos-juridicos-universales-y-regionales-contra-la-corrupcion_38416484-es.

57. Maryvonne Génaux, «Social Sciences and the Evolving Concept of Corruption» (2004), 42 Crime, law and social change 13; Oskar Kurer, «Corruption: An Alternative Approach to Its Definition and Measurement» (2005), 53 Political Studies 222.

58. Andvig and others (n 99); Von Alemann (n 79); E. Warren (n 95); Heidenheimer and Johnston (n 80); Mark J Farrales, «What Is Corruption?: A History of Corruption Studies and the Great Definitions Debate» [2012], SSRN Electronic Journal; Varraich (n 100); Issa Luna-Pla and José R Nicolás-Carlock, «Corruption and Complexity: A Scientific Framework for the Analysis of Corruption Networks» (2020), 5 Applied Network Science 1, https://appliednetsci.springeropen.com/articles/10.1007/s41109-020-00258-2, accessed 20 May 2023.

59. Joseph S Nye, «Corruption and Political Development: A Cost-Benefit Analysis» (1967), 61 American political science review 417.

60. *Ibid* 416.

61. Programa de las Naciones Unidas para el Desarrollo - PNUD, «Corruption and Development»: (2008), 1 7.

62. Robert Klitgaard, *Controlando La Corrupción* (Editorial Quipus 1990).

63. Robert Klitgaard, «Estrategias a Nivel Nacional e Internacional Para Reducir La Corrupción. Pena y Estado» (1995), 1, n° 1 Revista Latino-americana de Política Criminal 245, 560.

En el contexto de la Administración pública, Rose-Ackerman[64] percibe la corrupción como el mal uso del poder público para un beneficio privado. Sin embargo, esta definición ha sido criticada por su enfoque estrecho en el sector público. La corrupción no se limita al sector público, también puede impregnar el sector privado. Nichols[65] proporciona una definición más amplia, considerando la corrupción como cualquier transacción entre dos partes en la que un agente traiciona el interés del principal para obtener un beneficio personal.

Transparencia Internacional (TI) describe la corrupción como «el abuso del poder para beneficio propio, pudiendo clasificarse la corrupción a gran escala, menor y política, según la cantidad de fondos perdidos y el sector en el que se produzca»[66].

En el contexto de España, Villoria señala que la corrupción puede ser conceptualizada como un abuso de poder que resulta en un beneficio directo o indirecto para el individuo corrupto o para los grupos a los que este pertenece. Esta acción conlleva la violación de normas jurídicas o de principios éticos aceptados por una comunidad como válidos. En todos los casos, el actor corrupto prioriza siempre el interés privado por encima del interés general[67].

En el análisis que concluye este asunto, Heidenheimer modificó este punto de vista «acromático» y sugirió uno «policromático» que toma en cuenta que la corrupción puede ser vista de diferentes maneras y que las condiciones básicas subyacentes también difieren[68].

En la opinión de Von Alemann[69], definir la corrupción ha demostrado ser un desafío tan difícil que muchos analistas contemporáneos evitan la pregunta rápidamente. Sin embargo, mientras que las definiciones son demasiado importantes para ser descartadas como una preocupación analítica, nunca se encontrará una definición única y unidimensional que satisfaga a todos los observadores. En lugar de proponer otra definición, el artículo de Von Alemann explora cinco dimensiones del concepto: corrupción como declive social, como comportamiento desviado, como lógica de intercambio, como sistema de percepciones medibles y corrupción como «política sombra». Todas estas perspectivas nos ayudan a ver la corrupción en con-

64. Susan Rose-Ackerman, «Corruption and Government: Causes, Consequences, and Reform» [1999], Cambridge University Press.

65. Philip M Nichols, «The Psychic Costs of Violating Corruption Laws» (2012), 45 Vand. J. Transnat»l L. 145.

66. Transparência Internacional, «Guía de Lenguaje Claro Sobre Lucha Contra La Corrupción», (2009), 14, https://transparencia.org.es/wp-content/uploads/2014/10/Gu{\'{i}}a-de-lenguaje-claro-sobre-lucha-contra-la-corrupci{\'{o}}n.pdf.

67. Mendieta (n 95).

68. Heidenheimer (n 96).

69. Von Alemann (n 79).

textos sociales reales, todos proporcionan más detalles a los tipos de contrastes entre conceptos y uso. Al final, uno de los hallazgos más significativos no solo nos ayuda a entender cómo funciona la corrupción en casos reales, sino que también subraya las razones por las que debemos seguir combatiéndola[70].

Este mismo autor afirma que, no hay acuerdo a la vista sobre un único concepto de corrupción. Pero quizás sea un error buscar una definición universal verdadera y correcta. Tal vez dicha definición es algo inalcanzable que solo puede ser una especie de estrella guía. El autor no pretende presentar adecuadamente todos los conceptos de corrupción que se pueden encontrar en los abismos de la teoría política, sino, más bien, mostrar algunas perspectivas y dimensiones que podrían ofrecer una base para una exploración sistemática adicional en este campo[71].

Como afirma Gardiner, la corrupción es una característica persistente y omnipresente de la sociedad, resistente a los esfuerzos de erradicación mediante reformas legales. Afirma que la competencia por bienes valiosos pero limitados, ya sean franquicias gubernamentales o permisos para operar juegos de azar, siempre tentará a las personas a recurrir a incentivos corruptos si otros esfuerzos resultan infructuosos. De ahí la necesidad de reformas más allá del marco legal para combatir efectivamente este fenómeno[72].

El autor de Von Alemann no busca tratar la corrupción empíricamente; más bien, él esperaba ofrecer algunas sugerencias sobre las reglas para determinarla. Quizás esto abrirá el camino para basar un concepto multidimensional de corrupción en, al menos, algunas de estas dimensiones. Al igual que otras formas de delito económico, la corrupción no es necesariamente concomitante con la decadencia de un Estado o la decadencia de los valores morales. Por tanto, tenemos que analizar la corrupción de manera objetiva como un hecho empírico duro y frío, y tenemos que combatirla en lugar de evocar un escenario de caída. Al mismo tiempo, la corrupción es un tema inmensamente interesante de la teoría política[73].

Además, Tito Tanzi asevera las ramificaciones económicas de la corrupción, argumentando que esta aumenta los costos de administración del Estado al tiempo que disminuye sus ingresos. En primer lugar, la corrupción eleva los costos de administración al crear una burocracia inflada y redundante. Los funcionarios corruptos pueden crear trabas burocráticas innecesarias para incentivar los sobornos, y estos costos adicionales son, en última instancia, sufragados por el Estado. Además, la corrupción puede llevar a la contratación y promoción de personal con base en la disposición para parti-

70. *Ibid*.

71. MÜNKLER, Fischer and Bluhm (n 89).

72. John A GARDINER, *The Politics of Corruption* (Russell Sage Foundation 1970).

73. MÜNKLER, FISCHER and BLUHM (n 89).

cipar en actos corruptos en lugar de la competencia, lo que puede disminuir la eficiencia del sector público y aumentar aún más los costos[74].

En segundo lugar, la corrupción puede disminuir los ingresos del Estado al comprometer la integridad de los sistemas de recaudación de impuestos. Los funcionarios corruptos pueden aceptar sobornos a cambio de reducir la carga fiscal de los contribuyentes, lo que conduce a una disminución de los ingresos fiscales. Igualmente, la corrupción puede disuadir a las empresas y a los individuos de pagar impuestos si perciben que los fondos públicos serán mal utilizados. En conjunto, estos factores pueden tener un impacto negativo significativo en las finanzas públicas y en el desarrollo económico. Al elevar los costos y disminuir los ingresos, la corrupción puede limitar la capacidad del Estado para invertir en infraestructuras y servicios públicos esenciales, perpetuando así los ciclos de pobreza y desigualdad[75].

1.1. Tipología y manifestaciones de la corrupción

El problema de la corrupción es multifacético y ha sido estudiado desde diversas disciplinas. El derecho aborda el problema desde perspectivas como la penal, administrativa, tributaria, y de derechos humanos, buscando formas de controlar y prevenir actos corruptos. En el ámbito de la sociología y la ciencia política, se considera el impacto de la percepción pública de la corrupción, tal como lo hace el Índice de Percepción de la Corrupción de Transparencia Internacional[76]. Aunque es importante destacar que estos índices, si bien informativos, no dejan de ser subjetivos al estar basados en percepciones.

La economía también aporta una perspectiva significativa, cuantificando el impacto financiero de la corrupción en los recursos públicos. La corrupción también se encuentra en el ámbito de la ética y la moral, y puede ser analizada desde un enfoque antropológico[77]. Desde la psicología del *behaviorismo*[78], pueden estudiarse los rasgos de personalidad que pueden, a su vez,

74. Vito TANZI, «Corruption Around the World: Causes, Consequences, Scope, and Cures*» (1998), 1998 IMF Working Papers, https://www.elibrary.imf.org/view/journals/001/1998/063/article-A001-en.xml, accessed 21 May 2023.

75. TANZI and DAVOODI (n 89).

76. «Transparency International. (2020),. Transparency International. CPI Index. Https://Www.Transparency.Org. Accessed April 16, 2021», https://www.transparency.org; Hongying WANG and James ROSENAU, «Transparency International and Corruption as an Issue of Global Governance» (2001), 7 Global Governance 25.

77. Banco Mundial, «- When Corruption Is the Norm» [2015], World Development Report 2015: Mind, Society, and Behavior.

78. En este sentido *Vid.* Claudia BAEZ CAMARGO and others, «Behavioural Influences on Attitudes towards Petty Corruption. A Study of Social Norms and Mental Models in Uganda»; Amadou Boly and Robert Gillanders, «Anti-Corruption Policy Making, Discre-

predisponer la corrupción. Se construye una sistematización fenomenológica de esta, como señala la psicopatología[79] de la corrupción[80].

Incluso en la literatura clásica podemos encontrar referencias a la corrupción. Aunque no sea el tema principal, obras como *El Criticón*, la *Divina comedia*, *Los diálogos Socráticos*, la *Eneida*, la *Ilíada*, *Don Quijote de la Mancha*, *Las mil y una noches*, La *Odisea* y *los Vedas*, entre otras obras[81], muestran la pervasividad de este fenómeno en todas las facetas de la vida humana.

---

tionary Power and Institutional Quality: An Experimental Analysis» (2018), 152 Journal of Economic Behavior and Organization 314; Elinor Ostrom, «A Behavioral Approach to the Rational Choice Theory of Collective Action: Presidential Address, American Political Science Association, 1997» (1998), 92 American Political Science Review 1, https://www.cambridge.org/core/product/identifier/S0003055400209088/type/journal_article, accessed 10 January 2023; M Muthukrishna and others, «Corrupting Cooperation and How Anti-Corruption Strategies May Backfire» (2017), 1 Nat Hum Behav 0138, https://doi.org/10.1038/s41562-017-0138; NH Leff, «Economic Development through Bureaucratic Corruption» (1964), 8 American Behavioral Scientist, https://doi.org/10.1177/000276426400800303, accessed 4 April 2023; Alessandra Pioggia, Maria Giuseppina Pacilli and Federica Mannella, «Good Administration, Integrity and Corruption» in Enrico Carloni and Michela Gnaldi (eds), *Understanding and Fighting Corruption in Europe: From Repression to Prevention* (Springer International Publishing 2021), https://doi.org/10.1007/978-3-030-82495-2_5, accessed 21 May 2023; Claudia Baez-Camargo and others, «Petty Corruption in the Public Sector: A Comparative Study of Three East African Countries through a Behavioural Lens» (2020), 79 African Studies 232; «Promoting Compliance , Rule of Law and Anti-Corruption Using Behavioral Science and Nudge»; Yuval Feldman, «Using Behavioral Ethics to Curb Corruption» (2017), 3 Behavioral science & policy association 87, https://behavioralpolicy.org/wp-content/uploads/2018/05/06_BSPvol3no2_Feldman.pdf.

79. Se refiere al estudio de las anomalías psicológicas o mentales que pueden contribuir al comportamiento corrupto. Analiza la relación entre los trastornos de la personalidad, como la avaricia o la falta de empatía, y las prácticas corruptas. También se interesa en las justificaciones cognitivas que las personas emplean para minimizar o negar la naturaleza perjudicial de sus actos corruptos.

80. Saúl Peña Kolenkautsky, «Conferencia Magistral: Reflexiones Sobre La Corrupción, Patología Mental, Social, Política y Ética» (2007), 10 Revista de investigación en psicología 163; Martín Nizama Valladolid, «La Corrupción: Psicopatología» (2008), 11 Revista de investigación en psicología 201; Martin Nizama V., «La Corrupción: Psicopatología» (2014), 11 Revista de Investigación en Psicología 201, http://revistasinvestigacion.unmsm.edu.pe/index.php/psico/article/view/3849; Víctor Montero López, «Aspectos Psicosociales de La Corrupción, La Violencia y El Ejercicio Del Poder En El Perú» (2017), 20 Revista de investigación en psicología 209; Martín Julián and Tomas Bqnayia, «Aproximaciones Psicosociales a La Corrupción: Una Revisión Teórica» (2017), 26 Revista Colombiana de Psicología 231.

81. Es cierto, los textos religiosos más influyentes, como la Biblia y el Corán, también aluden a la corrupción, advirtiendo de su maldad y de sus consecuencias nefastas. En el Antiguo Testamento de la Biblia, por ejemplo, se encuentran múltiples versículos que condenan la corrupción (Isaías 1:4; Isaías 33, 15-16; Hechos 2:40; Levítico 19, 11; Levítico 19, 35; Deuteronomio 16, 19; Deuteronomio 27, 25; Salmos 101, 7; Salmos 26, 10; I Sam 8, 3; Daniel 13, 53),como también el de Deuteronomio 16:19 que declara: «no torceré el derecho, no harás acepción de personas, no aceptarás soborno, porque el soborno cierra los ojos de

La corrupción se manifiesta en diversas formas, entre las que se incluyen el soborno, la malversación, el fraude, el nepotismo y el favoritismo[82]. Quizás el soborno sea la forma más reconocida de corrupción. Esta práctica implica dar o recibir una ventaja indebida para influir en la acción de un funcionario o persona relevante[83].

No obstante, la corrupción va más allá de estas formas reconocidas. Incluye problemas sistémicos como la captura del Estado, donde los intereses privados influyen significativamente en los procesos de toma de decisiones del Estado para su beneficio[84].

Por otro lado, Tanzi propone una clasificación más detallada de la corrupción que incluye, entre otros aspectos, la corrupción burocrática o política, la corrupción que reduce los costos para el sobornador o la que aumenta los beneficios, la corrupción iniciada por el sobornador o por el sobornado, la corrupción coercitiva o colusiva, la corrupción centralizada o descentralizada, la corrupción predecible o arbitraria, y la corrupción que implica pagos en efectivo o no[85].

La identificación de los tipos de corrupción es crucial para que las estrategias de prevención y lucha contra la corrupción sean efectivas. Por ejemplo, si el problema principal es la corrupción mayor, las medidas de cumplimiento deben centrarse en los altos funcionarios y en las grandes sumas de dinero. Por el contrario, si la corrupción es principalmente burocrática o menor, las medidas deben apuntar a los funcionarios de nivel inferior y a las transacciones cotidianas.

Las estrategias para la prevención y el combate de la corrupción, tal como argumentan Rose-Ackerman, Palifka, Klitgaard y Mungiu-Pippidi, generalmente implican una combinación de cambios legales, institucionales y culturales. Estos pueden incluir el establecimiento de leyes y regulaciones contra la corrupción, la promoción de la transparencia y la rendición de cuentas en

---

los sabios y corrompe las palabras de los justos». Asimismo, el Corán, el libro sagrado del Islam, prohíbe la corrupción en varias suras (Sura 5, Verso 32; Sura 2, 205; Sura 8, 73; Sura 11, 116; Sura 30, 41; Sura 40, 26). Un ejemplo notable es la Sura 2, Verso 205, que señala: «Pero, apenas te vuelve la espalda, se esfuerza por corromper en el país y destruir las cosechas y el ganado. Alá no ama la corrupción».

82. Klaus Abbink, «Staff Rotation as an Anti-Corruption Policy: An Experimental Study» (2004), 20 European Journal of Political Economy 887, https://www.sciencedirect.com/science/article/pii/S0176268003000843.

83. Jesper Johnsøn and Tina Søreide, «Methods for Learning What Works and Why in Anti-Corruption: An Introduction to Evaluation Methods for Practitioners» (2013), 2013 U4 Issue; Michael Johnston, *Political Corruption: Concepts and Contexts* (Routledge 2017).

84. Joel Hellman and Daniel Kaufmann, «Confronting the Challenge of State Capture in Transition Economies» (2001), 38 Finance and Development 31.

85. Tanzi (n 131).

las instituciones públicas, y la promoción de cambios culturales que desalienten la corrupción[86].

La corrupción de los funcionarios puede impactar negativamente en los derechos humanos de diversas maneras. Teniendo en cuenta a Ambraseys y Bilham[87], Schultz y Søreide[88], y Persson y Povitkina[89], la mala gestión de los fondos públicos y la falta de supervisión gubernamental, a menudo vinculadas a la corrupción, pueden enflaquecer la capacidad de un país para responder eficazmente a desastres y para proporcionar servicios básicos a sus ciudadanos, violando así sus derechos humanos fundamentales. La prevención de la corrupción puede, por tanto, ser vista como una forma esencial de proteger estos derechos[90].

La mayoría de los trabajos no especificaron el tipo de corrupción, aunque el soborno y la mala administración de los fondos públicos fueron los temas más frecuentemente discutidos en relación con los desastres. Como era de esperar, casi todas las publicaciones discutieron la calidad de la gobernanza con relación en la corrupción y los desastres. Los problemas incluían limitado control gubernamental, incompetencia, controles débiles, capacidad baja, presupuestos limitados, y débil, si acaso existente, planificación de preparación o, después del desastre, competencia en los esfuerzos de recuperación[91]. Allí donde la gobernanza es más fuerte, los desastres son menos.

86. Susan Rose-Ackerman and trad José M.ª Sauca Cano, «Corrupción y COVID-19» [2021], EUNOMÍA. Revista en Cultura de la Legalidad 37, https://e-revistas.uc3m.es/index.php/EUNOM/article/view/6062; Rose-Ackerman and Palifka (n 101); Klitgaard (n 120); Klitgaard, *Controlando La Corrupción* (n 119); Robert Klitgaard, *Controlando La Corrupción* (Editorial Quipus 1990); Rose-Ackerman, «Political Corruption and Reform in Democracies: Theoretical Perspectives» (n 91); Susan Rose-Ackerman, «Transparencia, Responsabilidad Pública y Equidad Social» Reformas y Equidad Social en América Latina y el Caribe: Memorias de la Primera Fase 291; A. Mungiu-Pippidi, «The Time Has Come for Evidence-Based Anticorruption» (2017), 1 Nat Hum Behav; Alina Mungiu-Pippidi, *The Quest for Good Governance: How Societies Develop Control of Corruption* (Cambridge University Press 2015).

87. Nicholas Ambraseys and Roger Bilham, «Corruption Kills» (2011), 469 Nature 153.

88. Jessica Schultz and Tina Søreide, «Corruption in Emergency Procurement» (2008), 32 Disasters 516.

89. Tove Ahlbom Persson and Marina Povitkina, «'Gimme Shelter': The Role of Democracy and Institutional Quality in Disaster Preparedness» (2017), 70 Political Research Quarterly 833.

90. Loosemore and others (n 81).

91. *Vid.* Ambraseys and Bilham (n 144); Raza Ahmad Rumi, «Pakistan: Rescuing a Drowning State» [2010], Economic and Political Weekly 12; Schultz and Søreide (n 145); Programme (n 87); DE Alexander, «Corruption and the Governance of Natural Disaster Risk», (Oxford University Press 2017); Loosemore and others (n 81); Nicholas Tarling, *Corruption and Good Governance in Asia* (2005),; Jan Teorell, «Corruption as an Institution: Rethinking the Nature and Origins of the Grabbing Hand»; Mária Žuffová, «Do FOI Laws and Open Government Data Deliver as Anti-Corruption Policies? Evidence from a Cross-Country Study» (2020), 37 Government information quarterly 101480.

En un examen de la financiación de riesgos y la mitigación de desastres de tsunamis que afectan a los países del sudeste asiático, Loh[92] encontró que la buena gobernanza es el elemento clave para reducir la corrupción en países posreconstrucción a largo plazo.

Por otro lado, Persson y Povitkina llevaron a cabo un estudio utilizando datos de series temporales y transversales de CRED. Los autores descubrieron que en países donde las instituciones democráticas están fuertemente desarrolladas, existía una mayor calidad de gobierno asociada con números sustancialmente menores de personas afectadas por desastres desencadenados de manera natural[93].

La corrupción, un problema generalizado que afecta a las sociedades en todo el mundo, puede manifestarse en varias formas. Daniel Kaufmann a menudo clasifica la corrupción en dos tipos principales: «corrupción menor» y «corrupción mayor». Siendo que la corrupción menor, también conocida como «corrupción burocrática», implica a funcionarios públicos de nivel inferior y se ve a menudo en transacciones cotidianas, tales como sobornos a policías o a funcionarios del gobierno. Por otra parte, la corrupción mayor implica a funcionarios de alto nivel y grandes sumas de dinero. A menudo se produce en forma de malversación de fondos públicos, sobornos en contrataciones públicas, o financiamiento ilícito de campañas políticas[94].

Cabe mencionar que el autor Lambsdorff ha propuesto un tercer tipo, la «corrupción sistémica», donde la corrupción se vuelve tan arraigada en la sociedad que se ve como la norma en lugar de la excepción. O sea, se refiere a escenarios donde la corrupción no es simplemente un incidente aislado, sino un aspecto integrado y generalizado del tejido sociopolítico[95].

Para el autor Tanzi, los actos de corrupción pueden clasificarse en diferentes categorías. Algunas de estas categorías se mencionan a continuación sin comentarlas específicamente o definirlas. Así, la corrupción puede ser (1) burocrática (o «menor») o política, es decir, corrupción por parte de la burocracia o del liderazgo político; (2) reduce costos (para el sobornador) o aumenta beneficios; (3) iniciada por el sobornador o por el sobornado; (4) coercitiva o colusoria; (5) centralizada o descentralizada. (6) predecible o arbitraria; y (7) involucra pagos en efectivo o no. Sin duda, a esta lista

92. Benjamin Loh, «Disaster Risk Management in Southeast Asia: A Developmental Approach» (2005), 22 ASEAN Economic Bulletin 229.

93. Persson and Povitkina (n 146).

94. Daniel Kaufmann, Aart Kraay and Massimo Mastruzzi, «Measuring Corruption: Myths and Realities».

95. JG Lambsdorff, *Causes and Consequences of Corruption: What Do We Know from a Cross-Section of Countries? International Handbook on the Economics of Corruption* (2007),; Johann Graf Lambsdorff, *The Institutional Economics of Corruption and Reform: Theory, Evidence and Policy* (Cambridge university press 2007); Johann Lambsdorff, «Preventing Corruption by Promoting Trust – Insights from Behavioral Science».

se podrían añadir otras clasificaciones. En conclusión, definir los tipos de corrupción es un paso crucial para la elaboración de medidas de cumplimiento y normas eficaces que ayuden a prevenir la corrupción, y en última instancia, a proteger los derechos humanos[96].

Además, Heidenheimer, en su detallado estudio, establece tres categorías de corrupción basadas en las percepciones sociales en el contexto de diversos tipos de sistemas políticos: primeramente, la «corrupción blanca», en este caso, el comportamiento corrupto es generalmente tolerado. Es típico de sistemas basados en lazos familiares y también en sistemas de patronazgo y clientelismo; en segundo lugar, la «corrupción gris», esta forma de corrupción es vista con mucha menos tolerancia, es reprochable de acuerdo con las normas morales aceptadas, pero las personas involucradas carecen en gran medida de cualquier sentido de estar haciendo algo incorrecto. Es típico de los modernos Estados constitucionales, así como de los estados en proceso de transformación hacia una cultura política más democrática; tercero, la «corrupción negra», aquí la corrupción es generalmente despreciada y castigada como una grave violación de las normas morales y la ley. Se encuentra característicamente en sociedades moldeadas por los medios de comunicación modernos[97].

Siguiendo a Sánchez-Macías, la corrupción bilateral exige dos partes: una susceptible a sobornos, y otra dispuesta a ofrecerlos. Dicha dinámica involucra factores de oferta y demanda que influyen en los niveles de corrupción. Si se asume que la decisión de ofrecer o aceptar sobornos responde a un cálculo racional, variables como la severidad de la sanción, la magnitud del soborno, el compromiso ético del individuo y la posibilidad de detección y sanción serán determinantes en la presencia de corrupción[98].

Como expresa Tanzi, los factores que fomentan la corrupción se pueden dividir en aquellos que afectan la demanda de actos corruptos por parte del público y en los que influyen en la oferta de tales actos por parte de los funcionarios públicos. Entre los factores de demanda más relevantes se encuentran las regulaciones y autorizaciones, ciertas características de los sistemas fiscales, algunas decisiones de gasto y la provisión de bienes y servicios a precios inferiores a los del mercado. En cuanto a los factores que afectan la oferta de actos de corrupción, se incluyen la tradición burocrática, el nivel de salarios en el sector público, los sistemas de sanciones, los controles institucionales, la transparencia de las normas, leyes y procesos y los ejemplos que establece el liderazgo. Tanzi recalca que, aunque no es posible medir directamente la corrupción, sí se pueden medir las percepciones de corrupción[99].

96. TANZI (n 131).

97. HEIDENHEIMER (n 96).

98. José Ignacio SÁNCHEZ MACÍAS, «Corrupción, Evasión Fiscal y Paraísos Fiscales: Una Relación Simbiótica» (Tirant lo Blanch 2017) 130–131.

99. TANZI (n 131) 03.

Por otra parte, el autor Albornoz apunta a tres categorías de causas para la corrupción, con diversas variantes: las causas culturales, donde es relevante la teoría del desarrollo moral de Kohlberg; las causas estructurales, relacionadas en última instancia con la pobreza y la desigualdad, y las causas institucionales, que en la actualidad se consideran las predominantes. En este sentido, Carrillo de Albornoz sugiere un enfoque institucional para abordar la corrupción, subrayando la importancia de la división de poderes en sistemas tanto presidenciales como parlamentarios[100].

Finalmente, Treisman realiza un estudio transnacional en el que analiza varios factores que contribuyen a la corrupción en diferentes países. Treisman identifica seis variables que explican las puntuaciones de corrupción de los países: herencia británica, tradición protestante, PIB per cápita, estructura federal, democracia ininterrumpida y apertura a las importaciones. Estas variables pueden explicar más del 89 % de la variación en cada uno de los índices de percepción de corrupción. Asimismo, Treisman sugiere que el desarrollo económico reduce la corrupción a través de la racionalización de los roles públicos y privados, y la difusión de la educación, dificultando la ocultación de abusos. Sin embargo, este estudio no propone soluciones específicas para reducir la corrupción[101].

Después de analizar el contexto de la tipología y manifestaciones de la corrupción, se pasa a estudiar específicamente en la corrupción política y su relación con la contratación pública en España.

1.1.1. La corrupción política y la contratación pública

De acuerdo con Castro y Álvarez, la corrupción política es un tema importante para los españoles, a pesar de que su evaluación real requiere de una serie de estudios empíricos necesarios. Durante los primeros veinticinco años de vida de la Constitución española, la corrupción política en las islas Canarias, ha sido de bajo perfil, con una distribución territorial proporcional a la población y con casos aislados. Además, los autores observaron que no existía un rechazo social excesivo hacia los involucrados, ya que algunos condenados regresaron a la actividad política después de cumplir sus penas, mientras que otros inocentes injustamente denunciados tuvieron que abandonarla[102]. En la misma línea, Ruiz-Lorenzo sostiene que la corrupción política

100. Antonio Jiménez-Blanco Carrillo de Albornoz, «Corrupción y formas de gobierno» [2019], Revista Andaluza de Administración Pública 305, https://ws168.juntadeandalucia.es/revistaselectronicas/raap/article/view/1131, accessed 31 May 2023.

101. D Treisman, «The Causes of Corruption: A Cross-National Study» (2000), 76 Journal of Public Economics 436, https://doi.org/10.1016/S0047-2727(99)00092-4.

102. Ángel Llanos Castro and Antonio Herrero Álvarez, «Diseño Del Mapa Territorial y Metodológico de La Corrupción Política: Análisis Multinivel de Canarias» 189.

se percibe como un problema social en España. Este fenómeno es transversal y multidimensional, lo que dificulta abarcar todas sus casuísticas y factores[103].

Al juicio de Villoria y Jiménez, se puede afirmar que el nivel de corrupción percibido en España es superior al nivel real de corrupción avalado por los datos. Es sobre todo la corrupción política la que existe en el país, y esta es también la forma más grave de corrupción. A pesar de que la corrupción política puede no ser tan elevada como parece, sigue siendo más frecuente y grave que la corrupción puramente administrativa, tal y como aparece en los medios de comunicación. La corrupción administrativa es relativamente baja, aunque esto podría deberse, en parte, a la debilidad de las políticas de represión de los delitos cometidos contra el Gobierno[104].

De acuerdo con lo expuesto por Ramón Soriano, la corrupción política puede ser caracterizada como la violación de normas y el incumplimiento de obligaciones prescritas por la ley. Cabe reconocer que existen casos de corrupción que aún no son abordados por el código penal, puesto que se ha evidenciado que esta normativa a menudo llega tardíamente a proteger contra prácticas corruptas que la ciudadanía percibe y siente como tales, pero que todavía no están contempladas en la legislación penal[105]. Está misma línea, aseveran los análisis de Caselles y González, la corrupción política, que se define como la explotación del poder político asignado para la obtención de un beneficio privado, se erige en una amenaza que socava el sistema y la credibilidad de las instituciones. De manera más específica, la corrupción engendra efectos adversos en la confianza que los ciudadanos depositan en las instituciones gubernamentales, lo cual se traduce en consecuencias notables sobre el sistema político y económico[106].

Al juicio de Diaby, el diseño de la estructura burocrática ha sido propuesto como un factor que puede influir en el nivel de corrupción, aunque las teorías divergen en cuanto a la dirección del efecto. Existen posiciones encontradas: por un lado, se plantea que los pagos de sobornos son mayores en sistemas descentralizados, mientras que, por otro lado, se postula que los sistemas centralizados disminuyen el total de pagos de sobornos[107].

---

103. Valeria Ruiz-Lorenzo, «De Las Microconductas Desviadas a La Corrupción Política En España / From Deviant Microbehavior to Political Corruption in Spain» [2022], Revista Espanola De Investigaciones Sociologicas.

104. Manuel Villoria and Fernando Jiménez, «La Corrupción En España (2004-2010): Datos, Percepción y Efectos» (2012), 138 Revista Española de Investigaciones Sociológicas (REIS) 109, https://www.ingentaconnect.com/content/cis/reis/2012/00000138/00000001/art00007, accessed 13 January 2023.

105. Soriano (n 86) 384.

106. Joaquín Artés Caselles and Juan Luis Jiménez González, «Efectos Políticos y Económicos de Los Escándalos de Corrupción y de Su Difusión Pública» (Tirant lo Blanch 2017) 45.

107. Aboubacar Diaby and Kevin Sylwester, «Bureaucratic Competition and Public Corruption: Evidence from Transition Countries» (2014), 35 European Journal of Political Economy 75,

En las palabras de Soriano, la corrupción política urbanística en términos legales se define como la transformación de las normas públicas en un negocio. Se trata de relacionarlos actos administrativos en contravención de las leyes, estableciéndoles un precio. Se crea así un «mercado de actos administrativos», que se asemeja a un mercado callejero donde se ofrecen mercancías defectuosas al mejor postor, en beneficio de políticos locales, funcionarios públicos y otros beneficiarios involucrados en estas prácticas corruptas[108].

En la opinión de Rodríguez López, se considerarán casos de corrupción política aquellos relacionados con la trata de personas perpetrados por individuos que han obtenido funciones públicas a través de elecciones o designaciones personales respaldadas por un partido político. Es importante destacar que, aunque en los casos examinados no se especifique que los funcionarios públicos hayan abusado o se hayan aprovechado de su cargo para cometer el delito, no se puede hablar propiamente de corrupción política si no se produce dicha conducta indebida[109].

Por otra parte, de acuerdo con Sandoval[110], la definición unificada de corrupción ha sido históricamente controvertida debido a varios motivos. Por un lado, resulta difícil distinguir en todos los casos lo que es considerado como corrupto de lo que no lo es. Además, el término «corrupción» conlleva una connotación moralmente reprochable que puede difuminar la diferencia entre la violación de un sistema normativo positivo y la infracción de un sistema moral que pretende ser universal. Por último, la corrupción se manifiesta en diversos ámbitos, lo que le confiere un carácter polisémico y complejo.

En este sentido, citando a Huber[111], que se reconoce ampliamente que la corrupción es un problema social importante, tanto a nivel nacional como mundial, que puede predicar el desarrollo social y la seguridad[112] de la sociedad, político[113], económico y socavar los valores y la ética democrática. El

05, https://www.sciencedirect.com/science/article/pii/S0176268014000408, accessed 31 May 2023.

108. Soriano (n 86) 385.

109. Silvia Rodríguez López, «Trata de Seres Humanos y Corrupción» [2022], Trata de seres humanos y corrupción 1, 294.

110. Juan Carlos Sandoval, «Aportación a Una Reflexión Político Criminal Sobre La Corrupción En La Financiación de Los Partidos Políticos» (2014), 22 Revista General de Derecho 1, 8–9.

111. Barbara Huber, «La Lucha Contra La Corrupción Desde Una Perspectiva Supranacional» [2002], Anales de la Facultad de Derecho, http://riull.ull.es/xmlui/handle/915/18453, accessed 10 February 2023.

112. *Vid.* Josué Mastrodi and Edérson Dos Santos Alves, «A Segurança Jurídica Da Posse Como Pressuposto Do Direito Fundamental À Moradia» (2017), 9 Revista de Direito da Cidade 27.

113. April K Clark, «Measuring Corruption: Transparency International»s «Corruption Perceptions Index»«, *Corruption, Accountability and Discretion*, vol 29 (Emerald Publishing Limited 2017), https://www.emerald.com/insight/content/doi/10.1108/S2053-769720170000029001/full/html, accessed 15 May 2023.

aspecto internacional de la corrupción se ha hecho cada vez más esencial a medida que ha aumentado la globalización de los mercados, la prestación de servicios y productos básicos, y los individuos asociados a la globalización e internacionalización de las actividades delictivas.

En la actualidad, la contratación administrativa ha adquirido una relevancia que va más allá de lo jurídico-administrativo, convirtiéndose en un instrumento de política pública con objetivos sociales, medioambientales y de lucha contra la corrupción. De acuerdo con Rodríguez-Arana Muñoz, la preparación requerida para quienes participan en estos procedimientos va más allá de los aspectos técnicos y exige otros conocimientos y competencias, que deben ser desarrollados a través de procesos de capacitación y selección adecuados. Esto implica tener una sólida base en los valores del Estado de derecho, altos estándares éticos y una firme convicción de que la contratación debe mejorar las condiciones de vida de los ciudadanos, además de un completo dominio de la normativa pertinente[114].

Según Martínez Fernández, la corrupción en la contratación pública se refiere a la manipulación de acciones en cualquiera de las etapas del proceso de contratación con el fin de favorecer ilegalmente a un licitador sobre otros o para obtener beneficios ilícitos a expensas del erario, en los cuales el gestor público implicado participa de alguna manera en dicha manipulación. En los últimos años, diversos autores han identificado las distintas manifestaciones de corrupción en las diferentes fases de la contratación pública[115].

En España, el combate a la corrupción en la Administración pública está regulada por diversas leyes y normativas. En primer lugar, la Constitución española, en su artículo 10, constituye la libertad de expresión, lo que incluye el derecho de los ciudadanos a denunciar casos de corrupción. Asimismo, la Ley de Transparencia y Buen Gobierno establece medidas para garantizar la transparencia y la rendición de cuentas en la Administración pública, así como la obligación de los funcionarios públicos de declarar sus bienes e intereses.

Además, existe la Ley de Protección de los Denunciantes, también se conoce a esta ley como «ley de los whistleblowers» Ley 2/2023 que instituye medidas de protección a quienes denuncien casos de corrupción, y la Ley de Prevención de la Corrupción, que establece la obligación de las entidades públicas de implementar mecanismos de detección y prevención de la corrupción.

114. Enrique Díaz Bravo and Jaime Rodríguez Arana, *La Profesionalización En La Contratación Pública Estratégica* (Tirant lo Blanch 2023) 20, https://biblioteca-tirant-com.ezproxy.usal.es/cloudLibrary/ebook/info/9788411477642.

115. José Manuel Martínez Fernández, «Contratación Pública y Transparencia. Medidas Prácticas Para Atajar La Corrupción En El Marco de La Nueva Regulación» [2016], Wolters Kluwer 24.

En España, la Ley de Contratos del Sector Público Vigente, en su artículo 334 sobre la estrategia nacional de contratación, contempla brevemente la profesionalización. Entre los aspectos que se abordan en esta estrategia, se encuentra la promoción de la formación del personal del sector público, especialmente en aquellas entidades que carecen de personal especializado. Se propone diseñar un plan específico de formación en contratación pública y llevar a cabo otras acciones complementarias para incrementar la profesionalización de los agentes públicos involucrados en los procesos de contratación[116].

De acuerdo con el *Informe anual de supervisión de la contratación pública* de España realizado por OIReScon en diciembre de 2022, en cuanto a la prevención y lucha contra la corrupción, se destaca que un 11,13 % de las comunicaciones recibidas por las Oficinas y Agencias de Prevención y Lucha contra el Fraude y la Corrupción en 2021 estaban relacionadas con la contratación pública, lo que refleja su importancia. El tipo de contrato más denunciado es el de servicios (54,25 %), y las supuestas irregularidades en la adjudicación y ejecución del contrato son las principales causas de denuncia. Se hace hincapié en la necesidad de una estrategia nacional antifraude que promueva la coordinación de todos los actores involucrados en la lucha contra el fraude y la corrupción, especialmente en el ámbito de la contratación pública[117].

Según el Informe de la contratación pública en España en los años 2018, 2019 y 2020[118], realizado por el Ministerio de Hacienda y la Oficina Independiente de Regulación y Supervisión de la Contratación (OIReScon), se identifican las entidades y agencias encargadas de la prevención y lucha contra la corrupción en el ámbito de la contratación pública en España. Aunque existen varias disposiciones legales al respecto, no todas las entidades han sido constituidas y están plenamente operativas. Se han recopilado datos de las siguientes entidades:

a) La Oficina Antifraude de Cataluña (Antifrau Cataluña), creada por la Ley 14/2008.

b) La Agencia de Prevención y Lucha contra el Fraude y la Corrupción de la Comunidad Autónoma de Valencia (Antifrau Valencia), establecida por la Ley 11/2016.

c) La Oficina de Prevención y Lucha contra la corrupción de la Comunidad Autónoma de Baleares (Antifrau Baleares), establecida por la Ley 16/2016.

116. Enrique Díaz Bravo and Rodríguez Arana (n 169) 22.

117. Oficina Independiente de Regulación y Supervisión de la Contratación - OIReScon, «Resumen Ejecutivo Del Informe Anual de Supervisión de La Contratación Pública de España. Diciembre de 2022» (Oficina Independiente de Regulación y Supervisión de la Contratación 2022) 04, https://www.hacienda.gob.es/RSC/OIReScon/informe-anual-supervision-2022/ias2022-resumen-ejecutivo-es.pdf, accessed 13 June 2023.

118. *Ibid* 182–183.

d) La Oficina Municipal contra el Fraude y la Corrupción (OMFRAU Madrid) del Ayuntamiento de Madrid, creada por acuerdo del Pleno del Ayuntamiento.

e) La Dirección de Servicios de Análisis – Buzón Ético y de Buen Gobierno (Bustia BCN) del Ayuntamiento de Barcelona, adscrita a la Dirección para la Transparencia y las Buenas Prácticas del Ayuntamiento.

f) La Agencia de Transparencia del Área Metropolitana de Barcelona (Ag MET), creada por acuerdo del Consejo Metropolitano.

Además de estas entidades, se destaca la Sección de Prevención de la Corrupción del Consello de Contas de la Comunidad Autónoma de Galicia, cuya función es colaborar con las Administraciones en la prevención de la corrupción y fomentar la transparencia y el comportamiento ético en las relaciones con el sector público[119].

En cuanto al ámbito de la Unión Europea, la Comisión Europea ha desarrollado la Estrategia y Acción de la UE contra la Corrupción, que incluye medidas para mejorar la rendición de cuentas y transparencia, también para fortalecer la cooperación entre los Estados miembros en combate a la corrupción. Asimismo, la Carta de Derechos Fundamentales de la Unión Europea establece el derecho a un recurso efectivo y a un juicio imparcial, lo que abarca el derecho a denunciar casos de corrupción.

A pesar de esto, el *Informe anual de supervisión de la contratación pública* de España, subraya la importancia de aprobar una estrategia nacional de prevención y lucha contra el fraude que incluya una sección específica sobre los contratos con financiación de la Unión Europea, en vista de la ejecución de los fondos Next Generation y del Plan de Recuperación, Transformación y Resiliencia[120].

La corrupción es un elemento central en la manera de operar de los grupos de crimen organizado, ya que recurren al soborno, la intimidación y el uso de la fuerza contra funcionarios públicos y personal clave en entidades como los puertos para eludir la detección, obtener información o facilitar sus actividades[121].

Tras mencionar la corrupción política y la contratación pública, no se puede olvidar de las «puertas giratorias», que, según Ponce Solé y Villoria, son tan extensas, donde individuos, tanto políticos como altos funcionarios, se mueven entre puestos en los ámbitos público y privado, entrelazando

119. *Ibid*.

120. *Ibid* 13.

121. European Commission, Communication from the Commission to the European Parliament, the Council, the European Economic and Social Committee and the Committee of the Regions on the EU Strategy to tackle Organised Crime 2021-2025 2021 20.

intereses tanto públicos como privados, que causarían conflicto de interés y corrupción[122].

Empleando las palabras de Francés Escudero la puerta giratoria se refiere al paso dado por los representantes del poder legislativo o ejecutivo que renuncian a su cargo para fichar inmediatamente por un prestigioso bufete, al que aportan contactos, influencias y amistades a cambio de un lucrativo contacto[123]. En otras palabras, en la puerta giratoria se busca a quienes redactan las leyes y son capaces de hacer perder o ganar, de un plumazo, miles de millones a los ciudadanos o a las grandes corporaciones[124].

En esta dirección, en la opinión de Plaza Jiménez, a partir de la década de los ochenta, las grandes empresas se dieron cuenta del importante papel que podían desempeñar los políticos en beneficio de sus empresas. Por esta razón, comenzaron a ofrecer salarios elevados a aquellos congresistas que habían dejado sus cargos, pero que aún mantenían una influencia significativa entre los diputados y senadores. Como resultado, muchos de ellos se dedicaron a ejercer la actividad de cabildeo, lo que se conoce como «movimiento de puertas giratorias». Este fenómeno se caracteriza por el tránsito de personas entre el sector público y el sector privado, generando un flujo constante de influencias e intereses[125].

Otro aspecto importante, señala Martínez, es que en España existe la Ley 3/2015, que regula los conflictos de intereses y la incompatibilidad de actividades de los altos cargos, la que establece el objeto y el ámbito de aplicación para el ejercicio de los altos cargos[126]. El autor analiza los mecanismos para la prevención de conflictos de intereses establecidos en la Ley 3/2015, se observa que esta norma no ha sido lo suficientemente ambiciosa para mejorar el régimen jurídico de prevención de conflictos de intereses en la Administración General del Estado y abordar las limitaciones prácticas que se han observado en el pasado en la aplicación de dichos mecanismos. En efecto, esta ley no ha introducido innovaciones significativas en el régimen de prevención de conflictos de intereses, ni responde algunos de los proble-

---

122. Juli Ponce Solé and Manuel Villoria Mendieta, «Estudio Introductorio a La Edición de 2021» [2020], Anuario del buen gobierno y de la calidad de la regulación: ABGCR 31, 33, https://www.gobiernolocal.org/publicaciones/2022/04_ABGCR21_est_intr.pdf.

123. Juan Francés Escudero, *¡Que Vienen Los Lobbies!: El Opaco Negocio de La Influencia En España*, vol 240 (Grupo Planeta (GBS) 2013) 76.

124. Luis Miguel Montero, *El Club de Las Puertas Giratorias: De Los Escaños a La Poltrona. Todos Los Privilegios de Los Políticos Que Pasan a La Empresa Privada... y Viceversa* (La Esfera de los Libros 2016) 25.

125. Victoria Eugenia Plaza Jiménez, *La Influencia de Los Lobbies En Los Poderes Del Estado* (Tirant lo Blanch 2021) 238, https://biblioteca-tirant-com.ezproxy.usal.es/cloudLibrary/ebook/info/9788411135610.

126. España, BOE-A-2015-3444 Ley 3/2015, de 30 de marzo, reguladora del ejercicio del alto cargo de la Administración General del Estado. 2015.

mas identificados en su implementación. Siendo que aquello fortalece adecuadamente los mecanismos para garantizar la integridad pública y abordar la baja efectividad de los mecanismos vigentes hasta su promulgación[127].

De acuerdo con Plaza Jiménez, en la Ley 3/2015 quedan excluidos otros cargos que no tengan la condición de alto cargo y se nombren para funciones o representaciones públicas temporales. La ley establece un plazo de dos años para el ejercicio de actividades privadas, con limitaciones adicionales en casos donde exista relación con decisiones previas en las que hayan participado o en organismos reguladores. También se regula la compensación tras el cese y la incompatibilidad de retribuciones[128].

El *Informe de cumplimiento* de GRECO 88 destaca los avances realizados por España en la planificación estratégica y evaluación de riesgos en materia anticorrupción. Se reconoce la intención de las autoridades de desarrollar un plan coordinado de lucha contra la corrupción, considerado como una acción prioritaria por parte de GRECO. Sin embargo, se señala que las medidas adoptadas se dirigen principalmente a los funcionarios públicos en general, sin abordar de manera específica las áreas de riesgo de conflictos de intereses y corrupción para las personas con altas funciones ejecutivas. Estas personas enfrentan desafíos diferentes debido a la naturaleza política de su rol y a sus estrechas interacciones con el sector privado. Por lo tanto, GRECO concluye que la recomendación II no ha sido cumplida por España, siendo necesario un enfoque más fundamentado en esta materia[129].

Citando el informe de la Oficina Antifrau de Cataluña sobre la gestión de los conflictos de interés en el sector público de Cataluña, se observa que las instituciones y sus representantes consideran que las herramientas de gestión de los conflictos de interés son simplemente obligaciones formales que deben cumplirse en lugar de verdaderos instrumentos para garantizar la imparcialidad y la objetividad de los servidores públicos[130].

Con relación en la necesidad de una mayor autonomía de la Fiscalía respecto del Gobierno y la crítica específica a las puertas giratorias, el segundo informe de complimiento, en el núcleo de la recomendación V del GRECO 88 reiteró la importancia de eliminar la intervención de los políticos en la

127. Agustí Cerrillo i Martínez, «La Oportunidad Perdida En La Prevención de Los Conflictos de Intereses En La Administración General Del Estado. Un Breve Análisis de La Ley 3/2015, de 30 de Marzo» [2017], EUNOMÍA. Revista en Cultura de la Legalidad 77, https://e-revistas.uc3m.es/index.php/EUNOM/article/view/3643, accessed 3 January 2023.

128. Plaza Jiménez (n 180) 238.

129. GRECO, «Informe de Cumplimiento: Quinta Ronda de Evaluación. Prevención de La Corrupción y Promoción de La Integridad En Gobiernos Centrales (Altas Funciones Ejecutivas) y Las Fuerzas y Cuerpos de Seguridad» (2021), 05, https://rm.coe.int/quinta-ronda-de-evaluacion-prevencion-de-la-corrupcion-y-promocion-de-/1680a5f3c2, accessed 14 June 2023.

130. Oficina Antifrau de Catalunya, *La Gestió Dels Conflictes d»interès En El Sector Públic de Catalunya* (Parlament de Catalunya 2017) 153.

selección de los miembros judiciales del Consejo General del Poder Judicial (CGPJ). Como resultado, se llegó a la conclusión de que dicha recomendación no se había cumplido. Esto pone de relieve la importancia de garantizar una mayor independencia y evitar situaciones de influencia indebida en la selección de los cargos judiciales, así como abordar de manera específica la problemática de las puertas giratorias[131].

Según Ponce Solé y Villoria, consideramos imprescindible la regulación de los grupos de interés en España para controlar aquellas actividades que puedan entrar en conflicto con los principios democráticos mencionados anteriormente. Reconocemos la realidad innegable de la defensa de los diversos intereses en una sociedad plural y compleja, por lo que es necesario establecer normas que nos acerquen a un marco equilibrado[132].

Si bien la corrupción es un fenómeno que persiste a lo largo del tiempo y que, en la actualidad, se encuentra en una progresión acelerada, su exposición y la correspondiente labor de prevención y represión son episódicas, casi como una cuestión de moda. Algunos periodistas de investigación y teóricos rigurosos se ocupan diariamente de este tema, pero la opinión pública no les presta la suficiente atención, como si estuviera ya cansada de tantas denuncias. Además, el efecto escandaloso, similar al de la pornografía, es insaciable; es decir, lo que hoy llama la atención, termina siendo indiferente mañana. Como consecuencia, para lograr el mismo efecto, es necesario aumentar la intensidad del choque en una gradación que no puede prolongarse indefinidamente, lo que finalmente lleva al hastío y a la indiferencia, que imponen periodos de descanso y silencio. No obstante, con arreglo a lo anterior, es posible constatar que de vez en cuando, la corrupción toma el primer plano de la vida política[133] y las páginas de los periódicos, de repente no se habla de otra cosa. Cada día surgen nuevos escándalos y se utilizan para fines electorales[134].

La única forma de erradicar la corrupción y mejorar su percepción es invertir en la moral social y la ética pública, además de promover la participación ciudadana y política a través de una transformación cultural que fortalezca los niveles de capital social, como la confianza en las instituciones, la confianza interpersonal y la satisfacción con la democracia y el Gobierno.[135]

---

131. GRECO, «Segundo Informe de Cumplimiento: Cuarta Ronda de Evaluación. Prevención de La Corrupción Con Respecto a Los Parlamentarios, Jueces y Fiscales» (2021), 08, https://web.archive.org/web/20220117224901/https://rm.coe.int/cuarta-ronda-de-evaluacion-prevencion-de-la-corrupcion-con-respecto-a-/1680a3fd52, accessed 14 June 2023.

132. Solé and Mendieta (n 177) 33.

133. Reno (n 102); Heidenheimer and Johnston (n 80); Luís de Sousa and Susana Coroado, *Ethics and Integrity in Politics: Perceptions, Control, and Impact* (2022), https://ffms.pt/sites/default/files/2022-12/FFMS_Ethics_Web_AF_FT.pdf.

134. Heidenheimer and Johnston (n 80).

135. Valeria Ruiz-Lorenzo (n 159).

En esta misma línea, para reducir la corrupción en la contratación pública, en opinión Rodríguez-Arana Muñoz, la profesionalización de la Administración pública es fundamental para su reforma y modernización, ya que el reconocimiento de profesionales especializados y capacitados se basan en el mérito y la capacidad, son una garantía de objetividad y eficacia en el sector público. Aquellos países que han implementado sistemas de profesionalización integrales y dinámicos, asegurando el ingreso y el progreso en la carrera según estándares rigurosos, son los que están en mejores condiciones para implementar políticas públicas que realmente mejoren la calidad de vida de los ciudadanos[136].

Se debe señalar que, el *Informe anual de supervisión de la contratación pública* de España, realizado por OIReScon en diciembre de 2022, destaca la relevancia de la formación y gestión del conocimiento en el ámbito de la contratación pública como parte fundamental de la profesionalización. La formación en aspectos como la integridad, la prevención del fraude y las prácticas colusorias es crucial para fomentar una cultura administrativa adecuada[137].

En resumen, este apartado ha abordado el tema de la corrupción política y la contratación pública desde diversas perspectivas y ha destacado la importancia de tomar en cuenta factores como la percepción, las dimensiones multidimensionales, la legislación vigente y las implicaciones éticas y morales. Se ha enfatizado la necesidad de abordar la corrupción desde una perspectiva integral, considerando no solo los aspectos jurídicos y normativos, sino también los sociales, políticos y culturales. Además, se ha resaltado la importancia de la profesionalización de la Administración pública y la capacitación en contratación pública como herramientas fundamentales para prevenir y combatir la corrupción. En definitiva, se requiere un enfoque multidisciplinario y un compromiso sólido para erradicar la corrupción y mejorar la calidad de vida de los ciudadanos. Para esto es sumamente importante poder comprender la magnitud de la corrupción y sus consecuencias, no hay nada mejor que analizar la corrupción haciendo una medición.

1.2. La importancia y complejidad para medir de la corrupción

La medición de la corrupción, en sus distintas manifestaciones, representa un desafío crucial en la lucha contra este mal. La medición adecuada permite conocer la magnitud del problema, identificar las áreas de mayor riesgo y orientar las políticas y medidas de prevención y control.

Ante la complejidad de la corrupción política, han surgido diversas medidas basadas en distintas definiciones del concepto. El debate sobre qué

136. Enrique Díaz Bravo and Rodríguez Arana (n 169) 20.

137. Oficina Independiente de Regulación y Supervisión de la Contratación - OIReScon (n 172) 12.

estrategia de medición es apropiado se evidencia en los diferentes resultados obtenidos por estudios que emplean distintos indicadores. Los enfoques existentes para medir la corrupción política se dividen en objetivos (basados en experiencias) o subjetivos (basados en percepciones). Dado que la corrupción política no puede medirse directamente, todas las medidas disponibles se basan en cierta medida en interpretaciones subjetivas, como las estimaciones de actividad corrupta derivadas del número de condenas federales por «corrupción oficial» o las interpretaciones individuales de observadores y/o participantes. En este sentido, nunca se conocerá el nivel preciso de actividades corruptas[138].

La corrupción, debido a su naturaleza altamente sistémica, ha demostrado que los marcos teóricos y técnicos tradicionales para su estudio resultan insuficientes. Para abordar la corrupción de manera efectiva, se requieren enfoques empíricos, interdisciplinarios y científicos innovadores. El objetivo de estos nuevos enfoques debería ser profundizar el entendimiento de nuestros entornos naturales, sociales y tecnológicos, conduciendo a la transformación y avance de las prácticas legales.

Además, la corrupción ha sido estudiada desde una perspectiva científica, con el objetivo de definir, medir y prever el fenómeno para un control y eliminación efectiva. Estos objetivos proveen marcos conceptuales y metodológicos que permiten implementar resultados de manera eficiente y efectiva. No obstante, la complejidad de los esfuerzos anticorrupción reside en el desarrollo adecuado de estas estrategias, que también proveen directrices para evaluar enfoques anticorrupción previos, sus limitaciones y potencial para mejoras futuras.

La medición de la corrupción[139] es algo básico, pero no fácil, puesto que no se puede luchar contra algo que no se puede medir ni cuyas dimensio-

138. Clark (n 168) 06–07.

139. Véase à S Sequeira, «Advances in Measuring Corruption in the Field» in D Serra and L Wantchekon (eds), *New Advances in Experimental Research on Corruption (Research in Experimental Economics)* (Emerald Group Publishing 2012); G Munda and others, «Measuring Uncertainties in Composite Indicators of Sustainability» (2009), 11 International Journal of Environmental Technology and Management, https://doi.org/10.1504/IJETM.2009.027185; Anja Rohwer, «Measuring Corruption: A Comparison between the Transparency International»s Corruption Perceptions Index and the World Bank»s Worldwide Governance Indicators» (2009), 7 CESifo DICE Report 42; Nick Duncan, «The Non-Perception Based Measurement of Corruption: A Review of Issues and Methods from a Policy Perspective» [2006], Measuring corruption 131; Fredrik Galtung, «Measuring the Immeasurable: Boundaries and Functions of (Macro) Corruption Indices» (2006), 101 Measuring corruption; Gissur Ó Erlingsson, «Measuring Corruption: Whose Perceptions Should We Rely On?: Evidence from Iceland» (2016), 12 Stjornmal Og Stjornsysla/The Icelandic Review of Politics & Administration 215; Paul M Heywood, «Measuring Corruption: Perspectives, Critiques and Limits», *Routledge handbook of political corruption* (Routledge 2014); Anja Rohwer, «Measuring Corruption: A Comparison between the Transparency International»s Corruption Perceptions Index and

nes se puedan conocer, la corrupción es algo muy complejo para medirlo con exactitud y, durante las últimas dos décadas, se han utilizado fuentes de información empírica para aproximarse de manera más objetiva a la realidad del fenómeno de la corrupción. En relación con la medición de la corrupción, Clark sugiere que la utilización del poder por parte de los funcionarios gubernamentales para un beneficio privado ilegítimo es típicamente secreta, lo que hace que el concepto de corrupción política sea notoriamente difícil de medir[140].

Como opina Lambsdorff, la preocupación por la corrupción ha estimulado la producción académica sobre el tema y la creación de una multiplicidad de indicadores a través de una multiplicidad de métodos por parte del Banco Mundial, el Foro Económico Mundial, Transparencia Internacional y las agencias de calificación comerciales. Sin embargo, la construcción de índices varía, lo que plantea cuestiones sustantivas y metodológicas, que se revisan con especial referencia a las sociedades de transición postcomunistas en Europa Oriental y Asia Central[141].

El Índice de Percepción de la Corrupción (IPC) de *Transparency International*, uno de los indicadores más utilizados en todo el mundo, se ha convertido

the World Bank»s Worldwide Governance Indicators» (2009), 7 CESifo DICE Report 42; José-Miguel Bello y Villarino, «Measuring Corruption: A Critical Analysis of the Existing Datasets and Their Suitability for Diachronic Transnational Research» (2021), 157 Social Indicators Research 709; «Hanson J, Sigman R. Leviathan»s Latent Dimensions: Measuring State Capacity for Comparative Political Research: Manuscript, Maxwell School of Citizenship and Public Affairs, Syracuse University; 2013. p. 1–41»,; Sequeira; TD Lancaster and GR Montinola, «Comparative Political Corruption: Issues of Operationalization and Measurement» (2001), 36 Stud Comp Int Dev; Paul M Heywood and Jonathan Rose, «'Close but No Cigar': The Measurement of Corruption» (2014), 34 Journal of Public Policy 507; E Carloni, «Fighting Corruption through Administrative Measures. The Italian Anti-Corruption Policy» (2017), 9 Italian Journal of Public Law; Nicholas Charron, «Do Corruption Measures Have a Perception Problem? Assessing the Relationship between Experiences and Perceptions of Corruption among Citizens and Experts» (2016), 8 European Political Science Review 147, https://www.cambridge.org/core/journals/european-political-science-review/article/abs/do-corruption-measures-have-a-perception-problem-assessing-the-relationship-between-experiences-and-perceptions-of-corruption-among-citizens-and-experts/228DFB5C02DF9AFC10E98C8889DFCE01, accessed 21 May 2023; Nathaniel Heller, «Defining and Measuring Corruption: From Where Have We Come, Where Are We Now, and What Matters for the Future?» [2009], Revista Del Clad Reforma Y Democracia 5; MA Golden and L Picci, «Proposal for a New Measure of Corruption, Illustrated with Data» (2005), 17 Economics and Politics, https://doi.org/10.1111/j.1468-0343.2005.00146.x; Mungiu-Pippidi, «Transparency and Corruption» (n 85); PG Rinaldi, «Transparency and Anti-Bribery Measures in the Italian Public Procurement System» in E Carloni (ed), *Preventing corruption through administrative measures* (Morlacchi 2019).

140. Clark (n 168) 06–07.

141. Johann Lambsdorff, «Measuring Corruption: The Validity and Precision of Subjective Indicators» [2006], Measuring corruption 81.

en una herramienta esencial para esta tarea. Con su enfoque que combina percepciones y experiencias reales de corrupción, el IPC ha contribuido a colocar la cuestión de la corrupción en la agenda política global[142].

El autor Villoria[143] ha señalado que las percepciones de corrupción no siempre se corresponden con los datos objetivos de delitos contra la Administración, ilustrando la complejidad y los matices de este fenómeno. Por otro lado, Kaufman y colaboradores argumentan que las medidas basadas en experiencias objetivas probablemente no estarán sesgadas hacia las visiones de las élites, como la comunidad empresarial, ni reflejarán las actitudes políticas de los expertos en calificaciones[144].

Aunque existen varios indicadores agregados, uno de los más utilizados es el Índice de Percepción de la Corrupción (CPI) de Transparency International. Lanzado por primera vez en 1995, el CPI ha sido ampliamente reconocido por poner el tema de la corrupción en la agenda política internacional. El CPI se produce anualmente y clasifica a los países democráticos en términos del grado en que se percibe la existencia de corrupción entre los funcionarios públicos y los políticos. El CPI es un índice compuesto que se elabora a partir de trece encuestas y sondeos diferentes, una «encuesta de encuestas», de once instituciones independientes que recopilan datos relacionados con la corrupción a partir de encuestas de expertos y empresas llevadas a cabo por una variedad de instituciones independientes y respetables[145].

Además, el CPI captura información pertinente a los aspectos administrativos y políticos de la corrupción con preguntas de la encuesta relacionadas con sobornos y coimas en el sector público, malversaciones de fondos públicos y evaluaciones de la fuerza y efectividad de los esfuerzos anticorrupción en el sector público[146].

Sin embargo, a pesar de su importancia y su amplio uso, el IPC no está exento de críticas. Como señalan los autores[147], uno de los cuestionamien-

---

142. «Transparency International. (2020),. Transparency International. CPI Index. Https://Www. Transparency.Org. Accessed April 16, 2021», (n 133).

143. Villoria and Jiménez (n 160).

144. Daniel Kaufmann, Aart Kraay and Massimo Mastruzzi, «Measuring Corruption: Myths and Realities».

145. «Transparency International. (2020),. Transparency International. CPI Index. Https://Www. Transparency.Org. Accessed April 16, 2021», (n 133).

146. Clark (n 168).

147. Claudio Weber Abramo, «How Much Do Perceptions of Corruption Really Tell Us?» (2008), 2 Economics; Angela Hawken and Gerardo L Munck, «Measuring Corruption: A Critical Assessment and a Proposal» [2009], Perspectives on Corruption and Human Development, Macmillan, https://papers.ssrn.com/sol3/papers.cfm?abstract_id=2480847, accessed 5 May 2023; Staffan Andersson and Paul M Heywood, «The Politics of Perception: Use

tos más recurrentes al IPC es que refleja percepciones sobre la corrupción más que incidencias reales. Esta crítica coincide con las reflexiones de Treisman[148] sobre la discrepancia que a veces se da entre las percepciones y las experiencias reales de la corrupción.

El CPI ejerce una influencia significativa en la opinión pública global. La presentación de los países en una clasificación ordenada según sus niveles percibidos de corrupción crea una imagen de manera muy visual y fácilmente comprensible de dónde se percibe que la corrupción es más o menos prevalente[149]. Este índice suele ser ampliamente citado en los medios de comunicación y puede tener un impacto considerable en la reputación internacional de un país. También, el IPC también puede influir en las decisiones de políticas y en los enfoques de los donantes internacionales. Las posiciones bajas en el índice pueden llevar a los Gobiernos a adoptar medidas de reforma para mejorar su clasificación. Igualmente, los donantes y las organizaciones internacionales pueden usar el índice para guiar las decisiones de financiamiento y cooperación, por ejemplo, al proporcionar asistencia anticorrupción a países con clasificaciones particularmente bajas[150]. En este sentido Mazzoni *et al*., enfatizan la importancia de una opinión pública consciente y receptiva en el combate a la corrupción, subrayando el papel crucial de los medios en la presentación del fenómeno. Sin embargo, advierten sobre ciertas distorsiones en la narración mediada que obstaculizan los mecanismos de sanción e inhiben las medidas anticorrupción[151].

---

and Abuse of Transparency International's Approach to Measuring Corruption» (2009), 57 Political studies 746; Thomas ROTSCH, «Criminal Compliance»; Mireille RAZAFINDRAKOTO and François ROUBAUD, «Are International Databases on Corruption Reliable? A Comparison of Expert Opinion Surveys and Household Surveys in Sub-Saharan Africa» (2010), 38 World development 1057; HEYWOOD and ROSE (n 194); Hannes BAUMANN, «A Failure of Governmentality: Why Transparency International Underestimated Corruption in Ben Ali»s Tunisia» (2017), 38 Third World Quarterly 467.

148. TREISMAN, «The Causes of Corruption: A Cross-National Study» (n 95); Daniel TREISMAN, «What Have We Learned about the Causes of Corruption from Ten Years of Cross-National Empirical Research?» (2007), 10 Annu. Rev. Polit. Sci. 211.

149. *Vid.* Theresa THOMPSON and Anwar SHAH, «Transparency International»s Corruption Perceptions Index: Whose Perceptions Are They Anyway» (2005), 14 Retrieved May 2013; William De Maria, «Measurements and Markets: Deconstructing the Corruption Perception Index» (2008), 21 International Journal of Public Sector Management 777; Fredrik GALTUNG and others, *Measuring Corruption* (Ashgate Publishing, Ltd 2013).

150. *Vid.* Stuart C GILMAN, «To Understand and to Misunderstand How Corruption Is Measured: Academic Research and the Corruption Perception Index» (2018), 20 Public Integrity S74, https://doi.org/10.1080/10999922.2018.1472974, accessed 21 May 2023.

151. Marco MAZZONI, Rita MARCHETTI and Roberto MINCIGRUCCI, «Corruption, Mass Media and Public Opinion» in Enrico Carloni and Michela Gnaldi (eds), *Understanding and Fighting Corruption in Europe: From Repression to Prevention* (Springer International Publishing 2021), https://doi.org/10.1007/978-3-030-82495-2_3, accessed 21 May 2023.

Por otra parte, Mungiu-Pippidi enfatiza la importancia de desarrollar medidas accionables y cómo identificar indicadores apropiados. Entender y abordar la corrupción es prácticamente imposible sin medirla adecuadamente. Esta autora discute los tipos de mediciones de corrupción y ofrece una guía sobre cómo diseñar mejor las mediciones de corrupción que se ajusten a los objetivos analíticos y de política del investigador[152].

Como opina Clark, existen varias herramientas de medición que reflejan los desafíos definitorios en la comprensión del comportamiento corrupto. Algunas ofrecen perspectivas interesantes y evidencia convincente de la amplia gama de tipos de actividades o transacciones que podrían caer dentro del concepto[153].

Dentro de esta corriente académica, encontramos diversos índices que intentan medir la corrupción[154] de forma estandarizada, cuantificando los niveles de riesgo basándose en experiencias y percepciones[155].

Las medidas puramente objetivas se refieren a los intentos de proporcionar estimaciones precisas del nivel de corrupción utilizando datos objetivos[156]. Este enfoque se ha basado en cuantificaciones reales como investigaciones sobre corrupción, procesamientos y condenas, y ha sido útil para entender la naturaleza y las circunstancias que rodean la corrupción, tal como se refleja en los informes de gastos oficiales[157]; las transacciones comerciales inter-

152. Alina MUNGIU-PIPPIDI and Mihály FAZEKAS, «How to Define and Measure Corruption», *A research agenda for studies of corruption* (Edward Elgar Publishing 2020).

153. CLARK (n 168).

154. ROHWER (n 194); GOLDEN and PICCI (n 194); M FAZEKAS, L CINGOLANI and B TÓTH, «Innovations in Objectively Measuring Corruption in Public Procurement» in HK ANHEIER, M HABER and MA KAYSER (eds), *Governance indicators. Approaches, progress, promise* (Oxford University Press 2018); BELLO y VILLARINO (n 194).

155. J SVENSSON, «Eight Questions about Corruption» (2005), 19 Journal of Economic Perspectives, https://doi.org/10.1257/089533005774357860.

156. Oriana BANDIERA, Andrea PRAT and Tommaso VALLETTI, «Active and Passive Waste in Government Spending: Evidence from a Policy Experiment» (2009), 99 American Economic Review 1278, https://www.aeaweb.org/articles?id=10.1257/aer.99.4.1278; R TELLA and E SCHARGRODSKY, «The Role of Wages and Auditing during a Crackdown on Corruption in the City of Buenos Aires» (2003), 46 J Law Econ; DUNCAN (n 194); GOLDEN and PICCI (n 194); Benjamin A OLKEN, «Monitoring Corruption: Evidence from a Field Experiment in Indonesia» (2007), 115 Journal of Political Economy 200, https://www.journals.uchicago.edu/doi/10.1086/517935, accessed 7 June 2023; Ritva REINIKKA and Jakob SVENSSON, «Using Micro-Surveys to Measure and Explain Corruption» (2006), 34 World Development 359; Eric AVIS, Claudio FERRAZ and Frederico FINAN, «Do Government Audits Reduce Corruption? Estimating the Impacts of Exposing Corrupt Politicians» (2018), 126 Journal of Political Economy 1912, https://www.journals.uchicago.edu/doi/full/10.1086/699209, accessed 20 May 2023.

157. MA GOLDEN and L PICCI, «Proposal for a New Measure of Corruption, Illustrated with Data» (2005), 17 Economics and Politics, https://doi.org/10.1111/j.1468-0343.2005.00146.x; OLKEN and Pande (n 112).

nacionales[158]; estadísticas oficiales e informes de prensa[159]; así como otras valiosas prácticas para medir la corrupción real.

Además, las teorías económicas intentan explicar cómo se produce la corrupción mediante el uso de la teoría de juegos, modelos conceptuales de transacciones o comercio y dilemas morales[160]. Adicionalmente, se incluyen investigaciones en economía del conductual y antropología que estudian la honestidad, la cooperación y la reciprocidad[161].

En esta misma línea, Clark proporciona una visión completa de los diversos enfoques y herramientas utilizados para medir y analizar la corrupción, incluyendo el indicador más establecido y ampliamente utilizado, el Índice de Percepción de la Corrupción proporcionado por Transparencia Internacional[162]. Este acercamiento se ha realizado estableciendo *proxies*, indicadores de riesgo y correlaciones entre índices relevantes y parámetros socioeconómicos[163].

A pesar de que estos estudios representan un progreso en la descripción y cuantificación moderna de la corrupción, aún presentan importantes limitaciones[164]. Por ejemplo, la interpretación de los índices de percepción depende

---

158. Jagdish N BHAGWATI, «Directly Unproductive, Profit-Seeking (DUP) Activities» (1982), 90 Journal of Political economy 988.

159. ROSE-ACKERMAN, «Corruption: A Study in Political Economy» (n 89); Alan PL Liu, «The Politics of Corruption in the People»s Republic of China» (1983), 77 American Political Science Review 602; Susan J Pharr, «Corruption and Public Trust: Perspectives on Japan and East Asia», https://scholarspace.manoa.hawaii.edu/server/api/core/bitstreams/8d91ee8b-783f-4594-a318-c74c-d2a12e2c/content, accessed 20 May 2023; William L Miller, «Perceptions, Experience and Lies: What Measures Corruption and What Do Corruption Measures Measure» [2006], Measuring corruption 163; Rafael DI TELLA and Ignacio Franceschelli, «Government Advertising and Media Coverage of Corruption Scandals» (2011), 3 American Economic Journal: Applied Economics 119; Adam Masters and Adam Graycar, «Media Reporting of Corruption: Policy Implications» (2015), 64 Crime, Law and Social Change 153; Žuffová (n 148).

160. Jean-Phiilippe PLATTEAU, «Behind the Market Stage Where Real Societies Exist-part I: The Role of Public and Private Order Institutions» (1994), 30 The Journal of Development Studies 533; Seung HAN YOO, «Petty Corruption» (2008), 37 Economic Theory 267; Oliver SCHILKE and Gabriel ROSSMAN, «It»s Only Wrong If It»s Transactional: Moral Perceptions of Obfuscated Exchange» (2018), 83 American Sociological Review 1079.

161. Mikhail DRUGOV, John HAMMAN and Danila SERRA, «Intermediaries in Corruption: An Experiment» (2014), 17 Experimental Economics 78, http://link.springer.com/10.1007/s10683-013-9358-8; S Sah and G Loewenstein, «Nothing to Declare: Mandatory and Voluntary Disclosure Leads Advisors to Avoid Conflicts of Interest» (2014), 25 Psychol Sci, https://doi.org/10.1177/0956797613511824; C ARNEY, «Predictably Irrational: The Hidden Forces That Shape Our Decisions» (2010), 44 Math Comput Educ; Rebecca BL LI, «Measures to Prevent Corruption and to Encourage Cooperation between All Sectors of Society» [2014], paper delivered to the 16th UNAFEI UNCAC Training Programme, Visiting Experts» Paper, Resource Materials Series 150; Muthukrishna and others (n 135).

162. CLARK (n 168) 06–07.

163. LAMBSDORFF, «Measuring Corruption» (n 196); OLKEN and Pande (n 112); CLARK (n 168).

164. Luna-PLA and Nicolás-CARLOCK (n 115).

en gran medida de la pericia profesional de la muestra de estudio[165], y sufren limitaciones conceptuales que tienden a simplificar excesivamente el fenómeno, mostrando inconsistencias entre los resultados al compararse en diferentes periodos de tiempo[166]. También es conocido que estos enfoques se basan en modelos estadísticos y parámetros socioeconómicos que no permiten establecer causalidad de manera precisa, ni describir los actos de corrupción desde sus micro a sus macro propiedades[167]. En lugar de proporcionar una observación real de la corrupción política, los indicadores basados en percepciones evalúan las opiniones sobre la corrupción de una variedad de fuentes diferentes (elites políticas, expertos en negocios, el público, etc.)[168]. Sin embargo, se han realizado importantes esfuerzos para establecer indicadores de riesgo objetivos, por ejemplo, en la contratación pública[169].

Para Hawken[170], los intentos de medir la corrupción encuentran cierto grado de escepticismo, a menudo manifestado en preguntas persistentes como «¿Se puede medir la corrupción?». Como se esperaba, las respuestas suelen ser bastante contradictorias. Algunos investigadores afirman tajantemente que es probable que la corrupción siga siendo imposible de medir directamente en el futuro previsible[171], mientras que otros, generalmente aquellos que han propuesto alguna medida de corrupción, responden a esta pregunta de manera mucho más optimista. Por ejemplo, Kaufmann[172] tacha de «mito» la idea de que la corrupción no puede ser medida.

---

165. SD Morris, «Variations on a Theme: Corruption in Mexico and the US» (2018), 14 Can Soc Sci.

166. F Méndez and F Sepúlveda, «What Do We Talk about When We Talk about Corruption?» (2009), 26 J Law Econ Org, https://doi.org/10.1093/jleo/ewp003.

167. Mungiu-Pippidi, «The Time Has Come for Evidence-Based Anticorruption» (n 143); A. Mungiu-Pippidi and R Dadašov, «When Do Anticorruption Laws Matter? The Evidence on Public Integrity Enabling Contexts» (2017), 68 Crime, Law and Social Change, available.

168. Daniel Jordan Smith, «Corruption, Inequality, and the Rule of Law: The Bulging Pocket Makes the Easy Life. By Eric M Uslaner» (2010), 8 Perspectives on Politics 1177.

169. M Fazekas and G Kocsis, «Uncovering High-Level Corruption: Cross-NationalCorruption Proxies Using Government Contracting Data» [2017], British Journal of PoliticalScience., https://doi.org/10.1017/S0007123417000461; Fazekas, M., Cingolani, L., and Tóth, B., «A Comprehensive Review of Objective Corruption Proxies in Public Procurement: Risky Actors, Transactions, and Vehicles of Rent Extraction», [2017], Government Transparency Institute Working.

170. Hawken and Munck (n 202) 75–76.

171. Michael Johnston and Sahr J Kpundeh, «The Measurement Problem: A Focus on Governance», *Forum on Crime and Society* (United Nations Publications 2002); Michael Johnston, «Measuring Corruption: Numbers versus Knowledge versus Understanding», *The political economy of corruption* (Routledge 2001), http://www.crcnetbase.com/doi/abs/10.4324/9780203468388.pt4.

172. Daniel Kaufmann, «Myths and Realities of Governance and Corruption» [2005], Available at SSRN 829244.

Por otro lado, Lambsdorff, concluye, en medición de corrupción, que muchos de los problemas[173] de agregación pueden evitarse utilizando índices de una sola fuente y dimensión. Puesto que existe distinción definitoria entre medidas de corrupción administrativa y captura del Estado[174].

En el análisis sobre la medición de la corrupción, Clark destaca que las medidas puramente objetivas son relativamente escasas, y se inclina hacia un tipo de mediciones basadas en la interacción con funcionarios del Gobierno. Argumenta el autor que a menudo se hacen preguntas a los empleados de las empresas sobre la corrupción a las empresas, como qué porcentaje de las ventas anuales consideran que empresas como la suya gastan en pagos no oficiales a funcionarios públicos[175].

No obstante, debido a la dificultad inherente de medir directamente la corrupción política ya su naturaleza ilegal y clandestina, casi todos los estudios utilizan indicadores subjetivos de corrupción. Estos se basan en las opiniones sobre la corrupción de diversas fuentes (élites políticas, expertos empresariales, el público, etc.). Incluyen encuestas que consisten en opiniones de élites empresariales sobre cómo es hacer negocios en un país determinado o las percepciones de los ciudadanos sobre la corrupción[176].

A pesar de su utilidad, Clark[177], junto con otros investigadores[178], advierte que los indicadores de percepción de corrupción no necesariamente reflejan la prevalencia real de la corrupción en un país, y expresa preocupación porque estas medidas pueden reflejar opiniones más que la presencia real de corrupción. Clark demuestra el pesimismo de las medidas de percepción existentes. En este sentido, afirma Charron[179] que cuestiona la fiabilidad, la validez de las medidas de percepción de corrupción y el posible sesgo por factores externos como el rendimiento económico. Que, por ejemplo, usando una encuesta de 85 000 europeos en 24 países, compara las percepciones de corrupción de los ciudadanos con y sin experiencia personal en corrupción, evalúa factores externos que puedan sesgar estas percepciones y compara indicadores de percepción de expertos con percepciones y experiencias ciudadanas[180].

173. JOHNSTON and KPUNDEH (n 226); CHARRON (n 194).

174. LAMBSDORFF, «Measuring Corruption» (n 196).

175. CLARK (n 168) 07–09.

176. *Ibid.*

177. *Ibid.*

178. HEYWOOD and ROSE (n 194); Marcus J KURTZ and Andrew SCHRANK, «Growth and Governance: Models, Measures, and Mechanisms» (2007), 69 The Journal of Politics 538; RAZAFINDRAKOTO and ROUBAUD (n 202).

179. CHARRON (n 194).

180. *Ibid.*

Sin embargo, el verdadero debate sobre la medición de la corrupción ha avanzado mucho más allá de estas alternativas tan marcadas. De hecho, a la luz de la gran cantidad de trabajo dedicado a la medición de la corrupción en la última década, la propia pregunta «¿Se puede medir la corrupción?» se ha vuelto en cierto modo irrelevante. El quid de la cuestión es que aquellos que observan o participan en actos de corrupción, generalmente, tienen poco incentivo para compartir su conocimiento. Por lo tanto, para Hawken, una evaluación de los esfuerzos para medir la corrupción necesariamente implica la consideración de una amplia gama de cuestiones metodológicas. Sin embargo, como se demostró, se pueden extraer varias conclusiones clave con respecto qué aspectos del concepto de corrupción se pueden medir adecuadamente con las metodologías disponibles, que es el enfoque de esta sección, y cómo producir indicadores que permitan comparaciones entre países y a lo largo del tiempo, e índices que agreguen múltiples indicadores; dos cuestiones abordadas en la siguiente sección[181].

Hasta ahora, al juicio de Mungiu-Pippidi, existe una amplia variedad de instrumentos de medición: a) encuestas de percepciones de corrupción y autoinformes de incidencia de corrupción; c) estadísticas de corrupción administrativa como casos de soborno internacional o auditorías aleatorias; c) indicadores de conexiones políticas o conflictos de interés utilizando datos administrativos y d) *proxies* de corrupción a nivel micro, como señales de alerta en la contratación pública[182].

Igualmente, Clark subraya la importancia de tener métodos efectivos para medir la corrupción, ya que estos pueden informar las estrategias de cumplimiento y la implementación de políticas para combatirla. Sin una comprensión clara y precisa de la corrupción, puede ser difícil desarrollar e implementar regulaciones y prácticas de cumplimiento efectivas que puedan mitigar la corrupción y sus efectos negativos en los derechos humanos y la gobernabilidad[183].

En este sentido, afirma Perumal, que es cierto que las mediciones de corrupción son subjetivas y dependen de los datos disponibles. Sin embargo, los desafíos a los que se enfrentan estas mediciones no podrían alterar significativamente la comprensión de la comunidad global sobre la corrupción y sus impactos en la gobernabilidad. Esta afirmación sugiere la importancia de seguir avanzando en las metodologías de medición de la corrupción, a pesar de sus limitaciones, para mantener una comprensión consistente y precisa de sus efectos en la gestión gubernamental y en la sociedad en general[184].

181. Hawken and Munck (n 202) 75–76.

182. Mungiu-Pippidi and Fazekas (n 207).

183. Clark (n 168) 07–09.

184. Kannan Perumal, «Rents, Administrative Sanctions and Conventional Corruption-Control Approach: Evidence from the Prevention of Corruption Act, India»,

Como recuerda Clark, las posibles causas de la corrupción son muchas y bastante complejas. Aunque abundan las teorías, los medios para controlarla no se comprenden del todo.[185]

La medición de la corrupción desempeña un papel fundamental en la prevención de esta, dado que proporciona datos cruciales que informan y moldean políticas y regulaciones anticorrupción. Tal como argumentan Mungiu-Pippidi y Galtung, entender y medir adecuadamente la corrupción es esencial para abordarla eficazmente[186].

La corrupción no solo canaliza recursos públicos a bolsillos privados, sino que, aún más importante, influye en las decisiones políticas tomadas por los funcionarios públicos. Asimismo, puede distorsionar el proceso de adquisición, resultando en la selección de proyectos «elefantes blancos» antieconómicos que han sobrecargado a muchos países en desarrollo con deudas que no pueden pagar[187].

Más allá de los sobornos individuales, la corrupción introduce distorsiones muy profundas en la sociedad, afectando la equidad, la estabilidad y la eficiencia, lo que en última instancia perjudica la capacidad de un país para proporcionar desarrollo sostenible a sus ciudadanos[188]. Clark refuerza esta postura al afirmar que la percepción de la corrupción puede ser tan dañina como la corrupción misma, y que las discrepancias entre estas percepciones y las experiencias individuales pueden socavar la confianza en las instituciones.[189]

Con el avance de un mercado cada vez más globalizado, las oportunidades para la corrupción, así como su escalada, están aumentando. El tamaño y la riqueza de las corporaciones en relación con las naciones proporciona los recursos para las prácticas corruptas. La liberalización de los mercados financieros internacionales facilita la transferencia y ocultación de los productos de la corrupción. Los movimientos hacia la privatización en Oriente y Occidente están proporcionando incentivos únicos para la corrupción a una escala sin precedentes, ya que los funcionarios no solo se ocupan de los ingresos del Estado, sino también de sus activos[190].

En este sentido, la importancia de medir la corrupción radica no sólo en la identificación de su presencia y prevalencia, sino también en la evaluación de su impacto en las instituciones y en la vida cotidiana de las personas. Kaufmann, Kurtz y Schrank resaltan las limitaciones de las medidas basadas

---

185. Clark (n 168) 18.

186. Mungiu-Pippidi, *The Quest for Good Governance* (n 143); Galtung (n 194).

187. Galtung and others (n 204).

188. *Ibid.*

189. Clark (n 168).

190. Galtung and others (n 204).

en la percepción y argumentan a favor de los indicadores objetivos que pueden proporcionar una imagen más clara y precisa de la incidencia real de la corrupción[191].

Como recuerda Galtung, medir la corrupción es crucial para ayudar a las regulaciones a prevenirla, porque proporciona una cuantificación de su prevalencia y una indicación de su naturaleza y de los mecanismos que la permiten. De esta manera, la medición permite a las autoridades orientar más eficazmente sus esfuerzos y políticas de lucha contra la corrupción, identificar las áreas que requieren mayor atención y evaluar el éxito de las intervenciones implementadas. Así, la medición de la corrupción es un componente esencial de los esfuerzos para erradicarla y promover una mayor transparencia, responsabilidad e integridad en todos los niveles de la sociedad[192].

Unas definiciones adecuadas de corrupción permitirían mediciones objetivas y precisas, lo que facilitaría la predicción y, en consecuencia, proporcionaría la inteligencia necesaria para su control. A pesar del significativo progreso en la lucha contra la corrupción, todas estas iniciativas se ven afectadas por las limitaciones inherentes a las metodologías que las respaldan. La formulación de modelos exactos de las causas, circunstancias, mecanismos, efectos y consecuencias de un evento de corrupción sigue siendo un gran desafío científico. Sin duda, sabemos mucho más sobre corrupción que hace veinte años, pero aún no sabemos cómo medirla de manera sistemática y estandarizada, ni cómo controlarla dentro de los modelos existentes. Está claro que este problema requiere de nuevos marcos conceptuales, metodológicos y analíticos que permitan integrar todos los elementos que, de una forma u otra, determinan la complejidad del fenómeno[193].

Con respecto a las violaciones de los derechos humanos causadas por la corrupción, la medición de la corrupción puede desempeñar un papel crucial en la identificación de áreas donde los recursos públicos se están desviando de los servicios esenciales, como la salud y la educación, y en la puesta en marcha de estrategias para abordar estos problemas. Como señala Persson, las naciones con una gobernanza más fuerte y una menor corrupción tienden a experimentar menos desastres y, por lo tanto, a tener una mejor capacidad para proteger los derechos humanos básicos de sus ciudadanos[194].

En conclusión, la medición de la corrupción es vital para informar y guiar las políticas y regulaciones destinadas a prevenirla, y para salvaguardar los derechos humanos al ayudar a identificar y abordar las áreas donde la corrupción puede estar causando daños significativos.

191. KAUFMANN, KRAAY and MASTRUZZI (n 199); KURTZ and SCHRANK (n 233).

192. Fredrik GALTUNG, «Measuring the Immeasurable: Boundaries and Functions of (Macro) Corruption Indices» (2006), 101 Measuring corruption.

193. Luna-PLA and Nicolás-CARLOCK (n 115).

194. PERSSON and POVITKINA (n 146).

1.3. La corrupción desde la perspectiva de Agenda 2030 y los tratados internacionales

En lo que concierne a la Agenda de Desarrollo Sostenible 2015-2030, esta representa una evolución de los Objetivos de Desarrollo del Milenio, que han ejemplificado la trascendental acción en el ámbito global para combatir los retos significativos que enfrenta la humanidad. Esta agenda establece objetivos concretos y mide los progresos realizados en problemas específicos mediante su integración en la planificación estatal. Se han conseguido logros relevantes en materias como la disminución de la pobreza extrema, acceso a la educación, reducción de la mortalidad infantil, disponibilidad de agua potable y la lucha contra el VIH/SIDA, la malaria y la tuberculosis, entre otros[195].

Es relevante citar la Convención para Combatir el Cohecho de Servidores Públicos Extranjeros en Transacciones Comerciales Internacionales, el primer instrumento jurídico con carácter obligatorio para combatir la corrupción. Asimismo, la Convención de las Naciones Unidas contra la Corrupción (UNAC), aprobada por la Asamblea General de la ONU y en vigor desde diciembre de 2005, constituye otro hito importante. Con base en la ONU, esta convención cubre cinco áreas clave: medidas de prevención, penalización y aplicación de la ley, cooperación internacional, recuperación de activos, y asistencia técnica e intercambio de información[196].

De forma particular, en los informes del secretario general acerca de la labor de la Organización de la Agenda 2030, se alerta sobre las intrincadas relaciones entre la corrupción, el terrorismo, el crimen organizado y el narcotráfico. A su vez, se señala la diversificación y sofisticación de los actos de corrupción, que promueven la inseguridad y hasta desestabilizan políticamente distintos países alrededor del globo[197].

Como plantea PNUD, aquellos responsables de las políticas y programas públicos globales pueden alcanzar resultados superiores, a menudo con bajo coste o incluso gratuitamente, simplemente aplicando los actuales conocimientos de psicología y comportamiento humano. Si bien estas medidas no están directamente relacionadas con la implementación del Objetivo de Desarrollo Sostenible (en adelante, ODS16.5), supondrían un significativo avance en la puesta en práctica de acciones dirigidas a resolver problemas a los que se enfrenta la Agenda 2030. Los creadores de políticas siempre deben explorar mecanismos para promover conductas beneficiosas para el individuo y la sociedad; de lo contrario, los problemas se profundizan y las

195. Naciones Unidas - ONU and ONU, Objetivos de Desarrollo Sostenible 2015.

196. ONU, «Convención de Las Naciones Unidas Contra La Corrupción» (2004),.

197. Naciones Unidas - ONU and ONU Objetivos de Desarrollo Sostenible (n 250) 22.

instituciones se ven incapacitadas para generar soluciones y responder a las demandas ciudadanas[198].

La iniciativa de las Naciones Unidas emprendida en 2015, que contempló una serie de estudios relacionados con la comprensión de la ciencia del comportamiento, ha sido replicada por la Agenda 2030. Al enfocar la investigación en la promoción de los ODS a través de medidas anticorrupción empleando *nudge*[199], facilitaría la tarea a la hora de verificar su legitimidad y cumplimiento por parte de los países, dado que dispone de una agenda propia con una transversalidad desde el gobierno federal hasta el municipal. Es importante recordar que el *nudge* está todavía en una fase inicial de desarrollo.

Un aspecto crucial relacionado con los ODS se refiere al Objetivo 16. Aquellos países que firmaron el acuerdo de la Agenda 2030 se comprometieron a cumplir todas las metas, incluyendo la lucha contra la corrupción, es decir, a poner en práctica el Objetivo 16, que propone «Promover sociedades, justas, pacíficas e inclusivas»[200]. Específicamente, la meta 16.5 estipula que se debe «reducir considerablemente la corrupción y el soborno en todas sus formas» y la meta 16.6 enfatiza la necesidad de «crear a todos los niveles instituciones eficaces y transparentes que rindan cuentas»[201].

Sin embargo, los ODS no pueden ser implementados de la misma manera que muchos tratados internacionales, ya que, sin las adecuadas medidas gubernamentales, carecen de eficacia en el ámbito local, especialmente en lo que respecta al ODS 16.5. Si la corrupción se ha infiltrado en altos niveles, los mecanismos institucionales convencionales no disponen de las herramientas necesarias para un proceso adecuado de justicia y reparación de daños.

Cuando la corrupción dentro de la Administración pública erosiona el acceso a los derechos básicos de los más vulnerables[202] y contribuye al des-

---

198. *Ibid.*

199. Vid Edérson Dos Santos Alves, «La Aplicación de Nudge En La Formación de Los Empleados Públicos En España, Ayuda a Prevenir La Corrupción», *Administración, Hacienda y Justicia en el Estado Social* (Tirant lo Blanch 2021); Edérson Dos Santos Alves, «El Uso de Los Nudges y Cómplice En La Formación de Los Empleados Públicos Para Prevención y Control de La Corrupción En España Para Cumplir El Objetivo 16.5 de La Agenda 2030»,; VJJM Bekker, Lars Tummers and Maurits Van Leeuwen, «Nudge»as an Innovative Policy Instrument: A Public Administration Perspective», *Conference proceedings of the Social Innovation Research Conference. Available at: https://www. researchgate. net/ publication/282808146_»Nudge»_as_an_innovative_policy_i nstrument_a_public_administration_perspective* (2015),; Jacques Chevallier, «Les Nudges Dans la Modernisation de l'Action Publique To Cite This Version: HAL Id: Hal-02056338 Dans la Modernisation de l'Action Publique»; Nils Kobis and others, «Social Norms of Corruption in the Field -Social Nudges on Posters Can Help to Reduce Bribery».

200. Naciones Unidas - ONU and ONU Objetivos de Desarrollo Sostenible (n 250).

201. *Ibid.*

202. Della Porta (n 89); Jain (n 94); Villoria and Jiménez (n 94); Ruffner (n 94); Heidenheimer and Johnston (n 80).

vío de fondos públicos, incrementando aún más la riqueza de la clase política y los empresarios corruptos, no solo se agudiza el problema, sino que el propio Estado[203] carece de las acciones necesarias para combatirlo, ya que la corrupción resulta ser una práctica altamente rentable para las empresas y los políticos, y se agregan los escasos casos en los que se ha llevado a cabo la justicia.

A fin de ejecutar la Agenda 2030, en el año 2018 se suscribió un acuerdo de cooperación para luchar contra la corrupción en América Latina y el Caribe entre la Organización de Estados Americanos (OEA) y el Programa de las Naciones Unidas para el Desarrollo (PNUD). La finalidad es el cumplimiento de la meta 16.5 de los ODS con un enfoque en una sociedad más justa, pacífica e inclusiva en todos los niveles, a fin de crear instituciones eficaces y responsables.

Teniendo en cuenta que la cooperación internacional representa una herramienta indispensable en el combate contra la corrupción, la colaboración de las instituciones resulta esencial. Más aún al tratarse de un círculo vicioso entre la impunidad, la corrupción y el deterioro de las instituciones junto con la ineficiencia[204]. El Memorando de Entendimiento (MoU) incluyó a los miembros del Grupo de Trabajo Conjunto de Cumbres, compuesto por el Banco Centroamericano de Integración Económica (BCIE); el Banco de Desarrollo del Caribe; el Banco de Desarrollo de América Latina (CAF); el Banco Interamericano de Desarrollo (BID); el Banco Mundial (BM); el Comisión Económica para América Latina y el Caribe (CEPAL); el Instituto Interamericano de Cooperación para la Agricultura (IICA); la Organización Internacional para las Migraciones (OIM); la Organización Internacional del Trabajo (OIT); y la Organización Panamericana de la Salud (OPS)[205].

Cabe recordar que en los países donde la corrupción está generalizada, los cambios se ven frenados por la acción colectiva, sin que nadie esté dispuesto a ejercer el papel de protagonista para llevar a cabo soluciones. Este mismo argumento es sostenido por los autores[206], identificando a la acción colectiva como uno de los problemas de la implementación de las reformas

---

203. Treisman, «The Causes of Corruption: A Cross-National Study» (n 95); E. Warren (n 95); Mendieta (n 95); Santillán (n 95).

204. Lina María Rincón Cabezas, «América Latina, El Continente de La Sorpresa y La Paradoja. Libro Curso de Ciencia Política», [2017], Senado de la República México 676.

205. Programa de las Naciones Unidas para el Desarrollo - PNUD, «El PNUD Colaborará Con La OEA, Organismos de Las Naciones Unidas y Otras Organizaciones En La Lucha Contra La Corrupción» (*5 de septiembre*, 2018), https://www.latinamerica.undp.org/content/rblac/es/home/presscenter/pressreleases/2018/undp-will-collaborate-with-oas--un-agencies-and-other-organizati.html, accessed 21 June 2019.

206. Elinor Ostrom, «A Behavioral Approach to the Rational Choice Theory of Collective Action: Presidential Address, American Political Science Association, 1997» (1998), 92 American Political Science Review 1; Bo Rothstein, «Anti-Corruption: The Indirect «big

anticorrupción, donde el equilibrio depende de las expectativas compartidas sobre el comportamiento de los demás. Los autores[207] concluyeron que puede entenderse, al menos en parte, que el problema de la corrupción en tales contextos se deba principalmente a la acción colectiva. Es por ello por lo que los autores concuerdan en este punto: comparado con los métodos tradicionales, la economía conductual impulsa estrategias más eficaces en el diseño de las políticas públicas. De esta forma, para mejorar el acceso a los derechos básicos de los ciudadanos, así como para mejorar el desarrollo económico de los países, la intervención en política públicas por medio de *nudge* resulta una herramienta propicia.

La OCDE enfatiza la importancia de incorporar el fomento de la integridad en la estructuración de políticas públicas, considerándola un pilar esencial en la lucha contra la corrupción. En su perspectiva, la integridad va más allá de una opción razonable contra la corrupción; implica promover un comportamiento orientado al interés público por encima de prácticas egoístas y corruptas. No obstante, se observa frecuentemente que la dimensión humana de la conducta se pasa por alto en la elaboración de políticas de integridad[208].

Además, la OCDE resalta que las estrategias anticorrupción suelen fundamentarse en un modelo racional de toma de decisiones, que asume que las decisiones ciudadanas son conscientes y racionales. Sin embargo, esta visión puede no ser congruente con la realidad, ya que las decisiones individuales pueden estar influenciadas por otros factores ajenos a la lógica convencional.

Este enfoque con frecuencia se centra en incrementar los costos y disminuir los beneficios de comportamientos indeseables, derivando en políticas que promueven el control y las sanciones, y que buscan limitar la discrecionalidad en la toma de decisiones para prevenir conductas indebidas. Sin embargo, esta orientación ha llevado en ocasiones a una sobrerregulación, a la instauración de controles restrictivos y a una desconfianza generalizada en la Administración pública[209].

Por último, es evidente que cuanto mayor sea la participación social en la gestión pública, mayor será la valoración y efectividad de la dimensión político-jurídica. De esta forma, la creación de herramientas para la participación ciudadana en la gestión pública se convierte en una vía para lograr una administración transparente y eficaz, basada en los principios de buena gobernanza.

Bang» Approach» (2011), 18 Review of International Political Economy 228; Jan TEORELL, «Corruption as an Institution: Rethinking the Nature and Origins of the Grabbing Hand».

207. Anna PERSSON, Bo ROTHSTEIN and Jan TEORELL, «Why Anticorruption Reforms Fail-Systemic Corruption as a Collective Action Problem» (2012), 26 Governance 449, 12.

208. Organización de Cooperación y Desarrollo Económicos - OCDE, *La Integridad Pública Desde Una Perspectiva Conductual* (OECD 2018) 03.

209. *Ibid.*

La Organización de los Estados Americanos (OEA) aprobó la Convención Interamericana contra la corrupción (CICC), en el 29 de marzo de 1996 en Caracas, Venezuela. La intención de crearla fue erradicar la corrupción en todas sus variantes y fases a través del fortalecimiento de los Estados que forman parte de ella. Tal normativa reconoce que la corrupción traspasó las fronteras nacionales, por lo que se precisa una cooperación y acciones coordinadas de los Estados para combatirla, se afirma que esta es responsabilidad del Estado y que, para combatir la corrupción, es necesario acabar con las impunidades.

La finalidad de analizar los avances de normativas de los Estados parte en consonancia a dispuesto por CICC, la OEA creó el Mecanismo de Seguimiento de la Implementación de la Convención Interamericana contra la Corrupción (MESICIC). Así, se adoptó el Mecanismo Anticorrupción para verificar marcos jurídicos e instituciones de los Estados miembros de la OEA, que adoptaron la Asamblea General de la OEA celebrada en San José, Costa Rica, el 4 de junio de 2001, el cual solo empezó a operar en enero de 2002.

Para la ejecución de los MESICIC, los Estados reciben, en cada ronda de análisis, las recomendaciones que deben seguir a fin de combatir la corrupción en sus territorios. Una de las recomendaciones que hacen es la mejor formación general y la capacitación ética de los empleados públicos, teniendo en cuenta la normativa internacional más importantes sobre corrupción en ámbito internacional.

La Unión Europea (UE) ha demostrado su compromiso en la lucha contra la corrupción mediante la implementación de varias medidas legislativas y estratégicas que inciden directamente en el marco español. Conforme al artículo 29 del Tratado de la Unión Europea, se destaca la prevención y el combate a la corrupción como medio para alcanzar la libertad, la seguridad y la justicia en la región europea. A través de medidas preventivas, el «Programa de acción, de 1997, sobre crimen organizado» propuso una política anticorrupción integral[210].

El fortalecimiento de normas sobre procedimientos de contratación pública, estándares contables y de auditoría, y medidas relativas a la ayuda y asistencia externas son algunas de las sugerencias mencionadas en la primera comunicación sobre la política anticorrupción de la UE[211]. El Plan de Acción de Viena del Consejo de 1998 y el Consejo Europeo de Tampere de 1999 también destacaron la corrupción como un área que requería una atención especial[212].

La adhesión a varias herramientas anticorrupción emitidas por organizaciones internacionales también es impulsada por la UE. Este enfoque tiene

210. Council of Europe Criminal Law Convention on Corruption (n 2).

211. *Ibid*.

212. Vienna European Council: The European Council met in Vienna on 11 and 12 December 1998 1998; Council of Europe Criminal Law Convention on Corruption (n 2).

como objetivo maximizar la eficacia de las medidas anticorrupción, evitar duplicidades y asegurar que las normativas existentes en la UE tengan el mismo carácter obligatorio en otros organismos internacionales. En esta línea, se incluyen la Convención de la OCDE sobre la lucha contra el soborno de funcionarios públicos extranjeros en las transacciones comerciales internacionales, las Convenciones del Consejo de Europa y de las Naciones Unidas contra la corrupción [213].

Finalmente, en el contexto de los derechos humanos, la corrupción de los funcionarios inhibe y limita el acceso a los derechos fundamentales. Por lo tanto, las normativas anticorrupción de la UE, con su aplicación en España, adquieren una relevancia crucial para garantizar un ejercicio equitativo y justo de estos derechos. Es decir, un entorno libre de corrupción se traduce en una mayor protección y promoción de los derechos humanos.

La estrategia del Consejo de Europa para combatir la corrupción se ha caracterizado siempre por su enfoque multidisciplinario, compuesto por tres elementos interrelacionados: la creación de normas y estándares europeos; el seguimiento del cumplimiento de estos estándares; y la construcción de capacidad en países y regiones individuales, a través de programas de cooperación técnica.

El Consejo de Europa ha desarrollado numerosos instrumentos legales que abordan aspectos como la penalización de la corrupción en los sectores público y privado, la responsabilidad y compensación por daños causados por corrupción, el comportamiento de los funcionarios públicos y la financiación de los partidos políticos. Estos instrumentos buscan mejorar la capacidad de los Estados para combatir la corrupción tanto en el ámbito doméstico como en el internacional, con el Grupo de Estados contra la Corrupción, el GRECO, que está a cargo de la supervisión del cumplimiento de estas normas.

Existen varias agencias en Europa dedicadas a la aplicación de las leyes de cumplimiento y a la lucha contra la corrupción. Dos ejemplos significativos son el Grupo de Estados contra la Corrupción (GRECO) y la Oficina Europea de Lucha contra el Fraude (OLAF).

El GRECO, establecido por el Consejo de Europa en 1999, sirve como el principal órgano de supervisión de la corrupción en Europa. Evalúa el cumplimiento de sus estados miembros con las normas establecidas en los instrumentos anticorrupción del Consejo de Europa. El GRECO proporciona recomendaciones y sigue el progreso de implementación de sus Estados miembros, fomentando un diálogo activo con las autoridades nacionales para mejorar sus capacidades para contrarrestar la corrupción.

---

213. Convención para Combatir el Cohecho de Servidores Públicos Extranjeros en Transacciones Comerciales Internacionales. Adoptada por la Conferencia Negociadora el 21 de noviembre de 1997. 1997 1; United Nations, *United Nations Office on Drugs and Crime—UNODC* (Routledge 2003), https://www.unodc.org/documents/brussels/UN_Convention_Against_Corruption.pdf; Council of Europe, Criminal Law Convention on Corruption 1999.

Por su parte, la OLAF es responsable de proteger los intereses financieros de la Unión Europea. El mandato de la OLAF se extiende a la realización de investigaciones independientes sobre fraude, corrupción y otros delitos que afecten al presupuesto de la UE. Además, la OLAF ayuda a los Estados miembros en sus actividades contra el fraude, desarrolla políticas anticorrupción para la Comisión Europea y proporciona una plataforma para el intercambio de conocimientos y mejores prácticas.

Tanto el GRECO como la OLAF son fundamentales para mantener la integridad de las instituciones públicas y reforzar la adhesión a los estándares de cumplimiento en toda Europa.

Teniendo en cuenta la propuesta de Directiva del Parlamento Europeo y del Consejo sobre la lucha contra la corrupción de 2023, que reemplaza la Decisión Marco del Consejo-2003/568/JHA, la Directiva propone establecer normas mínimas comunes sobre la definición de los delitos de corrupción y las penas correspondientes, junto con normas comunes para mejorar la investigación y el enjuiciamiento de los delitos de corrupción en todos los Estados miembros. Esto incluye impulsar la presentación de informes, armonizar los enfoques de la inmunidad y los plazos de prescripción, así como los facilitadores de la corrupción. Además, se proponen medidas para garantizar una prevención eficaz de la corrupción, como la recopilación exhaustiva de datos sobre corrupción y la creación de autoridades anticorrupción específicas tanto a nivel nacional como de la UE[214].

1.4. La corrupción en diversos contextos y delitos penales que sancionan a los funcionarios públicos

Por otro lado, recuerda Villoria que la corrupción percibida no se corresponde necesariamente con los datos objetivos conocidos de delitos contra la Administración. En el caso de España, según este autor, la corrupción pública no es primordialmente administrativa, sino que es esencialmente política. Se ha desarrollado sobre todo en el nivel local de gobierno y ha estado fuertemente vinculada al auge de la construcción. Este tipo de corrupción, en última instancia, socava la confianza en las instituciones y puede tener efectos duraderos y perjudiciales en la sociedad[215].

De acuerdo con Cabo, destaca la constante preocupación por el correcto desempeño de la Administración pública y de los individuos que la componen. El Código Penal tipifica conductas delictivas cometidas por funcionarios

214. European Parliament And Of The Council, Proposal For A Directive Of The European Parliament And Of The Council On combating corruption, replacing Council Framework Decision 2003/568/JHA and the Convention on the fight against corruption involving officials of the European Communities or officials of Member States of the European Union and amending Directive (EU) 2017/1371 of the European Parliament and of the Council 2023 11.

215. Villoria and Jiménez (n 160).

públicos, que se relacionan estrechamente con el fenómeno de la corrupción, entendido como cualquier acto que desvíe el interés general a través del abuso del cargo para obtener un beneficio ilícito[216].

El autor Nieto afirma que la corrupción es un fenómeno que acompaña al poder de manera constante, tal como la sombra acompaña al cuerpo. Cuando una persona tiene poder, es decir, tiene la capacidad de influir sobre otros y mejorar o perjudicar su destino, se encuentra tentada a otorgar favores a cambio de alguna contraprestación especial[217].

La corrupción erosiona la confianza en los Gobiernos, las instituciones públicas y la democracia en general. Además, la corrupción se correlaciona positivamente con otros fenómenos, como el crimen organizado y el terrorismo. Los delitos relacionados con la corrupción tienen, por lo tanto, un impacto extremadamente significativo para la Unión. En 2022, el 68 % de los ciudadanos de la UE y el 63 % de las empresas percibían la corrupción como un problema generalizado en su propio Estado miembro[218].

Como señala el EuroBarómetro del CIS de 2018, el fraude y la corrupción, con un 25 % de menciones, son la segunda preocupación más grande de los ciudadanos españoles, solo superada por el desempleo (60 %)[219]. Por otro lado, en los datos de la encuesta Eurobarómetro de 2022, el 68 % de las personas en la UE y el 62 % de las empresas con sede en la UE consideran que la corrupción está generalizada en su país[220]. La corrupción cuesta a la economía de la UE al menos 120 000 millones de euros al año. Además, el impacto económico de la corrupción en España es significativo, representando una pérdida de casi el 8 % del PIB, equivalente a unos 90 000 millones de euros. Esta cifra sitúa a España como el cuarto país de la Unión Europea con mayores pérdidas debido a la corrupción. Curiosamente, el gasto ocasionado por la corrupción cuadruplica la inversión en ayuda al desempleo, que asciende a unos 19 600 millones de euros[221].

---

216 Cabo SV, «El Delito de Malversación de Caudales Públicos. La Cualidad de Funcionario Público. Influencia de La Dogmática Penal», https://ficp.es/wp-content/uploads/2019/03/Viv%C3%B3-Cabo.-Comunicaci%C3%B3n.pdf.

217. Alejandro Nieto, *El Desgobierno de Lo Público*, vol 9 (Grupo Planeta (GBS) 2012).

218. Directorate-General for Migration and Home Affairs (European Commission) and others, *Strengthening the Fight against Corruption: Assessing the EU Legislative and Policy Framework: Final Report for Acceptance* (Publications Office of the European Union 2023) 37, https://data.europa.eu/doi/10.2837/22427, accessed 31 May 2023.

219. Eurobarómetro, «Report Corruption « (2020),.

220. European Commission, «Eurobarometer: Citizens and Businesses Have Spoken – Corruption Remains a Serious Problem in EU Countries» (2022), https://home-affairs.ec.europa.eu/news/citizens-and-businesses-have-spoken-corruption-remains-serious-problem-eu-countries-2022-07-13_en, accessed 31 May 2023.

221. Grupo de los Verdes/Alianza Libre Europea., «The Cost of Corruption across EU. 2018» 56, https://www.greens-efa.eu/files/doc/docs/e46449daadbfebc325a0b408bbf5ab1d.pdf.

La Comisión Europea solicitó un estudio para revisar la legislación de la UE en la lucha contra la corrupción. El estudio concluyó que una mayor alineación legislativa entre los Estados miembros de la UE, respaldada por medidas de apoyo, tendría el mayor impacto en la lucha contra la corrupción. El análisis indicó la existencia de barreras legislativas y operativas que obstaculizan tanto la prevención como la lucha contra la corrupción en la UE. Las barreras principales incluyen diferencias significativas en términos de acuerdos legislativos y administrativos en el ámbito internacional para combatir la corrupción, así como una falta de recopilación de datos adecuada y seguimiento de los datos y tendencias de corrupción[222].

La Comisión Europea tomó en cuenta otros datos, como las encuestas del EuroBarómetro de 2022 sobre corrupción. La mayoría de los Estados miembros recopilan datos sobre casos de soborno, pero no todos los Estados miembros que respondieron parece que recopilan datos sobre condenas de personas jurídicas, el número de casos pendientes y los casos resueltos de manera diferente a las condenas o absoluciones. Esto indica que una recopilación más armonizada de datos sobre casos de corrupción podría ayudar a identificar y analizar tendencias en toda la UE[223].

Por tanto, es fundamental replantear las estrategias de control de la corrupción, como subrayan Bechara y Fuziger[224]. La corrupción ya no es un fenómeno local, sino que sus prácticas pueden diseminarse globalmente en apenas horas.

Es deber ineludible de la Administración pública luchar contra la corrupción. Como advierte la CIDH, es necesario revisar y adaptar la legislación sancionatoria y penal a las nuevas formas de corrupción emergentes. La impunidad fomenta la corrupción y, por tanto, es esencial garantizar una sanción efectiva[225].

Cuando la corrupción involucra a empleados públicos, el problema adquiere una gravedad especial. Como señala Muñoz[226], estas situaciones constituyen

---

222. Directorate-General for Migration and Home Affairs (European Commission) and others (n 268) 16.

223. European Parliament And Of The Council Proposal For a Directive Of The European Parliament And Of The Council on combating corruption, replacing Council Framework Decision 2003/568/JHA and the Convention on the fight against corruption involving officials of the European Communities or officials of Member States of the European Union and amending Directive (EU) 2017/1371 of the European Parliament and of the Council (n 265) 11.

224. Rodrigo José Bechara, Ana; Fuziger, «A Política Criminal Brasileira no Controle da Corrupção Pública», https://edisciplinas.usp.br/pluginfile.php/4254324/mod_resource/content/1/Estudios sobre corrupci{\'{o}}n.pdf.

225. Comisión Interamericana de Derechos Humanos- CIDH, «Corrupción y Derechos Humanos: Estándares Interamericanos» (Comisión Interamericana de Derechos Humanos 2019) 15, http://www.oas.org/es/cidh/informes/pdfs/CorrupcionDDHHES.pdf.

226. Jaime Rodríguez-Arana Muñoz, «Ética y Empleados Públicos» [1997], Gestión y Análisis de Políticas Públicas 29, https://revistasonline.inap.es/index.php?journal=GAPP&page=article&op=view&path[]=112, accessed 30 January 2023.

una traición al interés colectivo y una conversión del interés público en interés personal, lo que resulta paradójico, ya que aquellos encargados de proteger el erario son, en realidad, quienes contribuyen a su desfalco.

Como plantea Villoria, la corrupción entre los funcionarios españoles es relativamente baja. Esta conclusión se basa en múltiples encuestas realizadas por el Global Corruption Barometer de Transparency International, que revelan que solo un pequeño porcentaje de los españoles, similar al de países como Alemania, Suiza, Noruega y Finlandia, ha tenido que pagar sobornos para acceder a los servicios públicos. Sin embargo, la corrupción política es un problema relevante en España, como lo demuestran las estadísticas judiciales. Se reportaron más de 700 casos de corrupción política que afectaban a funcionarios públicos electos o designados, según las declaraciones del exfiscal general del Estado, Cándido Conde-Pumpido, en 2009. Por lo tanto, se destaca la importancia de reforzar, mejorar y proteger el modelo meritocrático weberiano, especialmente en la Administración local y en las empresas públicas, como estrategia clave en la lucha contra la corrupción[227].

Dentro de esta relación entre la función pública y la corrupción, adquieren relevancia aquellas acciones delictivas que, además de desviarse del deber del funcionario, afectan al patrimonio público. Entre estas acciones se encuentra el delito de malversación de caudales públicos, cuya tipificación requiere la condición de funcionario público o autoridad del agente, tal como se regula en el artículo 24 del Código Penal[228].

De acuerdo con la visión expuesta por Villoria y Jiménez, la notoriedad de los actos de corrupción en España suele presentarse sin un análisis detallado de su alcance, de sus particularidades tipológicas o de sus elementos estructurales. Esta sobrecarga de información en torno a incidentes de corrupción en el sector público puede estar propiciando una impresión de crecimiento del fenómeno, lo cual, a su vez, podría estar influenciando la percepción pública y alimentando el desencanto existente en nuestro país. De este modo, los citados académicos sostienen que, si bien la corrupción es una realidad, evidenciada por ciertos índices específicos, probablemente no sea más prevalente ahora que durante los años prósperos de la primera década de este siglo[229].

En los últimos años, España ha implementado diversas medidas para mejorar la lucha contra la corrupción y promover la transparencia y la integridad en la Administración pública. Algunas de estas medidas son: Primero lugar,

---

227. Manuel Villoria, «La corrupción en España: rasgos y causas esenciales», (2015), Cahiers de civilisation espagnole contemporaine. De 1808 au temps présent, https://journals.openedition.org/ccec/5949, accessed 26 May 2023.

228. Silvia Vivó Cabo, «El Delito de Malversación de Caudales Públicos. La Cualidad de Funcionario Público. Influencia de La Dogmática Penal», https://ficp.es/wp-content/uploads/2019/03/Viv%C3%B3-Cabo.-Comunicaci%C3%B3n.pdf..

229. Villoria and Jiménez (n 160) 109.

Creación de la Oficina Independiente de Regulación y Supervisión de la Contratación (OIRESCON): Esta oficina tiene como objetivo supervisar y controlar la contratación pública en España, con el fin de prevenir la corrupción y garantizar la transparencia y la eficiencia en el uso de los recursos públicos[230].

De acuerdo con Santiago Fernández, la Ley 9/2017, de 8 de noviembre, de Contratos del Sector Público ha establecido un sistema de supervisión para la contratación pública en España. Esta ley transpone al ordenamiento jurídico español las Directivas del Parlamento Europeo y del Consejo 2014/23/UE y 2014/24/UE, fechadas el 26 de febrero de 2014. En este sistema, la Oficina de Regulación y Supervisión de la Contratación Pública desempeña un papel fundamental al asegurar la correcta aplicación de la legislación en esta área, especialmente en lo que respecta a los principios de igualdad, libre concurrencia y transparencia[231],

Por otro lado, la Decisión (UE) 2017/984 del Consejo, emitida el 10 de junio de 2017, establece que España debe implementar un marco coherente que asegure la transparencia y coordinación de la política de contratación pública en todas las entidades y autoridades de contratación. El objetivo es garantizar la eficiencia económica y un alto nivel de competencia. Este marco debe incluir mecanismos adecuados de control tanto *a priori* como *a posteriori* para la contratación pública, con el fin de asegurar la eficiencia y el cumplimiento de la legislación. Además, se señala que la falta de un organismo independiente encargado de garantizar la eficacia y el cumplimiento de la legislación en materia de contratación pública a nivel nacional obstaculiza la correcta aplicación de las normas de contratación y puede generar oportunidades para la comisión de irregularidades. Esto tiene efectos negativos en la situación de la Hacienda Pública española[232].

Otra cosa importante es la aprobación de la Ley de Transparencia, Acceso a la Información Pública y Buen Gobierno, que establece la obligación de las entidades públicas de garantizar la transparencia y el acceso a la información pública. Esta ley también establece mecanismos para garantizar el buen gobierno y el control de la actuación de los funcionarios públicos[233].

---

230. Resolución de 6 de marzo de 2019, de la Oficina Independiente de Regulación y Supervisión de la Contratación, por la que se publica la Instrucción 1/2019, de 28 de febrero, sobre contratos menores, regulados en la Ley 9/2017, de 8 de noviembre 2019 21893.

231. María José Santiago Fernández, «La Oficina Independiente de Regulación y Supervisión de La Contratación Como Órgano de Regulación Del Mercado de La Contratación Pública», (2019), 21, *Revista española de control externo*, 43.

232. Unión Europea, Decisión (UE) 2017/ 984 del Consejo, de 8 de agosto de 2016, por la que se formula una advertencia a España para que adopte medidas dirigidas a una reducción del déficit que se considera necesaria para poner remedio a la situación de déficit excesivo, 2017 [148 de 10.6.2017].

233. «Ley 19/2013, de 9 de diciembre, de transparencia, acceso a la información pública y buen gobierno».

También, la creación de la Fiscalía Especial contra la Corrupción y la Criminalidad Organizada. Esta fiscalía tiene como objetivo investigar y perseguir los delitos de corrupción y criminalidad organizada en España, y ha sido creada para reforzar la lucha contra la corrupción en el país.

A pesar de los avances, también tuvo desafíos, como, por ejemplo, lo establecido en la Decisión (UE) 2017/984 del Consejo, emitida el 10 de junio de 2017, que establece que España tiene la responsabilidad de prestar la debida atención a los aspectos cualitativos de las finanzas públicas, incluyendo su política de contratación pública. Durante los últimos años, se ha observado un número significativo de irregularidades que han afectado a la aplicación de la legislación de contratación pública de la Unión Europea, las cuales han sido comunicadas a la Comisión Europea. Los datos recopilados revelan la existencia de divergencias en la ejecución de los contratos públicos por parte de las entidades y autoridades de contratación, y señalan que la falta de mecanismos de control adecuados, tanto *a priori* como *a posteriori*, dificulta la correcta y uniforme aplicación de la legislación en materia de contratación pública. En comparación con otros Estados miembros, España se destaca por presentar una baja tasa de publicación de los anuncios de contratos y un uso relativamente frecuente del procedimiento negociado sin publicación previa[234].

Además, se aprobó la Ley de Contratos del Sector Público, esta ley establece un marco normativo para la contratación pública en España con el fin de garantizar la transparencia, la eficiencia y la competencia en los procesos de contratación pública, y prevenir la corrupción. También tuvo la creación de la Comisión de Prevención del Blanqueo de Capitales e Infracciones Monetarias. Esta comisión tiene como objetivo prevenir y detectar el blanqueo de capitales y otras infracciones monetarias en España, y ha sido creada para reforzar la lucha contra la corrupción y la delincuencia financiera en el país.

En España existen leyes y reglamentos que establecen penas para los empleados públicos que incumplan sus obligaciones y cometan delitos relacionados con su trabajo.

En todos estos casos, se establecen sanciones para los empleados públicos que cometan estos delitos, que incluyen la destitución de su cargo, multas y penas de prisión, dependiendo de la gravedad del delito cometido. Es importante que los empleados públicos cumplan con sus obligaciones de forma ética y legal para garantizar el buen funcionamiento del Estado y la confianza de los ciudadanos en sus instituciones.

A fin de combatir este fenómeno, el Código Penal español establece diversos artículos que buscan prevenir y sancionar la corrupción tanto en el ámbito

234. Unión Europea Decisión (UE) 2017/ 984 del Consejo, de 8 de agosto de 2016, por la que se formula una advertencia a España para que adopte medidas dirigidas a una reducción del déficit que se considera necesaria para poner remedio a la situación de déficit excesivo (n 283).

público y privado. Este código fue aprobado en 1995 y contempla diversos delitos relacionados con la corrupción en el ámbito público, que buscan prevenir y sancionar la conducta deshonesta de los funcionarios públicos, incluyendo el tráfico de influencias, el cohecho, el cohecho activo y el pasivo, y la prevaricación. Estos delitos son castigados con penas de prisión y multas. Es importante señalar que no se encuentra un delito específico de corrupción contemplado en el Código Penal, aunque se han identificado diez delitos que abarcan diversos aspectos de conductas corruptas.

A continuación, se detallan algunos de los artículos más relevantes contemplado en el Código Penal:

A) Prevaricación urbanística (arts. 320 y 322 del Código Penal).

El delito de prevaricación urbanística se encuentra regulado en los artículos 320 y 322 del Título XIII, Capítulo VIII, del Código Penal español.

El artículo 320 se refiere a la prevaricación urbanística cometida por un funcionario público que, con pleno conocimiento de su injusticia, emite informes favorables sobre instrumentos de planeamiento, proyectos de urbanización, parcelación, reparcelación, construcción o edificación, o concede licencias que contravienen las normas de ordenación territorial o urbanística vigentes. También se incluye la omisión de inspecciones obligatorias o el silenciamiento de infracciones normativas durante las inspecciones. La pena para este delito supone prisión de uno a cuatro años, multa de doce a veinticuatro meses y la inhabilitación especial para empleo o cargo público por un período de siete a diez años.

Por su parte, el artículo 322 se refiere a la prevaricación urbanística cometida por un funcionario público que, con pleno conocimiento de su injusticia, emite informes favorables para proyectos de demolición o modificación de edificios que cuentan con una protección especial. También se incluye la resolución o voto a favor de la concesión de dichos proyectos a pesar de conocer su injusticia. La pena para este delito es de prisión de seis meses a dos años o multa de doce a veinticuatro meses. Según las observaciones de Górriz Royo, con relación al artículo 320 del Código Penal, se puede interpretar que la combinación de las penas establecidas para el delito del artículo 404 CP y las penas de prisión o multa refleja la sanción de ofensas a bienes jurídicos distintos. Por un lado, se protege el bien jurídico del delito del artículo 404 CP, que se refiere al interés público de someter las resoluciones administrativas a la ley y al derecho. Este bien jurídico se basa en el correcto ejercicio de la potestad administrativa o función pública, de acuerdo con el interés general y la legalidad vigente. Por otro lado, en los artículos 320, 322 y 329 CP también se protegen los bienes jurídicos colectivos establecidos en los artículos 319, 321 y 325 CP, respectivamente, que se refieren a la ordenación del territorio, el patrimonio histórico y el medio ambiente. Específicamente, en el artículo 320 CP se protege tanto el interés público por el correcto funcionamiento de la función administrativa en el ámbito urbanístico, como el interés en el uso racional del suelo para dirigir este recurso natural hacia su destino legal y de acuerdo con su naturaleza[235].

Según las afirmaciones de Miguel Corchero Pérez, se considera que las prevaricaciones contempladas en el artículo 320 del Código Penal son prevaricaciones especiales o específicas. Este artículo establece una modalidad «especial» del delito de prevaricación del artículo 404 del Código Penal, pero aplicado a resoluciones y normativas relacionadas con el ámbito del urbanismo. En este delito de prevaricación urbanística, se ponen en riesgo dos bienes jurídicos distintos: el correcto funcionamiento de la Administración pública y la protección de la ordenación del territorio como forma de uso racional de los recursos naturales en beneficio del interés general. En consecuencia, la penalidad en este caso es más severa que en el delito de prevaricación genérica. Además, se destaca que, aunque los posibles autores de las prevaricaciones específicas sean los mismos que en la prevaricación genérica, es decir, autoridades y funcionarios públicos, existen diferencias importantes entre ambos tipos delictivos. Principalmente, las prevaricaciones específicas solo pueden ser cometidas por autoridades y funcionarios competentes en los respectivos ámbitos de la ordenación del territorio/urbanismo, patrimonio histórico y medio ambiente[236].

B) Prevaricación administrativa (arts. 404, 405 y 408).

La prevaricación es uno de los delitos más frecuentes, que se produce cuando una persona pública emite juicios injustos e ilegales en el cumplimiento de su deber (art. 404 CP)[237].

Para González Cussac sostiene que el artículo 404 del Código Penal abarca la figura general del delito de prevaricación administrativa, que se refiere a cuando una autoridad o funcionario, a pesar de tener pleno conocimiento de que es contrario la norma, emite un acto administrativo dentro de los límites de sus competencias establecidos de manera genérica[238].

De acuerdo con la jurisprudencia establecida, el delito de prevaricación, descrito en el artículo 404 del Código Penal, tiene como objetivo salvaguar-

---

235. Elena Górriz Royo, *Los Delitos de Prevaricación Urbanística* (Tirant lo Blanch 2004) 123–124.

236. Miguel Corchero Pérez, *Delitos Urbanísticos* (Tirant lo Blanch 2021) 144, https://biblioteca-tirant-com.ezproxy.usal.es/cloudLibrary/ebook/info/9788413973326.

237. *Vid.* Edérson Dos Santos Alves, «La Prevaricación Como Posible Madre de Los Delitos de Corrupción: Análisis Jurisprudencial y Legislativo Español», *Administración, hacienda y justicia en el estado social II* (Tirant lo Blanch 2023); Mario Neupavert Alzola, «HAVA GARCÍA, Esther, Los Delitos de Prevaricación, Aranzadi, Cizur Menor (Navarra), 1a Ed., 2019, 149 Páginas» [2020], Revista de Estudios Jurídicos y Criminológicos 253, https://revistas.uca.es/index.php/rejucrim/article/view/6711/7089; Jordi Casas Hervilla, «Prevaricación administrativa de autoridades y funcionarios públicos: análisis de sus fundamentos y revisión de sus límites».

238. Alejandro Luzón Cánovas and others, *Comentarios al Código Penal 2 Tomos 2023* (2023), 2548, https://biblioteca-tirant-com.ezproxy.usal.es/cloudLibrary/ebook/info/9788411692915.

dar el correcto ejercicio del poder público en un Estado de derecho. En este sentido, se busca evitar que el poder público sea utilizado de manera arbitraria, incluso bajo la premisa de perseguir un fin de interés público o beneficioso para los ciudadanos. El ejercicio del poder público debe siempre estar en conformidad con las leyes que regulan la toma de decisiones y el logro de fines legalmente permitidos según la Constitución.

La Sentencia del Tribunal Supremo número 572/2021, emitida el 2 de noviembre de 2021, señala que el delito de prevaricación protege el correcto desempeño de la función pública de acuerdo con los principios constitucionales que orientan su actuación. Estos principios incluyen el servicio prioritario a los intereses generales, el pleno sometimiento a la ley y al derecho, y la absoluta objetividad en el cumplimiento de sus objetivos, tal como se establece en el artículo 103 de la Constitución española.

Por tanto, la sanción del delito de prevaricación garantiza el respeto debido al principio de legalidad en el ámbito de la función pública, como fundamento esencial de un Estado social y democrático de derecho. Al mismo tiempo, se respeta el principio de intervención mínima del sistema penal, abordando únicamente las conductas dolosas y graves de ilegalidad, de acuerdo con la Sentencias del Tribunal Supremo del 31 de mayo de 2002, y STS 1015/2002a.

Según González Cussac, el artículo en cuestión penaliza los comportamientos comúnmente conocidos como nombramientos ilegales. Se detallan tres conductas específicas que corresponden a las tres etapas del proceso de acceso a la función pública. En primer lugar, «propusiere», que se refiere a la recomendación de un candidato para el nombramiento, generalmente basada en una evaluación previa. «Nombrare» se refiere a la emisión del título que autoriza a ocupar un puesto público y, por último, «diere posesión», que implica certificar la adquisición de la condición de autoridad o funcionario público[239].

Como señala Neupavert, los delitos de prevaricación administrativa y judicial desempeñan un papel crucial en la lucha contra la corrupción. De hecho, se considera que la prevaricación podría ser la raíz de la corrupción, y si no se comete el delito de malversación, es menos probable que se produzcan otros ilícitos, ya que este tipo penal está directamente relacionado con otros delitos. Estos delitos de prevaricación son fundamentales para salvaguardar la integridad y la imparcialidad en la función pública, ya sea en el ámbito administrativo o judicial. Al sancionar estas conductas, se busca prevenir y combatir la corrupción, garantizando que las decisiones y actuaciones de los funcionarios públicos se rijan por los principios de legalidad, honestidad y transparencia[240].

239. *Ibid* 2556.

240. Mario Neupavert Alzola, Hava García, Esther, «Los Delitos de Prevaricación, Aranzadi, Cizur Menor (Navarra), 1a Ed., 2019, 149 Páginas» [2020], Revista de Estudios Jurídicos y Criminológicos 253, 253, https://revistas.uca.es/index.php/rejucrim/article/view/6711/7089.

De acuerdo con STS 143/2020, el artículo 408 del Código Penal aborda la conducta omisiva de autoridades y funcionarios públicos que, incumpliendo sus deberes, se abstienen voluntariamente de promover la persecución de delitos o de sus responsables. El término *noticia* se refiere a aquellos delitos que no son intencionadamente perseguidos. Lo que se castiga no es la falta de persecución de un delito ya calificado, sino la omisión del deber de dar tratamiento profesional a la información sobre cualquier delito de conformidad con nuestro sistema procesal.

C) Infidelidad en la custodia de documentos y violación de secretos (arts. 413, 414, 415, 416, 417 y 418).

El Capítulo IV del Código Penal aborda los delitos relacionados con la infidelidad en la custodia de documentos y la violación de secretos.

Según Muñoz Conde, en el Capítulo IV del Título XIX del Código Penal se encuentran tipificados los delitos de «infidelidad en la custodia de documentos» y «violación de secretos». Aunque ambos delitos guardan similitudes al tratarse de hechos relacionados con el deber de guardar secreto y custodiar objetos con información relevante para la Administración, la infidelidad en la custodia de documentos es un delito más amplio que los relacionados con los secretos, por lo que deben ser estudiados por separado. Sin embargo, el artículo 415 ya tiene en cuenta que los documentos sean secretos para sancionar el acceso indebido a estos. En cuanto a la infidelidad en la custodia de documentos, los artículos 413 a 415 regulan sus diferentes modalidades cuando son cometidas por autoridades o funcionarios públicos, mientras que el artículo 416 establece penas de prisión o multa inferiores para los particulares que, por encargo del Gobierno u otras autoridades, estén a cargo del despacho o custodia de documentos y cometan las conductas descritas en dichos artículos[241].

El artículo 413 establece que aquel funcionario o autoridad que, a sabiendas, sustraiga, destruya, inutilice u oculte documentos bajo su custodia será sancionado con penas de prisión, multa e inhabilitación especial.

Según Feijoo Sánchez, el primer apartado del artículo 414 describe un delito de acción y omisión en el que se equipara la conducta activa a la omisiva. Este delito especial se refiere a la destrucción o inutilización de los medios que impiden el acceso a documentos de acceso restringido, así como al consentimiento de dicha destrucción o inutilización. Por otro lado, el segundo apartado tipifica la conducta activa llevada a cabo por un particular y tiene una pena inferior al delito especial. Es importante destacar que no se requiere que la autoridad o funcionario que custodia los documentos haya cometido una conducta típica. Ambos delitos, especial y común, son independientes y autónomos[242].

241. Francisco Muñoz Conde, *Derecho Penal Parte Especial 22a Edición 2019* (Tirant lo Blanch 2019) 971, https://biblioteca-tirant-com.ezproxy.usal.es/cloudLibrary/ebook/info/9788413362014.

242. Alejandro Luzón Cánovas and others (n 289) 2595.

Por otra parte, en el artículo 415 se contempla la pena para la autoridad o funcionario público que, sin autorización, acceda o permita el acceso a documentos secretos bajo su custodia.

De acuerdo con Feijoo Sánchez, el delito de violación de secretos se configura como un tipo que abarca tanto la acción como la omisión relacionada con el acceso ilegítimo a documentos secretos. En este delito, se equipará la conducta activa de acceso a documentos sin autorización con la omisiva de permitir el acceso a personas no autorizadas. El objeto material específico de este delito es la infidelidad respecto a los documentos secretos. Se establece una relación de subsidiariedad con el artículo 414, lo cual ha sido objeto de críticas por parte de la doctrina al no permitir el concurso de delitos[243].

El artículo 416 establece las penas para los particulares que, por encargo del Gobierno o de autoridades o funcionarios públicos, incurran en las conductas descritas en los artículos anteriores.

El artículo 417 se refiere a la revelación de secretos o informaciones por parte de la autoridad o funcionario público, con penas que varían dependiendo de la gravedad del daño causado.

El artículo 418 se refiere al aprovechamiento de secretos o información privilegiada obtenidos de un funcionario público o autoridad por parte de un particular, estableciendo sanciones económicas y la pérdida de ciertos beneficios

Según Muñoz Conde, en el Código Penal se regulan de manera separada la «violación de secretos» en el Capítulo IV, y el «uso indebido de secretos o de información privilegiada», en el Capítulo IX del Título XIX. Sin embargo, esta separación sistemática no está justificada y genera ciertos problemas interpretativos. Por tanto, es conveniente estudiar ambos delitos bajo el mismo epígrafe, aunque se destacarán las diferencias en su momento oportuno[244].

En resumen, estos artículos del Código Penal regulan los delitos relacionados con la custodia de documentos y la violación de secretos, estableciendo penas proporcionales a la gravedad de las conductas y protegiendo la integridad de la información y los intereses públicos y privados.

D) Cohecho (arts. 419, 420, 421 y 422).

El Código Penal también incluye el delito de cohecho activo y pasivo, que se refiere a la entrega o recepción de sobornos por parte de funcionarios públicos o particulares. El castigo para este delito varía entre los seis meses y seis años de prisión. El cohecho, que es la aceptación de sobornos para realizar un acto en beneficio propio o de terceros (arts. 419 y ss. CP), que establece que, quien, con el fin de obtener una ventaja económica o cual-

243. *Ibid* 2597.

244. Muñoz Conde (n 292) 975.

quier otra ventaja, prometa, ofrezca o entregue a otra persona, directa o indirectamente, una dádiva o ventaja ilícita, o quien acepte o reciba una dádiva o ventaja ilícita será castigado con prisión de seis meses a dos años.

El delito de cohecho descrito en artículo 419 consiste en solicitar, aceptar o recibir un soborno o cualquier otra ventaja, o promesa de ventaja, a cambio de realizar o dejar de realizar un acto propio de su cargo o función. Según Raga, el acto del cargo desempeñado por un funcionario reviste una importancia fundamental en la estructura típica de los delitos de cohecho, especialmente al distinguir entre las modalidades propia e impropia en función de si dicho acto es contrario o conforme a los deberes inherentes al cargo del funcionario. Se examina la relevancia penal del acto del cargo con el fin de estudiar qué conductas y comportamientos por parte del funcionario se incluyen en esta acepción y es especialmente relevante para diferenciarlo de la modalidad impropia y clientelar[245].

Desde esta perspectiva, la lesión del deber del cargo debe ser evaluada objetiva y materialmente, en consonancia con el objeto de protección que se defiende en este trabajo, para establecer una línea divisoria entre el desvío de la función pública de su curso natural y el enriquecimiento injusto del funcionario público. El delito de cohecho por acto discrecional será propio únicamente en aquellos casos en los que el funcionario público o autoridad, incumpliendo los deberes de corrección, diligencia e imparcialidad que le corresponden, se disponga a llevar a cabo un acto ilegítimo y contrario a los intereses de la colectividad[246].

En la opinión de Luzón Cánovas, al igual que ocurre en los delitos de cohecho, estamos ante un delito de consumación anticipada y resultado cortado, donde la obtención del contrato no es necesaria. En este tipo de delito, los verbos típicos utilizados, como ofrecer, prometer o atender, no admiten la posibilidad de tentativa, ya que el inicio de la fase ejecutiva implica necesariamente la conjugación de dichos verbos típicos, excepto en situaciones excepcionales y poco comunes[247].

Según Coto del Valle, se considera un delito penalizado cuando la petición u ofrecimiento se realiza a través de una persona interpuesta, o cuando la dádiva, favor o retribución se recibe o se solicita por parte de una autoridad o funcionario como recompensa por llevar a cabo cualquiera de las conductas descritas anteriormente. También se aplica este tipo delictivo a jueces, árbitros, mediadores, peritos, administradores y cualquier persona que participe en el ejercicio de una función pública (arts. 420 a 423 del C.P.). En el caso de que sea el particular quien entregue una dádiva o retribución a una autoridad

245. Anna Raga Vives, «El Nuevo Delito de Desobediencia Por Enriquecimiento Injustificado de Autoridades» (Tirant lo Blanch 2023).

246. *Ibid.*

247. Alejandro Luzón Cánovas and others (n 289) 2724.

o funcionario público con el fin de que realice un acto contrario a los deberes inherentes a su cargo, o para retrasar o no llevar a cabo lo que debería hacer, o en consideración a su cargo o función, se aplica la pena correspondiente a la autoridad corrompida, conforme en el artículo 424[248].

E) Tráfico de influencias (arts. 428, 429 y 430).

Los principales artículos del Código Penal relacionado con el combate a la corrupción, que edifica el delito de tráfico de influencias. Según este artículo, quien, con el fin de obtener una ventaja económica o cualquier otra ventaja, prometa, ofrezca o entregue a otra persona, directa o indirectamente, una dádiva o ventaja ilícita, o quien acepte o reciba una dádiva o ventaja ilícita será penalizado.

Estos delitos tienen similitudes con el cohecho, en la opinión de Muñoz Conde, ya que comparten un mismo bien jurídico protegido (la imparcialidad en la función pública) y una misma finalidad política y criminal: evitar desviar el interés general hacia fines particulares. El artículo 428 tipifica la influencia ejercida por un funcionario o autoridad sobre otro funcionario o autoridad. El artículo 431, introducido por la Ley Orgánica 1/2019, establece que se considerarán funcionarios públicos a aquellos definidos en los artículos 24 y 427. Por otro lado, el artículo 429 castiga la misma influencia ejercida por un particular, quien, obviamente, no puede valerse del ejercicio de las facultades de su cargo como lo hace un funcionario o autoridad, pero sí puede aprovechar «cualquier situación derivada de su relación personal». En ambos tipos de delitos, la conducta típica es «influir». En otras palabras, se busca sancionar la capacidad de alguien para influir en el proceso motivador que lleva a un funcionario o autoridad a tomar una decisión en un asunto relacionado con su cargo[249].

Además, el artículo 428 regula el delito de tráfico de influencias, que consiste en usar una posición o relación para influir en la toma de decisiones de un funcionario público. Según Lorente, los delitos de tráfico de influencias son una forma de corrupción contemplada en el Código Penal español. Estos delitos, además de tener su propia operatividad, suelen ser considerados como delitos «refugio» a los que recurrir cuando no se puede probar la presencia de elementos típicos de otros delitos de corrupción más tradicionales, como la prevaricación y el cohecho. En general, estos delitos presentan deficiencias evidentes que podrían ser mejoradas tanto por el legislador como por la jurisprudencia, especialmente por el Tribunal Supremo. En los últimos tiempos, este tribunal ha adoptado interpretaciones muy restrictivas de los

248. Cristina Coto del Valle, «Examen de La Perspectiva Penal de La Actividad. De Los Grupos de Presión», *Derechos de los Asuntos Públicos: una perspectiva jurídica del Lobby* (Tirant lo Blanch 2022) 210, https://biblioteca-tirant-com.ezproxy.usal.es/cloudLibrary/ebook/info/9788411138567.

249. Muñoz Conde (n 292) 922–923.

delitos de tráfico de influencias, lo que contribuye muy poco a promover la lucha contra la corrupción[250].

También el artículo 428 del Código Penal establece las penas para funcionarios o autoridades que cometan el delito de tráfico de influencias, con prisión de seis meses a dos años, multa del doble al cuádruple del beneficio obtenido y la inhabilitación especial. En el caso de los particulares, el artículo 429 establece penas de prisión de seis meses a dos años, multa del doble al cuádruple del beneficio obtenido, prohibición de contratar con el sector público y la pérdida de derechos durante seis a diez años. ambos artículos establecen que, si se obtiene el beneficio perseguido, las penas serán mayores. El artículo 430 contempla penas de prisión de seis meses a un año, y si el delito es cometido por una autoridad o funcionario público, se le añade la inhabilitación especial. Además, en los párrafos segundo y tercero del artículo 430 se establece la responsabilidad penal de la persona jurídica[251].

F) Malversación (arts. 432, 433, 434 y 435).

Respecto a la malversación de caudales públicos, que es el uso indebido de fondos públicos, el artículo 432 establece el delito de malversación de caudales públicos, que consiste en la comisión de un acto contrario a la ley o al deber legal, cometido por un empleado público en la ejecución de sus actividades, con la finalidad de causar un perjuicio o conseguir un beneficio para sí o para terceros. El castigo para este delito es de uno a tres años de prisión.

Al juicio de Salcedo, los delitos de malversación de caudales y fondos públicos constituyen una de las formas delictivas asociadas al fenómeno de la corrupción en el ámbito del sector público, que históricamente ha tenido un impacto significativo en el menoscabo del patrimonio público y en la confianza depositada en los administradores de los recursos y efectos pertenecientes al patrimonio estatal. De acuerdo con la Memoria del año 2013 de la Fiscalía General del Estado, las sentencias por delitos relacionados con la corrupción aumentaron en un 151 % en los últimos tres años, y la prevaricación administrativa era responsable del 44 % del total, y la malversación, del 39 %[252].

G) Fraudes y exacciones ilegales (arts. 436, 437 y 438).

Exacciones ilegales: se trata de la exigencia de cantidades o prestaciones indebidas por parte de un funcionario público. De acuerdo con Luzón Cánovas, el artículo 436 establece la conducta de gestión desleal en la que se vulneran los deberes de lealtad y probidad que los funcionarios deben observar

250. José Muñoz Lorente, «Delito de Tráfico de Influencias» [2014], Eunomía: Revista en Cultura de la Legalidad, 248, https://dialnet.unirioja.es/servlet/articulo?codigo=5074016.

251. Muñoz Conde (n 292) 925–927.

252. Ana M Garrocho Salcedo, «Los Delitos de Malversación» 269, 270.

en la gestión de los asuntos públicos, con una «lesión» para la Administración y un «peligro» para sus intereses patrimoniales, bienes jurídicos incluidos en la protección penal». Sentencias del Tribunal Supremo de 8 de junio de 1994, STS 168/1994.

El delito de simple actividad se caracteriza por su consumación en el momento del pacto o acuerdo, dejando la defraudación o perjuicio fuera del tipo penal, tal como establece la Sentencia del Tribunal Supremo 507/2020, de 14 de octubre, en el caso Gürtel. La reforma del Código Penal llevada a cabo por la Ley Orgánica 1/2015 ha aumentado las penas de estos delitos, al igual que las de los demás delitos relacionados con la corrupción en la Administración pública[253].

La jurisprudencia emanada de la Sala Segunda del Tribunal Supremo, en particular, la sentencia 673/2016, de 21 de Julio, sostiene que el mencionado delito es de naturaleza tendencial, de mera actividad. Según dicha sentencia: En realidad incluye la represión penal de actos meramente preparatorios, ya que no requiere la producción efectiva de un perjuicio patrimonial ni la ejecución completa del fraude, sino la elaboración concertada del plan delictivo con la intención de llevarlo a cabo. STS 884/13, de 18 de noviembre o 391/14, de 8 de mayo. Por este motivo, algunos doctrinarios destacan que una denominación más adecuada para este delito sería «concierto para el fraude a la Administración».

H) Negociaciones y actividades prohibidas a los funcionarios públicos y abusos en el ejercicio de su función (arts. 439, 441, 442 y 443).

Los negociaciones y actividades prohibidas a los funcionarios públicos se refieren a la realización de actividades privadas que puedan interferir en el desempeño de las funciones públicas o a la realización de negociaciones en beneficio propio o de terceros.

Según Coto del Valle, con relación al artículo 439, se destaca que el beneficio recae en la autoridad o funcionario involucrado. Sin embargo, también se reconoce que, desde la perspectiva del *lobby*, si el beneficio obtenido por el funcionario a través de dicha actuación es proporcionado por el grupo de presión, se podría considerar otro tipo de delito que debe ser tenido en cuenta en términos de los límites de la actividad que estamos analizando[254].

Como afirma Serrano, el problema que se va a abordar se relaciona con la tipicidad del artículo 439 del Código Penal. Delimitarla no resulta sencillo. Por un lado, existen tipos penales cercanos o tangentes al estudiado; por otro lado, los ilícitos administrativos sancionan el incumplimiento estricto del principio de abstención sin mayores elementos adicionales. Desde esta perspectiva, queda claro que el derecho penal, en consonancia con el principio de

253. Alejandro Luzón Cánovas and others (n 289) 2724.

254. Coto del Valle (n 299) 213.

mínima intervención, debe sancionar algo más que el mero incumplimiento de los deberes funcionariales. Por si fuera poco, la redacción del precepto es compleja o enrevesada, abierta al amplio abanico de interpretaciones más diversas que siempre surgen de la pluma inspirada de la doctrina[255].

Los delitos de abuso sexual se tipifican en el Capítulo IX del Título XIX, aunque difieren de otros delitos contra la libertad sexual. El artículo 443 castiga los abusos de situaciones de prevalimiento similares a los delitos sexuales, pero con algunas diferencias. Aunque podrían incluirse en el Título VIII, se ubican de manera separada debido a consideraciones distintas. El artículo 443.1 penaliza la solicitud sexual por parte de autoridades o funcionarios públicos, considerada como una tentativa de ataque a la libertad sexual. En caso de consumarse, podría dar lugar a otros delitos sexuales, entrando en concurso según el artículo 444[256].

Conforme la sentencia del Tribunal Supremo (Sección 1.º), número 89/2020 de 3 de marzo, en la definición del bien jurídico protegido en el delito de negociaciones y actividades prohibidas a los funcionarios públicos y abusos en el ejercicio de su función, el epígrafe que da nombre al capítulo IX del título XIX proporciona algunas claves para su interpretación. Este bien jurídico puede entenderse como un conjunto de valores, como la integridad, rectitud e imparcialidad en la actuación del funcionario, que se relacionan con la objetividad con la que la Administración pública debe servir a los intereses generales. No se debe aferrarse a una interpretación literal del artículo 439 que conlleve a la conclusión de que cualquier actividad prohibida o acto abusivo realizado por un funcionario siempre tenga alcance penal. En una sentencia anterior (STS 636/2012, 13 de julio), se estableció que no todos los consejos emitidos por una autoridad o funcionario público pueden considerarse delictivos, sino solo aquellos que comprometen la imparcialidad, menoscaban el deber de exclusividad o generan una interferencia entre los intereses privados y los de naturaleza pública, los cuales pueden ser objeto de persecución penal.

Los artículos 439 y 441 contienen supuestos similares que buscan proteger la imparcialidad de la Administración en asuntos privados. Se castiga a los sujetos mencionados en el artículo 439 (o, en su caso, en el artículo 440) y en el artículo 441 cuando abusan de su posición para obtener beneficios personales, comprometiendo su dignidad e imparcialidad requeridas por su cargo. Lo central es la idea del abuso de las funciones públicas por parte de los funcionarios en el ejercicio de sus responsabilidades, es decir, cuando la acción se lleva a cabo en los ámbitos relacionados con su cargo[257].

---

255. Alejandro L. de Pablo Serrano, «Artículo 31 Bis CP y Partidos Políticos. Programas de «compliance» y «nudging»« [2022], Eunomía 180.

256. Muñoz Conde (n 292) 908.

257. *Ibid* 937.

J) Corrupción en las transacciones comerciales internacionales (art. 286, 3.º y 4.º).

El apartado 3 del artículo 286 se refiere a la realización de actos de corrupción en el ámbito de las transacciones comerciales internacionales por parte de un particular o empresa. La pena para este delito es de prisión de seis meses a cuatro años, multa del tanto al triplo del beneficio obtenido y la inhabilitación especial para el ejercicio de industria o comercio por tiempo de uno a seis años.

El apartado 4 del artículo 286 se refiere a la realización de actos de corrupción en el ámbito de las transacciones comerciales internacionales por parte de un funcionario público. La pena para este delito es de prisión de tres a seis años, multa del tanto al triplo del beneficio obtenido y la inhabilitación especial para empleo o cargo público por tiempo de seis a diez años.

En la opinión de Benito Sánchez, se planteaba la cuestión de si la expresión previa de «beneficio» podía abarcar la búsqueda de un permiso de explotación en el delito de corrupción en las transacciones comerciales internacionales. Esto se basaba en una interpretación amplia del concepto de «beneficio», que, en la opinión de este autor, no se ajustaba al carácter económico y patrimonial que se le debía otorgar según la legislación anterior. Esta interpretación implicaba que el beneficio perseguido debía tener un contenido directamente económico y no limitarse a favorecer su posible obtención posterior o indirecta, como permite la referencia actual a la obtención de una simple «ventaja competitiva»[258].

De acuerdo con Galán Muñoz, fue necesario que el legislador español modificara el Código Penal para cumplir con las disposiciones establecidas en el tratado de la OCDE. Esta reforma se materializó mediante la aprobación de la Ley Orgánica 3/2000, de 11 de enero, la cual agregó un nuevo Título XIX bis al Libro II del Código Penal titulado «De los delitos de corrupción en las transacciones comerciales internacionales». En dicho título se incluyó un nuevo tipo delictivo, específicamente contemplado en el nuevo artículo 445 bis del Código Penal, con el objetivo de abordar las exigencias establecidas en el mencionado tratado de la OCDE[259].

Además, existen otros delitos, como la revelación de secretos (art. 198 CP), la vulneración de derechos fundamentales de los ciudadanos consagrados en la Constitución (art. 511 CP), los delitos urbanísticos y contra el medio ambiente (arts. 319 y 320 CP), la promulgación de normas ilegales (art. 506 CP), y las expropiaciones ilegales (art. 541 CP), entre otros.

---

258. Demelsa Benito Sánchez, «El Delito de Corrupción En Las Transacciones Comerciales Internacionales» [2020], El delito de corrupción en las transacciones comerciales internacionales 493, 266.

259. M.ª del Carmen Gómez Rivero and Abraham Barrero Ortega, *Regeneración Democrática y Estrategias Penales En La Lucha Contra La Corrupción* (Tirant lo Blanch 2017) 517, https://biblioteca-tirant-com.ezproxy.usal.es/cloudLibrary/ebook/info/9788491691181.

En la opinión de Coto del Valle, basado en la experiencia práctica reciente, se llega a la conclusión de que los códigos que establecen un límite máximo en el valor de los regalos, o aquellos que implementan un sistema de autorización para aceptarlos u ofrecerlos, son mucho más efectivos y proporcionan una mayor seguridad en las actuaciones. De esta manera, cualquier invitación realizada a un funcionario o autoridad, como viajes, comidas, eventos deportivos, ferias, alojamientos, etc., se consideraría insignificante y no daría lugar a sospechas de obtener un beneficio indebido por influencia, reduciéndose a meras atenciones protocolarias. Lo mismo se está aplicando en el ámbito del *compliance* público dirigido a las autoridades o funcionarios[260].

De acuerdo con Javier Hernández García, la reforma llevada a cabo por Ley Orgánica 1/2015, de 30 de marzo, introdujo la pena de inhabilitación como pena principal en la mayoría de los delitos contra la Administración pública, como la prevaricación, el cohecho, el tráfico de influencias, la malversación, la estafa cometida por funcionario abusando de su cargo, los fraudes y exacciones ilegales, las negociaciones prohibidas y la información privilegiada. Esta inclusión de la pena de inhabilitación se enmarca en una política criminal orientada a la lucha contra la corrupción[261].

Es importante destacar que estos delitos tienen diferentes penas y sanciones, y que su gravedad varía según las circunstancias específicas de cada caso. Además, estos delitos pueden ser cometidos tanto por funcionarios públicos como por particulares en connivencia con ellos.

Además, el Código Penal español contempla agravantes para estos delitos cuando se cometen en el contexto de una actividad delictiva continuada o cuando se cometen por motivos racistas, antisemitas, antigitanos u otra clase de discriminación.

También existen artículos en el Código Penal para castigar la corrupción en el sector privado, como el delito de fraude en el ejercicio de actividades económicas, que se refiere a la obtención ilícita de beneficios económicos mediante engaño o fraude.

La ley establece, entre otras cosas, las reglas para la recopilación de pruebas y la forma en que se deben llevar a cabo los juicios. Estas disposiciones son: La Ley de Enjuiciamiento Criminal española, aprobada en 1882, establece las normas para el juzgamiento de los delitos de corrupción. La ley establece, entre otras cosas, las reglas para la recopilación de pruebas y la forma en que se deben llevar a cabo los juicios. La Ley Orgánica del Poder Judicial, aprobada en 1985, establece las normas para el funcionamiento de la justicia en España. La ley establece, entre otras cosas, las reglas para la designación de jueces y magistrados, así como las normas para la organización y el funcionamiento de los tribunales.

260. Coto del Valle (n 299) 211.

261. Alejandro Luzón Cánovas and others (n 289) 2724.

Una de las principales leyes en materia de lucha contra la corrupción en España es la «Ley orgánica de prevención, sanciones y reparación integral de la corrupción (LOPSCI)» de 2007. Esta ley establece medidas preventivas para evitar la corrupción tales como la obligación de transparencia y rendición de cuentas de las entidades públicas y privadas, y sanciones para aquellos que cometan actos de corrupción.

Otra ley importante en esta materia es la Ley de Responsabilidad Penal de las Personas Jurídicas de 2010, que establece la responsabilidad penal de las personas jurídicas en caso de cometer delitos de corrupción. Esta ley permite que las empresas sean sancionadas en caso de ser responsables de actos de corrupción, lo cual tiene un efecto disuasorio para evitar futuros actos de corrupción y establece las normas para la responsabilidad penal de las empresas por delitos de corrupción. La ley establece que las empresas pueden ser sancionadas con multas y otras medidas, incluyendo la prohibición de contratar con el sector público.

Convención Interamericana contra la Corrupción: España es uno de los países miembros de la Organización de los Estados Americanos (OEA), y ha ratificado la Convención Interamericana contra la Corrupción[262]. La convención establece las normas para la prevención, la detección y la sanción de la corrupción en América Latina y el Caribe.

En España, la «Ley orgánica de protección de datos y de garantía de derechos digitales (LOPDGDD)» establece medidas para garantizar la transparencia y la rendición de cuentas en la Administración, así como para proteger a los denunciantes de posibles represalias. Además, la «Ley de prevención de la corrupción y de la responsabilidad de los altos cargos públicos (Ley 54/2007)» establece medidas para prevenir la corrupción y garantizar la responsabilidad de los altos cargos públicos.

A nivel europeo, la Directiva (UE) 2019/1937 y la Directiva (UE) 2017/1371 introducen normativas para combatir la corrupción en contrataciones públicas y financiamiento político, respectivamente.

Además, la Convención de las Naciones Unidas contra la Corrupción, ratificada por España y varios países de la UE, promulga medidas para prevenir y combatir la corrupción en todas sus formas.

Según autores como Peter Heywood, la lucha contra la corrupción debe enfocarse en los sistemas y estructuras que la promueven, en lugar de solo en los individuos que la practican. También se ha sugerido que la aplicación de técnicas de economía conductual, como el *nudge,* puede ayudar a prevenir la corrupción al influir en las decisiones individuales[263].

262. OEA, «Convención Interamericana Contra La Corrupción», https://www.oas.org/juridico/spanish/tratados/sp_conve_interame_contr_corrup.pdf.

263. P Heywood, «Combating Corruption in the Twenty-First Century: New Approaches» (2018), 147 Daedalus, https://doi.org/10.1162/daed_a_00504.

1.5. Violaciones de los derechos humanos debido a la corrupción

En efecto, es de conocimiento común que, en la medida en que los esfuerzos contra la corrupción se estancan y se deterioran, tanto los derechos humanos como la democracia se ven amenazados.

El propósito de este apartado es ilustrar cómo la corrupción limita el acceso a los derechos humanos. Se busca examinar cuándo y cómo se puede determinar que los actos de corrupción pueden ocasionar violaciones directas o indirectas de los derechos humanos, tomando como base los tratados, las convenciones internacionales, las jurisprudencias y los informes de la CIDH y TEDH acerca de las violaciones a los derechos humanos.

Conforme afirman Fonseca *et al.*, es difícil distinguir los dos tipos de derechos fundamentales a través de una sistematización necesariamente artificial. No existe una protección material reforzada ni una jerarquía entre los derechos, libertades y garantías en la Constitución. Los derechos de libertad no son inherentemente más cercanos a la dignidad humana que los derechos sociales, ni se puede contrastar la supuesta dimensión negativa de los derechos de libertad con la supuesta dimensión positiva de los derechos sociales[264]. Es de suma importancia tener presente que los derechos humanos son indivisibles y, en efecto, pueden ser separados académicamente para explicar, no obstante, en la realidad no se puede cumplirlos por separado, ya que están interrelacionados.

Antes de abordar en profundidad cómo la corrupción erosiona los derechos humanos, es fundamental tener un entendimiento claro sobre qué constituyen estos derechos y las legislaciones que los sustentan. Como se establece en los documentos de las Naciones Unidas, los derechos humanos son inherentes a todos los seres humanos, independientemente de su nacionalidad, lugar de residencia, sexo, origen nacional o étnico, color, religión, lengua o cualquier otra condición. Poseemos los mismos derechos humanos, sin ninguna forma de discriminación. Estos derechos son interrelacionados, interdependientes e indivisibles[265]. Son inalienables, interdependientes, indivisibles y universales. Conforman la base de la libertad, la justicia y la paz en el mundo, y su objetivo es proteger la dignidad y el valor inherente del individuo. Su codificación se encuentra en múltiples legislaciones y tratados

264. Isabel Celeste M Fonseca and others, «A Proteção Jurisdicional (in)Certa de Direitos Fundamentais Através Da Intimação Urgente», *Temas de investigação em direitos humanos para o século XXI* (Universidade do Minho Centro de Investigação Interdisciplinar em Direitos ... 2016) 137, http://repositorium.uminho.pt/bitstream/1822/47269/1/JERÓNIMO%2c%20Patr%C3%ADcia_org._Temas%20Investigacao%20em%20Direitos%20Humanos%20para%20o%20séc.%20XXI.pdf, accessed 20 June 2023.

265. ONU, «¿Qué Son Los Derechos Humanos?», https://www.hchr.org.mx/index.php?option=com_content&view=article&id=448&Itemid=249, accessed 28 January 2021.

internacionales, la Declaración Universal de Derechos Humanos (1948)[266] es el pilar fundacional. Otros documentos relevantes incluyen el Pacto Internacional de Derechos Civiles y Políticos, y el Pacto Internacional de Derechos Económicos, Sociales y Culturales, ambos adoptados por la Asamblea General de las Naciones Unidas en 1966. Estos instrumentos constituyen la esencia del derecho internacional de los derechos humanos y proporcionan el marco normativo y legal para su protección y promoción.

El artículo primero de la Declaración Universal de los Derechos Humanos (DUDH) postula que «todos los seres humanos nacen libres e iguales en dignidad y derechos». Este documento clave, en su preámbulo, subraya que la negación y el desprecio de los derechos humanos han conducido a actos de barbarie que ofenden la conciencia de la humanidad, propugnando que el mayor deseo del ser humano es la llegada de un mundo en el que, liberado del temor y de la pobreza, disfrute de la libertad de expresión y de creencia[267].

Como lo hace notar Nikken, la sociedad contemporánea reconoce que todo ser humano, por el mero hecho de serlo, tiene derechos frente al Estado y estos son derechos que el Estado tiene el deber de respetar y garantizar, o que debe dirigir sus acciones para lograr su plena realización[268].

Finalmente, Rosas sostiene que el concepto de derechos humanos es siempre progresivo. El debate sobre qué son los derechos humanos y cómo deben ser definidos es una parte integral de nuestra historia, tanto pasada como presente[269].

Es imperativo destacar que los derechos humanos son indivisibles, y, para su plena materialización, es esencial garantizar su reconocimiento y aplicación integral a todos. Como subraya Espiell, únicamente la consideración completa de todos estos derechos puede garantizar su existencia real. Sin la efectividad de los derechos económicos, sociales y culturales, los derechos civiles y políticos se transforman en meras formalidades. Inversamente, sin la realidad de los derechos civiles y políticos, sin la plena libertad, los derechos económicos, sociales y culturales quedan despojados de su auténtica relevancia). Esta concepción de necesaria integralidad, interdependencia e indivisibilidad en relación con la noción y la realidad del contenido de los derechos humanos, implícita en cierto modo en la Carta de las Naciones Unidas, se reúne, amplía y sistematiza en 1948 en la Declaración Universal

266. ONU, «Declaración Universal de Los Derechos Humanos», https://www.un.org/chinese/center/chbus/events/hurights/spanish.htm, accessed 24 March 2021.

267. ONU, «Declaración Universal de Los Derechos Humanos» (1948), https://www.un.org/chinese/center/chbus/events/hurights/spanish.htm, accessed 24 March 2021.

268. Pedro Nikken, «'El Concepto de Los Derechos Humanos' En El Volumen Colectivo Estudios Básicos de Derechos Humanos», *Edit.(IIDH)*, vol Tomo I (1994), 15.

269. Allan Rosas, *So-Called Rights of the Third Generation, In:* Asbjorn *Eide, Catarina* Krause *e Allan* Rosas, *Economic, Social and Cultural Rights* (Martinus Nijhoff Publishers 1995) 243.

de Derechos Humanos. Posteriormente, se reafirma de manera definitiva en los Pactos Universales de Derechos Humanos, aprobados por la Asamblea General en 1966 y vigentes desde 1976; en la Proclamación de Teherán de 1968; y en la Resolución de la Asamblea General, adoptada el 16 de diciembre de 1977, sobre los criterios y medios para mejorar el disfrute efectivo de los derechos y de las libertades fundamentales (Resolución n.º 32/130)[270].

Desde la aprobación de la Declaración Universal de los Derechos Humanos (DUDH) en 1948, se han multiplicado diversos documentos internacionales de protección de los Derechos Humanos.

En la primera perspectiva destacan tratados como el Pacto Internacional de Derechos Civiles y Políticos (PIDCP)[271], es un tratado general multilateral que establece mecanismos de protección y garantías, los derechos civiles y políticos; o el Pacto Internacional de Derechos Económicos Sociales y Culturales (PIDESC)[272], ambos aprobados en el seno de las Naciones Unidas en 1966.

La segunda fase que se debe por destacar es el proceso de regionalización que se inició con el Convenio Europeo para la Protección de los Derechos Humanos y las Libertades Fundamentales (CEDH) del Consejo de Europa en 1950, y que prosiguió con la Convención Interamericana de Derechos Humanos (CIDH) de la Organización de los Estados Americanos en 1969, entre otros. Simultáneamente, estos instrumentos han gestado organismos con el propósito de conferir a la protección internacional de los Derechos Humanos un grado de coerción mínima, como el Comité de Derechos Humanos de la ONU, establecido por el PIDCP, o el Tribunal Europeo de Derechos Humanos del CEDH[273].

Por su parte, Asbjorn Eide y Allan Rosas sostienen que abordar con seriedad los derechos económicos, sociales y culturales conlleva, al mismo tiempo, asumir un compromiso con la integración social, la solidaridad y la igualdad, que incluya la cuestión de la distribución de ingresos. Los derechos sociales, económicos y culturales se preocupan fundamentalmente por la protección de los grupos vulnerables. Las necesidades fundamentales no deben estar sujetas a la caridad de programas y políticas estatales, sino que deben ser definidas como derechos[274].

---

270. Hector Gros Espiell, *Los Derechos Económicos, Sociales y Culturales En El Sistema Interamericano* (Libro Libre 1986) 16–17.

271. ONU, «Pacto Internacional de Derechos Civiles y Políticos» (1966),.

272. ONU, «Pacto Internacional de Derechos Económicos, Sociales y Culturales» (ACNUDH 1966).

273. Carlos Arce, *Los Derechos Políticos De Los Residentes Extranjeros: La Ciudadanía Inclusiva.* (Defensor del pueblo andaluz 2012).

274. Eide Asbjorn, Cataraina Krause and Allan Rosas, *Economic, Social and Cultural Rights: A Textboo* (Martinus Nijhoff Publishers 1995) 17–18.

En caso de que exista corrupción en el sector educativo, puede infringirse el derecho a la educación. En concreto, si las escuelas no pueden proporcionar a sus estudiantes una educación de calidad porque se han desviado fondos del presupuesto asignado a la educación, lo cual resulta en que no se pague a los maestros y no se puedan adquirir libros[275].

Igualmente, si hay corrupción en el Poder Judicial, se puede violar el derecho de acceso a los tribunales y el derecho a un juicio justo. Si hay corrupción en el sector de la salud o en el de la asistencia social, se puede violar el derecho de acceso al servicio médico o el derecho a la alimentación, entre otros. Además, el principio de no discriminación puede verse afectado si una persona tiene que sobornar a alguien para conseguir acceder a un servicio público. De esta forma, es difícil encontrar un derecho humano que no pueda ser violado por la corrupción[276].

Según Nash Rojas, la relación entre la corrupción y la violación de los derechos humanos es un tema de gran complejidad. Es arduo discernir cómo y hasta qué punto un acto corrupto infringe o propicia la violación de un derecho humano, ya que esta cuestión presenta múltiples matices que no son sencillos de desentrañar en todas sus manifestaciones. Para comenzar, es indispensable clarificar las responsabilidades que surgen del derecho en cuestión para determinar si una acción corrupta lo vulnera. Este procedimiento implica comprender el contenido y extensión del derecho, y vincularlo con las obligaciones generales de respeto y garantía. Tras este análisis, obtendremos un entendimiento claro de las obligaciones del Estado con respecto al derecho en cuestión[277].

A) La corrupción como práctica de vulneración de los DD. HH.: la dificultad de garantizar los derechos sociales por parte del Estado.

Para comprender qué derechos son violados, hay que saber qué son los derechos humanos o los derechos sociales. Tal y como sucede en la vida cotidiana, tales violaciones se van a producir en un ámbito u otro, ya que, para el Estado, tomar partido o no siempre será una decisión que tome un empelado público, quedando en la predisposición del funcionario.

Por lo tanto, la corrupción imposibilita que el Estado cumpla sus obligaciones en materia de derechos humanos, una vez que impide que el Gobierno adopte maneras de lograr cumplir progresivamente la plena realización de los derechos económicos, sociales y culturales reconocidos en los pactos internacionales. «Es innegable que la corrupción, cuando está extendida en

---

275. CIPDH, «La Corrupción y Los Derechos Humanos Estableciendo El Vínculo» (2009), 27.

276. ONU, «Research-Based Progress Report on the Negative Impact of Corruption on the Enjoyment of Human Rights» (2014),.

277. Claudio Nash Rojas, Pedro Aguiló Bascuñán and Matías Meza-Lopehandía, «Corrupción y Derechos Humanos: Una Mirada Desde La Jurisprudencia de La Corte Interamericana de Derechos Humanos» 26–27.

varios sectores, causa daños sociales y perjudica el desarrollo del individuo y la efectividad de los derechos fundamentales previstos en la Constitución»[278] como, por ejemplo, pocas plazas en la educación infantil, carreteras sin mantenimiento adecuado, mala salud, etc.

El autor Mouro pone de relieve que los países más corruptos tienden a realizar menores inversiones en Educación[279]. En el caso de los países africanos, se observa una relación directa entre corrupción y bajos rendimientos escolares. La población más desfavorecida depende del sistema educativo público para su formación, por lo que la falta de esta influye directamente en su conocimiento de los derechos y en cómo acceder a ellos. Sin embargo, el soborno es una práctica corrupta que se utiliza como requisito previo para la admisión de ciertos estudiantes, lo que debilita el sistema educativo y viola derechos fundamentales como el derecho a la educación y a la igualdad[280].

Peters argumenta que la corrupción en el sector de la salud afecta al derecho de cada persona a disfrutar del nivel más alto posible de salud, tal y como se establece en el artículo 12 del Pacto Internacional de Derechos Económicos, Sociales y Culturales (PIDESC). De igual manera, en el sector educativo, está en juego el derecho a la educación, consagrado en el artículo 13 del PIDESC[281].

En efecto, según el artículo 13 del PIDESC, todos los individuos tienen derecho a la educación. Este derecho, en virtud de la intervención estatal, entraña una obligación inherente al Estado de garantizar su cumplimiento. Así, los Estados parte se comprometen a que la educación favorezca el pleno desarrollo de la personalidad humana y del sentido de su dignidad, y fortalezca el respeto por los derechos humanos y las libertades fundamentales[282].

La CIDH subraya que los Estados no pueden cumplir con sus obligaciones en materia de derechos humanos en un contexto de corrupción generalizada. Es decir, la corrupción merma la capacidad de hacer valer ciertos derechos o libertades, ya que el Estado no logra cumplir sus obligaciones. Este problema se agrava o se intensifica en el caso de los países más pobres[283].

278. Luiz Alberto Blanchet and Tâmera Padoin Marques Marin, «A Corrupção Como Violação de Direitos Humanos e a Necessária Efetividade Da Lei No 12.846/13» (2018), 18 A&C - Revista de Direito Administrativo & Constitucional 273.

279. Mauro, «Corruption and Growth» (n 88).

280. Gabriela Alves Mendes Vieira and Marcelo Dias Varella, «A Conexão Entre Os Direitos Humanos e a Corrupção» (2014), 12 Revista de Direito Internacional – UNICEUB 491.

281. Peters, «Corruption as a Violation of International Human Rights» (n 84) 9.

282. ONU, «Pacto Internacional de Derechos Económicos, Sociales y Culturales» (n 323).

283. Comisión Interamericana de Derechos Humanos - CIDH, «Corrupción y Derechos Humanos: Estándares Interamericanos» (2019), 58–59.

Recuerda aún la CIDH que «la privación de derechos como la alimentación, la salud, la vivienda[284] y la educación son algunas de las terribles consecuencias que produce la corrupción en los países de las Américas»[285]. Esto es una manera clara de asentar sobre la mesa distintos ejemplos de actos de corrupción, que pueden resultar en violaciones directas o indirectas de derechos humanos, los cuales fueron utilizados durante la Segunda Guerra Mundial por Rusia contra Ucrania y siguen ocurriendo en países como Yemen o Venezuela.

Como afirma la presidenta de la Transparencia Internacional, Delia Ferreira Rubio: «La COVID-19 no es solo una crisis sanitaria y económica; es una crisis de corrupción. Así, de momento no la estamos superando»[286], intensificando un proceso que ya estaba incurso en lo que refiere a la corrupción. Con la pandemia, el mundo pasó a visualizar una situación de muchos casos de corrupción, la lucha de derechos básicos, a vivir, a tener salud, a la alimentación y a un techo. Estas violaciones están ocurriendo día a día. Tiene mayor incidencia en las clases más bajas, y no solo entre los altos cargos. La falta de alimentos básicos y la falta de acceso a derechos básicos como educación es lo que mayor impacto produce en clases bajas de la sociedad, y no en el acceso a servicios de la sociedad en general.

En ese sentido, cabría decir que, a principios de 2022, Transparencia Internacional publicó que, de los veintitrés países cuya puntuación en el IPC ha disminuido significativamente desde 2012, diecinueve también han disminuido en la puntuación de las libertades civiles. Además, de los 331 casos registrados de defensores de los derechos humanos asesinados en 2020, el 98 % se produjo en países con una puntuación del IPC inferior a 45[287].

B) Incumplimiento de los derechos políticos y sociales.

El Pacto Internacional de Derechos Civiles y Políticos incluye, en el artículo primero, que debe garantizarse que «todos los pueblos tienen el derecho de libre determinación. En virtud de este derecho establecen libremente

---

284. *Vid.* BDC Brito and Edérson Dos Santos Alves, «Programa Minha Casa, Minha Vida Como Modelo de Moradia (in)Adequada: Um Estudo Sobre o Jardim Bassoli», *Brazilian Technology Symposium, 2016, Campinas BTSYM. BTSym»16 - Proceedings, V.1. 2016. Recuperado en:<http://lcv.fee.unicamp.br/images/BTSym-16/proceedings/pa70-16-edited.pdf.* (2016),.

285. *Ibid.*

286. Transparencia Internacional, «Transparency.Org - CPI 2020: Resumen Global - News» (2021), https://www.transparency.org/es/news/cpi-2020-global-highlights, accessed 7 April 2021.

287. Transparencia Internacional, «El Índice de Percepción de La Corrupción 2021 Revela Que Los Niveles de Corrupción Se Han Estancado En Los Últimos Diez Años, En Medio de Un Entorno de Abusos a Los Derechos Humanos y Deterioro de La Democracia» (25 January 2022), https://www.transparency.org/es/press/2021-corruption-perceptions-index-press-release, accessed 15 March 2022.

su condición política y proveen asimismo a su desarrollo económico, social y cultural»[288]. O sea que establece la libertad política para todos los pueblos, que es un derecho fundamental para los que buscan la democracia y la igualdad de derechos básicos. Hay que recordar que la democracia, aunque no sea un sistema tan eficaz, es el mejor para combatir la corrupción, como recuerda el autor Alain Rouquié[289]. No se puede hablar de acceso a derechos políticos en otros regímenes políticos, ya que, por ejemplo, en una dictadura solo habrá un único poder, que es el dictador, el único que puede trabajar en medidas para paliar ese problema, aniquilando, además, cualquier competencia real de oposición. Por lo tanto, es importante para la democracia y para el combate a la corrupción, pues tienen derechos políticos resguardados y se producen elecciones justas y de igual acceso a todos los candidatos.

Como continúa la autora Peters, la relación de los países con altas tasas de corrupción son también históricamente los que tienen déficits en la protección de los derechos humanos. Además, refuerza la idea de que «podemos decir con seguridad que la corrupción y las violaciones de los derechos humanos crecen en los mismos ambientes y probablemente tienen las mismas raíces, tales como la pobreza y las instituciones débiles»[290]. Por lo tanto, no existe posibilidad de ocultar esta coincidencia de la falta de acceso a los derechos humanos y altos niveles de corrupción en un determinado país que generalmente es pobre, como el caso de algunos países latinoamericanos o africanos.

Teniendo en cuenta al Consejo Internacional de Políticas de Derechos Humanos (CIPDH), es esencial instituir los vínculos específicos entre la corrupción y los derechos humanos. Este entendimiento puede motivar a los actores clave, que incluyen funcionarios públicos, parlamentarios, jueces, fiscales, abogados, empresarios, banqueros, contadores, medios de comunicación y al público en general, a abordar la corrupción con mayor determinación y rigurosidad[291].

El CIPDH hace hincapié en la relevancia que tiene para quienes toman decisiones el hecho de comprender y reconocer la nocividad de la corrupción y, como resultado, la sistemática violación de derechos humanos.

En esta dirección, cabe recapitular que el impacto de la corrupción no es abstracto y determinarlo implica, por un lado, delimitar los repertorios de violaciones de los derechos humanos que tienen alguna relación directa o indirecta con actos de corrupción y, por otro lado, exige determi-

288. ONU, «Pacto Internacional de Derechos Civiles y Políticos» (n 322).

289. Alain Rouquié, «A La Sombra de Las Dictaduras. La Democracia En América Latina», [2011], FCE 22.

290. Peters, «Corruption as a Violation of International Human Rights» (n 84) 7.

291. CIPDH (n 326).

nar en los marcos normativos que los Estados han creado para combatir el fenómeno, si hay referencias a los vínculos entre corrupción y derechos. Resalta que tal conducta de los empleados, mucha de las veces, causa la violación del deber.

Según sostiene Davis, la corrupción por parte de los funcionarios públicos puede limitar el acceso a los derechos humanos para todos los ciudadanos. Es razonable considerar que las prácticas corruptas de aquellos que toman decisiones que afectan la vida, la libertad, la privacidad o la administración de justicia restringen el disfrute de los derechos humanos. Además, esta conducta puede derivar en infracciones a las obligaciones estatales de respetar, proteger y garantizar los derechos concernientes, ya sea porque se le imputa al Estado la violación por parte del funcionario corrupto, o porque ha transgredido su obligación de instaurar una política que prevenga o proporcione reparación para el tipo de corrupción en cuestión[292].

En este sentido, es pertinente recordar el papel crucial que juegan los funcionarios públicos y la amenaza que la corrupción representa para los derechos humanos. El CIPDH expone este vínculo de forma clara: si entendemos que la corrupción emerge donde existe inclinación y oportunidad, un enfoque basado en los derechos humanos puede ayudar a reducir las oportunidades para conductas corruptas y facilitar que aquellos que son corruptos sean descubiertos y sancionados adecuadamente. Este enfoque también pone el foco en las personas más vulnerables, que tienden a sufrir una desventaja desmedida cuando son víctimas de corrupción, y proporciona directrices para el diseño e implementación de políticas anticorrupción[293].

Si se demuestra que la corrupción infringe los derechos humanos, esto puede contribuir a incrementar el apoyo público a las políticas anticorrupción. Si las personas toman mayor conciencia del daño que la corrupción causa tanto a los intereses públicos como individuales, es probable que estén más dispuestas a apoyar campañas y programas para prevenirla[294].

Finalmente, es de vital importancia destacar que, al exponer las marcas que la corrupción deja en la sociedad, es más probable que surja rechazo e indignación social. Por esta razón, en numerosos países se han producido amplias protestas y revueltas cuando se han hecho públicas las graves violaciones de derechos humanos causadas por la corrupción[295].

292. Kevin DAVIS, «Corruption as a Violation of International Human Rights: A Reply to Anne PETERS» (2018), 29 European Journal of International Law 1289.

293. CIPDH (n 326).

294. *Ibid*.

295. *Vid*. PETERS, «La Corrupción Como Una Violación de Derechos Humanos» (n 84); Cardona, Ortiz and Vázquez (n 84); Castañeda (n 84); Silva Abbott (n 84); PETERS, «Corruption as a Violation of International Human Rights» (n 84).

La ONU ha reconocido la influencia perjudicial de la corrupción en los derechos humanos y plantea que se debe prevenir a través de la educación en contra de la corrupción. [296]. En este sentido, el CIPDH subraya el impacto de la corrupción en los derechos humanos y lo ilustra de la siguiente manera: enfatiza el perjuicio que la corrupción inflige a los individuos. En este enfoque, a menudo se sostiene que la corrupción «infringe» los derechos humanos. Cuando las personas hacen tal afirmación, se refieren a varios factores. Implican, por ejemplo, que cuando la corrupción es rampante, las personas no pueden acceder a la justicia, se sienten inseguras y no pueden proteger sus medios de vida. Los funcionarios judiciales y la policía se enfocan más en los sobornos que en el cumplimiento de la ley. Los hospitales no logran curar a las personas porque el personal médico proporciona un mejor trato a los pacientes que les sobornan o porque las clínicas están desprovistas de suministros debido a los procesos corruptos de adquisición pública. Las familias pobres no logran satisfacer sus necesidades alimenticias porque los programas sociales están permeados por la corrupción o son desviados para sostener una red de patrocinio. Los agricultores y los comerciantes del mercado no ganan lo suficiente para subsistir porque la Policía demanda una parte de los productos y ventas. En muchas formas, como las mencionadas anteriormente, la corrupción fomenta la discriminación, despoja de sus ingresos a los grupos más vulnerables e impide que los individuos disfruten plenamente de sus derechos políticos, civiles, sociales, culturales y económicos[297].

Como recuerda el CIPDH, en general, las declaraciones y tratados internacionales redactados en términos muy amplios a veces no hacen referencia sobre en qué medida los actos de corrupción nos llevan o conducen a una violación, o que violan directamente los derechos humanos[298]. A modo de ejemplo de ello se mencionar el caso de la CIDH sobre denuncia a corrupción que también afecta la libertad de expresión, de acuerdo con la Resolución 14/20 MC 1205/19 - Familiares del periodista de Venezuela, Roberto Deniz Machín, Joseph Poliszuk Halle, Ewald Carlos Scharfenberg Echegaray y Alfredo José Meza Jiménez fundaron hace cuatro años el portal web Armando.info, caracterizado como una plataforma *online* independiente que, en medio de la crisis por la que atraviesa Venezuela, buscaría generar contenido crítico de las relaciones políticas del actual Gobierno de Nicolás Maduro y del «chavismo» en general. A la fecha de 2020, el portal web habría realizado investigaciones sobre lavado de dinero, derechos humanos, corrupción y medio ambiente relacionados con la política venezolana[299].

---

296. ONU, «The Negative Impact of Corruption on the Enjoyment of Human Rights: Resolution / Adopted by the Human Rights Councilon 23 June 2017» (UN, 2017).

297. CIPDH (n 326) 27.

298. CIPDH (n 326).

299. Comisión Interamericana de Derechos Humanos - CIDH, «Resolución 14/2020. Medida Cautelar No. 1205-19 Familiares Del Periodista Roberto Deniz Machin Respecto de Venezuela» (Comisión Interamericana de Derechos Humanos, 2020) 1 1.

Dicha resolución afirma que, hace un par de años, se habrían publicado los reportajes sobre el señor Alex Nain Saab Moran, empresario de nacionalidad colombiana, que en diversas ocasiones habría sido contratado por el Gobierno venezolano y que estaría involucrado en presuntos actos escandalosos de corrupción en relación con los Comités Locales de Abastecimiento y Producción (CLAP). Las investigaciones realizadas por el medio relevaron que el señor Saab y su empresa se enriquecieron por medio de los CLAP, y aun cuando había una ejecución irregular del contrato, el Gobierno venezolano le habría otorgado más contratos estatales en diversos temas como la intermediación del Ministerio de Salud en la compra de medicamentos y la provisión de materiales de construcción. En suma, las víctimas alegaban que sufrían amenazas, por lo que tendrían que huir del país, requiriendo a CIDH medidas cautelares de urgencias dada la gravedad [300].

La decisión de CIDH[301] asevera que, dada su gravedad y urgencia del caso, basándose en artículo 25 de su Reglamento, concede la medida cautelar a las demandantes y sus familiares a fin de garantizar daños irreparables y protección de la vida. Solicita un informe al Estado de Venezuela sobre la adopción de tales medidas requeridas en plazo de veinte días.

El caso al que hacemos alusión hace evidente el problema de la corrupción que afecta los derechos humanos. Asimismo, puede visualizar la falta de las instituciones democráticas y órganos fiscalizadores del Estado. Esta misma idea advierte la CIDH[302]: en las últimas décadas, quedó evidente la necesidad de fortalecer el Estado de Derecho y las democracias sólidas para poder luchar contra la corrupción y solo así podrá tener menos violaciones de derechos humanos.

La CIDH ha enfatizado en lo que respecta a la libertad de expresión que la corrupción gubernamental representa el obstáculo más significativo para un desarrollo económico equitativo. El método más efectivo para combatirla es poner las prácticas corruptas bajo la lupa del escrutinio público y asegurar la participación de todos los sectores de la sociedad en las decisiones públicas que inciden en sus vidas cotidianas[303].

Se debe añadir que, en circunstancias ordinarias, ya se producen grandes violaciones de derechos humanos debido a la corrupción, y esta situación se agrava en tiempos de conflictos, catástrofes y calamidades que, a su vez, alimentan el fraude y la corrupción, a la vez que propician actos de sacrificio personal y generosidad, como ilustra la autora Rose-Ackerman[304].

---

300. *Ibid.*

301. *Ibid.*

302. Comisión Interamericana de Derechos Humanos - CIDH, «Corrupción y Derechos Humanos: Estándares Interamericanos» (n 334).

303. Comisión Interamericana de Derechos Humanos - CIDH, «Informe Anual de La Relatoría Para La Libertad de Expresión 2002» (2003),.

304. Susan Rose-Ackerman and José M.ª Sauca Cano, trad., «Corrupción y COVID-19» [2021], EUNOMÍA. Revista en Cultura de la Legalidad 37.

Volviendo al asunto de los *derechos sociales*, en el presente trabajo este término se usa como sinónimo de *derechos humanos* o de parte de ellos. Los derechos humanos se aplican donde hay dinero, pero hay que recordar que, donde hay dinero, si antes no había ética, ni conciencia sobre el derecho, estas tampoco existirán sobre los derechos humanos. Existe una relación de derechos humanos e impuestos que, además, es muy importante para la consolidación de los derechos humanos.

Asimismo, cabe enfatizar que el Estado tiene derecho a reclamar a los ciudadanos una contribución para crear las políticas públicas que se reflejarán en el cumplimiento del resto de derechos humanos. Por ejemplo, para que el Estado pueda ofrecer algo, necesita ver antes una recaudación de impuestos que esté establecida de forma justa.

Ante la pandemia, se dijo en muchas partes que los ricos quedaron más ricos, sin embargo, también aumentó el número de personas que cayeron en la pobreza, y se incrementó además la pobreza en los necesitados, por lo que tenemos muy claro que, por ejemplo, en casos de Latinoamérica, la pobreza llegó a fases extremas a las que jamás se habían llegado.

Al juicio de Gupta *et al.*, la corrupción puede impactar en la desigualdad de ingresos y en la pobreza a través de diversos canales, entre ellos el crecimiento general, los sistemas tributarios sesgados, mala orientación de programas sociales, así como su efecto en la propiedad de activos, la formación de capital humano, las desigualdades educativas y la incertidumbre en la acumulación de factores. La corrupción puede afectar la distribución de ingresos y la pobreza a través de su impacto en la formación de capital humano y la distribución de este[305].

La gestión de la salud pública en la Administración pública es muy importante para poder desarrollar los derechos humanos, pues se necesita tener recursos, y esos recursos llegan por medio de los impuestos, pero depende de cómo se realice la recaudación, ya que los impuestos pueden favorecer a determinados grupos y perjudicar a otros.

La segunda cuestión es que, durante la pandemia, los Estados se vieron obligados a parar y realizar una serie de actividades, y se demandó muchísimo la actuación del Estado para luchar contra el COVID, lo que, como consecuencia, impulsó una mayor necesidad de impuestos, ya que el Estado estaba gastando mucho para realizar esas actividades. Así, por ejemplo, con la gestión del pago de las vacunas, los gobiernos, en casi todo el mundo tuvo que aumentar los impuestos de los productos o servicios. Se puede citar a modo de ejemplo los casos de España, Portugal, Francia, República Dominicana, Brasil y otros países, en los que se elevó el precio de la luz, del combustible, de los insumos básicos. Esto afecta, de forma lógica, al poder adquisitivo de los ciudadanos. Sin embargo, no afectan del todo modo a clase alta,

305. Gupta, Davoodi and Alonso-Terme (n 87) 25–26.

que tienen mucho más capital que los desfavorecidos, ya que estos tienen menos recursos como resultado de la falta de trabajo durante la pandemia. Después, con la subida de los impuestos para la compra de alimentos básicos, el poder adquisitivo quedó aún más limitado y, con esto, el acceso a los derechos humanos. Este caso es bastante sencillo de ejemplificar, pues no podrá tener acceso a bienes y servicios esencial para subsistencia humana.

Una vez que el Estado logró recaudar estos impuestos, tampoco sabemos si, efectivamente, estos impuestos fueron destinados a implementar los derechos humanos. Tal y como se pudo ver durante la pandemia, millares de casos de corrupción de dinero público tuvieron lugar durante las compras del estado de emergencia, y se apreció la pérdida del dinero público, violándose, de esta forma, muchos derechos fundamentales, especialmente en el área de la salud, que solo se enfocó en combatir el COVID-19, y personas que estaban en otros tratamientos, por ejemplo, no pudieron continuar con ellos y, además, tuvieron problemas para tener acceso a medicinas.

Cuando se sube el precio de los combustibles y la electricidad sobre el precio del se hace patente una cuestión crucial: la recaudación y aplicación de impuestos y cómo estos afectan directamente los derechos humanos. Durante la pandemia, se evidenciaron múltiples casos de corrupción en la administración de fondos públicos, lo que derivó en una pérdida significativa de recursos y una violación de derechos fundamentales, particularmente en el ámbito de la salud.

Además, incrementos en los precios de los combustibles y la electricidad no solo impactan directamente en el costo de vida, sino que también desencadenan un alza en el precio de los alimentos y otros bienes esenciales, lo que repercute en el acceso a derechos fundamentales como la alimentación, la salud y el transporte[306]. Esto afecta de manera desproporcionada a las personas con menor poder adquisitivo, vinculando estrechamente la capacidad económica con el acceso a los derechos humanos.

Es importante subrayar que los impuestos son vitales para el funcionamiento del Estado y la implementación de políticas públicas que promuevan los derechos humanos. La recaudación y distribución equitativa de impuestos es esencial, ya que su mal manejo puede resultar en restricciones a estos mismos derechos. El Estado, al imponer tasas e impuestos, acumula los recursos necesarios para ejecutar políticas públicas. Un ejemplo claro es la imposición de impuestos sobre la energía, especialmente crucial durante la pandemia, cuando aumentó la demanda de energía y surgieron dilemas relacionados con la capacidad de los ciudadanos para afrontar estos costes sin comprometer sus derechos básicos. Por tanto, la política fiscal adoptada por un país o gobierno puede desempeñar un papel crucial en facilitar o limitar

306. Edérson Dos Santos Alves and others, «The Lack of Public Policies on Urban Mobility Restricts the Right to Adequate Housing» (2020), 17 Veredas do Direito 245.

el acceso a los derechos humanos. Esto depende de cómo se estructura la recaudación de impuestos, buscando siempre un equilibrio que no perjudique desproporcionadamente ni a los más pobres ni a los más acomodados.

C) Derecho al desarrollo, a la paz y a un ambiente sano y ecológicamente equilibrado

Teniendo en cuenta al preámbulo de la «Declaración francesa de los derechos del hombre y del ciudadano», de 26 de agosto de 1789, que asevera que «la ignorancia, el descuido o el desprecio de los derechos del hombre son la única causa de las calamidades públicas y de la corrupción de los Gobiernos».

La CIDH ha hecho visible que «la corrupción estatal afecta directamente a los pobres», puesto que las acciones de corrupción desvían los fondos o alteran el fin de este dinero y tienen un «impacto específico en el disfrute efectivo de los derechos humanos de la colectividad en general y de los pobres en particular»[307].

El escritor y político francés Montesquieu (1689-1755) decía que «una injusticia hecha al individuo es una amenaza hecha a toda la sociedad». Pensar en la corrupción es la manera más sencilla de visualizar tal ejemplificación de esta idea[308], puesto que la corrupción es algo que siempre se expande y es fácilmente practicada en la Administración pública por los empleados, públicos o no, pero siempre envuelve directa o indirectamente los derechos humanos. Por este motivo, «los Estados no pueden cumplir con sus obligaciones en materia de derechos humanos cuando existe una corrupción extendida»[309].

En 2014, el Consejo de Derechos Humanos de la ONU elaboró un informe sobre las repercusiones negativas de la corrupción en el disfrute de los derechos humanos. En dicho documento se aborda la relación entre los derechos humanos y la corrupción en dos formas distintas: «(A) primero, puede haber una violación de los derechos humanos a través de un acto corrupto; y (B) segundo, puede haber una violación de los derechos humanos[310] a través de medidas anticorrupción»[311].

307. Comisión Interamericana de Derechos Humanos- CIDH, «Informe de La Relatoría Especial Para La Libertad de Expresión 2002. Capítulo IV: «Libertad de Expresión y Pobreza»« (2003),.

308. Comisión Interamericana de Derechos Humanos - CIDH, «Informe Sobre Pobreza y Derechos Humanos En Las Américas» (2017),.

309. CIDH (n 276).

310. *Vid.* Claudio Nash Rojas, «Derechos Humanos y Corrupción. Un Enfoque Multidimensional» (2018), 75 Estudios de derecho 137; Claudio Nash Rojas, «Nuevos Desarrollos Sobre Corrupción Como Violación de Derechos Humanos. El Informe «Derechos Humanos y Corrupción» de La Comisión Interamericana de Derechos Humanos» [2021], Cuestiones constitucionales 205; Castañeda (n 84); Cardona, Ortiz and Vázquez (n 84).

311. ONU, «Research-Based Progress Report on the Negative Impact of Corruption on the Enjoyment of Human Rights» (n 327).

El informe de la CIDH de 2019 relaciona una conexión entre la lucha contra la corrupción y la protección de los derechos humanos, evaluando el impacto multidimensional de la corrupción sobre la institucionalidad democrática y el Estado de derecho, particularmente con relación a la satisfacción y ejercicio de los derechos humanos en las Américas[312]. De este modo, el informe proporciona diversas recomendaciones para los Estados con el fin de combatir la corrupción desde una perspectiva de derechos humanos.

Es ampliamente conocido que, a medida que los esfuerzos contra la corrupción se estancan y deterioran, los derechos humanos y la democracia se ven amenazados[313]. Esta no es una simple coincidencia, tal como lo recuerda el informe de la relatora especial sobre la situación de los defensores de los derechos humanos, Mary Lawlor, titulado *En el centro de la lucha: los defensores de los derechos humanos que combaten la corrupción,* publicado en marzo de 2022[314].

En la misma línea, Transparencia Internacional, en su «Índice de Percepción de la Corrupción 2021», revela que los niveles de corrupción se han estancado en la última década, en medio de un contexto de abusos a los derechos humanos y de deterioro de la democracia. El continuo uso por parte de los Gobiernos de la pandemia de COVID-19 para erosionar los derechos humanos y la democracia también podría llevar a descensos aún más pronunciados en el futuro a nivel global. El informe enfatiza que «los niveles de corrupción permanecen estancados en todo el mundo, y el 86 % de los países ha avanzado poco o nada en los últimos diez años»[315].

---

312. Comisión Interamericana de Derechos Humanos - CIDH, «Corrupción y Derechos Humanos: Estándares Interamericanos» (n 334).

313. International Council on Human Rights Policy (ICHRP), Corruption and Human Rights: Making the Connection, Ginebra, 2009, en https://papers.ssrn.com/sol3/papers.cfm?abstract_id=1551222; International Council on Human Rights Policy (ICHRP), La integración de los derechos humanos en la agenda de combate a la corrupción: retos, posibilidades y oportunidades, Ginebra, 2011, en http://www.ichrp.org/files/reports/63/131b_report_es.pdf; Claudio Nash y M. González, Transparencia, lucha contra la corrupción y el sistema interamericano de derechos humanos. Informe de la tercera reunión regional de especialistas 7 y 8 de noviembre de 2011. Centro de Derechos Humanos, Facultad de Derecho Universidad de Chile, 2012; M. Boersma, Corruption: A Violation of Human Rights and a Crime under International Law?, Intersentia, Antwerp, 2012; Nash et al., Corrupción y Derechos Humanos: una mirada desde la jurisprudencia de la Corte Interamericana de Derechos Humanos, op. cit.; André Figueiredo, Corruption and Human Rights. Beyond the Link. Wolf Legal Publisher, The Netherlands, Wolf Legal Publishers, 2017; Peters, «Corruption and Human Rights», op. cit.

314. Naciones Unidas - ONU, «At the Heart of the Struggale: Human Rights Defenders Working against Corruption» (2021),.

315. Transparencia Internacional, «El Índice de Percepción de La Corrupción 2021 Revela Que Los Niveles de Corrupción Se Han Estancado En Los Últimos Diez Años, En Medio de Un Entorno de Abusos a Los Derechos Humanos y Deterioro de La Democracia» (n 337).

Las Naciones Unidas han enfocado su atención en la relación entre la corrupción y los derechos humanos, tal como se refleja en la resolución adoptada por el Consejo de Derechos Humanos el 23 de junio de 2017 titulada «Las repercusiones adversas de la corrupción en el goce de los derechos humanos». Esta resolución sostiene que la colaboración entre naciones puede jugar un papel crucial en la contención de las repercusiones perjudiciales de la corrupción en el ejercicio de los derechos humanos, a través de la oferta de servicios de asesoramiento, la ayuda técnica y el fortalecimiento de habilidades. Asimismo, la compartición de prácticas óptimas puede servir de apoyo a los Estados, en caso de solicitarlo, en su empeño por prevenir y combatir la corrupción[316].

Además, la resolución enfatiza que el Estado debe garantizar que la sociedad civil pueda desempeñar su papel sin enfrentar barreras ni inseguridad que limiten el goce de los derechos humanos. Para lograr este fin, la ONU sostiene que es imperativo crear y mantener, tanto en la legislación como en la práctica, un entorno seguro que permita abordar el impacto negativo de la corrupción[317].

Asimismo, se subraya la importancia de implementar más medidas preventivas en todos los niveles para atender las necesidades de las personas en situación de vulnerabilidad. Estas personas son, frecuentemente, las primeras en sufrir las consecuencias devastadoras de la corrupción. Se considera que las medidas preventivas son una de las herramientas más eficaces para contrarrestar la corrupción y mitigar su impacto negativo en el disfrute de los derechos humanos[318].

Respecto a lo anterior, la «Convención para combatir el cohecho de servidores públicos extranjeros en transacciones comerciales internacionales» de la OECD regula. en su artículo 4, que «cada Estado parte adoptará las medidas necesarias para establecer su jurisdicción sobre el soborno a un funcionario público extranjero cuando el delito se cometa total o parcialmente en su territorio»[319].

Así mismo, según la ONU, la corrupción «puede darse en muchas formas y contextos, es casi imposible identificar todos los derechos humanos que pueden ser violados por la corrupción». Lo que dificulta de trabajo de mensurar los daños causados y sus posibles medidas preventivas[320].

---

316. ONU, «The Negative Impact of Corruption on the Enjoyment of Human Rights: Resolution / Adopted by the Human Rights Councilon 23 June 2017» (n 346).

317 *Ibid.*

318. *Ibid.*

319. OECD, Convention on Combating Bribery of Foreign Public Officials in International Business Transactions, 1977.

320. ONU, «Research-Based Progress Report on the Negative Impact of Corruption on the Enjoyment of Human Rights» (n 327).

Existen numerosas justificaciones para perpetuar la corrupción, especialmente cuando se basan en ciertos valores para avalar acciones indecorosas. Por ejemplo, los políticos podrían argumentar que el sistema en sí es corrupto y que, para maniobrar dentro de la política y la economía, es necesario adoptar prácticas corruptas. Otra excusa frecuente es la falsa inocencia, en la que se reparte dinero, pero para obtener un beneficio personal. Otro argumento común es el del competidor, que postula que, si uno no se involucra en la corrupción, otro lo hará, dejando a su empresa en desventaja. Además, algunos sostienen que nunca han corrompido a nadie ni han buscado corromper, ya que consideran que estos elementos son normales en las relaciones políticas.

Al juicio de Ferreira Rubio, presidente de Transparencia Internacional, los derechos humanos son esenciales en la lucha contra la corrupción. Los modelos autoritarios anulan los controles y equilibrios independientes, haciendo que la lucha contra la corrupción dependa de los antojos de una élite. La única ruta sostenible hacia una sociedad libre de corrupción es asegurar que las personas puedan expresarse libremente y colaborar para exigir responsabilidades a aquellos que están en el poder[321].

En este sentido, para tener una sociedad libre, es imprescindible disponer de un espacio para expresar y luchar por el cumplimiento de derechos sociales y políticos. Por lo tanto, es necesario tomar medidas reales y significativas para entender estos procesos y garantizar que cualquier estrategia anticorrupción tenga incentivos integrados para que los actores capaces de aplicar estas estrategias lo hagan en su propio interés.

De esta forma, se pretende que no dependa de la élite o de los políticos para que exista una lucha contra la corrupción, ya que, si una política afecta negativamente a personas y organizaciones poderosas, no debería sorprendernos que intenten bloquear o distorsionar su aplicación. Esto es lo que más sucede con las medidas y las leyes anticorrupción cuando se aprueban en sus respectivos países. En los países en desarrollo, donde el Estado de derecho es débil, las políticas también pueden ser bloqueadas de manera informal o corrupta.

La CIDH plantea que el verdadero desafío con respecto a la corrupción radica en que quienes cometen estos actos delictivos son, a menudo, las mismas autoridades encargadas de legislar, ejecutar y supervisar el correcto funcionamiento de los poderes del Estado, así como de manejar la burocracia pública. Este comportamiento deteriora la legitimidad de las instituciones y erosiona la confianza de los ciudadanos en el Estado de derecho, causando un daño significativo al sistema democrático[322].

---

321. Transparencia Internacional, «El Índice de Percepción de La Corrupción 2021 Revela Que Los Niveles de Corrupción Se Han Estancado En Los Últimos Diez Años, En Medio de Un Entorno de Abusos a Los Derechos Humanos y Deterioro de La Democracia» (n 337).

322. Comisión Interamericana de Derechos Humanos - CIDH, «Corrupción y Derechos Humanos: Estándares Interamericanos» (n 334).

Los niveles de corrupción, profundamente arraigados y en ocasiones crecientes en muchos países, evidencian las limitaciones de las estrategias y teorías actuales en la lucha contra la corrupción. Los resultados hasta ahora han sido insatisfactorios y han llevado a un considerable derroche de recursos, en gran medida debido a la ineficiencia en la aplicación de estas teorías y prácticas.

Como apunta Peters, existe una correlación entre corrupción y violaciones de derechos humanos. Los países con altas tasas de corrupción, o con altos niveles percibidos de corrupción, suelen ser aquellos con un historial deficiente en el respeto a los derechos humanos. En otras palabras, se puede demostrar que los países que más violan los derechos humanos también suelen ser los más corruptos[323].

Se vuelve esencial establecer la correlación existente entre la corrupción y los derechos humanos, tal y como pone de manifiesto el Consejo Internacional de Políticas de Derechos Humanos (CIPDH). La detección de estos vínculos específicos puede incentivar a los actores claves, entre los que se incluyen funcionarios públicos, parlamentarios, jueces, fiscales, abogados, empresarios, banqueros, contadores, medios de comunicación y la sociedad en general, a enfrentar la corrupción con una mayor seriedad y determinación[324].

Como plantea Nash, la corrupción afecta de manera adversa el pleno disfrute y ejercicio de los derechos humanos, puesto que provoca directamente violaciones de dichos derechos. Además, en muchas situaciones, la corrupción contribuye a que estas violaciones se produzcan y pone en riesgo a las personas y grupos que están comprometidos en la lucha contra ella[325].

En este sentido, Peters refuerza este argumento señalando que la corrupción implica que las decisiones administrativas o políticas de las autoridades gubernamentales se adquieren en vez de tomarlas con base en la legalidad y en los procedimientos formalmente establecidos. La corrupción sigue las leyes no oficiales del mercado, esquivando así el imperio de la ley. Como tal, la corrupción es la antítesis del Estado de derecho y, dado que este es una condición esencial para el respeto de los derechos humanos, la corrupción representa una negación de estos derechos. No solo existe un vínculo, sino que casi llega a ser una tautología[326].

Sin embargo, Davis critica la idea de Peters argumentando que esta no explica cómo el análisis de los derechos humanos añade valor, especialmente teniendo en cuenta el esfuerzo considerable que se requiere para demos-

---

323. Peters, «Corruption as a Violation of International Human Rights» (n 84) 9.

324. Consejo Internacional de Políticas de Derechos Humanos (ICHRP), *La Corrupción y Los Derechos Humanos: Estableciendo El Vínculo* (Programa E, 2009) 7.

325. Claudio Nash, «Sistema Interamericano de Derechos Humanos y Corrupción», *Corrupción, Estado de derecho y derechos humanos - Manual de casos* (Tirant to blanch y Konrad Adenauer Stiftung 2019).

326. Peters, «Corruption as a Violation of International Human Rights» (n 84) 9.

trar que cualquier acto corrupto califica como una violación de los derechos humanos y para la sofisticación del régimen anticorrupción existente. No obstante, Davis admite que el análisis de los derechos humanos desempeña un papel valioso en los esfuerzos anticorrupción en tanto en cuanto ayuda a proporcionar información sobre la prevalencia y la importancia moral contra la corrupción[327].

Conforme a lo expresado por el Consejo Internacional de Políticas de Derechos Humanos, la corrupción infringe los derechos humanos de aquellos a quienes afecta de forma directa, impactando de manera desmesurada en las personas que se encuentran dentro de grupos vulnerables. Esto incluye a las minorías, los pueblos indígenas, los trabajadores migrantes, las personas con discapacidad, las personas con VIH/SIDA, los refugiados, los prisioneros y las personas en situación de pobreza. Adicionalmente, la corrupción incide de manera desproporcionada en mujeres y niños[328].

En este informe se demostró también que las organizaciones de derechos humanos en su labor se enfrentaron a la corrupción, ya que de esta se derivan consecuencias negativas para los derechos humanos, lo que dificulta el transcurso de su trabajo.

La corrupción, en sí misma, genera una brecha muy grande en los derechos humanos que puede corromper o comprar el poder, pudiendo pagar por una eficacia del sistema social, una limitación de recursos, etc. Las personas que se contrata son personas afines de quien están en el poder en lugar de ser válidos o expertos en la materia en cuestión. La amistad se sobrepone a la preparación, al mérito y a la capacidad. Esto pasa tanto en los aspectos privados, en los que se acaba contratando a una empresa que es menos eficaz porque han conseguido sobornar, o porque es amiga del dueño de la institución.

Desde una perspectiva analítica, Nash propone que existen cinco dimensiones en las que la corrupción puede tener un impacto significativo en términos de violaciones de derechos humanos. Estas incluyen, primeramente, las prácticas corruptas como origen de la violación de derechos humanos. En segundo lugar, la atribución de responsabilidad en relación con actos o sistemas corruptos. Tercero, el entorno de discriminación estructural y su conexión con la corrupción. Cuarto lugar, Las manifestaciones criminales de la corrupción que agravan las violaciones de derechos humanos. Por último, la reparación de las violaciones a los derechos humanos vinculadas a la corrupción[329].

---

327. DAVIS (n 342).

328. Carlos TABLANTE and M MORALES, «Impacto de La Corrupción En Los Derechos Humanos» [2018], Instituto de Estudios Constitucionales del Estado de Querétaro. México. Recuperado de: https://www. corteidh. or. cr/tablas/r37786. pdf.

329. Claudio ROJAS NASH, «Corrupción, Democracia,Estado de Derecho y Derechos Humanos. Sus Vínculos y Sus Consecuencias», NASH; *Fuchs. Corrupción, Estado de derecho y derechos humanos, Tirant to blanch y Konrad Adenauer Stiftung, 2019.* (Tirant to blanch y Konrad Adenauer Stiftung 2019).

En este sentido, es importante considerar también la relevancia de los costos morales. Como apunta Elster: «Aunque resulta difícil de demostrar, sostengo que la variación de la corrupción entre los países se explica en gran medida por el nivel de civismo de sus funcionarios, y no tanto por la ingeniosidad del diseño institucional».

En conclusión, la corrupción institucionalizada y las prácticas corruptas por parte de los funcionarios públicos generan efectos devastadores en la protección y promoción de los derechos humanos. Los grupos vulnerables y marginados se ven desproporcionadamente afectados por estas prácticas, lo que refuerza las disparidades y las injusticias existentes. Además, la lucha contra la corrupción y la protección de los derechos humanos están intrínsecamente vinculadas; no puede lograrse una sin la otra. Por lo tanto, resulta imprescindible que se adopten medidas anticorrupción efectivas, fundadas en la protección de los derechos humanos y orientadas hacia la construcción de instituciones públicas transparentes, responsables y eficaces, para garantizar el pleno disfrute de los derechos humanos para todos.

1.5.1. El Impacto de la corrupción en los funcionarios públicos sobre los derechos humanos

Siguiendo el pensamiento de Carretero Sánchez, se propone que la figura del funcionario público no se concibe como un ente beneficiario, sino como un servidor. Este principio, consagrado en el artículo 103.1 de la carta magna, se refiere a la razón de ser de la Administración pública: el servicio. Esta idea de servicio impregna todos los códigos de ética pública y sitúa al funcionario al servicio de la colectividad. En cuanto a los bienes que administra el funcionario, se espera que los utilice con racionalidad y eficacia, limitando su uso a los fines institucionales y asegurando su correcta custodia para permitir su uso por otros funcionarios en su ausencia[330].

De manera similar, Arias Martínez afirma que la Constitución española demanda a la Administración pública y a sus empleados un comportamiento que respete los principios de objetividad, imparcialidad y neutralidad en aras del interés general. Este conjunto de normas de conducta se encuentra plasmado en el código de conducta del «Texto refundido de la Ley del Estatuto Básico del Empleado Público (TREBEP)». El propósito principal de este código es establecer los deberes y principios que los empleados públicos deben observar y respetar en el desempeño de sus funciones[331].

330. Santiago Carretero Sánchez, «Corrupción, Funcionarios Públicos y El Papel de La Deontología» [2010], Revista telemática de Filosofía del Derecho 16, 16–18, http://rtfd.es/numero13/01-13.pdf.

331. María Antonia Arias Martínez, «El Principio de Objetividad En El Empleo Público: La Objetividad Como Deber de Los Empleados Públicos» [2013], Documentación Administrativa 183, 207.

No obstante, la efectividad de este conjunto de obligaciones y normas éticas y de conducta depende de la implementación de medidas que garanticen su cumplimiento. En este sentido, cualquier fallo en la imparcialidad y neutralidad del empleado público que contravenga las directrices que deben guiar su comportamiento merece una reprimenda ética. Sin embargo, para que tal reproche tenga consecuencias jurídicas, debe apoyarse en el derecho disciplinario, que tipifica como infracciones ciertos comportamientos que violan el principio de objetividad. Para evitar posibles conflictos de intereses, es necesario que el ordenamiento jurídico articule mecanismos de abstención y recusación, así como un sistema de incompatibilidades que garantice la imparcialidad del empleado público[332].

La violación de estos principios por parte de los empleados públicos puede ser vista como una forma de corrupción o de propiciarla, que tiene el potencial de causar graves violaciones a los derechos humanos, dado que puede restringir o negar a las personas el acceso a servicios públicos esenciales, perpetuar la pobreza y la desigualdad, y socavar la confianza en las instituciones públicas.

El término «funcionario público» se define de manera amplia según la Propuesta de Directiva del Parlamento Europeo y del Consejo sobre la lucha contra la corrupción de 2023 e incluye a las personas que trabajan en organizaciones internacionales, instituciones, agencias y cuerpos de la Unión Europea y tribunales internacionales. También abarca a las personas que actúan como miembros de órganos colegiados responsables de decidir sobre la culpabilidad de una persona acusada en el marco de un juicio, así como a las personas que, en virtud de un acuerdo de arbitraje, están llamadas a emitir una decisión legalmente vinculante en disputas presentadas por las partes en el acuerdo de arbitraje[333].

Además, muchas entidades o personas ejercen funciones públicas sin ocupar un cargo formal. Por lo tanto, el concepto de funcionario público se define para cubrir a todos los funcionarios relevantes, ya sean nombrados, elegidos o empleados con base en un contrato, que ocupen un cargo administrativo o judicial formal, así como a todas las personas que prestan un servicio, que han sido investidos con autoridad pública o que están sujetos al control o supervisión de las autoridades públicas en relación con la prestación de dicho servicio. Para los fines de esta directiva, la definición debe incluir a las personas que trabajan en empresas estatales y controladas por el Estado, así como en fundaciones de gestión de activos y empresas privadas

332. *Ibid.*

333. European Parliament and of the Council, Proposal for a Directive of the European Parliament and of the Council on combating corruption, replacing Council Framework Decision 2003/568/JHA and the Convention on the fight against corruption involving officials of the European Communities or officials of Member States of the European Union and amending Directive (EU) 2017/1371 of the European Parliament and of the Council (n 265) 23.

que realizan funciones de servicio público y las personas jurídicas establecidas o mantenidas por ellas. Cualquier persona que ocupe un cargo legislativo debe ser tratada como un funcionario público según esta directiva[334].

De acuerdo con la «Comunicación de la Comisión del Parlamento Europeo, al Consejo, al Comité Económico y Social Europeo y al Comité de las Regiones sobre la Estrategia de la UE para combatir el Crimen Organizado 2021-2025», el fortalecimiento de las medidas anticorrupción es esencial. Bajo las actuales normas de la UE contra la corrupción, se requiere que los Estados miembros tipifiquen como delito tanto la corrupción activa como la pasiva de los funcionarios públicos, establezcan sanciones adecuadas y aseguren que los empresarios que corrompen a los funcionarios sean responsables penalmente. Sin embargo, estas herramientas no abordan ciertos delitos relacionados con la corrupción, como el tráfico de influencias, el abuso de poder, el enriquecimiento ilícito, la malversación u otra desviación de bienes por parte de un funcionario público[335].

Según Rodríguez-Arana Muñoz, el Comité Económico y Social Europeo emitió un dictamen del 15 de febrero de 2020 teniendo por base la Recomendación Europea de 2017, que subraya la necesidad de avanzar decididamente hacia una mayor profesionalización de los servicios contratantes y el reconocimiento de las cualificaciones adquiridas. Para lograr esto, se propone establecer un marco europeo común de competencias técnicas e informáticas que permita un enfoque unificado en el mercado interior. El comité destaca en su informe que la importancia del tema es tal que se debería haber aprobado una directiva en lugar de una recomendación para garantizar una estructura coherente y efectiva en la profesionalización de la contratación pública[336].

Es ampliamente reconocido que la corrupción deteriora el bienestar colectivo, intensifica la pobreza y la desigualdad, desvía la dirección de las políticas públicas, disminuye la inversión y limita el crecimiento económico[337]. Dada su perjudicial repercusión en el desarrollo de las naciones, la lucha contra la corrupción ha sido objeto de numerosos estudios en las últimas décadas[338].

---

334. *Ibid.*

335. European Commission, Communication from the Commission to the European Parliament, the Council, the European Economic and Social Committee and the Committee of the Regions on the EU Strategy to tackle Organised Crime 2021-2025 (n 176) 20.

336. Enrique Díaz Bravo and Rodríguez Arana (n 169) 22.

337. Lederman, Daniel; Loayza, Norman V.; Soares (n 88); Lambsdorff, «Chapter 10 Behavioral and Experimental Economics as a Guidance to Anticorruption» (n 88); Lambsdorff, «Preventing Corruption by Promoting Trust – Insights from Behavioral Science» (n 88); Sekkat and Méon (n 88); Kaufmann, Kraay and Zoido (n 88); Mauro, «Corruption and Growth» (n 88); Mauro, «The Persistence of Corruption and Slow Economic Growth» (n 88).

338. John Brademas and Fritz Heimann, «Tackling International Corruption: No Longer Taboo» (1998), 77 Foreign Affairs 17; Jennifer L Mccoy, «The Emergence of a Global Anti-Corrup-

Es crucial subrayar que la CIDH, en su Resolución 1/17, sostiene que «la lucha contra la corrupción está indisolublemente ligada al ejercicio y disfrute de los derechos humanos y su impunidad, fomenta y perpetúa los actos de corrupción»[339]. En esta línea, el Programa de las Naciones Unidas para el Desarrollo[340] argumenta que cuando la corrupción ocurre en la prestación de servicios públicos, se infringen los derechos humanos. Interfiere con el derecho a la salud y a la educación, impide el acceso a la justicia y socava tanto el derecho a la igualdad ante la ley como el derecho a un juicio justo.

Cabe recordar que, en el contexto de España, el TREBEP establece que los empleados públicos tienen el deber de respetar los derechos humanos y evitar la corrupción en la Administración pública, y que las infracciones sobre estos deberes pueden ser sancionadas disciplinariamente por las Administraciones públicas. Además, el TREBEP asienta que la potestad disciplinaria debe ejercerse de acuerdo con el principio de legalidad y tipicidad de las faltas y sanciones, lo que implica que las infracciones y las sanciones deben estar previamente establecidas en la normativa o en los convenios colectivos. El TREBEP no aborda una la relación directa, pero existe una corrección entre las violaciones de derechos humanos y la corrupción en la Administración pública en varios artículos. A continuación, se citan algunos de ellos. El artículo 53, «Principios éticos»[341], establece que los empleados públicos deben respetar la Constitución y el resto de normas que integran el ordenamiento jurídico, y que su actuación debe perseguir la satisfacción de los intereses

tion Norm» (2001), 38 International Politics 65; Hongying Wang and James Rosenau, «Transparency International and Corruption as an Issue of Global Governance» (2001), 7 Global Governance 25.

339. Comisión Interamericana de Derechos Humanos - CIDH, «Resolución 1/17 Derechos Humanos y Lucha Contra La Impunidad y La Corrupción 12 de Septiembre de 2017» (2017), 1.

340. Programa de las Naciones Unidas para el Desarrollo - PNUD (n 118) 11.

341. María Antonia Arias Martínez, «El Principio de Objetividad En El Empleo Público: La Objetividad Como Deber de Los Empleados Públicos» [2013], Documentación Administrativa 183; Pedro Padilla Ruiz, «Los Principios de Eficacia y Eficiencia En La Actuación Del Empleado Público y Su Conexión Con La Evaluación Del Desempeño» [2018], Revista Aranzadi Doctrinal 18, https://dialnet.unirioja.es/servlet/articulo?codigo=6722222, accessed 27 February 2023; Juan Rastrollo Suárez, «La Evolución Del Principio de Eficacia y Su Aplicación En El Ámbito de La Función Pública: La Evaluación Del Desempeño» (2017), 45 Revista General de Derecho Administrativo, http://laadministracionaldia.inap.es/noticia.asp?id=1507505; María Antonia Arias Martínez, «El Principio de Objetividad En El Empleo Público: La Objetividad Como Deber de Los Empleados Públicos» [2011], Documentación administrativa, https://revistasonline.inap.es/index.php/DA/article/view/10074, accessed 10 May 2023; Juan Carlos Cassagne and Eduardo García de Enterría, *El Principio de Legalidad y El Control Judicial de La Discrecionalidad Administrativa* (Marcial Pons Madrid 2009); María Jesús García García, «Los Principios Constitucionales De Igualdad, Mérito Y Capacidad: Su Plasmación en el Estatuto Del Empleado Público», https://core.ac.uk/download/pdf/75989002.pdf, accessed 18 June 2023; Agustí Cerrillo i Martínez, *El Principio de Integridad En La Contratación Pública* (Aranzadi 2014).

generales de los ciudadanos y fundamentarse en consideraciones objetivas orientadas hacia la imparcialidad y el interés común, al margen de cualquier otro factor que exprese posiciones personales, familiares, corporativas, clientelares o cualesquiera otras que puedan colisionar con este principio.

Por otro lado, el artículo 54, «Deberes de los empleados públicos», establece que los empleados públicos tienen el deber de respetar los derechos fundamentales y las libertades públicas, y de evitar toda actuación que pueda producir discriminación[342].

Además, el artículo 94, «Ejercicio de la potestad disciplinaria»[343], propone que las Administraciones públicas corregirán disciplinariamente las infracciones del personal a su servicio cometidas en el ejercicio de sus funciones y cargos, sin perjuicio de la responsabilidad patrimonial o penal[344] que pudiera derivarse de tales infracciones. Además, la potestad disciplinaria se ejercerá de acuerdo con el principio de legalidad y tipicidad de las faltas y sanciones, a través de la predeterminación normativa o, en el caso del personal laboral, de los convenios colectivos.

En este sentido, las violaciones de derechos humanos y la corrupción en la Administración pública podrían demandar como infracciones disciplinarias por parte de los empleados públicos. En caso de incumplir los artículos mencionados anteriormente y ocasionar violaciones de derechos humanos, existe la posibilidad de ser sancionadas de acuerdo con los procedimientos establecidos en el TREBEP.

342. Paula Ordiñana Torró, «Alcance de los principios de transparencia, igualdad y no discriminación en la gestión de asuntos públicos según la Ley 19/2013: su régimen sancionador» (Universidad Politécnica de Valencia, Facultad de Administración y Dirección de Empresas, 2019), https://riunet.upv.es/bitstream/handle/10251/128422/Ordiñana%20-%20Alcance%20de%20los%20principios%20de%20transparencia%2C%20igualdad%20y%20no%20discriminación%20en%20la%20gestión....pdf?sequence=2&isAllowed=y, accessed 13 February 2023; Martín Acosta, «Ley Del Estatuto Básico Del Empleado Público, Art. 18: Promoción Interna de Los Funcionarios de Carrera»; Christoph Andresen and others, «Applying EU Anti-Discrimination Law, List of Participants / Dal ī Bnieku Saraksts».

343. En este sentido *Vid.* Belén Marina Jalvo, «Aspectos fundamentales de la configuración actual de la potestad disciplinaria de la Administración Pública española sobre el personal a su servicio» [2020], Derecho & Sociedad 7, https://dialnet.unirioja.es/servlet/articulo?codigo=7793078, accessed 13 March 2023; Tomás Quintana López, «La Potestad Disciplinaria de Las Administraciones Sobre Los Empleados Públicos» [2009], Documentación Administrativa, https://search.proquest.com/openview/38e1b166d08e5c6ad61f515defa5f57f/1?pq-origsite=gscholar&cbl=2046215, accessed 3 March 2023.

344. *Vid.* Trayter Jiménez, J. M., «La Responsabilidad Administrativa y Penal de Los Empleados Públicos: Una Visión Actual», (2020), 213 Revista de Administración Pública 345, https://www.google.com/url?sa=t&rct=j&q=&esrc=s&source=web&cd=&ved=2ahUKEwiE5Z3Dh5r9AhXf9rslHehCAGAQFnoECDEQAQ&url=https%3A%2F%2Fdialnet.unirioja.es%2Fdescarga%2Farticulo%2F7677179.pdf&usg=AOvVaw3_er5wanGiG1QANgzF6yBF, accessed 16 February 2023.

De acuerdo con la perspectiva de Rose-Ackerman, los empleados públicos pueden experimentar una escasez de motivación para desempeñar eficientemente sus funciones debido a que sus salarios están predeterminados y sujetos a la dirección interna. En este contexto, los sobornos pueden fungir como bonificaciones que motivan su rendimiento[345]. A su vez, Budiman, *et al.*, en su estudio sobre la corrupción entre los funcionarios civiles, apuntan hacia varios factores que fomentan la corrupción. Estos incluyen las bajas remuneraciones en el servicio civil, una deficiente rendición de cuentas y la existencia de líderes corruptos en las altas esferas del Gobierno. Sin embargo, las formas en las que se manifiestan estas justificaciones varían entre tres tipos de identidades o roles entre los funcionarios civiles indonesios: el funcionario civil profesional, el funcionario civil colegiado y el funcionario civil corrupto. El estudio desveló que la corrupción era un fenómeno habitual e intrínseco en las actividades cotidianas y las estructuras administrativas de los funcionarios públicos indonesios. Algunas de las ideologías que justifican la corrupción incluyen la negación de la responsabilidad, la ponderación social y la lealtad a intereses superiores. Recuerdan los autores las implicaciones de estos hallazgos para las intervenciones en organizaciones en países en desarrollo[346].

Como opina Nash Rojas sobre la relación entre la corrupción y la violación de los derechos humanos, es esencial examinar la conexión entre la conducta corrupta y la violación de un derecho humano, es decir, el incumplimiento de una obligación. Para ello, resulta fundamental llevar a cabo un estudio específico del caso. Desde una perspectiva general, podemos identificar dos tipos de conexiones causales: 1) acciones corruptas que infringen directamente un derecho humano, y 2) acciones corruptas que propician violaciones de los derechos humanos, pero que, por sí mismas, no infringen un derecho. Dice que un acto corrupto infringe directamente un derecho cuando dicho acto implica inmediatamente la violación de una obligación estatal relacionada con ese derecho. Así, por ejemplo, cuando un juez acepta un soborno, su imparcialidad se ve inmediatamente comprometida, lo cual infringe el derecho a un juicio justo. Del mismo modo, un acto corrupto también puede violar directamente un derecho cuando un funcionario o institución estatal actúa de tal forma que impide que una o más personas tengan acceso a ese derecho. Por ejemplo, cuando alguien tiene que sobornar a un funcionario para obtener una vivienda[347] subsidiada o a un médico para acceder a un tratamiento en un hospital público[348].

---

345. Susan ROSE-ACKERMANN, «Desarrollo y Corrupción» [2001], Gestión y análisis de políticas públicas 5.

346. BUDIMAN, ROAN and CALLAN (n 97).

347. *Vid.* Josué Mastrodi and Edérson DOS SANTOS ALVES, «A Segurança Jurídica Da Posse Como Pressuposto Do Direito Fundamental À Moradia» (2017), 9 Revista de Direito da Cidade 27.

348. NASH ROJAS, Aguiló BASCUÑÁN and MEZA-LOPEHANDÍA (n 328) 26–27.

Por otro lado, Vito Tanzi sugiere que, en la burocracia ideal descrita por Max Weber, el funcionario público actúa como un fiel ejecutor de las instrucciones del estado. En este escenario, no surgirían problemas de «agente-principal». Sin embargo, en el mundo real, las burocracias weberianas son escasas, en parte debido a la falta de transparencia de las políticas del Estado y a características propias de las burocracias. Los ciudadanos pueden cuestionar la legitimidad de algunas acciones del Estado y atribuirlas a la búsqueda de rentas por parte de los funcionarios públicos, y no a la búsqueda del interés público[349].

Por su parte, Leff argumenta que los funcionarios corruptos pueden forzar al Gobierno a involucrarse en actividades económicas y pueden facilitar una mayor tasa de inversión, pues los inversores requieren garantías de no injerencia en sus asuntos. La corrupción también puede ofrecer salvaguardas contra errores graves de política. Sin embargo, las naciones subdesarrolladas, en las que el Gobierno tiene la principal responsabilidad de la economía, la corrupción puede ser vista como perjudicial para la eficiencia y la modernización[350].

La corrupción puede tener efectos negativos no solo en la eficiencia estática, según Bardhan[351], sino también en la inversión y el crecimiento. Se apunta a que las prácticas corruptas persisten por la existencia de equilibrios dependientes de la frecuencia o de las externalidades intertemporales. Aunque algunas interpretaciones sugieren que, en el marco de las regulaciones omnipresentes en los países en desarrollo, la corrupción podría mejorar la eficiencia y fomentar el crecimiento.

Rose-Ackerman[352] sostiene que un régimen descentralizado disminuiría la corrupción, dado que la competencia entre funcionarios del Gobierno reduciría el monto de los sobornos. Sin embargo, Diaby contrapone que algunos modelos teóricos previos han predicho que los sobornos pagados por las empresas a los funcionarios gubernamentales son mayores bajo una burocracia descentralizada, donde una empresa se enfrenta a numerosos funcionarios. Por ende, emerge una «tragedia de los comunes», en la que los funcionarios fijan los pagos de sobornos demasiado altos, lo que lleva a las empresas a abandonar la industria[353].

Además, Diaby[354] afirma que los derechos privados son presumiblemente menos seguros si otros agentes pueden eludir la ley pagando a los funcio-

349. Tanzi (n 131) 31.

350. Leff (n 135).

351. Bardhan (n 89).

352. Rose-Ackerman, «Corruption: A Study in Political Economy» (n 89).

353. Diaby and Sylwester (n 163) 05.

354. *Ibid.*

narios para que hagan la vista gorda. No obstante, Shleifer y Vishny[355] desarrollan un modelo en el que las empresas deben recoger varias licencias y permisos de varios funcionarios.

Van Rijckeghem y Weder[356] exploran en qué medida la corrupción disminuye con el aumento de los salarios de los trabajadores del servicio público. Reconocen que la remuneración adecuada es esencial para garantizar un servicio civil honesto, pero también apuntan que la cuestión del salario gubernamental óptimo no ha sido resuelta aún. Su trabajo ofrece estimaciones empíricas sobre la magnitud del efecto de los salarios del servicio civil en la corrupción.

Asimismo, Van Rijckeghem y Weder[357] también sugieren que la corrupción puede eliminarse con salarios bajos. Proporcionan varios motivos para respaldar esta afirmación, que incluyen la posibilidad de recompensas aplazadas, como pensiones, o la posibilidad de obtener empleos lucrativos en el sector privado después de servir en el servicio público.

Posteriormente, Diaby[358] propone que, si estos funcionarios no se coordinan, podría resultar una «tragedia de los comunes», ya que los elevados pagos de sobornos podrían llevar a algunas empresas a la quiebra, disminuyendo así la base de la que extraer sobornos. Abbink[359] refuerza esta idea, reportando que la rotación regular de los funcionarios reduce la corrupción.

Para enfatizar la urgencia global de combatir la corrupción, la ONU propuso el objetivo 16.5 dentro de la Agenda 2030 con el propósito de promover acciones para prevenir la corrupción y el soborno. Los Objetivos de Desarrollo Sostenible son una evolución de los Objetivos de Desarrollo del Milenio, vigentes hasta 2015, reforzando así el compromiso global con la lucha contra la corrupción.

La gravedad de la situación ha generado la implementación de diferentes estrategias para controlarla y reducirla. Una de ellas es el mecanismo de rendición de cuentas en la generación de buenas prácticas de gobernanza y, de manera particular, en la reducción de la corrupción[360].

355. A SHLEIFER and RW VISHNY, «Corruption» (1993), 108 Quarterly Journal of Economics, https://doi.org/10.2307/2118402.

356. Caroline VAN RIJCKEGHEM and Beatrice WEDER, «Bureaucratic Corruption and the Rate of Temptation: Do Wages in the Civil Service Affect Corruption, and by How Much?» (2001), 65 Journal of Development Economics 307, 2, https://www.sciencedirect.com/science/article/pii/S0304387801001390, accessed 31 May 2023.

357. *Ibid*.

358. DIABY and SYLWESTER (n 163) 05.

359. ABBINK (n 139).

360. Simeon DJANKOV and others, «Who Owns the Media?» (1 May 2001) 341; Jean-Jacques LAFFONT and Mathieu MELEU, «Separation of Powers and Development» (2001), 64 Journal of Development Economics 129; Susan ROSE-ACKERMAN, «Corruption and Government: Causes, Consequences, and Reform» [1999], Cambridge University Press; Arturo Bailey,

En este sentido, los autores[361] resaltan que el principal argumento para su uso es que la rendición de cuentas permite castigar a los políticos que adoptan «malas políticas», alineando así a los funcionarios con las preferencias de sus ciudadanos. El grado de rendición de cuentas se determina de acuerdo con las características específicas del sistema político, donde se pueden identificar tres principios: 1) la existencia de controles y equilibrios de las diferentes ramas del gobierno; 2) el grado de la competencia en el sistema político; y 3) la transparencia del sistema. Además, se ha discutido el papel de la participación de la comunidad y la descentralización, tan importante en el fortalecimiento de la rendición de cuentas y la mejora a la gobernabilidad[362]. Sus detractores señalan la falta de capacidad de la comunidad para interpretar y actuar sobre la base de la información disponible relacionada con el desempeño de sus líderes.

La corrupción es un problema global de escala local, con particularidades propias de cada región, pues los actores e instituciones nacionales y transnacionales copian y actualizan los tipos de corrupción. En sentido, la CIDH recuerda que la corrupción tiene lugar a través de actos «cotidianos junto a estructuras de corrupción sistémica o macrocorrupción, que en algunos casos llegan a niveles de complejas formas de captura del Estado, cooptación de estructuras estatales e incluso desviación institucional con fines delictivos»[363].

Partiendo del supuesto presentado por Robert Klitgaard, este mismo señala que la corrupción es tan antigua como la vida humana organizada y, de hecho, quizás tan antigua como el propio concepto de «gobierno». En esta dirección Scott decía que «la corrupción, al igual que la violencia, debe entenderse como una parte regular, repetitiva e integral del funcionamiento de la mayoría de los sistemas políticos»[364]. Esto no significa que no se deba luchar, pero se debe saber que es algo constante y muy relacionado con la vida humana en sociedad.

John; Valenzuela, «Mexico's New Politics: The Shape of the Future.« (1997), 4 Journal of Democracy 43; Torsten Persson, Gerard Roland and Guido Tabellini, «Separation of Powers and Political Accountability» (1997), 112 The Quarterly Journal of Economics 1163; Tim Fackler and Tse-min Lin, «Political Corruption and Presidential Elections, 1929-1992» (1995), 57 The Journal of Politics 971; Juan J (Juan José) Linz, «The Virtues of Parliamentarism» (1990), 1 Journal of Democracy 84; Tevfik F Nas, Albert C Price and Charles T Weber, «A Policy-Oriented Theory of Corruption» (1986), 80 American Political Science Review 107.

361. Lederman, Daniel; Loayza, Norman V.; Soares (n 88) 4.

362. EC Banfield, «Corruption as a Feature of Government Organization», In M. U. Ekpo, Ed., Corruption in Sub-Saharan Africa: Towards a Search for Causes and Consequences», (1979),; James Manor, *The Political Economy of Democratic Decentralization* (The World Bank 1999); Rémy Prud'homme, «THE DANGERS OF DECENTRALIZATION» (1995), 10 The World Bank Research Observer 201.

363. Comisión Interamericana de Derechos Humanos - CIDH, «Corrupción y Derechos Humanos: Estándares Interamericanos» (n 334).

364. James C Scott, *Comparative Political Corruption* (Prentice Hall 1972) 11.

Cabe mencionar a Gardiner, que además evidencia que la corrupción es algo muy persistente y prácticamente omnipresente en la sociedad. Este mismo autor expone que este mal no desaparecerá si ninguna reforma consigue eliminarla por completo, por lo que es un fenómeno bastante incontrolable por parte de la legalidad únicamente, con lo que se hace necesario otra serie de reformas. Por este motivo, expone como ejemplo que no importa donde sea, tenga lugar la corrupción, si los hombres compiten por productos que sean valiosos pero limitados, ya sean franquicias para vender bienes al Gobierno, o libertad para operar un juego de azar, siempre habrá una tentación de asegurar estos productos a través de incentivos corruptos si otros esfuerzos fallan[365].

1.6. Anticorrupción y *compliance*

Por tanto, es fundamental enfrentar la corrupción con una respuesta coordinada y multifacética que abarque todas las esferas de la sociedad. Esta respuesta debe incluir la promoción de la transparencia, la integridad y la rendición de cuentas, el fortalecimiento de los marcos legales y regulatorios, y la promoción de una cultura de *compliance* y ética en todas las organizaciones e instituciones. Solo a través de un enfoque sistémico y holístico, podemos esperar combatir eficazmente la corrupción y mitigar sus perniciosos efectos en nuestras sociedades.

Según la reflexión de Sánchez-Macías[366], el fenómeno de la corrupción disminuirá, basándonos en la teoría económica, a medida que las sanciones administrativas o penales impuestas a las empresas que ofrezcan sobornos sean más elevadas. Del mismo modo, la corrupción se reducirá a medida que los clientes estén dispuestos a castigar más severamente a una empresa corrupta (coste reputacional). Recientes reformas vinculadas con la responsabilidad penal de las entidades jurídicas, como las impulsadas en EE. UU., Italia o España, tienen por objeto precisamente modificar el sistema de incentivos para desincentivar las conductas reprobables y disminuir el número de delitos perpetrados por las empresas. Dentro del abanico de tipos penales aplicables a las personas jurídicas, aquellos relacionados con el blanqueo de capitales y la corrupción son, sin duda, ni los menos significativos ni los menos recurrentes. Frente a este nuevo panorama, las organizaciones han explorado nuevas maneras de manifestar su compromiso corporativo a través de los denominados códigos éticos y los programas de *compliance*, que comienzan a ganar relevancia en España tras haber tenido un desarrollo considerable en otros países.

Así, la correlación entre corrupción, *compliance* y derechos humanos es evidente. Solo a través de una gestión transparente y responsable, y de un firme compromiso con el cumplimiento de las normativas, podremos miti-

365. John A Gardiner, *The Politics of Corruption* (Russell Sage Foundation 1970) 93.

366. Macías (n 154) 131.

gar el impacto de la corrupción en nuestros derechos fundamentales y en la sociedad en su conjunto. Entre los logros significativos de la Convención Antisoborno de la OCDE[367], en la que participan cuarenta y cuatro países, se encuentra la adopción de una legislación que prohíbe el soborno a nivel internacional. Es notable que la Convención de las Naciones Unidas contra la Corrupción (UNCAC), el primer instrumento global legalmente vinculante contra la corrupción proporciona una definición exhaustiva. Identifica un acto como corrupto si implica soborno, malversación, tráfico de influencias, abuso de funciones o enriquecimiento ilícito[368]. Además, existe instrumentos regionales como la Convención Interamericana contra la Corrupción (1996), la Convención de la Unión Africana contra la Corrupción, la Convención sobre Corrupción del Consejo de Europa en Materia Penal (1999) o la Convención Árabe para Combatir la Corrupción (2010).

Un reciente estudio encomendado por Comisión Europea que evalúa la adquisición de la UE contra la corrupción aplicable a los Estados miembros para identificar lagunas legislativas, políticas y operativas, e identificar áreas para una posible futura acción legal, política y/o operativa de la UE en respuesta a las lagunas identificadas. Basándose en estos hallazgos, se identificaron tres opciones de políticas durante el estudio. La opción de política 3, que implica un mayor alineamiento legislativo respaldado por medidas de apoyo blandas, se identificó como la opción preferida. Esta opción propone el establecimiento de reglas mínimas comunes en torno a la definición de delitos de corrupción y penas relacionadas, además de medidas para asegurar una prevención adecuada de la corrupción, incluyendo la recopilación integral de datos de corrupción y el establecimiento de autoridades anticorrupción dedicadas tanto a nivel de la UE como nacional[369].

Cuando se implementan fuertes políticas de cumplimiento, se crean controles más sólidos, lo que, a su vez, puede conducir a una reducción de la corrupción, ya que disuade de la mala administración de los fondos públicos y del soborno. Las normas que se aprueban en un país son fundamentales para este control, ya que establecen las expectativas y los estándares que deben seguirse.

Además, la corrupción de los funcionarios puede impactar negativamente en los derechos humanos en situaciones de desastre, ya que puede impedir la distribución equitativa de los recursos necesarios para la recuperación[370]

367. OECD, «Anti-Corruption Compliance in Times of Crisis» (n 82).

368. Naciones Unidas - ONU (n 113).

369. Directorate-General for Migration and Home Affairs (European Commission) and others (n 268) 09.

370. Ambraseys and Bilham (n 144); Rumi (n 148); Schultz and Søreide (n 145); Programme (n 87); Alexander (n 148); Loosemore and others (n 81); Tarling (n 148); Teorell (n 148); Žuffová (n 148).

y la reconstrucción. Esto puede resultar en que los más vulnerables sufran desproporcionadamente, violando su derecho a un nivel de vida adecuado. En conclusión, la aplicación efectiva de normas y políticas de cumplimiento es crucial para mitigar la corrupción y proteger los derechos humanos.

Cabe ahora mencionar las estrategias eficaces para prevenir y combatir la corrupción suelen implicar una combinación de cambios legales, institucionales y culturales.

Establecimiento de leyes y regulaciones anticorrupción: Rose-Ackerman y Bonnie Palifka han destacado la importancia de leyes claras y aplicables que hagan ilegales las prácticas corruptas[371].

Transparencia y rendición de cuentas en las instituciones públicas: Klitgaard ha propuesto una fórmula para la corrupción: $C = M + D - A$, donde C es corrupción, M es poder de monopolio, D es discrecionalidad por parte de los funcionarios, y A es rendición de cuentas. Para reducir la corrupción, la fórmula sugiere limitar el monopolio y la discrecionalidad en los roles públicos e incrementar la rendición de cuentas[372].

Cambios culturales: la importancia de las normas sociales y los cambios culturales en la lucha contra la corrupción. Las campañas de educación pública pueden ayudar a cambiar las percepciones y comportamientos en torno a la corrupción[373].

Cooperación internacional: la corrupción a menudo cruza las fronteras nacionales, como destacan autores como Lederman *et al.*[374]. Los tratados internacionales y las organizaciones, como la Convención de las Naciones Unidas Contra la Corrupción (UNCAC) y el Banco Mundial, juegan un papel crucial en el establecimiento de normas, la facilitación de la cooperación y la provisión de recursos para los esfuerzos anticorrupción.

Esta es una visión general, y las estrategias precisas deben adaptarse al contexto específico y al tipo de corrupción en cuestión. Una investigación más profunda y la consulta con expertos en el campo, como los autores que mencionaste, pueden proporcionar percepciones y orientaciones más matizadas.

---

371. Rose-Ackerman and Palifka (n 101).

372. R Klitgaard, *Controlling Corruption* (University of California Press 1991); Klitgaard, *Controlando La Corrupción* (n 143); Klitgaard (n 120); Robert Klitgaard, «Estrategias a Nivel Nacional e Internacional Para Reducir La Corrupción. Pena y Estado» (1995), 1, n° 1 Revista Latino-americana de Política Criminal 245; Robert Klitgaard, «Combating Corruption» (1998), Tomo 35, N United Nations Chronicle 90, https://search-proquest-com.ezproxy.usal.es/trade-journals/combating-corruption/docview/218162651/se-2?accountid=17252.

373. Mungiu-Pippidi, *The Quest for Good Governance* (n 143); Mungiu-Pippidi, «The Time Has Come for Evidence-Based Anticorruption» (n 143); Mungiu-Pippidi and Dadašov (n 222).

374. Lederman, Daniel; Loayza, Norman V.; Soares (n 88).

En la lucha contra la corrupción, es fundamental crear marcos legales que respalden y protejan a aquellos que denuncian actos ilícitos, con el objetivo de romper el ciclo de la impunidad y garantizar la primacía de la ley. España, como miembro de la Unión Europea, ha adoptado y adaptado a su sistema legal la Directiva Europea para la Protección de los Denunciantes, confirmando su compromiso con la transparencia y la rendición de cuentas.

La ausencia de denuncias o la incapacidad para investigarlas impiden el progreso en la erradicación de la corrupción. Es por ello por lo que, tal como señala Anna Peter, un Estado en el que predomina la corrupción no solo atenta contra los derechos humanos, sino que también incumple con sus responsabilidades internacionales. La corrupción sistemática y desenfrenada pone en peligro una serie de derechos humanos, haciendo que el Estado sea responsable de la prevención y protección de estos.

El Estado tiene un papel crucial en este aspecto, ya que tiene la obligación de respetar, proteger y cumplir la carta de derechos humanos en su territorio. Para cumplir con esta responsabilidad, el Estado debe trabajar en una estrategia integral que comience con la educación cívica y ciudadana, promoviendo valores que favorezcan una sociedad justa y rechace cualquier forma de corrupción, por mínima que sea. Sin embargo, recuerda Mazzoni, las políticas anticorrupción solo pueden ser eficaces si encuentran un terreno fértil capaz de acogerlas y aplicarlas[375].

De acuerdo con las observaciones de Caselles y González, podemos identificar tres estrategias generales para disminuir los niveles de corrupción de cualquier índole: en primer lugar, la prevención del surgimiento de esta lacra, primordialmente mediante la educación. Es notoria la correlación positiva entre la calidad de los sistemas educativos y los bajos índices de corrupción en países nórdicos, entre otros ejemplos sobresalientes. Un segundo enfoque, que complementa al anterior, es la necesidad de la rendición de cuentas, aplicada particularmente a los funcionarios públicos. La transparencia en las actividades realizadas por estos servidores y en los resultados obtenidos refuerza las instituciones y la confianza que los ciudadanos depositan en ellas. Esencialmente, permite disminuir las asimetrías de información entre administradores y administrados[376].

Finalmente, la tercera táctica es la implementación de un sistema sancionador ejemplar, que puede incluir dos sistemas complementarios: el tradicional, surgido de un sistema judicial eficaz; y el político, en el caso de esa tipología de corrupción, a través de la penalización en las urnas de los políticos corruptos. Para garantizar ambas sanciones, el funcionamiento de estos mecanismos requiere tanto de un sistema judicial capaz de identificar y sancionar adecuadamente las conductas corruptas, como de una ade-

375. Mazzoni, Marchetti and Mincigrucci (n 206).

376. Caselles and González (n 162) 46.

cuada divulgación pública de estos comportamientos. De esta manera, en este último caso, la sociedad podrá asignar las responsabilidades políticas correspondientes en los sistemas democráticos[377].

Siguiendo las ideas de Ramón Soriano[378], es imprescindible un cambio en la actitud cívica para transformar la moral pública y disminuir la corrupción. Sobre la corrupción y la moral pública, el autor Kerkhoff ofrece una perspectiva longitudinal, lo que puede ser útil para comprender las raíces históricas y las tendencias a largo plazo en la corrupción y la ética en la administración pública[379]. Aunque está centrado en la historia holandesa, pero está dentro del contexto europeo y podría servir de base para mejor comprender este problema en España. Actualmente, la sociedad española parece no mostrar suficiente preocupación por la corrupción política. Este hecho se manifiesta en aspectos como el bajo *ranking* de la corrupción en las encuestas de preocupaciones ciudadanas y la reelección de políticos involucrados en escándalos de corrupción, lo que demuestra que la corrupción no determina el voto popular. Los partidos políticos a menudo protegen a los corruptos sin que esto tenga repercusión crítica en los ciudadanos. Además, persiste cierto recelo social hacia los denunciantes de corrupción, quienes son sospechosos de tener intereses ocultos. La integridad cívica no solo implica preocupación por lo público, sino también respeto, participación y responsabilidad. Esto requiere el respeto a las normas democráticas incluso en circunstancias adversas, y la participación activa en asuntos públicos, con el objetivo de influir en las decisiones políticas[380].

La base legal para la acción de la UE en el campo de la lucha contra la corrupción se encuentra en el título V, capítulo 5, del TFUE. De acuerdo con el artículo 83 (TFUE), «el Parlamento Europeo y el Consejo pueden, mediante directivas adoptadas de acuerdo con el procedimiento legislativo ordinario, establecer reglas mínimas sobre la definición de delitos penales y sanciones en las áreas de delitos particularmente graves con una dimensión transfronteriza resultante de la naturaleza o impacto de tales delitos o de una necesidad especial de combatirlos en común».

En este sentido, las normativas europeas anticorrupción, como las implementadas en España, son instrumentos vitales para prevenir y combatir la corrupción de los funcionarios, garantizando así el respeto y la protección de los derechos humanos.

---

377. *Ibid*.

378. Soriano (n 86) 395–396.

379. Toon Kerkhoff, «Political Corruption, Modernity and the Public Interest: The Perceived (Im)Morality of Dutch Politicians (1750–1850)» (2020), 18 Journal of Modern European History 243, http://journals.sagepub.com/doi/10.1177/1611894420927216, accessed 9 November 2023.

380. Soriano (n 86) 395–396.

En este sentido, el estudio titulado *Fortaleciendo la lucha contra la corrupción: evaluando el marco legislativo y de políticas de la UE* fue publicado el 3 de enero de 2023[381]. El análisis concluye que las acciones nacionales independientes implementadas por los Estados miembros, hasta 2022, no son suficientes para contrarrestar las amenazas que la corrupción impone en la UE. Esta conclusión se ve respaldada por la clasificación de los Estados miembros de la UE en los índices de corrupción y en las consultas con las partes interesadas. La corrupción es perjudicial para la UE en su conjunto, sin importar en qué Estado miembro ocurra. Minimiza los niveles de inversión obstaculiza el funcionamiento equitativo del mercado interno europeo y disminuye las finanzas públicas. Más allá de estas ineficiencias económicas, la corrupción puede obstaculizar la operación efectiva de las políticas gubernamentales en una variedad de temas, desde las políticas de distribución de ingresos hasta las que buscan una mejor protección ambiental[382].

La lucha contra la corrupción y sus herramientas se han desarrollado globalmente en diversas etapas, como observa McCoy[383]. Durante los años noventa, se llevó a cabo una etapa de sensibilización, seguida de una fase de institucionalización mediante la elaboración de instrumentos jurídicos y políticos, que culminó con la aceptación a nivel mundial. No obstante, es fundamental garantizar la supervisión y cumplimiento de las medidas regulatorias por parte de organizaciones tanto nacionales como internacionales, así como de la sociedad civil, con una cultura de rendición de cuentas.

Costa[384] señala que las soluciones tradicionales a la corrupción se han centrado en la modificación de la legislación penal y en el endurecimiento de las penas civiles y administrativas. No obstante, existe una discrepancia evidente entre las leyes y las prácticas sociales. La prevención de la corrupción debe iniciar con la adopción de políticas públicas y regulaciones que promuevan cambios en las percepciones de los ciudadanos respecto a la corrupción. De acuerdo con la CIDH, la implementación de mecanismos efectivos para erradicar la corrupción es una obligación urgente para garantizar el acceso a una justicia independiente y la protección de los derechos humanos [385].

381. Directorate-General for Migration and Home Affairs (European Commission) and others (n 268) 37.

382. *Ibid.*

383. Jennifer L Mccoy, «The Emergence of a Global Anti-Corruption Norm» (2001), 38 International Politics 65, 120, https://doi.org/10.1057/palgrave.ip.8892613.

384. Natalia Lacerda Macedo Costa, «Nudge» Como Abordagem Regulatória De Prevenção à Corrupção Pública No Brasil», (2017), no. 214 Revista De Informação Legislativa 54 91, 106, http://www12.senado.leg.br/ril/edicoes/54/214/ril_v54_n214_p91.

385. Comisión Interamericana de Derechos Humanos - CIDH, «Resolución 1/17 Derechos Humanos y Lucha Contra La Impunidad y La Corrupción 12 de Septiembre de 2017» 121, https://www.oas.org/es/cidh/decisiones/pdf/Resolucion-1-17-es.pdf.

La naturaleza sistémica de la corrupción puede llegar a normalizarla, disuadiendo a los individuos de combatirla. En muchos países afectados por este tipo de generalizado de práctica, ha habido pocos avances en la reducción de esta[386]. De acuerdo con esta, tendencia Paulo Mauro[387] se pregunta por qué los países no realizan esfuerzos para mejorar esta situación, la de sus instituciones y para erradicar la corrupción. Un informe del Banco Mundial[388] indica que cuando la corrupción es prevalente, los funcionarios pueden adoptar comportamientos corruptos de manera casi automática. Para contrarrestar este fenómeno, las estrategias deben centrarse en crear nuevas situaciones que hagan que las personas reflexionen deliberadamente sobre su comportamiento y reconsideren sus actitudes y patrones de pensamiento sobre el servicio público.

Cabe mencionar que algunos autores[389] recuerdan la importancia del uso de la inteligencia artificial junto al *compliance* en la prevención de la corrupción se convierte en un mecanismo para materializar está lucha en las administraciones públicas.

El factor decisivo para asegurar que nuestras instituciones públicas se guíen por los valores del servicio a la sociedad es la formación ética de los servidores públicos. Por consiguiente, la ética del servicio público deberá tener un papel predominante en los programas de formación para estos profesionales. Como apuntaba Muñoz[390]:

---

386. Paul M HEYWOOD, «Rethinking Corruption: Hocus-Pocus, Locus and Focus» (2017), 95 The Slavonic and East European Review 21; Susan ROSE-ACKERMAN and Bonnie PALIFKA, *Corruption and Government: Causes, Consequences, and Reform, Second Edition* (2016),; PERSSON, ROTHSTEIN and TEORELL (n 262); MCCOY (n 388); PERSSON, Roland and Tabellini (n 409).

387. MAURO, «The Persistence of Corruption and Slow Economic Growth» (n 88) 21.

388. Banco Mundial, «Informe Sobre El Desarrollo Mundial 2015 Aborda Los Temas de La Mente, La Sociedad y La Conducta», https://www.bancomundial.org/es/news/feature/2014/12/02/world-development-report-2015-explores-mind-society-and-behavior.

389. María Concepción CAMPOS ACUÑA, «Compliance y Tecnología Como Herramientas de Mejora de La Gestión Pública: Inteligencia Artificial y Toma de Decisiones» [2020], Presupuesto y gasto público 39; María Concepción CAMPOS ACUÑA, «Inteligencia Artificial e Innovación En La Administración Pública:(In) Necesarias Regulaciones Para La Garantía Del Servicio Público» [2019], Pertsonak eta Antolakunde Publikoak Kudeatzeko Euskal Aldizkaria= Revista Vasca de Gestión de Personas y Organizaciones Públicas 74; «Aarvik, P. (2019),. Artificial Intelligence – A Promising Anti-Corruption Tool in Development Settings?. U4 Report 2019. Chr. Michelsen Institute. Https://Www.Cmi.No/Publications/7146-Artificial-Intelligence-a-Promising-Anti-Corruption-Tool-in-Development-Settings. Accessed 31 March 2021», https://www.cmi.no/publications/7146-artificial-intelligence-a-promising-anti-corruption-tool-in-development-settings; *Ibid*; «Council of Europe – CAHAI. (2020),. Towards Regulation of AI Systems. Https://Www.Coe.Int/En/Web/Artificial-Intelligence/-/-toward-Regulation-of-Ai-Systems-. Accessed 31 March 2021», https://www.coe.int/en/web/artificial-intelligence/-/-toward-regulation-of-ai-systems-.

390. Jaime RODRÍGUEZ-ARANA MUÑOZ, «Ética y Empleados Públicos» [1997], Gestión y Análisis de Políticas Públicas 29.

> La formación ética dirigida a los servidores públicos debería tener un fuerte componente práctico [...] estos programas deben proporcionar las herramientas necesarias para que, en el ejercicio de sus funciones, puedan identificar de manera efectiva los conflictos de interés y actuar de la manera más ética, siempre en beneficio del Estado[391].

La formación de los servidores públicos debe centrarse en mejorar la calidad de la función pública. Como indicó Beltrán[392], esta formación debe proporcionar a los funcionarios las habilidades requeridas para su actividad profesional, ofrecer un conocimiento práctico de la realidad y enseñarles a ejercer su función con eficacia y eficiencia. Asimismo, deberá prepararlos para contribuir en la evaluación de las políticas públicas. En este sentido, se debe fomentar una ética profesional que garantice un trato igualitario a los ciudadanos, sin ninguna discriminación.

En sentido, al juicio de Rodríguez-Arana Muñoz, aquellos países que han implementado sistemas de profesionalización integrales y dinámicos, asegurando el ingreso y el progreso en la carrera según estándares rigurosos, son los que están en mejores condiciones para implementar políticas públicas que realmente mejoren la calidad de vida de los ciudadanos[393].

Esta formación no solo debe impartirse al inicio de la carrera del servidor público, sino que debe ser una constante a lo largo de su vida profesional. Los cambios y evoluciones en la sociedad y en la Administración pública requieren una actualización constante de los conocimientos y habilidades de los servidores públicos. De este modo, la formación continua[394] se convierte en un instrumento esencial para asegurar que los servidores públicos estén siempre al día y puedan ofrecer un servicio de calidad a los ciudadanos.

Además, es importante no solo formar a los servidores públicos en cuestiones éticas y de integridad, sino también crear un ambiente de trabajo en el que se fomenten estos valores. Esto incluye tener normas claras y transparentes, promover la rendición de cuentas y la transparencia, y establecer mecanismos de control y sanción efectivos.

---

391. *Ibid* 33.

392. Miguel Beltrán Villalva, «La Formación y Los Empleados Públicos» [1997], Reis 51, 51.

393. Enrique Díaz Bravo and Rodríguez Arana (n 169) 20.

394. *Vid.* Miguel Beltrán Villalva, «La Formación y Los Empleados Públicos» [1997], Reis 51, https://www.jstor.org/stable/10.2307/40183938?origin=crossref; Leonardo Santana Rabell, «La Formación de La Administración Pública Como Objeto de Conocimiento: Del Absolutismo al Estado Liberal» (1986), 19 Núm. 1 Revista de Administración Pública, https://revistas.upr.edu/index.php/ap/article/view/14364/11951; Laura Rego Agraso, Eva M Barreira Cerqueiras and Antonio F Rial Sánchez, «Formación Profesional Dual: Comparativa Entre El Sistema Alemán y El Incipiente Modelo Español» (2015), 25 Revista Española de Educación Comparada 149, https://redined.educacion.gob.es/xmlui/bitstream/handle/11162/163745/14788-24519-2-PB.pdf?sequence=1&isAllowed=y.

Finalmente, debemos recordar que la formación en ética e integridad[395] no es solo responsabilidad de la Administración pública, también debe ser una preocupación de la sociedad en general. La educación cívica desde las primeras etapas de la educación puede jugar un papel clave en la promoción de una cultura de integridad y respeto a lo público. De este modo, podremos prevenir la corrupción desde sus raíces, formando a ciudadanos y futuros servidores públicos comprometidos con la ética y la integridad.

La Ley 2/2023, de 20 de febrero, que regula la protección de las personas que informan sobre infracciones normativas y lucha contra la corrupción, establece en su preámbulo la exigencia de que las organizaciones tengan un sistema interno de información para detectar rápidamente cualquier indicio de infracción penal o administrativa grave o muy grave contra el interés general. Esta exigencia se basa en el papel constitucional de estas organizaciones, reconocido en los artículos 6 y 7 de la Constitución española, que las considera como manifestación del pluralismo político y como defensoras de los intereses económicos y sociales propios de cada organización. Dada la preocupación de la ciudadanía por los casos de corrupción que han afectado a algunas de estas organizaciones, es fundamental que estas adopten una actitud ejemplar para generar confianza en la sociedad y garantizar el correcto funcionamiento del sistema democrático. La implementación generalizada de un sistema interno de información contribuirá a erradicar cualquier sospecha de nepotismo, clientelismo, malversación de fondos públicos, financiación irregular u otras prácticas corruptas[396].

Según Acuña, la Ley 2/2023 establece requisitos para el «Plan de prevención de infracciones normativas y lucha contra la corrupción», que incluyen la implementación de medidas de detección y la designación de una unidad encargada de examinar las denuncias. Aunque se han establecido plazos para la implantación del sistema interno de información, aún quedan tareas pendientes, como definir el propio sistema, designar al responsable y establecer los trámites para los procedimientos de comunicación, así como gestionar las autoridades de control. Para las entidades del sector público y los municipios de menos de diez mil habitantes, el plazo máximo para la implan-

395. *Vid.* José Antonio Fernández Ajenjo, «Los Nuevos Retos de La Auditoría Pública En Materia de Ética, Integridad y Lucha Contra El Fraude» [2022], Auditoría pública: revista de los Organos Autónomos de Control Externo 74; Óscar Diego Bautista, «La Ética En La Gestión Pública Fundamentos, Estado de La Cuestión y Proceso Para La Implementación de Un Sistema Ético Integral En Los Gobiernos» (Universidad Complutense de Madrid 2007), https://eprints.ucm.es/id/eprint/7529/; Federico Morandini, «Exigencias Éticas En Ámbitos Públicos y Privados En Argentina: Ética Pública e Integridad» [2018], La Buena Administración y la Ética ,29.

396. Ley 2/2023, de 20 de febrero, reguladora de la protección de las personas que informen sobre infracciones normativas y de lucha contra la corrupción Ley no 2/2023, 20 de febrero de 2023, Boletín Oficial del Estado, 21 de febrero de 2023 (España) BOE-A-2023-4513 Ley 2/2023 2023 26140.

tación es de tres meses a partir de la entrada en vigor de la ley, mientras que, para las entidades privadas con menos de doscientos cuarenta y nueve trabajadores, el plazo se extiende hasta el 1 de diciembre de 2023.

Además cabe recordar que la Unión europea, en reciente Propuesta de Directiva del Parlamento Europeo y del Consejo sobre la lucha contra la corrupción, publicada el 3 de mayo de 2023, que reemplaza a la Decisión Marco del Consejo 2003/568/JHA, regula en su artículo 6 que los Estados miembros deben asumir la responsabilidad de capacitar a sus funcionarios nacionales para poder identificar diversas formas de corrupción y riesgos de corrupción que puedan surgir en el ejercicio de sus funciones y reaccionar de manera oportuna y adecuada a cualquier actividad sospechosa[397]. Además, los Estados miembros deben asegurar que existan recursos suficientes para la capacitación especializada y regular en materia de anticorrupción para los miembros de la Policía, la judicatura y el personal de las autoridades encargadas de las investigaciones y los procedimientos penales relacionados con los delitos que entran en el ámbito de esta directiva.

En este contexto, los programas de *compliance* pueden ser un aliado crucial para los servidores públicos. Justamente al referir al proyecto de Ley 2/2023, de protección a denunciante, la autora Donaire afirma que «el establecimiento de unos canales de denuncia robustos y con todas las garantías contribuye a fortalecer el marco de integridad o *public compliance* de la Administración»[398]. Estos programas, adecuadamente diseñados e implementados, pueden proporcionar a los empleados las herramientas y conocimientos necesarios para identificar y gestionar riesgos de corrupción, así como para actuar de manera ética y conforme a las normas.

Por ejemplo, un buen programa de *compliance* puede incluir formación específica en normativas anticorrupción, procedimientos para reportar sospechas de corrupción, políticas claras y transparentes de conducta, y mecanismos de control y supervisión para asegurar el cumplimiento de las normas.

En esta línea, Beltrán[399] señala que la formación de los servidores públicos debe adaptarse a las demandas de su actividad profesional y a la realidad práctica. En este sentido, los programas de *compliance* son una excelente herramienta para asegurar que los servidores públicos estén preparados para enfrentar los desafíos éticos y legales que puedan surgir en su trabajo.

---

397. European Parliament and of the Council, Proposal for a Directive of the European Parliament and of the Council on combating corruption, replacing Council Framework Decision 2003/568/JHA and the Convention on the fight against corruption involving officials of the European Communities or officials of Member States of the European Union and amending Directive (EU) 2017/1371 of the European Parliament and of the Council (n 265) 33.

398. M.ª Belén López Donaire, «Marcos de Integridad y Los Canales de Denuncia. El Derecho a La Buena Administración» (Tirant lo Blanch 2022).

399. Villalva (n 439) 51.

En definitiva, la lucha contra la corrupción requiere un enfoque integral que combine la formación y educación en ética e integridad, con mecanismos eficaces de *compliance* que promuevan una cultura de *compliance* y prevengan conductas indebidas. Solo así podremos asegurar una Administración pública que sirva eficazmente a los intereses de la ciudadanía y promueva un desarrollo sostenible e inclusivo.

1.7. Conclusión del capítulo I

En este capítulo, hemos explorado la extensa y compleja naturaleza de la corrupción, que se manifiesta de diversas formas y en múltiples contextos. La corrupción política es una de estas formas, que erosiona la confianza pública y socava las instituciones de gobierno, menoscabando, en última instancia, la eficacia de la Administración pública y entorpeciendo la implementación de políticas.

La medición de la corrupción es una tarea crucial para comprender su prevalencia y alcance. Sin embargo, a pesar de los esfuerzos en este sentido, es un desafío abordar y medir un fenómeno tan multifacético y a menudo oculto. La Agenda 2030 y los diversos tratados internacionales establecen normativas e indicadores útiles para identificar y combatir la corrupción, resaltando la importancia de erradicarla para el desarrollo sostenible y la protección de los derechos humanos.

Se ha evidenciado el impacto devastador de la corrupción en los derechos humanos, que se manifiesta en la violación de derechos políticos y sociales; el impedimento al acceso a la justicia; el incremento de la desigualdad; y la afectación de la calidad de vida de las poblaciones más vulnerables. Esta situación se ve agudizada cuando son los funcionarios públicos quienes incurren en prácticas corruptas, lo cual supone una grave violación a las obligaciones estatales de respetar, proteger y cumplir con los derechos humanos.

Con el fin de combatir la corrupción y mitigar su impacto, es necesario el fortalecimiento y la aplicación efectiva de medidas anticorrupción y *compliance*. Esto nos lleva al siguiente capítulo, donde se discutirá cómo el *compliance*, en particular en la función pública, puede ser una herramienta clave para prevenir la corrupción, mejorar la transparencia y la rendición de cuentas, y garantizar que los derechos humanos se respeten en todas las operaciones y decisiones gubernamentales. La implementación efectiva de programas de *compliance* en la función pública contribuirá significativamente a la construcción de gobiernos más responsables, justos y equitativos.

CAPÍTULO II

COMPLIANCE Y SU APLICACIÓN EN LA FUNCIÓN PÚBLICA

El *compliance*[400] en el sector público es una cuestión de gran importancia y actualidad. Este no solo alude a la adhesión a las normas y regulaciones establecidas, sino que también engloba la prevención de conductas corruptas y la promoción de la integridad en la gestión pública. El presente capítulo tiene como objetivo principal exponer la importancia del *compliance* en el contexto de la función pública, tanto a nivel internacional como específicamente en el caso de España. Para ello, se explorará la definición y origen del concepto de *compliance*, seguido de un análisis de su evolución y desarrollo en el ámbito internacional, poniendo énfasis en la Agenda 2030 y su papel en la lucha contra la corrupción. Posteriormente, se examinará el marco jurídico europeo y español relativo al *compliance*, incidiendo en la relevancia de las auditorías y mecanismos de control. Asimismo, se reflexionará acerca de la función del *public compliance officer,* la relevancia de los códigos de ética y conducta, y la conexión entre el buen gobierno y la transparencia. Finalmente, se discutirán los desafíos y perspectivas futuras de los programas de *compliance* público. En este contexto, se tomará como base la relación ya establecida en el capítulo anterior entre la corrupción y las violaciones de los derechos humanos para subrayar la relevancia de los mecanismos de *compliance* como herramientas para prevenir y combatir estos fenómenos.

---

400. En este sentido *Vid.* Katalin VOLLMANN, *Compliance in Der Öffentlichen Verwaltung* (Springer 2021); Metin KONU, *Die Garantenstellung Des Compliance-Officers* (Duncker & Humblot, 2014), https://elibrary.duncker-humblot.com/book/34483/die-garantenstellung-des-compliance-officers, accessed 17 May 2023; Frank MASCHMANN (ed), *Corporate Compliance Und Arbeitsrecht*, vol 15 (1st edn, Nomos 2009); Mathias B WELSCH, *Compliance Due Diligence: Minimierung von Haftungsrisiken Beim Unternehmenskauf* (Bachelor+ Master Publication 2014); Lothar KUHLEN, «Strafrechtliche Haftung von Führungskräften», *Corporate Compliance und Arbeitsrecht* (Nomos Verlagsgesellschaft mbH & Co KG 2009); Thomas ROTSCH, «Criminal Compliance in Theorie Und Praxis Des Wirtschaftsstrafrechts», *Criminal Compliance vor den Aufgaben der Zukunft* (Nomos Verlagsgesellschaft mbH & Co KG 2013).

En este contexto, el marco jurídico europeo desempeña un papel crucial, puesto que establece las directrices y normativas a las que deben adherirse los empleados públicos de los países miembros, con especial enfoque al caso español.

La corrupción, definida como el abuso de poder para beneficio personal, es un problema persistente en el sector público en muchos países[401]. España no es una excepción, con varios casos de alto perfil de corrupción que han salido a la luz en los últimos años[402]. La implementación de programas de *compliance* efectivos en el sector público puede ser una herramienta valiosa para prevenir tales problemas, al establecer un marco claro de conducta aceptable y proporcionar mecanismos para detectar y prevenir el incumplimiento

El *compliance* público, se ha convertido en un área de creciente importancia en la función pública, ya que busca asegurar que las instituciones y sus empleados actúen de acuerdo con las normas legales y éticas. En España, como en otros países europeos, la corrupción y el incumplimiento normativo han sido problemas persistentes en el sector público, lo que ha llevado a la adopción de medidas para mejorar la transparencia, la responsabilidad y el cumplimiento de las normas.

El trabajo del autor Rodríguez-Arana es relevante para entender cómo el *compliance* puede fortalecer la transparencia y la responsabilidad en la Administración pública española[403].

A juicio de Martín Esquivel, es imprescindible una transformación radical en el sector público y en su manera de cumplir con el interés general. A través de una gestión pública eficiente, se produce un cambio paradigmático en la exigencia de resultados, y considerarlo un derecho fundamental es un gran progreso. Sin embargo, es fundamental adoptar un enfoque innovador y fortalecer las iniciativas de transparencia, gobierno abierto, gobierno electrónico, mejora regulatoria y rendición de cuentas. Este cambio debe comenzar desde los fundamentos de la gestión pública, reflejando así la necesidad de un robusto sistema de cumplimiento normativo en el sector público[404].

---

401. Transparencia Internacional, «Transparency.Org - CPI 2020: Resumen Global - News», https://www.transparency.org/es/news/cpi-2020-global-highlights, accessed 7 April 2021.

402. VILLORIA and JIMÉNEZ (n 160).

403. Jaime RODRÍGUEZ-ARANA MUÑOZ, «Compliance y Self-Cleaning En La Contratación Pública (Especial Referencia al Derecho Comunitario Europeo)» (2017), 1 Revista do Direito. Santa Cruz do Sul 36, 36, https://core.ac.uk/download/pdf/228497988.pdf, accessed 15 May 2023.

404. Sergio MARTÍN ESQUIVEL, «Ética Pública y Compliance Del Sector Público» [2018], La Buena Administración Y La Ética 245, 265, https://d1wqtxts1xzle7.cloudfront.net/67506757/Libro_Gabardo_Salgado_Colombia_V_2-libre.pdf?1622747224=&response-content-disposition=inline%3B+filename%3DLa_ley_y_la_eficiencia_como_instrumentos.pdf&Expires=1684257776&Signature=ZL-q~-blG24aayc-9yS~bY3cZX3~bFtUuO7NcSdUnTvydW-bkqGOPjm2f5qT-SPR1O8E94oCWoVL0BodvXw54~ol9r501BPFwFt20d5FAjXnjgrdCJb1qc-

En esta dirección, en la opinión de Guerrero, es crucial el desarrollo de sistemas de cumplimiento penal en el sector público como mecanismos para prevenir la corrupción y fomentar la adhesión a las leyes y normas pertinentes entre los empleados públicos. Esta idea, que ha surgido tanto en la jurisprudencia nacional como internacional, pone de manifiesto la necesidad de que las instituciones públicas formen y pongan en marcha estrategias coordinadas para luchar contra los delitos contra la Administración pública. La incorporación de estas prácticas preventivas y de cumplimiento puede ayudar a las instituciones públicas a fomentar la integridad, la transparencia y la responsabilidad entre sus empleados, y a combatir de manera más efectiva la corrupción y otros delitos contra la Administración pública[405].

La adopción de sistemas de cumplimiento penal en la Administración pública puede ser una herramienta poderosa en la prevención de la corrupción entre los funcionarios públicos. No obstante, para que estos sistemas sean verdaderamente efectivos, también deben ir acompañados de reformas legales que ayuden a garantizar el cumplimiento integral de las leyes y normativas vigentes, así como la ejecución de actividades preventivas dentro de las organizaciones que componen el sector público[406].

Como plantea Fernández-González, el enfoque predominante hasta la fecha ha sido la penalización de conductas a través del derecho penal, relegando el cumplimiento o *compliance* a su aplicación en el sector privado. Se supone que en el ámbito de la Administración pública, existen ya mecanismos de control eficaces. Sin embargo, a la luz de los mandatos de la Unión Europea con respecto a los fondos Next Generation[407], se ha evidenciado que las entidades de control hasta ahora existentes no han logrado frenar la corrupción en la Administración ni en los partidos políticos, dos ámbitos en los que el derecho penal puede no ejercer un control preventivo efectivo antes de la comisión del delito[408].

3nlJoR1am5nVJfUuTm~cubtk3lyJu1hLz1IWWw~OS1phQODe9GMt-zLyXYIHG6EEPuvs-vhZL7YqFuONDpUt4bY0ejoNKahFRqh3cbKxwx3-gncldvlpXZkbvcL6GUGgUqP~3ON-5D4izgKP0GouL6npZtLwKb3lswRDpgf3wrjuJINR0ZULAqjter1O8-h8K0ILrHgANSLX-PynTzg8SSTvDSJ9Owk4DGmQ__&Key-Pair-Id=APKAJLOHF5GGSLRBV4ZA#page=245, accessed 3 May 2023.

405. Cecilia Guerrero Peralta, «El Compliance Penal y La Implementación En La Administración Pública, En Los Delitos de Corrupción de Funcionarios En El Perú, 2018-2020» 39–40.

406. *Ibid.*

407. Manuel Hidalgo-Pérez, Juan Luis Manfredi Sánchez and Enrique Benítez Palma, «Capacidad administrativa y absorción de los fondos Next-Generation» [2022], Gestión y Análisis de Políticas Públicas 72, https://revistasonline.inap.es/index.php/GAPP/article/view/11078, accessed 13 February 2023.

408. María Cristina Fernández González, «Public compliance, Next-Generation y entorno rural: retos de la nueva modernidad», *Rural renaissance: acción, promoción y resiliencia, 2022, ISBN 9788413907475, págs. 637-651* (Thomson Reuters Aranzadi 2022), https://dialnet.unirioja.es/servlet/articulo?codigo=8631502, accessed 16 May 2023.

Esta percepción desafía la visión convencional, lo que sugiere que es necesario replantear los mecanismos de control en el sector público. A pesar de que existen procesos y estructuras de control en la Administración pública, la prevalencia de casos de corrupción indica que estos mecanismos no son suficientes. Además, evidencia que es imperativo extender el alcance del *compliance* al ámbito público.

La eficacia de los sistemas de *compliance* en la prevención de la corrupción y la promoción del cumplimiento en el sector privado debería animar a los responsables políticos y legisladores a considerar seriamente su aplicación en el sector público. Esta visión, sin embargo, no carece de desafíos. Como señalan algunos autores[409], la adaptación de los sistemas de cumplimiento al ámbito público exige una comprensión clara y profunda de la naturaleza y las características del sector público y una implementación cuidadosa y considerada de los sistemas de cumplimiento.

Desde el punto de vista de Cardona *et al.*, el enfoque del *compliance* en la gestión de riesgos contra la corrupción proporciona una política moderna y objetiva, alejada de enfoques meramente retóricos que prevalecieron durante mucho tiempo en la lucha contra este fenómeno. Además de la prevención, el *compliance* permite abordar el mayor problema que enfrentan las sociedades latinoamericanas en la lucha contra la corrupción: la generalizada falta de cumplimiento de los parámetros legales y éticos en las acciones de los ciudadanos[410].

Siguiendo la línea argumentativa de Ramírez Arbués, resulta indiscutible la necesidad universal de *compliance,* aplicable a todas las organizaciones sujetas tanto al derecho privado como al público. En este sentido, es la adherencia rigurosa a las normativas establecidas la que facilita el desenvolvimiento de actividades empresariales y no empresariales en sociedad, permitiendo un equilibrio sostenible de intereses[411].

409. Christoph E Hauschka, «Compliance Am Beispiel Der Korruptionsbekämpfung» (2004), 25 Zeitschrift für Wirtschaftsrecht 877; Vollmann (n 447); Christoph E Hauschka, «Von Compliance Zu Best Practice» [2006], Zeitschrift für Rechtspolitik 258; Mario Fabricio Amoretti Navarro, *Strafrecht und Criminal Compliance in philosophischer Perspektive: eine Kritik des postmodernen Zeitgeists im Strafrecht und seiner Wissenschaft* (Duncker & Humblot GmbH, Berlin); Susanne Annette Zimmermann, *Strafbarkeitsrisiken Durch Compliance: Auswirkungen von Compliance-Regelungen Auf Das Wirtschaftsstrafrecht*, vol 255 (Duncker & Humblot 2014).

410. Christoph E Hauschka, «Compliance Am Beispiel Der Korruptionsbekämpfung» (2004), 25 Zeitschrift für Wirtschaftsrecht 877; Vollmann (n 368); Christoph E Hauschka, «Von Compliance Zu Best Practice» [2006], Zeitschrift für Rechtspolitik 258; Mario Fabricio Amoretti Navarro, *Strafrecht und Criminal Compliance in philosophischer Perspektive: eine Kritik des postmodernen Zeitgeists im Strafrecht und seiner Wissenschaft* (Duncker & Humblot GmbH, Berlin); Susanne Annette Zimmermann, *Strafbarkeitsrisiken Durch Compliance: Auswirkungen von Compliance-Regelungen Auf Das Wirtschaftsstrafrecht*, vol 255 (Duncker & Humblot 2014).

411. Ramírez Arbués and FJ-Díez de Revenga Ruiz, «El Compliance En Las Organizaciones. Relación Entre Compliance y Otras Áreas de La Empresa. Compliance y Gobierno Corporativo», AAVV,(Coord.) Saiz Peña, CA», *Compliance, cómo gestionar los riesgos normativos en la empresa*.

A pesar de los retos que supone la adaptación de los sistemas de cumplimiento al ámbito público, esta es una tarea que vale la pena emprender. Como señalan algunos autores[412], el fracaso en prevenir y detectar la corrupción tiene un coste tanto en términos de recursos públicos como de la confianza del público en las instituciones democráticas. En este sentido, el *compliance* puede jugar un papel fundamental en la promoción de la transparencia, la responsabilidad y la integridad en el sector público.

El *compliance* es esencial para asegurar la integridad de la Administración pública y el correcto funcionamiento del Estado, particularmente en España. Basado en regulaciones europeas e internacionales, como la Convención de las Naciones Unidas contra la Corrupción, se ha desarrollado un marco normativo sólido para prevenir y combatir la corrupción. Así, programas de cumplimiento normativo, implementados en varias entidades públicas españolas, fomentan la ética y la responsabilidad, incentivando el cumplimiento de las normas y la prevención de la corrupción. A futuro, la combinación de la legislación, la tecnología y la comprensión de los factores psicológicos y conductuales permitirá a los empleados públicos españoles afrontar de manera efectiva los retos de la corrupción, asegurando un servicio público íntegro y eficaz.

En particular, la implantación de programas de cumplimiento en el sector público es cada vez más relevante debido al potencial de estos programas para prevenir la no conformidad y la corrupción. Este capítulo examina la historia y los correlatos de cómo un programa de cumplimiento puede ayudar a fomentar el cumplimiento por parte de los empleados públicos y prevenir la no conformidad y la corrupción en España.

2.1. Definición y origen del concepto de compliance

De acuerdo con Bacigalupo, los antecedentes y el significado del término *compliance* provienen del derecho anglosajón, cuyos primeros significados incluyen «cumplimiento», «obediencia» y «respeto». En el contexto jurídico,

412. KLITGAARD, *Controlando La Corrupción* (n 143); KLITGAARD (n 421); ROSE-ACKERMAN and PALIFKA (n 101); Anne PETERS, «Corruption as a Violation of International Human Rights» (2018), 29 European Journal of International Law 1251; Alves (n 288); Anna PERSSON, Bo ROTHSTEIN and Jan TEORELL, «Why Anticorruption Reforms Fail-Systemic Corruption as a Collective Action Problem» (2012), 26 Governance 449, https://doi.org/10.1111%2Fj.1468-0491.2012.01604.x; B Begovic, «Corrupción: Conceptos, Tipos, Causas y Consecuencias», (CADAL - Centro para el desarrollo de América latina 2005), https://www.cadal.org/publicaciones/archivo/?id=1410; Isabel Victoria Lucena Cid, «La Lucha Contra La Corrupción Política. Hong Kong Un Modelo de Buenas Prácticas» (1970), 3 Cuadernos de Gobierno y Administración Pública 171, https://revistas.ucm.es/index.php/CGAP/article/view/55086; Barbara HUBER, «La Lucha Contra La Corrupción Desde Una Perspectiva Supranacional» [2002], Anales de la Facultad de Derecho, http://riull.ull.es/xmlui/handle/915/18453, accessed 10 February 2023.

se identifica con el «cumplimiento normativo», y desde la perspectiva de la estructura empresarial, se refiere de manera más amplia a la «organización de las empresas para el desarrollo de la actividad empresarial conforme al derecho». Por lo general, se refiere específicamente al cumplimiento de normas legales, pero también a normativas o políticas internas y estándares de buenas prácticas o de *soft law*. En este contexto, también se encuentra el uso del término «compliance regulatorio» o, en inglés, *regulatory compliance*[413].

En esta misma dirección aseveran Klopp[414] y Veríssimo De Carli[415]. *Compliance* proviene del verbo inglés *to comply*, que significa «estar en conformidad o cumplir con las leyes y regulaciones estatales». Sin embargo, con esta definición no se dice mucho sobre la dimensión legal y económica del término. Se refiere al cumplimiento de todas las leyes y prohibiciones legales que pueden ser dirigidas a una empresa o a un empleado de sus empleados[416].

En el ámbito jurídico y empresarial, el *compliance* hace referencia al conjunto de normas, políticas y procedimientos establecidos por una organización, tanto pública como privada, con el fin de garantizar el cumplimiento de las leyes y regulaciones aplicables a su actividad, así como minimizar los riesgos de incumplimiento y promover una cultura ética y de responsabilidad en su seno. Aunque el *compliance* se ha desarrollado principalmente en el ámbito empresarial, su aplicación en la función pública ha cobrado una importancia creciente en los últimos años debido a la necesidad de garantizar la transparencia, la integridad y la eficiencia en la gestión de los recursos públicos.

En sentido para el autor Nieto Martín, el término *compliance*, es un concepto sumamente elusivo e inespecífico. Por sí mismo, solo ofrece una interpretación evidente: la acción de operar en conformidad con la legalidad. En este sentido, la legalidad se interpreta en un marco extenso, que implica el acatamiento de obligaciones derivadas de diversas áreas legales como la civil, penal, administrativa, laboral, del mercado de valores, entre otros. Sin embargo, también se incluyen las directrices internas de la empresa y, especialmente, su código ético[417].

413. Silvina Bacigalupo, «Compliance» [2021], EUNOMÍA. Revista en Cultura de la Legalidad 260, 262, https://e-revistas.uc3m.es/index.php/EUNOM/article/view/6348, accessed 31 March 2023.

414. Klopp (n 83) 21–22.

415. Carla Veríssimo De Carli and Carla Veríssimo de Carli, «Anticorrupção e Compliance: A Incapacidade Da Lei 12.846/2013 Para Motivar as Empresas Brasileiras à Adoção de Programas e Medidas de Compliance» (Universidade Federal do Rio Grande do Sul; Universidad de Salamanca 2016), http://hdl.handle.net/10366/132820.

416. Klopp (n 83) 21–22.

417. Adán Nieto Martín, «El Cumplimiento Normativo», *Manual de cumplimiento penal en la empresa* (Tirant lo Blanch 2015) 25.

Al juicio de autor alemán, Klopp, originalmente, el concepto de *compliance* se utilizaba en el campo de la medicina, en el cual significaba «el seguimiento fiable de las indicaciones terapéuticas» por parte del paciente, en otras palabras, su disposición a colaborar en medidas diagnósticas o terapéuticas. No existe un concepto de *compliance* predefinido legalmente. Este término tiene sus raíces en la terminología jurídica y económica angloamericana y, en el transcurso de su recepción en el panorama legal alemán, no ha derivado en una definición universalmente válida[418].

Como plantea Zimmermann[419], el término *compliance* se utilizó principalmente en el ámbito médico para describir la disposición del paciente a cooperar en su tratamiento. Encontró su camino en el vocabulario jurídico a través del desarrollo de normas autoimpuestas por empresas privadas y públicas. En este contexto, se entiende por *compliance*[420] el conjunto de todas las medidas organizativas que deben garantizar el comportamiento legalmente conforme de las empresas, los miembros del órgano y los empleados con respecto a los mandatos y prohibiciones legales. Hauschka[421] incluye, bajo el término de *compliance*, la observancia y cumplimiento de ciertos mandatos, lo que Menzies precisa como el cumplimiento de disposiciones legales, estándares regulatorios y cumplimiento de otras exigencias esenciales de los interesados[422]. A través de la creación de estructuras organizativas, procesos y sistemas adecuados en la empresa, se busca permitir una gestión empresarial sostenible, orientada al riesgo y al valor, y conforme a las normas[423].

En este sentido, el *compliance* surge y se emplea en el marco de la «autorregulación» y de la libertad para decidir la organización interna de las sociedades mercantiles de derecho privado, orientada a la prevención de riesgos derivados de su actividad empresarial[424].

Como lo destaca Thomas Rotsch, sobre *compliance* que en el ámbito del derecho no ha tenido una aplicación uniforme. Es posible diferenciar

418. KLOPP (n 83) 21.

419. ZIMMERMANN (n 456) 20.

420. Véase à Christoph E HAUSCHKA, «Compliance–Praktische Erfahrungen Und Thesen–», *Gesellschaftsrecht in der Diskussion 2007* (Verlag Dr Otto SCHMIDT 2008); Thomas ROTSCH, «Compliance Und Strafrecht–Fragen, Bedeutung, Perspektiven» (2014), 125 Zeitschrift für die gesamte Strafrechtswissenschaft 481; WELSCH (n 447); Jürgen Bürkle and Christoph HAUSCHKA, «Der Compliance Officer» [2015], Ein Handbuch in eigener Sache. CH Beck, München; HAUSCHKA, «Von Compliance Zu Best Practice» (n 456); ZIMMERMANN (n 456); HAUSCHKA, «Compliance Am Beispiel Der Korruptionsbekämpfung» (n 456).

421. HAUSCHKA, «Compliance Am Beispiel Der Korruptionsbekämpfung» (n 456).

422. Christof MENZIES, *Sarbanes-Oxley Und Corporate Compliance: Nachhaltigkeit, Optimierung, Integration* (Schäffer-Poeschel 2006).

423. ZIMMERMANN (n 456) 20.

424. BACIGALUPO (n 460) 260–261.

fundamentalmente tres interpretaciones conceptuales del término. En primer lugar, desde una perspectiva básica, se plantea la cuestión de lo que se entiende en general por *compliance*. Además, el concepto se aplica en un sentido puramente organizativo. Y finalmente, se utiliza un concepto de *compliance* orientado a ciertas medidas[425].

Primeramente, el autor AnwK-UHaft argumenta que el concepto de *compliance*, desde un punto de vista básico, puede ser entendido como una relación entre conducta y norma[426]. En un sentido muy básico y amplio, se puede traducir como «conformidad con las reglas». Inicialmente, no importa qué calidad tengan estas «reglas». Podrían ser leyes formales, estándares específicos de la industria o simplemente declaraciones de intenciones motivadas éticamente. Lo importante es que se acuerden reglas con la expectativa de su cumplimiento, como, por ejemplo, entre las partes contratantes en el cierre de un negocio en un entorno propenso a la corrupción. Por lo tanto, se trata de una conformidad entre comportamiento y premisa. Si no se desea esta conformidad, no estamos hablando de *compliance*[427].

En segundo lugar, para el autor Rotsch el *compliance*, desde un punto de vista organizativo, puede ser comprendido similar a un departamento de una empresa cuya tarea es asegurar el cumplimiento de ciertas regulaciones[428]. O sea que se refiere a la estructura y los procedimientos establecidos dentro de una organización para garantizar que cumpla con sus obligaciones normativas. Esto puede implicar la creación de un departamento de *compliance*, la implementación de políticas internas y procesos de revisión, y la formación de los empleados en temas relevantes de *compliance*[429].

Además, desde un enfoque centrado en las medidas, en la literatura jurídica, *compliance* se entiende generalmente como el conjunto de todas las medidas destinadas a garantizar el comportamiento legal de los empleados de la empresa. Estas medidas pueden ser normativas, institucionales o técnicas. Todas estas aplicaciones conceptuales tienen, de diversas formas, implicaciones en la comprensión del *compliance* en el ámbito penal[430].

---

425. Thomas Rotsch, «Sobre Las Preguntas Científicas y Prácticas Del Criminal Compliance» (2015), XLII Revista de Ciencias Penales 47.

426. Veáse à AnwK-UHaft König and others, «Achenbach/Ransiek Achenbach/Ransiek, Handbuch Wirtschaftsstrafrecht, 3. Aufl.(2011), AE-EV Alternativ-Entwurf Reform Des Ermittlungsverfahrens (AE-EV); Entwurf Eines Arbeitskreises Deutscher, Öster-Reichischer Und Schweizerischer Strafrechtslehrer (2001),» (2013), 9 Europarecht 209.

427. Rotsch, «Compliance Und Strafrecht–Fragen, Bedeutung, Perspektiven» (n 467) 484.

428. *Ibid.*

429. Rotsch, «Sobre Las Preguntas Científicas y Prácticas Del Criminal Compliance» (n 472) 47.

430. Rotsch, «Compliance Und Strafrecht–Fragen, Bedeutung, Perspektiven» (n 467) 483.

Tras los escándalos políticos y financieros de las décadas de 1980 y 1990, que condujeron a la promulgación de leyes que exigían mayor transparencia y rendición de cuentas por parte de las empresas, el *compliance* se consolidó como herramienta para prevenir sobornos a funcionarios y políticos, como en el caso Watergate[431].

En su origen anglosajón, este término representaba y sigue representando una organización corporativa preventiva para minimizar los riesgos de responsabilidad en constante expansión tanto para la empresa como para sus órganos de dirección y demás miembros. Por lo tanto, va mucho más allá de la mera observancia de la ley. Si no fuera así, no habría razón para la formación de un término propio, ya que las disposiciones legales por cumplir hablan por sí mismas en términos de requisitos y consecuencias legales y deben ser respetadas sin lugar a duda[432].

De esta manera, el *compliance* beneficia la continuidad del modelo de negocio, la dotación financiera de la empresa y su reputación pública. Theisen[433], basándose en el derecho estadounidense, pone en el centro de su definición la evitación de la responsabilidad al cumplir con todas las normas legales aplicables a la empresa. Hasta ahora, no se ha establecido una denominación uniforme, también debido al carácter específico de las normas individuales de las empresas. Como término general temático de las normas, particularmente conocidas como *corporate compliance policy, business conduct guidelines* o, en español, «principios de comportamiento», el término *compliance* se ha generalizado. El Código de Gobierno Corporativo Alemán también utiliza el término *compliance* y se refiere a la obligación de la junta directiva de asegurar el cumplimiento de las disposiciones legales y las directrices internas de la empresa, así como de promover su observancia por parte de las empresas del grupo.

2.1.1. Evolución y desarrollo del compliance en el ámbito internacional

Conforme resalta Rastrollo Suárez, la génesis del programa de *compliance* empresarial puede encontrarse en las normativas estadounidenses, instauradas como respuesta a varios escándalos de corrupción acontecidos durante la década de los setenta. Algunos casos notorios incluyen el escándalo Watergate (1972) y el caso Bananagate (1975), los cuales pusieron de manifiesto prácticas corruptas que involucraban a partidos políticos, como el Partido Republicano, y a empresas privadas como Chiquita Brands Interna-

431. BACIGALUPO (n 460) 260–261.

432. KLOPP (n 83) 21–22.

433. Manuel René THEISEN, *Information Und Berichterstattung Des Aufsichtsrats* (Schäffer-Poeschel 2007) 87.

tional. Dichas prácticas abarcaban desde el chantaje y la extorsión hasta la financiación irregular de campañas políticas y el soborno[434].

La *U. S. Securities and Exchange Commission* subrayó las consecuencias negativas de dichas prácticas corruptas, incluyendo el incremento de los gastos judiciales y la consiguiente desconfianza de los inversores en los mercados financieros. En respuesta a esta problemática, comenzaron a promoverse comportamientos éticos en las organizaciones tanto públicas, a través de la *Ethics in Government Act* de 1978; como privadas, mediante la *Foreign Corrupt Practices Act* de 1977. Durante las décadas subsiguientes, se registraron avances significativos en la conformación de esta herramienta para estimular la autorregulación empresarial en los Estados Unidos. La Sentencing Reform Act de 1984, impulsada por la *United States Sentencing Commission,* admitió la reducción de penas basada en la implementación de programas de cumplimiento. En 1991, las Federal *Organizational Guidelines* normalizaron y fomentaron la utilización generalizada de esta figura[435].

A lo largo de las décadas de 1990 y 2000, los informes del *Committee of Sponsoring Organizations of the Treadway Commission (COSO)* continuaron promoviendo su uso. Esta necesidad se hizo más patente conforme se descubrían nuevos escándalos empresariales, como el caso Enron en 2001. Como resultado, la *Sarbanes-Oxley Act* de 2001 hizo referencia a la figura de *compliance* para incrementar las exigencias de control interno en las empresas. Los programas de *compliance* empresarial han ido incorporando de manera gradual cláusulas destinadas a prevenir infracciones en diversas áreas, desde el blanqueo de capitales y la financiación del terrorismo, conforme a las exigencias incorporadas a la *USA Patriot Act de 2001 y la Victory Act* de 2003, hasta la protección medioambiental, en línea con las directrices de la *Environmental Protection Agency*[436].

En gran medida, el *compliance* se creó en un espacio libre de regulaciones y, a pesar de su amplia aceptación, aún hay poca claridad sobre cuándo y cómo debe implementarse el *compliance*. Actualmente, existen dos incentivos para la implementación del cumplimiento. En primer lugar, en caso de que se cometa un delito dentro de una empresa, una organización de cumplimiento eficiente puede excluir o reducir significativamente la

434. Juan José Rastrollo Suárez, «Contratación Pública y Programas de Cumplimiento Empresarial En América Latina: Los Casos de Brasil y Colombia (Public Procurement and Regulatory Compliance in Latin America: The Cases of Brazil and Colombia)» [2021], Revista Digital de Derecho Administrativo 201–202, https://deliverypdf.ssrn.com/delivery.php?ID= 294114121126074124030028103118087070063055032019074004085074097009029007070023102007042057100123047057125069086109123018020007126016017086082012065092091091020124092053080082006085016097066094009094006122085099108023083123114001094019006065083094067087&EXT =pdf&INDEX=TRUE.

435. *Ibid.*

436. *Ibid.*

responsabilidad penal de la propia empresa y/o sus superiores. Un ejemplo central de esto son *las Sentencing Guidelines* de los Estados Unidos y la práctica del Departamento de Justicia (DOJ), así como el procedimiento de las autoridades de supervisión estadounidenses como la SEC y el IRS, entre otras. En este modelo, según una antigua tradición del proceso penal estadounidense, solo hay dos alternativas: penas draconianas o proceso de cooperación, es decir, cooperación para cesar procedimientos o reducir penas. La condición para cesar procedimientos o reducir penas es, además de la cooperación (incondicional), también la imposición de sanciones monetarias cuantificables.

Estas dos condiciones siempre dependen estrechamente de la implementación o mejora de una organización de cumplimiento previa o futura. Este esquema se está difundiendo casi en todo el mundo[437].

El segundo incentivo para la implementación del cumplimiento es esencialmente de naturaleza comercial y financiera. El acceso a ciertos contratos, créditos o, en general, relaciones comerciales solo se abre en el mercado para las empresas que cuentan con ciertos mecanismos de cumplimiento o programas de ética y *compliance*. Este último incentivo es una mezcla de normas puramente privadas, «buenas» prácticas comerciales y normas o criterios estatales que, recientemente, provienen del derecho penal e, históricamente, suelen provenir de instituciones jurídicas del derecho público, como la BaFi[438].

Un ejemplo de la primero Acuerdo es la legislación estadounidense, como el conocido FCPA o el Israel *Anti-Boycott Act,* que establece un boicot, la prohibición de negocios contra los países árabes a Israel y, por lo tanto, prohíbe los negocios con empresas que se han unido a dicho boicot. Un ejemplo de incentivos para el cumplimiento sin una conexión especial con la legislación nacional es el Banco Mundial. El Banco Mundial tiene una lista de empresas que han sido sancionadas (por corrupción, restricciones a la competencia, etc.). Si una empresa aparece en esta lista, queda excluida de sus diversos proyectos. Otro ejemplo es la OCDE, que refleja en detalle el estado actual de las directrices penales estadounidenses y dirige sus recomendaciones de buenas prácticas también a las pequeñas y medianas empresas[439].

Posteriormente, diversos organismos internacionales, como la Organización para la Cooperación y el Desarrollo Económico (OCDE) y la Unión Europea (UE), han promovido la adopción de sistemas de *compliance* en el ámbito público y privado, con el objetivo de combatir la corrupción y mejorar la gobernanza en sus estados miembros.

437. Amoretti Navarro (n 456) 920.

438. *Ibid,* 921.

439. *Ibid*.

La Convención de las Naciones Unidas contra la Corrupción de 2003, también conocida como Convención de Mérida, establece, en sus artículos 6 al 12, que los Estados parte deben adoptar medidas para prevenir la corrupción y mejorar las normas de contabilidad y auditoría en el sector público y privado, además de prever sanciones civiles, administrativas o penales efectivas, proporcionadas y disuasivas en caso de incumplimiento de estas medidas[440].

La Convención de Mérida, a su vez, exige que los Estados adopten medidas para establecer la responsabilidad de las personas jurídicas por su participación en delitos de corrupción, por lo que la forma de dicha responsabilidad puede ser penal, civil o administrativa. Según la Convención, la responsabilidad corporativa debe existir sin perjuicio de la responsabilidad penal que corresponda a las personas físicas que hayan cometido directamente los delitos. Además, los Estados parte deben promover la formulación de normas y procedimientos destinados a salvaguardar la integridad de las entidades privadas, incluyendo códigos de conducta, así como para fomentar el uso de buenas prácticas comerciales entre las empresas y las relaciones contractuales de las empresas con el Estado[441].

El interés en el cumplimiento normativo o *compliance* en Europa ha surgido en conexión con dos puntos de referencia. Por un lado, la crisis financiera de 2007/2008 jugó un papel importante, surgida en el contexto de un mercado financiero insuficientemente regulado, marcado por la imprudencia y las irregularidades de grandes corporaciones. Como lo señala el reconocido jurista español Amoretti Navarro, esta crisis puso de manifiesto la necesidad de una regulación más estricta y efectiva. Por otro lado, la difusión de un pensamiento pragmático también ha influido en este interés. En la política criminal y en la ciencia del derecho penal, se ha roto el principio *societas delinquere non potest*, que establece que una entidad no puede delinquir. En este sentido, la implementación del *compliance* se relaciona con desastres financieros provocados por la delincuencia corporativa, y la solución a este problema se reduce prácticamente a las consecuencias financieras, es decir, a la imposición de sanciones monetarias cuantificables[442].

Esta evolución sigue la historia original del *compliance* en los Estados Unidos. Durante la segunda mitad del siglo XX y principios del XXI, los escándalos financieros mediáticos en los Estados Unidos también fueron un catalizador para la introducción del *compliance*, mientras que la solución a estos escándalos consistía en aumentar o disminuir una sanción corporativa inminente. Los asuntos financieros han llevado a hitos cada vez más importantes

440. Instrumento de ratificación de la Convención de las Naciones Unidas contra la corrupción, hecha en Nueva York el 31 de octubre de 2003 2006 27132.

441. En este sentido *Vid.* Carli and Carli (n 462).

442. Amoretti Navarro (n 456) 922.

en la historia del *compliance*, cuyas iniciativas y renovación de los fundamentos jurídicos se han introducido a través de legislaciones ostentosas, tales como la «guerra contra el crimen corporativo». Este fenómeno también se observa en el contexto europeo, siguiendo de cerca las tendencias y lecciones aprendidas de la experiencia estadounidense[443].

En el contexto europeo, la adopción de la «Directiva (UE) 2019/1937 del Parlamento Europeo y del Consejo, de 23 de octubre de 2019, relativa a la protección de las personas que informen sobre infracciones del Derecho de la Unión» ha marcado un hito en el desarrollo del *compliance* en la función pública, estableciendo la obligación de implementar canales de denuncia internos y externos para facilitar la detección de conductas indebidas y garantizar la protección de los denunciantes. Esta directiva, junto con otras iniciativas y normativas europeas, ha impulsado a los estados miembros a adaptar sus sistemas legales y a desarrollar programas de *compliance* en el ámbito público.

Conforme a Bacigalupo, el concepto de *compliance* emergió en el panorama jurídico español a raíz de la incorporación de la responsabilidad penal de las personas jurídicas en el Código Penal en 2010. Posteriormente, en 2015, se introdujo la posibilidad de que los programas de *compliance* pudieran eximir a las personas jurídicas de responsabilidad penal[444].

Según las palabras de Ángel Morales, se hace patente que el Código Penal español prevé la posibilidad de eximir de responsabilidad penal a una entidad jurídica, siempre y cuando, antes de la ocurrencia del delito corporativo, se haya implementado un programa de *criminal compliance* eficaz y adecuado[445]. En línea con este pensamiento, Bacigalupo sostiene que no basta con la simple existencia de un programa de cumplimiento para excluir la responsabilidad penal de la entidad. Este programa debe ser diseñado teniendo en cuenta las variadas y específicas formas de organización interna de las empresas, el objetivo de su actividad comercial, así como sus riesgos particulares. En este contexto, adquiere especial relevancia la supervisión interna dentro de la misma organización empresarial, incluyendo la auditoría interna y la figura del *chief compliance officer* (CCO), entre otros[446].

---

443. *Ibid*.

444. Bacigalupo (n 460).

445. Miguel Ángel Morales Hernández, «Los delitos de financiación ilegal de los partidos políticos tipificados en los artículos 304 bis y 304 ter del código penal. Diseño de una propuesta de compliance para prevenir la corrupción en el seno de las formaciones políticas» (Universidad de Granada 2021) 20, https://digibug.ugr.es/handle/10481/71655, accessed 17 May 2023.

446. Silvina Bacigalupo, «2. El Modelo de Imputación de La Responsabilidad Penal de Los Entes Colectivos», *Aspectos prácticos de la responsabilidad criminal de las personas jurídicas* (Aranzadi Thomson Reuters 2013) 88.

El modelo de *compliance* estadounidense, como señala Amoretti Navarro, se basa en la tríada de sanciones a las asociaciones, los acuerdos de declaración de culpabilidad y los planes de cumplimiento. Aparte de las preocupaciones sobre las sanciones monetarias contra las personas jurídicas, que afectan no a los directivos reprobables sino a los empleados y accionistas inocentes, desde la perspectiva procesal a menudo olvidada, también ha fracasado el voluntarismo para cooperar con las autoridades de persecución estadounidenses en la práctica del *compliance*. Esta cooperación, que se asemeja a la renuncia a la propia defensa, es fuertemente promovida por el sistema de justicia penal de los Estados Unidos en el marco de la responsabilidad empresarial y las directrices de sanciones mediante acuerdos de declaración de culpabilidad y acuerdos de enjuiciamiento diferido (DPA) / acuerdos de no persecución (NPA)[447].

En estos acuerdos se establece que la autoridad de persecución penal suspende o detiene la persecución penal si la empresa afectada accede al pago de una multa y previene futuras irregularidades mediante (nuevas) medidas de cumplimiento organizativo. Esta fórmula, que tiene un equivalente europeo en términos de imposición de multas en el derecho antimonopolio de la UE, parece ser inadecuada para la prevención penal. Al concentrarse en una sanción corporativa o multa, el concepto «responsabilidad penal individual» se desintegra en la práctica. La sanción a la empresa puede tener lugar en la mayoría de los casos, pero la responsabilidad individual de la alta dirección es olvidada. El efecto preventivo general del derecho penal se debilita, ya que los directivos no tienen que temer el riesgo penal[448].

Dado que el cumplimiento debe garantizar que la acción empresarial sea éticamente correcta para los accionistas, clientes, empleados, etc., el modelo de cumplimiento estadounidense también contiene una incongruencia inherente. Es difícil considerar el *compliance* como una «llamada de la conciencia» cuando se centra en la sanción corporativa y, por tanto, exime a la alta dirección, única responsable, precisamente porque se viola la virtud cardinal de la justicia (penal) cuando los empleados de nivel inferior deben asumir el papel de chivo expiatorio, mientras que la alta dirección es liberada de responsabilidad penal. Por lo tanto, tampoco puede tener lugar la transmisión o desarrollo de virtudes como disposiciones calificadas a través de la práctica o el hábito de lo que se va a aprender. Aquí también se encuentra el problema ineludible del poder de mercado no controlado de las corporaciones. Esto está causando cambios significativos en la sociedad mundial, cuyas consecuencias económicas y políticas se pueden traducir en una gobernanza global existente junto con el derecho estatal[449].

447. Amoretti Navarro (n 456) 29.

448. *Ibid.*

449. *Ibid.*

Cabe mencionar que el artículo 8 de la Convención de Mérida[450] insta a los Estados parte a promover la integridad, la honestidad y la responsabilidad entre sus funcionarios públicos para combatir la corrupción. Sugiere la implementación de códigos de conducta y, en consonancia con el derecho interno, la posibilidad de facilitar la denuncia de actos de corrupción. También propone la obligación de declarar actividades externas que puedan generar conflictos de interés y contempla medidas disciplinarias contra quienes transgredan estos códigos.

Según la Sentencia del Tribunal Supremo, de 29 de febrero de 2016, núm. 154/2016, Voto Particular, F. J. 1.°, se postulaba que, si la imputación de responsabilidad penal a una entidad jurídica por los delitos realizados por sus representantes o subordinados, bajo ciertas condiciones, se basa en la culpa por permitir o facilitar su comisión al haber evitado la implementación de las medidas de prevención apropiadas, entonces la demostración de que dichas medidas fueron adoptadas debería resultar en la exención de su responsabilidad penal.

2.1.2. Agenda 2030 y la lucha contra la corrupción: conexiones y aportaciones al *compliance* en la función pública

La Agenda 2030 para el Desarrollo Sostenible de las Naciones Unidas, adoptada en 2015, actúa como una hoja de ruta para los esfuerzos de desarrollo global, incluyendo entre sus 17 Objetivos de Desarrollo Sostenible (ODS), el objetivo de sociedades pacíficas, justas e inclusivas (ODS 16)[451]. Un objetivo crítico del ODS 16 es reducir sustancialmente la corrupción y el soborno en todas sus formas (16.5), un empeño que puede ser apoyado significativamente por programas efectivos de *compliance* público.

La corrupción, particularmente en el sector público, representa un obstáculo significativo para el desarrollo sostenible ya que obstaculiza el crecimiento económico, exacerba la desigualdad y socava la confianza pública en el Gobierno[452]. Por lo tanto, abordar la corrupción es crucial para la realización de la Agenda 2030.

Los programas de *compliance* público desempeñan un papel fundamental en esta lucha contra la corrupción al establecer una cultura ética dentro de las

450. Instrumento de ratificación de la Convención de las Naciones Unidas contra la corrupción, hecha en Nueva York el 31 de octubre de 2003.

451. Cf, O. D. D. S., «Transforming Our World: The 2030 Agenda for Sustainable Development | Department of Economic and Social Affairs» (2015), https://sdgs.un.org/2030agenda, accessed 19 May 2023.

452. United Nations, «The Sustainable Development Goals Report 2018» (2018), https://unstats.un.org/sdgs/files/report/2018/thesustainabledevelopmentgoalsreport2018-en.pdf. CFjnxoKd3KkNwPzBws, accessed 19 May 2023.

instituciones públicas, asegurando el cumplimiento de leyes y regulaciones, y fomentando la transparencia y la rendición de cuentas. Estos programas, mediante mecanismos como la denuncia de irregularidades, la evaluación de riesgos y los códigos de conducta, proporcionan las herramientas necesarias para detectar, prevenir y disuadir prácticas corruptas[453].

En vista de esto, la Agenda 2030 y la lucha contra la corrupción están intrínsecamente vinculadas con el concepto de *compliance* público. A su vez, un sólido sistema de *compliance* público contribuye a la consecución de los ODS al crear un ambiente propicio para el desarrollo sostenible, marcado por la transparencia, la rendición de cuentas y la justicia.

2.2. Contexto jurídico europeo sobre compliance público

El *compliance* es un aspecto indispensable de la gobernanza tanto en los sectores privado como público. Específicamente en Europa, el énfasis en el cumplimiento normativo ha aumentado en los últimos años, en parte debido al creciente enfoque en la transparencia, la rendición de cuentas y las medidas anticorrupción[454]. En la actualidad, los programas de cumplimiento son más pertinentes que nunca, ya que ayudan a fomentar una cultura de legalidad, a disuadir actividades ilícitas y a fortalecer la eficiencia general de la Administración pública[455].

El *compliance* público es especialmente significativo, dado que impacta directamente en un amplio rango de constituyentes, desde empleados hasta ciudadanos que son beneficiarios de los servicios públicos. Un sistema eficiente de *compliance* público promueve no solo la adhesión a las reglas y regulaciones, sino que también inhibe las actividades corruptas y mejora la confianza en las instituciones públicas[456].

El *compliance* o cumplimiento normativo ha estado históricamente asociado con el sector privado, pero cada vez más se está reconociendo su relevancia en el sector público, especialmente en el contexto europeo[457]. Un

453. Agata Stachowicz-Stanusch and Aneta Aleksander, «Development of Managerial Competences of the Future–Shaping Curricula for Higher Education» [2017], Organizacja i Zarządzanie: kwartalnik naukowy 93.

454. Frank Anechiarico and James B Jacobs, *The Pursuit of Absolute Integrity: How Corruption Control Makes Government Ineffective* (University of Chicago Press 1996).

455. Jeroen Maesschalck and János Bertók, «Towards a Sound Integrity Framework: Instruments, Processes, Structures and Conditions for Implementation» [2009], Processes, Structures and Conditions for Implementation.

456. Suzanne J Piotrowski and Gregg G Van Ryzin, «Citizen Attitudes toward Transparency in Local Government» (2007), 37 The American review of public administration 306.

457. Paul M Heywood, «Rethinking Corruption: Hocus-Pocus, Locus and Focus» (2017), 95 The Slavonic and East European Review 21, http://dx.doi.org/10.5699/slaveasteurorev2.95.1.0021.

programa de *compliance* efectivo en el sector público puede ayudar a garantizar que los empleados públicos se adhieran a las leyes y normativas, a la vez que se minimiza la posibilidad de corrupción y se promueve la transparencia y la eficiencia[458]. En este sentido, Fonseca señala que la Unión Europea se encuentra como prioridad en la transición digital en la administración pública, y que la transparencia es sumamente relevante[459].

En Europa, el *compliance* en el sector público está impulsado en gran parte por la legislación de la Unión Europea (UE), que ha establecido varias directrices y regulaciones destinadas a fomentar la transparencia y prevenir la corrupción. Por ejemplo, la Directiva 2014/95/UE del Parlamento Europeo y del Consejo exige que las empresas públicas divulguen información no financiera y de diversidad, lo que contribuye a mejorar la transparencia y el cumplimiento normativo[460].

Además, el marco de la Convención de las Naciones Unidas contra la Corrupción (UNCAC), ratificado por todos los Estados miembros de la UE, establece una serie de medidas anticorrupción que incluyen la promoción de la integridad, la rendición de cuentas y el buen gobierno, todas las cuales pueden ser apoyadas por un programa de *compliance* eficaz[461].

La corrupción y el incumplimiento de las normas pueden tener graves consecuencias para la sociedad y la economía en general. Por esta razón, se han implementado diversos programas de *compliance* en el sector público de Europa con el objetivo de fomentar el cumplimiento de las normas por parte de los empleados públicos y prevenir la corrupción.

La relevancia del *compliance* en Europa, particularmente en el sector público, puede remontarse al período de posguerra, cuando el continente se centró en reconstruirse a sí mismo económica y políticamente. La instauración de tratados internacionales como el Tratado de Roma en 1957, que marcó el nacimiento de la Comunidad Económica Europea, fue emblemática del compromiso de la región para establecer un marco regulatorio[462].

---

458. Luís de Sousa, Barry Hindess and Peter Larmour, *Governments, NGOs and Anti-Corruption: The New Integrity Warriors* (Routledge 2012).

459. Isabel Celeste M Fonseca, *Estudos de E. Governação, Transparência e Proteção de Dados* (Leya 2021), https://books.google.es/books?hl=en&lr=&id=y4YgEAAAQBAJ&oi=fnd&pg=PT4&dq=info:xYok-I8UphYJ:scholar.google.com&ots=aoh57SNjac&sig=7jjRi41ApSMb9xvuoG3VcIPpuw0&redir_esc=y#v=onepage&q&f=false.

460. European Parliament and of the Council, Directiva 2014/95/UE del Parlamento Europeo y del Consejo, de 22 de octubre de 2014 , por la que se modifica la Directiva 2013/34/UE en lo que respecta a la divulgación de información no financiera e información sobre diversidad por parte de determinadas grandes empresas y determinados grupos Texto pertinente a efectos del EEE 2014.

461. ONU, «Convención de Las Naciones Unidas Contra La Corrupción» (2004), https://www.unodc.org/documents/treaties/UNCAC/Publications/Convention/04-56163_S.pdf.

462. Alex Warleigh-Lack, *European Union: The Basics* (Routledge 2008).

Hacia finales del siglo XX, el concepto *compliance* evolucionó sustancialmente, estimulado por la globalización, y se volvió más complejo debido a la multiplicidad de normas y la creciente complejidad de la Administración pública[463]. El Tratado de Maastricht, en 1992, profundizó en este proceso al crear la Unión Europea (UE), lo que requería un sistema regulatorio aún más sofisticado para garantizar que los estados miembros se adhirieran a las reglas y directrices establecidas[464].

En años recientes, el enfoque ha cambiado hacia la creación de una sólida cultura de cumplimiento, particularmente después de escándalos como el del fraude de emisiones de Volkswagen en 2015, y diversos casos de corrupción pública que subrayaron la necesidad de medidas de cumplimiento efectivas. Los países europeos han implementado una variedad de programas de *compliance* público, complementados por diversas directivas de la UE destinadas a mejorar la transparencia, la rendición de cuentas y a disuadir prácticas corruptas[465].

En Europa existen diversas leyes y tratados internacionales que regulan el *compliance* en el sector público. Uno de los más importantes es la Convención de las Naciones Unidas contra la Corrupción, que establece las medidas necesarias para prevenir y combatir la corrupción en el sector público. También existe la «Directiva (UE) 2019/1937[466] del Parlamento Europeo y del Consejo, de 23 de octubre de 2019, relativa a la protección de las personas que informen sobre infracciones del derecho de la Unión», que establece medidas para proteger a los denunciantes de corrupción y otras irregularidades en el sector público. Esta directiva aboga por un entorno seguro que protege a los denunciantes de represalias, fomentando así la denuncia y, en última instancia, el cumplimiento.

En la Unión Europea, además de la Directiva (UE) 2019/1937 que se mencionó anteriormente, también se han promulgado diversas regulaciones y tratados para mejorar el cumplimiento en el sector público. Entre los más notables, se encuentra la Convención de Derecho Penal del Consejo de Europa sobre la Corrupción (1999)[467], que fue ratificada por varios Estados miembros, que han sido fundamentales para establecer los estándares para

463. Kenneth A Armstrong, *Governing Social Inclusion: Europeanization through Policy Coordination* (Oxford University Press 2010).

464. Kenneth HF Dyson and Kevin Featherstone, *The Road to Maastricht: Negotiating Economic and Monetary Union* (Oxford University Press 1999).

465. Nichols (n 122).

466. «Directiva (UE) 2019/1937 Del Parlamento Europeo y Del Consejo, de 23 de Octubre de 2019, Relativa a La Protección de Las Personas Que Informen Sobre Infracciones Del Derecho de La Unión», https://app.vlex.com/#vid/877487576, accessed 13 February 2023.

467. Council of Europe, Criminal Law Convention on Corruption 1999.

combatir la corrupción en el sector público[468]. Esta convención es uno de los principales instrumentos internacionales para combatir la corrupción y obliga a los Estados miembros a incorporar disposiciones de derecho penal en sus leyes nacionales contra la corrupción. La siguiente es la Convención de las Naciones Unidas contra la Corrupción (2003)[469]. Este instrumento jurídico global aborda la corrupción tanto en el sector público como en el privado. Los Estados miembros de la UE son signatarios y han implementado los principios de la convención en sus leyes nacionales. Por otra parte, tenemos la Directiva de Contratación Pública de la UE (2014)[470]. Esta directiva establece reglas para los contratos públicos con el fin de garantizar una competencia justa e integridad en los procesos de contratación pública.

Igualmente, las directivas de la UE contra el blanqueo de capitales[471]. Estas directivas establecen medidas para prevenir el uso del sistema financiero con fines de blanqueo de dinero o financiamiento del terrorismo. Otra regulación de la UE de gran importancia es la «Directiva (UE) 2017/1371[472] sobre la lucha contra el fraude que afecta a los intereses financieros de la Unión mediante el derecho penal», la cual fortalece la respuesta al fraude y otras irregularidades que afectan al presupuesto de la UE.

Por otra parte, está el Reglamento General de Protección de Datos (GDPR) 2016/679 del Parlamento Europeo y del Consejo[473]. Aunque principalmente se ocupa de la protección de datos, el GDPR incluye requisitos para el cumplimiento de datos, lo que impacta en los programas de cumplimiento público. Cabe mencionar la Ley de Soborno del Reino Unido (2010)[474]. Aunque específica para el Reino Unido, esta ley se considera una de las legislaciones anti-

468. Mark PIETH and Gemma AIOLFI, «The Private Sector Become Active: The Wolfsberg Process» [2003], Journal of Financial Crime.

469. United Nations (n 111).

470. European Commission, Directive 2014/24/EU of the European Parliament and of the Council of 26 February 2014 on public procurement and repealing Directive 2004/18/EC Text with EEA relevance 2014.

471. European Commission, Directive (EU) 2015/849 of the European Parliament and of the Council of 20 May 2015 on the prevention of the use of the financial system for the purposes of money laundering or terrorist financing, amending Regulation (EU) No 648/2012 of the European Parliament and of the Council, and repealing Directive 2005/60/EC of the European Parliament and of the Council and Commission Directive 2006/70/EC (Text with EEA relevance) 2015.

472. Directive (EU) 2017/1371 of the European Parliament and of the Council of 5 July 2017 on the fight against fraud to the Union»s financial interests by means of criminal law 2017 (Legislation).

473. Regulation (EU) 2016/679 of the European Parliament and of the Council of 27 April 2016 on the protection of natural persons with regard to the processing of personal data and on the free movement of such data, and repealing Directive 95/46/EC (General Data Protection Regulation) (Text with EEA relevance) 2016 (OJ L).

474. Bribery Act 2010.

corrupción más completas del mundial. Impone una responsabilidad estricta a las organizaciones que no previenen el soborno.

Estas son solo algunas de las regulaciones y tratados vigentes en Europa para hacer cumplir la normativa, con el objetivo común de promover la transparencia, la equidad y la rendición de cuentas en la vida pública.

Los programas de *compliance* en el sector público son una herramienta importante para fomentar el cumplimiento normativo y prevenir la corrupción en Europa. Existen diversas leyes y tratados internacionales que regulan el cumplimiento normativo en el sector público, y se han implementado diversos programas de *compliance* en diferentes países de la región. Es importante seguir promoviendo la ética y la responsabilidad social en el sector público y continuar implementando medidas para prevenir la corrupción y el incumplimiento normativo para garantizar una sociedad más justa y sostenible.

2.3. El papel del *compliance* en la función pública en España: garantizando la integridad y la transparencia en la Administración

En España, la implementación del *compliance* en la función pública ha sido impulsada por reformas legislativas y la incorporación de las directrices europeas en materia de prevención de la corrupción y fomento de la transparencia. «La Ley 19/2013, de 9 de diciembre, de transparencia, acceso a la información pública y buen gobierno», y la «Ley 10/2019, de 1 de abril, de modificación del Código Penal en materia de responsabilidad penal de las personas jurídicas», entre otras disposiciones, han establecido el marco legal para la adopción de sistemas de *compliance* en las entidades públicas.

Citando a Fernández-González, el término *compliance* público puede ser interpretado en español como cumplimiento normativo en el sector público, reemplazando así su concepto original, el *criminal compliance*, instaurado para el desarrollo de una cultura empresarial de cumplimiento. Este enfoque, dirigido hacia la misma finalidad, pero aplicado en el sector público, tiene como objetivo fomentar una genuina cultura de conducta ética entre los funcionarios públicos, prevenir actos ilícitos o conductas inmorales y mejorar el ambiente y las relaciones laborales. En otras palabras, trata de rectificar o prevenir la corrupción en la Administración pública, cuidando un sector donde la opacidad y la discrecionalidad pueden dar lugar a auténticas catástrofes económicas[475].

El informe más reciente y oficial elaborado en el contexto del empleo público en España, intitulado *13 propuestas para reformar la Administración del Estado*, ha sido llevado a cabo por el Instituto Nacional de Administración Pública (INAP). Este trabajo enfatiza la necesidad de incorporar al sector

475. Fernández González (n 455),.Fernández González (n 315).

público las técnicas de *compliance* con un enfoque en la prevención y la rendición de cuentas[476].

Asimismo, la idea de *compliance* también se refiere a la conformidad con la ley vigente. La necesidad de *compliance* surge cuando las exigencias jurídicas son tan complejas que no son fácilmente comprensibles para una persona común y, por lo tanto, no se pueden anticipar en el marco de un comportamiento preventivo conforme a derecho. Por tanto, el *compliance* se convierte en un elemento esencial en áreas del derecho que tienen exigencias legales complejas, como el derecho del mercado de valores y el derecho penal económico[477].

Además, en España, existe la «Ley 19/2013, de 9 de diciembre, de transparencia, acceso a la información pública y buen gobierno», que establece las obligaciones de los empleados públicos en cuanto a la transparencia y el acceso a la información. También existe la «Ley 3/2015, de 30 de marzo, de control de la actividad económico-financiera de los partidos políticos», que establece medidas para prevenir la corrupción en el sector político.

Antes de la implantación del *compliance* en la función pública en España, ya existían diversos mecanismos de control y prevención de la corrupción, como la fiscalización de las cuentas públicas por parte del Tribunal de Cuentas, la supervisión de la contratación pública por parte de la Junta Consultiva de Contratación Administrativa, y el control de los órganos internos de las entidades públicas, como las unidades de auditoría interna y los órganos de control financiero. Además, el marco legal incluía sanciones penales y administrativas para casos de corrupción, abuso de poder y malversación de fondos públicos.

Sin embargo, a pesar de la existencia de estos mecanismos, en algunos casos estos no han sido suficientes para prevenir y controlar la corrupción en la función pública de manera eficaz, debido a la falta de coordinación entre los diferentes órganos de control, la insuficiencia de recursos y la falta de una cultura de cumplimiento y responsabilidad ética en el sector público.

Según lo expuesto por De Pablo Serrano, dos atributos fundamentales de los programas de *compliance*, son la eficacia y la idoneidad. Estas características son cruciales para asegurar que dichos programas no solo cumplan con las leyes y regulaciones pertinentes, sino que también sean aptos y efectivos para prevenir infracciones dentro de la organización[478].

---

476. Grupo de Análisis y Propuesta de Reformas en la Administración Pública, *13 Propuestas Para Reformar La Administración Del Estado* (Instituto Nacional de Administración Pública 2021) 83, https://www.libreriavirtuali.com/inicio/13-propuestas-para-reformar-la--Administración-del-Estado-EBOOK-p427983422, accessed 23 April 2023.

477. ROTSCH, «Sobre Las Preguntas Científicas y Prácticas Del Criminal Compliance» (n 472) 47–49.

478. Alejandro DE PABLO SERRANO, «La Responsabilidad Penal de Los Partidos Políticos: Delitos, Penas y» Compliance Programms»«, *Problemas actuales sobre el control de los partidos políticos* (Tirant lo Blanch 2016) 371.

Sin embargo, estos mecanismos tradicionales han demostrado ser insuficientes para prevenir y combatir eficazmente la corrupción en el sector público. De ahí la necesidad de incorporar un enfoque de *compliance,* que no solo busca el cumplimiento legal, sino también fomenta una cultura de integridad y responsabilidad en la Administración pública.

2.3.1. *Compliance* en la prevención de la corrupción en la función pública: promoviendo la integridad y la transparencia en España

El *compliance* surge como una herramienta complementaria y necesaria para reforzar la prevención y el control de la corrupción en la función pública en España, al promover una cultura de cumplimiento y responsabilidad ética, así como al establecer mecanismos más efectivos para la detección y sanción de conductas indebidas. La implementación de programas de *compliance* en las entidades públicas permite no solo garantizar el cumplimiento de las leyes y regulaciones aplicables, sino también promover la transparencia, la integridad y la eficiencia en la gestión de los recursos públicos, lo que contribuye a la consolidación de la confianza ciudadana en las instituciones públicas.

La autora Gutiérrez Pérez advierte de la ausencia de mecanismos de control preventivos dentro de las Administraciones públicas, una situación que proporciona un entorno propicio para aquellos agentes inclinados hacia la corrupción. Resalta el contraste existente entre la falta de capacidad para detectar conductas corruptas dentro de la propia estructura organizativa y la tendencia incentivada por el Estado de fomentar la implementación de programas de *compliance* en las empresas privadas. Entretanto, estas estrategias de control preventivo no se han integrado con la debida rapidez en el ámbito de la Administración pública[479].

La adopción de sistemas de *compliance* en la función pública implica la incorporación de medidas como la elaboración de códigos de conducta y políticas de prevención de la corrupción, la designación de un oficial de cumplimiento encargado de supervisar y coordinar las actividades de *compliance*, la implementación de mecanismos de denuncia y protección de los denunciantes, la realización de auditorías y controles internos, y la promoción de la formación y la sensibilización en materia de cumplimiento y ética entre los empleados públicos.

Se hace evidente, más allá de las deliberaciones jurídicas, que existe un consenso generalizado en reconocer que la corrupción no puede ser superada exclusivamente a través del derecho penal. Por lo tanto, la lucha contra

---

479. Elena Gutiérrez Pérez, «Corrupción Pública: Concepto y Mediciones. Hacia El Public Compliance Como Herramienta de Prevención de Riesgos Penales» (2018), 13 Política criminal 104.

la corrupción no demanda una mayor producción de legislación penal, sino la adopción de técnicas que minimicen las oportunidades para la comisión de delitos y, en última instancia, reduzcan los escenarios que propician las conductas corruptas[480].

Citando a la idea de Federico Morandini de que las normativas aplicables tanto al sector público como al privado ya no se limitan exclusivamente a la sanción de ilícitos resultantes de actuaciones antijurídicas. En su lugar, también buscan prevenir la comisión de delitos[481].

Desde la perspectiva de Klopp, un sistema de *compliance* bien establecido puede actuar como una barrera importante contra la corrupción y un mecanismo para fomentar la integridad y la transparencia. Al abordar no solo las regulaciones legales nacionales e internacionales, sino también las normas internas de la empresa, los estatutos corporativos, las directrices contractuales y las normas de calidad, estos sistemas son capaces de proporcionar una supervisión rigurosa de las actividades empresariales y fomentar el *compliance* en todos los niveles de la organización[482].

En este ámbito, cobran una importancia fundamental la ética pública, las políticas de *compliance*, así como los procesos de autorregulación o, en inglés, *self-cleaning*. Este es el terreno preventivo en el que se están concentrando los mayores esfuerzos, tanto en el contexto público como privado. Cada vez es más habitual la imposición de deberes y obligaciones, tanto para los funcionarios públicos como para aquellos que pretenden contratar con la administración. Incluso las empresas de cierto tamaño que no necesariamente sean contratistas del Estado se ven obligadas a cumplir con mandatos éticos. El objetivo de estas medidas es dotar a dichas empresas de mayores niveles de transparencia e integridad para prevenir la comisión de ilícitos[483].

Por otra parte, el autor Rodríguez-Arana sostiene que la capacitación de los empleados públicos en los valores del servicio objetivo al interés general debería ir de la mano con un firme compromiso por parte de las empresas y sus líderes con la efectiva realización y cumplimiento de obligaciones relacionadas con la integridad en la contratación. Este compromiso implica evitar conductas ilícitas y, lo que es más importante, asumir programas de *compliance* antes de la contratación. Además, en casos de prohibición o exclusión para contratar, se deben plantear rigurosos compromisos de autorregulación o *self-cleaning* que realmente garanticen el actuar empresarial acorde a estrictos criterios éticos[484].

---

480. *Ibid*.

481. {Citation}

482. KLOPP (n 83) 23.

483. MORANDINI (n 442) 31–32.

484. MUÑOZ (n 450) 36.

Además, Konu subraya la importancia de la función informativa del *compliance* para garantizar un comportamiento acorde a la ley y evitar infracciones, es fundamental establecer estructuras de información y comunicación eficientes en la organización. La toma de decisiones de acuerdo con las normas legales en el momento adecuado solo es posible si el flujo de información en la empresa está bien organizado. En este sentido, el *compliance* también puede entenderse como una gestión de la información[485].

2.3.2. Trazando el camino hacia la Integridad: auditorías y mecanismos de control en el compliance de la función pública

Las auditorías y mecanismos de control constituyen un elemento esencial en el diseño e implementación de programas de *compliance público* en la función pública española. Estos mecanismos permiten evaluar el grado de cumplimiento de las normas, políticas y procedimientos establecidos en las entidades públicas, así como identificar áreas de mejora y posibles riesgos de incumplimiento y corrupción.

Las auditorías y controles pueden ser de carácter interno o externo. Las auditorías internas son realizadas por unidades especializadas dentro de las propias entidades públicas, mientras que las auditorías externas son llevadas a cabo por organismos independientes, como el Tribunal de Cuentas, la Intervención General de la Administración del Estado (IGAE) o firmas de auditoría privadas contratadas para tal fin.

En la perspectiva de Fernández-González, la función de las auditorías y del oficial de compliance público es esencial para asegurar una correcta implementación de los códigos éticos. Esta entidad interna y constante no solo tiene la responsabilidad de supervisar el cumplimiento de dichos códigos, sino también de aplicarlos, modificarlos cuando sea necesario, evaluar y realizar un seguimiento de su ejecución, así como investigar y sancionar cualquier incumplimiento en su debido momento[486].

En el contexto del compliance en el sector empresarial, estas directrices, cuando se aplican al sector público, se someten al procedimiento administrativo sancionador y a las normativas del Estatuto Básico del Empleado Público. Por tanto, cualquier procedimiento disciplinario relevante y las medidas provisionales adoptadas se llevarán a cabo conforme a las regulaciones vigentes. La falta de un control general puede dar lugar a la escasez de sanciones, y solo si puede iniciar un proceso a través de la denuncia de un funcionario, un superior jerárquico o un ciudadano[487].

485. Konu (n 447) 29.

486. Fernández González (n 455).

487. *Ibid.*

En consonancia con lo anterior, la aplicación del régimen disciplinario a unidades de personal o secciones específicas puede dar lugar, en algunos casos, a falta de transparencia en el proceso sancionador. Esto puede derivar en posibles represalias contra quien denuncia, un proceso sin garantías para el sancionado, o la no aplicación de sanciones por motivos de clientelismo. Ante estas tres posibilidades, el oficial de compliance público tiene la obligación de mejorar el control sobre el funcionariado público[488].

2.3.2.1. El guardián de la integridad: el impacto del *public compliance officer* en la función pública española

El *public compliance officer* es un profesional encargado de supervisar, coordinar y garantizar el cumplimiento de las normas, políticas y procedimientos en las entidades públicas, así como de promover una cultura de integridad y responsabilidad ética entre los empleados públicos. Este oficial de cumplimiento puede ser un empleado público especializado en compliance o un experto externo contratado para asesorar y apoyar a la entidad pública en la implementación de su programa de *compliance* público.

Según la perspectiva de Campos Acuña[489], la delimitación precisa de las características y la forma de aplicación a las entidades encargadas de supervisar el *compliance* constituye uno de los desafíos cruciales en la transposición del sistema de *compliance* al ámbito de la gestión pública a través de códigos éticos. Comparativamente, los modelos existentes divergen en su estructura, tal como hemos descrito, lo que sugiere que la elección acertada del modelo debe basarse en una configuración adecuada de las características requeridas.

Cabe mencionar los requisitos y características del *compliance officer* en la gestión pública. Entre las funciones del *public compliance officer*, se encuentran desarrollar y actualizar el marco normativo y las políticas de cumplimiento de la entidad pública, asegurando su adecuación a las leyes y regulaciones aplicables, así como a los estándares internacionales en materia de prevención de la corrupción. Supervisar el correcto funcionamiento de los mecanismos de control y auditoría interna y externa, y coordinar la implementación de medidas correctivas y de mejora en caso de detectarse incumplimientos o irregularidades[490].

Entre las actividades y funciones del *public compliance officer* están el establecer canales de denuncia y protección de los denunciantes, promo-

488. *Ibid*.

489. M.ª Concepción Campos Acuña, «Ética En La Gestión Pública. Los Códigos Éticos Como Herramientas de Compliance: Una Propuesta de Traslación Normativa» [2017], CEFLegal. Revista práctica de derecho 107–109, https://revistas.cef.udima.es/index.php/ceflegal/article/view/10399.

490. *Ibid*.

viendo la participación de los empleados públicos y de la ciudadanía en el control y la prevención de la corrupción; diseñar e implementar programas de formación y sensibilización en materia de *compliance* y ética pública, dirigidos a los empleados públicos, a los responsables de la toma de decisiones y, en su caso, a los contratistas y proveedores de la entidad pública; coordinar y colaborar con otras entidades públicas y organismos de control, así como con organizaciones internacionales y expertos en la materia, con el fin de compartir experiencias, buenas prácticas y conocimientos en el ámbito del *compliance público*; evaluar el impacto y la efectividad de las políticas y mecanismos de cumplimiento implementados, identificando oportunidades de mejora y ajustando el programa de *compliance público* en función de los resultados obtenidos; e informar periódicamente a la dirección de la entidad pública y a los órganos de control sobre el estado de cumplimiento de las normas, políticas y procedimientos, así como sobre los avances y desafíos en la implementación del programa de *compliance público*.

En relación con esta caracterización, tanto la Convención de las Naciones Unidas como la Directiva del Consejo de Europa prevén la existencia necesaria de una o más entidades encargadas de prevenir la corrupción, detallando sus características distintivas. Estas instituciones deben tener garantizada la independencia necesaria para poder cumplir sus funciones de manera efectiva y sin ninguna influencia indebida, y se les debe proporcionar los recursos materiales, el personal especializado y la formación necesaria para el cumplimiento de sus funciones. Además, en su artículo 36, se añade un requisito adicional: la capacidad de ejercer poderes coercitivos para la aplicación de la ley[491].

Por consiguiente, se puede esbozar un conjunto de características que deberían guiar la configuración del oficial de cumplimiento en la Administración pública, que se perfilarían de la siguiente manera: en primer lugar, la dotación de medios, la relevancia de este aspecto está directamente relacionada con el grado de eficacia en las labores de control. Implica la existencia de recursos personales y materiales para llevar a cabo eficazmente su función y el ejercicio oportuno de sus competencias, pero no solo se trata de recursos materiales y personales, sino también de vías de colaboración para el desarrollo de su función, que evitan que aquellos que son objeto de control impidan su ejercicio. En segundo lugar, los poderes coercitivos, estrechamente relacionados con el punto anterior, el *public compliance officer* debe disponer de mecanismos coercitivos necesarios para garantizar esa colaboración en el ejercicio de sus funciones de seguimiento y control. Esto no solo tiene carácter previo, sino que también se extiende al ámbito represivo que permite establecer un sistema de sanción frente a los incumplimientos detectados del código ético en los términos expuestos[492].

491. *Ibid.*

492. *Ibid.*

Por último, la independencia. Esta se manifiesta tanto en su composición, determinada por una participación significativa de individuos externos a la organización, como en el momento de su constitución, a través de sistemas de nombramiento que eviten la decisión puramente política y que conlleven un origen viciado. También es relevante en el desempeño de sus funciones, alejadas de presiones políticas y de la confluencia de intereses partidistas o susceptibles de generar conflictos de interés entre la entidad de control y la controlada[493].

De acuerdo con Ramírez Arbués, la razón de ser esencial del control de *compliance* se encuentra estrechamente vinculada con la gestión del riesgo. Esto implica el manejo del riesgo de enfrentar sanciones judiciales o administrativas, el riesgo de sufrir pérdidas materiales o financieras, así como el riesgo de incurrir en daños reputacionales. El argumento de Ramírez Arbués nos impulsa a reconsiderar el enfoque tradicional del cumplimiento en el sector público, e insta a un esfuerzo coordinado para desarrollar e implementar mecanismos de cumplimiento que sean efectivos en la prevención de la corrupción y el fomento del cumplimiento[494].

Estas reflexiones sobre el alcance normativo de estas herramientas como instrumentos de autorregulación deben llevarnos a la conclusión de que una verdadera transposición de la técnica de cumplimiento exige su carácter vinculante para los sujetos incluidos en su ámbito de aplicación[495].

2.3.3. El poder de la ética: códigos de ética y conducta en el *compliance* público de la función pública

Los códigos de ética y conducta son instrumentos fundamentales en la promoción de la integridad y el cumplimiento de las normas en la función pública. Estos códigos establecen los principios y valores que deben guiar la actuación de los empleados públicos, así como las normas de conducta específicas aplicables en el ejercicio de sus funciones.

El desarrollo e implementación de códigos de ética y conducta en el marco del *compliance* público implica un proceso participativo y transparente, que involucre a los empleados públicos, a la dirección de la entidad y a los diferentes grupos de interés. Además, es necesario que los códigos sean de fácil acceso y comprensión, y que se promueva su conocimiento y aplicación entre los empleados públicos y los usuarios de los servicios públicos.

---

493. *Ibid.*

494. Arbués and Ruiz (n 458).

495. Acuña, «Ética En La Gestión Pública. Los Códigos Éticos Como Herramientas de Compliance: Una Propuesta de Traslación Normativa» (n 560) 107–109.

La evaluación y seguimiento de los códigos de ética y conducta son aspectos clave para garantizar su efectividad en la prevención y detección de incumplimientos y actos de corrupción en la función pública. Este proceso debe ser llevado a cabo de manera sistemática y rigurosa, y debe incluir la identificación de áreas de mejora y la implementación de medidas correctivas cuando sea necesario.

Entre las acciones y herramientas que pueden utilizarse para la evaluación y seguimiento de los códigos de ética y conducta, se encuentran establecer indicadores de desempeño y cumplimiento de los códigos de ética y conducta, que permitan medir su efectividad y el grado de adhesión por parte de los empleados públicos; realizar auditorías periódicas, tanto internas como externas, que permitan evaluar la adecuación de los códigos de ética y conducta a la realidad de la entidad pública y al marco legal y regulatorio aplicable; y fomentar la participación de los empleados públicos y de los usuarios de los servicios públicos en la evaluación y seguimiento de los códigos de ética y conducta, a través de encuestas, grupos de discusión y otros mecanismos de retroalimentación.

Además, se deben establecer mecanismos de reporte y denuncia que permitan a los empleados públicos y a los usuarios de los servicios públicos informar de manera segura y, si lo desean, anónima, sobre posibles incumplimientos de los códigos de ética y conducta, así como de actos de corrupción. Implementar un sistema de seguimiento y análisis de las denuncias recibidas, que permita identificar patrones de conducta inapropiada y áreas de riesgo, y adoptar medidas preventivas y correctivas. Segundo, se deben promover la actualización y revisión periódica de los códigos de ética y conducta, con el fin de adaptarlos a las necesidades y desafíos emergentes en la función pública, así como a los cambios en el entorno legal y regulatorio. Tercero, se deben, facilitar la capacitación y formación continua de los empleados públicos en materia de ética y conducta, con el objetivo de mejorar su comprensión y aplicación de los códigos, así como de prevenir el incumplimiento y a corrupción.

Cuarto, se deben desarrollar y mantener una cultura organizacional que fomente la integridad, la transparencia y el cumplimiento de las normas, y que valore la conducta ética y responsable por parte de los empleados públicos. Esto puede incluir la promoción de líderes éticos y comprometidos, de esta manera como el reconocimiento y recompensa de buenas prácticas y comportamientos ejemplares. Quinto, se deben establecer mecanismos de colaboración y coordinación con otras entidades públicas y organismos de control, con el fin de compartir experiencias, buenas prácticas y lecciones aprendidas en la implementación y seguimiento de los códigos de ética y conducta. Sexto, se deben fomentar la transparencia y la rendición de cuentas en la implementación y seguimiento de los códigos de ética y conducta, mediante la publicación regular de informes y estadísticas sobre su efectividad, así como de las medidas adoptadas para prevenir y combatir el incumplimiento y la corrupción en la función pública.

Los códigos de ética y conducta desempeñan un papel fundamental en el marco del *compliance* público. Funcionan como guías para que los servidores públicos ajusten su conducta a los valores, principios y normas que sostienen el interés público, mantienen la confianza pública y previenen la corrupción[496].

Según lo expresado por Lawton *et al.*, estos códigos sirven como una «brújula ética» para los funcionarios públicos, delineando claramente las conductas aceptables e inaceptables[497]. Actúan como una herramienta preventiva esencial y reducen las oportunidades para la corrupción y el incumplimiento[498].

Además de establecer normas, los códigos de ética y conducta suelen contener disposiciones para manejar violaciones, creando así un mecanismo para la rendición de cuentas y la transparencia. Esto mejora la confianza en las instituciones públicas y promueve una cultura de integridad dentro del servicio público. En el contexto de los programas de *compliance* público, estos códigos son una de las herramientas esenciales para comunicar y promover una cultura de ética e integridad. En este sentido, contribuyen de manera significativa al éxito de estos programas[499].

2.3.4. El camino hacia un gobierno ejemplar: programas de *compliance* público para promover la ética, transparencia y buen gobierno

El buen gobierno y la ética pública se presentan como retos imprescindibles para la implementación de programas de *compliance* en la función pública en España.

Como señala Ponce Solé, el derecho a una buena administración está contemplado en el artículo 41 de la Carta de Derechos Fundamentales de la Unión Europea, emitida el 7 de diciembre de 2000[500], que establece que todas las personas tienen derecho a que sus asuntos sean tratados de manera imparcial y equitativa por las instituciones y órganos de la Unión, dentro de un plazo razonable. Además, establece el derecho a ser escuchado antes de

496. OECD, «Behavioural Insights for Public Integrity» (2018), https://www.oecd-ilibrary.org/content/publication/9789264297067-en, accessed 3 January 2023.

497. Alan Lawton, Julie Rayner and Karin Lasthuizen, *Ethics and Management in the Public Sector* (Routledge 2013).

498. Donald C Menzel, *Ethics Management for Public and Nonprofit Managers: Leading and Building Organizations of Integrity* (Routledge 2016).

499. OECD, «Behavioural Insights for Public Integrity» (n 567).

500. Juli Ponce Solé, «La prevención de riesgos de mala administración y corrupción, la inteligencia artificial y el derecho a una buena administración» 03–04, https://repositorio.uam.es/handle/10486/702253, accessed 9 June 2023.

que se tome una medida individual que pueda afectarle desfavorablemente, el derecho a acceder al expediente que le afecte, y el derecho a la reparación por los daños causados por sus instituciones o sus agentes en el ejercicio de sus funciones.

Además, advierte Ponce Solé, la noción de buena administración se refiere a la forma en la que el poder ejecutivo desarrolla sus tareas administrativas, y el opuesto es el concepto de la mala administración, que es corrupta y negligente. Este derecho se encuentra incorporado en diversas normativas españolas. En la Constitución de 1978, implícitamente se establece un deber jurídico de medios conocido como el deber de buena administración. Este deber se expresa en los artículos 9.3 (principio de interdicción de la arbitrariedad), 31.2 (principios de economía y eficiencia) y 103.1 (principios de objetividad, coordinación y eficacia), y afecta a todos los aspectos del ejercicio de la función administrativa. En el ámbito legal, la legislación de contratos hace referencia a la orientación de la capacidad de contratación de las Administraciones públicas por los principios de buena administración. Esta referencia está incluida en el artículo 34 de la Ley 9/2017, de 8 de noviembre, de Contratos del Sector Público, que transpone las Directivas del Parlamento Europeo y del Consejo 2014/23/UE y 2014/24/UE, emitidas el 26 de febrero de 2014. Además, el Preámbulo de la Ley 7/2007, de 12 de abril, del Estatuto Básico del Empleado Público hace mención a la buena administración. También se ha incorporado el derecho a una buena administración en las modificaciones de los Estatutos de Autonomía[501].

En España, tanto a nivel nacional como autonómico, se ha legislado sobre el derecho a una buena administración. Un ejemplo notable es la comunidad autónoma de Castilla y León, que, en su Ley 2/2010, de 11 de marzo, establece que la buena administración pública puede ser entendida como «un derecho de los ciudadanos, nada más y nada menos que como un derecho fundamental, y, también, un principio de actuación administrativa».

Además, en el ámbito de la Unión Europea, el artículo 41 de la Ley Orgánica 1/2008, de 30 de julio, que autoriza la ratificación por España del Tratado de Lisboa, reconoce el derecho de todos los ciudadanos a una buena administración, que incluye la obligación de la Administración de motivar sus decisiones. Es lamentablemente frecuente observar que las autoridades administrativas, especialmente en casos de gran importancia, utilizan modelos estandarizados que carecen de cualquier tipo de motivación, tanto en términos fácticos como jurídicos, al resolver un caso que está bajo su consideración. Esto implica que toman decisiones sin expresar el razonamiento adecuado. Esta práctica puede dar lugar al delito de prevaricación administrativa, ya que, además de la injusticia intrínseca de la resolución, se suma la arbitrariedad derivada de una actuación tan carente de motivación.

501. *Ibid.*

En este contexto, el autor Pegoraro[502] analiza si existe un derecho a una buena administración. Según su punto de vista, en los sistemas liberal-democráticos, el «derecho a una buena administración» no es ni una norma ni un principio, sino un objetivo del Estado. En cambio, para el autor Solé[503], existe un deber de buena administración, vinculado a la existencia de un auténtico derecho subjetivo de los particulares a una buena administración.

Por tanto, el *compliance* juega un papel esencial en garantizar el cumplimiento de las normas y principios éticos que promueven la buena administración[504] y el respeto a los derechos de los ciudadanos. Además, el *compliance* ayuda a prevenir la corrupción en el sector público, que impacta negativamente en los derechos humanos y en la confianza de los ciudadanos en las instituciones públicas. Para ello, es vital que los programas de *compliance* estén respaldados por normas claras y efectivas que faciliten su aplicación y permitan sancionar de manera efectiva las conductas corruptas o inapropiadas.

La ética pública consiste en un conjunto de valores y principios que deben guiar la conducta de aquellos que ejercen cargos públicos. La promoción de estos valores y principios se encuentra estrechamente vinculada con la transparencia, ya que esta actúa como un elemento clave para el buen funcionamiento del Estado. La transparencia permite a la sociedad conocer los procesos y decisiones de la gestión pública, y es fundamental para la rendición de cuentas y la responsabilidad de los servidores públicos.

502. Lucio PEGORARO, «Existe Un Derecho a Una Buena Administración?(Algunas Consideraciones Sobre El (Ab) Uso de La Palabra «Derecho»)», *Ensayos de derecho público en conmemoración del sesquicentenario del natalicio de León Duguit* (Lezcano Garza Editores 2011).

503. Juli PONCE SOLÉ, «Panorama Comparado Sobre La Integridad y Los Códigos de Conducta», *Empleo público, derecho a una buena administración e integridad* (Instituto Nacional de Administración Pública (INAP) 2018), https://biblioteca-tirant-com.ezproxy.usal.es/cloudLibrary/ebook/show/9788491908395?showPage=11, accessed 3 May 2023.

504. En este sentido *Vid.* Ávila RODRÍGUEZ, Francisco GUTIÉRREZ RODRÍGUEZ and Francisco GUTIÉRREZ RODRÍGUEZ, «El Derecho a Una Buena Administración y La Ética Pública» [2011], Valencia: Tirant lo Blanch; Carmen María Ávila-RODRÍGUEZ and Francisco GUTIÉRREZ-RODRÍGUEZ, *El Derecho a Una Buena Administración y La Ética Pública* (Tirant Lo Blanch 2011), https://biblioteca-tirant-com.ezproxy.usal.es/cloudLibrary/ebook/show/9788490041468; Jaime RODRÍGUEZ ARANA, «La Buena Administración Como Principio y Como Derecho Fundamental En Europa» (2013), 6 Misión Jurídica 23, http://www.revistamisionjuridica.com/la-buena-administracion-como-principio-y-como-derecho-fundamental-en-europa/; Jaime RODRÍGUEZ ARANA, «La Buena Administración Como Principio y Como Derecho Fundamental En Europa» (2013), 6 Misión Jurídica 23, http://www.revistamisionjuridica.com/la-buena-administracion-como-principio-y-como-derecho-fundamental-en-europa/; Federico CASTILLO-BLANCO, «Empleo Público, Derecho a Una Buena Administración e Integridad» [2018], Empleo público, derecho a una buena administración e integridad 1; Esquivel (n 83); Izaskun LINAZASORO ESPINOZA, «El Derecho a Una Buena Administración Pública Cambios de Paradigmas En El Derecho Administrativo Chileno: De Las Potestades y Privilegios a Los Derechos de Los Ciudadanos» [2018], TransJus Working Papers; 5/2018.

Por otro lado, la noción de buena gobernanza y la transparencia se presentan como desafíos fundamentales en la implementación de programas de *compliance* en la función pública en España. Estos programas de *compliance* tienen el objetivo de prevenir, detectar y sancionar conductas corruptas o inapropiadas en el sector público.

En esta misma línea, es esencial hablar de la noción de justicia para comprender mejor y buscar soluciones a la problemática de la corrupción. Es preciso aclarar que en este trabajo se utiliza el término «mala administración» en el mismo sentido que lo hace el autor Solé[505], quien la define como la manera en que el poder ejecutivo desarrolla sus tareas administrativas de forma negligente.

El concepto de justicia tiene una connotación axiológica y no posee un significado estricto, ya que depende de la cultura, la época y las tradiciones. No obstante, a lo largo de la historia de la humanidad, provocados por acontecimientos significativos, como las Guerras Mundiales, se ha forjado un consenso global en torno al valor de la justicia y los derechos humanos. Estos eventos condujeron a una mayor promoción de los derechos humanos a nivel mundial, culminando con la declaración de los Derechos Humanos de 1948 y la creación de numerosos tratados internacionales.

La relevancia de los derechos humanos a nivel mundial no surgió por mera benevolencia o porque algunos decidieran promoverla repentinamente. Los derechos humanos son el resultado de años de lucha y avances importantes, impulsados por contextos de crímenes y barbaries que demandaban un reconocimiento global. Este impulso ha llevado a la creación de tribunales internacionales para juzgar crímenes de guerra y violaciones de los derechos humanos que no han sido castigados en los países donde se cometieron. Ejemplos de ello son el Tribunal Europeo de Derechos Humanos, la Corte Africana de Derechos Humanos y la Corte Interamericana de Derechos Humanos.

En este contexto, la implementación de programas de *compliance* en la función pública se convierte en una herramienta indispensable para combatir la mala administración y promover la justicia, la transparencia y la integridad. Al alinear el interés privado con el interés general, el *compliance* contribuye a garantizar que los funcionarios públicos actúen de manera ética y responsable, protegiendo así los derechos humanos y el bienestar de la sociedad.

El concepto de transparencia se puede entender como la apertura y accesibilidad de la información y procesos públicos a la sociedad. La transparencia es esencial para garantizar la confianza de la sociedad en su gobierno y para el fortalecimiento de la democracia.

Como opina Mungiu-Pippidi, la transparencia es una herramienta vital para incrementar la eficiencia y efectividad de la Administración pública y

505. Solé (n 576).

para fomentar la confianza de los ciudadanos en las instituciones gubernamentales. La autora enfatiza que la transparencia en la gestión pública es fundamental para asegurar la responsabilidad y la integridad en la toma de decisiones y en la ejecución de políticas públicas[506].

Por otra parte, el profesor Alasdair Roberts subraya la necesidad de establecer un marco regulatorio que garantice la transparencia en la Administración pública. Roberts sostiene que la transparencia es esencial para la democracia y para asegurar que la Administración pública opere de manera eficiente y eficaz[507].

En este contexto, la ética pública surge como un pilar crucial en la nueva gestión pública. El autor Peters resalta que la ética pública es indispensable para garantizar la transparencia, la integridad y la eficiencia en la gestión pública[508].

Finalmente, la rendición de cuentas, según Bovens, destacado investigador en la materia es un concepto clave en la transparencia y la ética pública. Bovens subraya que la rendición de cuentas es esencial para garantizar que la Administración pública actúe de manera responsable y transparente, y resalta su valor intrínseco en la lucha contra la corrupción[509].

El servidor público es el encargado de poner en práctica la ética pública en su trabajo. Su conducta debe estar guiada por valores como la integridad, la responsabilidad y la imparcialidad. Además, es importante que el servidor público sea consciente de la importancia de su trabajo y actúe en beneficio de la función que desempeña, buscando siempre el bien común.

En lo que respecta a la ética pública, Frederickson[510] argumenta que la ética es fundamental para la gestión pública y que una cultura organizativa ética puede mejorar la calidad de la Administración pública y reducir la corrupción.

La transparencia y la ética pública son herramientas esenciales para construir una cultura de servicio público, y para garantizar una gestión eficiente y responsable del Estado. En este sentido, es fundamental que los servidores públicos promuevan y practiquen la ética y la transparencia en sus actividades diarias.

---

506. MUNGIU-PIPPIDI, «Transparency and Corruption» (n 85).

507. Alasdair ROBERTS, *Blacked out: Government Secrecy in the Information Age* (Cambridge University Press 2006).

508. B Guy PETERS, «The Politics of Bureaucracy. An Introduction to Comparative Public Administration».

509. Mark BOVENS, «Two Concepts of Accountability: Accountability as a Virtue and as a Mechanism» (2010), 33 West European Politics 946.

510. H George FREDERICKSON and Richard K GHERE, *Ethics in Public Management* (Routledge 2014).

La transparencia y la rendición de cuentas son, por lo tanto, conceptos intrínsecamente ligados a la integridad en la Administración pública y al combate de la corrupción. Como apunta Hood[511], la transparencia es un instrumento clave para fomentar la integridad y reducir la corrupción en el sector público.

Por otra parte, Bovens[512] explica que la rendición de cuentas en el sector público no solo mejora la eficacia y eficiencia de la gestión, sino que también protege los derechos de los ciudadanos y asegura la responsabilidad de las autoridades y los funcionarios públicos.

2.4. Conclusión del capítulo II

El *compliance*, como concepto originario del sector privado y en particular del ámbito anglosajón, es un instrumento vital para garantizar que las organizaciones operen en conformidad con las leyes, regulaciones y estándares éticos. En los últimos años, su aplicación ha transcendido el sector empresarial y se ha ido extendiendo al sector público, emergiendo el concepto de *compliance* público. Este busca fomentar el cumplimiento de las normas por parte de los empleados públicos y prevenir el incumplimiento y la corrupción, elementos que amenazan la integridad, la transparencia y la eficacia de la Administración pública.

El *compliance* público abarca un espectro más amplio que la mera observancia de las leyes. Además de las regulaciones nacionales e internacionales, también vigila el cumplimiento de normas internas, estatutos corporativos, directrices contractuales, normas de calidad y directivas de las autoridades supervisoras. Este enfoque holístico es crucial para prevenir riesgos de corrupción y garantizar la integridad institucional.

La implementación de sistemas de *compliance* en la Administración pública puede ser un mecanismo eficaz para prevenir y combatir la corrupción. La incorporación de prácticas de *compliance* penal en la Administración pública puede potenciar las políticas y acciones preventivas, siempre que se acompañen de reformas legales y actividades preventivas dentro de las entidades que componen el sistema público.

A pesar de la utilidad y necesidad de incorporar la figura del *compliance* en el sector público, se encuentran obstáculos, como la falta de un enfoque adaptado a las particularidades del sector público. Sin embargo, la implementación de sistemas de cumplimiento robustos y eficaces se presenta como un imperativo ineludible en la prevención de la corrupción y el fomento

511. Christopher Hood, *The Art of the State: Culture, Rhetoric, and Public Management* (Oxford University Press 2000).

512. Bovens (n 582).

del cumplimiento en el sector público. Concluiríamos, en sintonía con autora Campos Acuña[513], que es esencial reconsiderar el enfoque tradicional y desarrollar mecanismos de cumplimiento adaptados a las necesidades específicas del sector público.

En este sentido, cabe sostiene que, según Sánchez, en un Estado de derecho es innegable la necesidad de controlar la actividad administrativa con el fin de combatir la corrupción, asegurar que la Administración se someta a la ley y al derecho, y proteger los derechos de las personas, incluyendo sus derechos fundamentales, su libertad y su igualdad ante la ley[514].

A lo largo del capítulo, se ha profundizado en el análisis de los mecanismos de *compliance* en la función pública, su efectividad en la lucha contra la corrupción, y las posibles mejoras y desarrollos futuros en este ámbito, tomando en consideración las jurisprudencias, leyes españolas y europeas, y la Agenda 2030 de la ONU.

La importancia del *compliance* radica en su capacidad para mitigar los riesgos legales, financieros y de reputación. En el contexto de la prevención de la corrupción y la promoción de la conformidad en la Administración pública, el cumplimiento se traduce en la adopción de políticas preventivas y el fomento de reformas legales. Sin embargo, la aplicación efectiva de la normativa de cumplimiento en la Administración pública requiere un enfoque adaptado a las necesidades y especificidades de este sector. La implementación de sistemas de cumplimiento sólidos en todas las organizaciones, tanto públicas como privadas, es esencial para el buen funcionamiento de la sociedad y el equilibrio de intereses.

Finalmente, el *compliance* público y los mecanismos normativos existentes en España han demostrado ser herramientas valiosas para fomentar el cumplimiento de las normas por parte de los empleados públicos y para prevenir el incumplimiento normativo y la corrupción. Sin embargo, es necesario seguir trabajando en la consolidación de estos mecanismos, promoviendo la formación y sensibilización en materia de integridad y fortaleciendo la colaboración entre los distintos actores involucrados en la prevención y lucha contra la corrupción en el sector público.

Así, la implementación de sistemas de *compliance* en los ámbitos público y privado es esencial para fomentar una cultura de integridad y responsabilidad, así como para garantizar la transparencia y la rendición de cuentas.

---

513. María Concepción Campos Acuña, *Guía Práctica de Compliance En El Sector Público* (Wolters Kluwer 2020); Fernández González (n 455); Arbués and Ruiz (n 458).

514. Zulima Sánchez Sánchez, «Las Órdenes Del Juez a La Administración Pública», *Horizontes del contencioso administrativo. Tomo II, El contencioso administrativo no jurisdiccional, volumen 2, El contencioso administrativo ante la jurisdicción de lo contencioso administrativo* (2022), 935, https://bdigital.uexternado.edu.co/server/api/core/bitstreams/23d86508-1a7b-4c47-8a4e-3b2df96a38ec/content, accessed 4 May 2023.

Además, el marco jurídico europeo establece una serie de normas y principios fundamentales para el *compliance* en el sector público. Sin embargo, su efectividad depende de una combinación de factores, que incluye la existencia de una normativa sólida, el compromiso y participación de los empleados públicos, y la correcta interpretación y aplicación de las normas a través de la jurisprudencia. A pesar de los retos existentes, es posible mejorar la efectividad del marco jurídico europeo en el cumplimiento de las normas en el sector público. Para ello, es necesario fomentar una cultura de integridad y responsabilidad, mejorar la coordinación y cooperación entre los diferentes actores, y mantener un enfoque dinámico y adaptable.

El *compliance* público surge como una respuesta estratégica a los problemas de corrupción en la Administración pública. Apoyado por leyes como la Ley Orgánica 3/2015 y la Ley 19/2013 en España, y directivas de la UE, como la Directiva 2019/1937, el *compliance* promueve la integridad, la ética y la transparencia. Casos de éxito en Dinamarca y el Reino Unido, junto con el modelo de *compliance* de la Comisión Europea, demuestran cómo estos programas pueden fomentar la responsabilidad y prevenir la corrupción. Mirando hacia el futuro, se espera que estos programas evolucionen con las nuevas tecnologías y los avances en las ciencias del comportamiento para abordar más eficazmente el incumplimiento y la corrupción.

En conclusión, el *compliance* en el sector público es una disciplina en desarrollo que ofrece un gran potencial para fomentar el cumplimiento de las normas y prevenir la corrupción. Lo que fortificar la idea de utilizar tanto las técnicas de *nudge* como de *compliance* para mejorar el cumplimiento de las normas y prevenir las prácticas corruptas y las violaciones de los derechos humanos por parte de los empleados públicos. Dado que su implementación efectiva requiere un compromiso genuino con la transparencia y la integridad, y no debe ser visto simplemente como un ejercicio de cumplimiento. A medida que España y otros países continúan lidiando con los desafíos de la corrupción en el sector público, es probable que el *compliance* juegue un papel cada vez más importante en estos esfuerzos.

CAPÍTULO III

HACIA UNA ADMINISTRACIÓN PÚBLICA ÍNTEGRA: NORMATIVAS Y MECANISMOS EXISTENTES PARA PROMOCIÓN DE RESPONSABILIDAD Y *COMPLIANCE* ENTRE LOS EMPLEADOS PÚBLICOS

El propósito de este capítulo es identificar las normas que permiten a los empleados públicos españoles cumplir con la normativa y evitar la corrupción a través de esta. Para ello, pretendemos entender cuáles son los principios fundamentales de las leyes y cuáles son sus aspectos más destacados para que los empleados públicos puedan cumplirlas. Como segunda parte, pasaremos a investigar cómo estas normativas podrían ayudar a que los funcionarios públicos desempeñen sus labores cumpliendo con las normas marcas. Es decir, cómo la regulación del buen gobierno puede facilitar el efectivo *compliance* y llegar a ser un mecanismo de control de corrupción más concreta.

Concretando un poco más, en este capítulo abordaremos el tema del *compliance* y la lucha contra la corrupción en el empleo público en España. Se analizarán las normas y mecanismos existentes para prevenir la corrupción y fomentar el cumplimiento, y se examinarán el régimen estatutario de los funcionarios, la estructura de la carrera profesional, la evaluación del desempeño y los mecanismos disciplinarios.

Se discuten las complejidades del TREBEP y las lagunas jurídicas creadas por él, y se explora cómo este puede ayudar al empleado público al *compliance* y al control de la corrupción. También se analiza cómo se debe implementar la normativa europea en el TREBEP para prevenir la corrupción y promover la buena administración pública entre los funcionarios y empleados.

Finalmente, examinaremos la Orden HFP/1031/2021[515], y el Plan de Recuperación, Transformación y Resiliencia, y se destacara su papel en la evaluación del desempeño de los empleados públicos, y la socialización y europeización de las políticas antifraude y corrupción, ya que estas normativas proponen cambios para incluir el cumplimiento en España y para prevenir el fraude y la corrupción en la Administración pública. En España, el TREBEP establece un marco normativo para la prevención de la corrupción y el incumplimiento de las normas. El TREBEP regula la formación continua de los empleados públicos en materia de ética, deontología profesional, la promoción de la transparencia y la rendición de cuentas. Asimismo, establece un régimen disciplinario para sancionar el incumplimiento de las normas y la corrupción en el servicio público.

No obstante, la implementación del TREBEP requiere una inversión significativa, tal y como bien señalan Jiménez Asensio y Castillo Blanco. La aplicación de un sistema de evaluación del desempeño y un sistema de carrera profesional horizontal pueden generar un incremento en el gasto público si no se hace de forma escalonada y racional. Por ello, es necesario un compromiso firme por parte de las autoridades para implementar estas medidas y garantizar un servicio público eficiente y transparente[516].

Asimismo, en ese mismo ámbito, la «Ley 19/2013, de 9 de diciembre, de transparencia, acceso a la información pública y buen gobierno» también cobra cierta importancia, ya que establece una serie de medidas para garantizar la transparencia y la rendición de cuentas por parte de las Administraciones públicas y sus empleados. Entre estas medidas, destacan la publicación de información sobre la organización, el funcionamiento y la actividad de las Administraciones públicas, la regulación del derecho de acceso a la información pública y la obligación de los empleados públicos de actuar con integridad y transparencia en el desempeño de sus funciones.

En este sentido, cabe destacar la importancia de promover una cultura de ética y transparencia en el ámbito público para prevenir la corrupción y el incumplimiento de las normas. Según Jiménez Asensio y Castillo Blanco, la aplicación del Estatuto Básico del Empleado Público requiere un cambio de cultura en la organización, una inversión en nuevos instrumentos y herramientas de gestión, así como una potenciación y refuerzo institucional de las unidades de gestión de recursos humanos en las Administraciones

515. Orden HFP/1030/2021, de 29 de septiembre, por la que se configura el sistema de gestión del Plan de Recuperación, Transformación y Resiliencia, Orden nº HFP/1030/2021, 29 de septiembre de 2021, Boletín Oficial del Estado, 30 de septiembre de 2021 (España), www.boe.es/buscar/act.php?id=BOE-A-2021-15860 accedido el 02 de enero de 2023

516. Rafael Jiménez Asensio and Federico A Castillo Blanco, *Informe Sobre El Empleo Público Local. Balance y Propuestas Para Su Racionalización En El Marco de La Reforma Del Empleo Público* (Fundación Democracia y Gobierno Local 2009), https://repositorio.gobiernolocal.es/xmlui/bitstream/handle/10873/583/Sumario_5_14. pdf?sequence=1&isAllowed=y, accessed 3 February 2023.

públicas[517]. Asimismo, la implantación de un sistema de carrera profesional horizontal y una buena dirección pública profesional requieren de alguna inversión por parte del Estado, pero pueden generar oportunidades para una mejora y modernización de las estructuras y métodos de gestión de personas en las organizaciones públicas.

3.1. El pilar de la función pública: explorando la estructura del empleo público

La estructura de empleo público fue creada el 12 de abril, por la Ley 7/2007, con título de Estatuto Básico del Empleado Público (EBEP)[518], que regula el régimen laboral de los servidores públicos en España. Su objetivo es garantizar la inmovilidad en el empleo, la igualdad de oportunidades y el acceso a una carrera profesional. Según esta ley, existen dos categorías de empleados de la Administración pública: laborales y funcionarios. El TREBEP es una actualización de esta ley, que tiene como objetivo mejorar la eficiencia, eficacia y calidad en la gestión de los servicios públicos[519].

El artículo 8 del TREBEP establece el concepto y las diferentes clases de empleados públicos. En este sentido, se entiende como empleado público toda persona que desempeña funciones remuneradas en las Administraciones públicas en aras del interés general. Los funcionarios son aquellos que tienen una relación jurídica estable con la Administración pública, con derecho a estabilidad en el empleo y carrera profesional. El empleado público, a ojos del artículo 8 del TREBEP pueden ser los funcionarios de carrera, los funcionarios interinos, el personal laboral y el personal eventual[520].

Además, el artículo 13 del TREBEP hace referencia al personal directivo en las Administraciones públicas. Este personal se define como aquel que desempeña funciones directivas profesionales y cuyo régimen jurídico en la Administración regional está pendiente de desarrollo[521].

Cabe recordar que la falta de una normativa específica para este colectivo puede generar lagunas o incertidumbres en cuanto a su régimen jurídico y a las obligaciones que deben cumplir. El personal directivo se encarga de

517. *Ibid.*

518. Ley 7/2007, de 12 de abril, del Estatuto Básico del Empleado Público, Ley n° 7/2007, 12 de abril de 2007, Boletín Oficial del Estado, 13 de abril de 2007 (España), www.boe.es/buscar/act.php?id=BOE-A-2007-7788 accedido el 22 de enero de 2023

519. España BOE-A-2015-3444 Ley 3/2015, de 30 de marzo, reguladora del ejercicio del alto cargo de la Administración General del Estado. (n 181).

520. España, BOE-A-2015-11719 Real Decreto Legislativo 5/2015, de 30 de octubre, por el que se aprueba el texto refundido de la Ley del Estatuto Básico del Empleado Público. 2015 [Real Decreto Legislativo 5/2015].

521. *Ibid.*

desarrollar funciones directivas en las Administraciones públicas, y su designación se lleva a cabo mediante procedimientos que garanticen la publicidad y concurrencia, atendiendo a principios de mérito, capacidad e idoneidad. Asimismo, están sujetos a la evaluación de su desempeño y a un control de resultados. Es importante destacar que las condiciones de empleo del personal directivo no son objeto de negociación colectiva.

Es fundamental que se definan de manera clara y precisa las funciones y responsabilidades de este personal, a fin de evitar posibles conflictos o confusiones. En este sentido, sería de gran utilidad la revisión de las normas específicas de cada Administración que definan las funciones directivas profesionales y su relación con el personal directivo.

Según Castillo Blanco, todavía se enfrentan dificultades significativas en la aplicación del TREBEP. Al examinar la situación actual en el sector público, se evidencia una necesidad de revisión y revitalización en relación con el empleo público, no solo desde una perspectiva normativa, sino también en términos de gestión y profesionalización. Hoy en día, la administración de los recursos humanos se lleva a cabo prácticamente sin establecer metas o planes específicos, sin una evaluación adecuada de los resultados, y con una rigidez considerable en las unidades organizativas. Esta situación se agrava por la falta de una política de incentivos clara y de una estrategia salarial bien definida, así como por un déficit significativo en los mecanismos de racionalización y reasignación de personal[522].

Retomando la idea de artículo 8, los funcionarios de carrera son trabajadores vinculados de forma permanente con la Administración pública mediante una relación estatutaria regulada por el derecho administrativo. Para acceder a una plaza de este tipo, es necesario presentarse a una convocatoria de empleo público y aprobarla. La clasificación de los cuerpos de funcionarios se realiza en función de la titulación requerida para el ingreso en estos, y los métodos más habituales para conseguir una plaza como funcionario de carrera son la oposición, el concurso o el concurso-oposición[523].

Por otro lado, los funcionarios interinos son trabajadores de carácter transitorio que prestan servicio en las Administraciones públicas. Su labor es ocupar vacantes que, por razones de urgencia o necesidad, no pueden proveerse por funcionarios de carrera. Para la selección del personal funcionario interino, se forman bolsas de trabajo con los aspirantes que, habiendo

522. Federico A Castillo Blanco, «Retos y Propuestas Para Un Nuevo Empleo Público En Andalucía», *Retos Jurídicos Actuales De La Administración Andaluza. I Jornadas del Instituto Clavero Arévalo en homenaje al profesor Manuel Clavero Arévalo* (Instituto Andaluz de Administración Pública 2022) 110, https://idus.us.es/bitstream/handle/11441/137420/Retos%20juridicos%20actuales%20de%20la%20administracion%20andaluza.pdf?sequence=1&isAllowed=y, accessed 3 March 2023.

523. INAP, «Estos son los tipos de empleos públicos que existen y los requisitos para acceder», https://laadministracionaldia.inap.es/noticia.asp?id=1509856, accessed 13 March 2023.

aprobado una parte de una oposición anterior, no superaron la totalidad del proceso o no obtuvieron plaza[524].

El personal laboral está formado por aquellos trabajadores que prestan servicios retribuidos a la Administración pública. La principal diferencia con respecto a los funcionarios de carrera es que prestan sus servicios sujetos a normas del ámbito laboral y no administrativo. Para la selección de personal laboral permanente, fijo o indefinido, el sistema más habitual es el de concurso-oposición. En el caso del personal laboral temporal, se forma una bolsa de trabajo con aquellos aspirantes que hayan aprobado algún ejercicio del proceso selectivo, pero no hayan aprobado el resto o no hayan conseguido plaza[525].

Por último, el personal eventual lo conforman empleados seleccionados para puestos de confianza o asesoramiento especial, por lo que no tienen carácter permanente. Estos trabajadores se rigen de acuerdo con el derecho administrativo y las leyes de función pública, que deciden qué organismo contará con este tipo de personal, el número y las condiciones retributivas. Para la selección de este personal, no se utilizan los mismos métodos de acuerdo con los méritos, sino que el nombramiento será libre, al igual que ocurrirá con el cese, que tampoco generará indemnización[526].

El TREBEP establece la categorización de los aspirantes a plazas laborales, se han establecido tres grupos diferenciados: grupo A, grupo B y grupo C. El grupo A se divide a su vez en dos subgrupos, que son: A1 y A2[527].

Para pertenecer al subgrupo A1, el candidato deberá poseer un título universitario de grado, ingeniero, arquitecto, licenciado o equivalente. Por otro lado, el subgrupo A2 estará compuesto por aquellos aspirantes que posean un título universitario de grado, ingeniero técnico, arquitecto técnico, diplomado universitario, formación profesional de tercer grado o equivalente[528].

El grupo B está destinado a los solicitantes que hayan obtenido un título de técnico superior. Por último, el grupo C se subdivide en dos subgrupos: C1 y C2. Para pertenecer al subgrupo C1, se requiere estar en posesión del título de bachiller o técnico o equivalente. Por su parte, el subgrupo C2 exige un título de graduado en Educación Secundaria Obligatoria o equivalente[529].

Es importante destacar que la pertenencia a un grupo o subgrupo determinado, así como el nivel de formación requerido, dependerá de los requisitos y

524. *Ibid.*

525. *Ibid.*

526. *Ibid.*

527. España BOE-A-2015-11719 Real Decreto Legislativo 5/2015, de 30 de octubre, por el que se aprueba el texto refundido de la Ley del Estatuto Básico del Empleado Público. (n 607).

528. INAP (n 610).

529. *Ibid.*

necesidades específicas de la plaza a la que se está optando. En consecuencia, es esencial que los aspirantes revisen detalladamente las condiciones de la oferta de empleo en cuestión.

En lo que respecta al ámbito del derecho, es relevante destacar que esta clasificación de grupos y subgrupos de aspirantes a plazas laborales se fundamenta en el principio de igualdad de oportunidades. En este sentido, se pretende garantizar que los requisitos y condiciones de acceso a las distintas plazas sean objetivos y estén basados en la capacidad y méritos de los candidatos, y no en factores discriminatorios como la edad, género o raza.

Asimismo, es primordial tener en cuenta que esta clasificación se ha establecido con el objetivo de garantizar una principal adecuación entre el perfil de formación de los candidatos y las funciones y responsabilidades que los aspirantes deberán asumir en el desempeño de la plaza laboral en cuestión. De esta manera, se busca asegurar la calidad y eficiencia en el desempeño de las funciones laborales, lo cual es esencial para el éxito y desarrollo de la organización.

Cada una de estas categorías tiene un régimen jurídico específico, y el empleo público en España se caracteriza por su estabilidad y por la protección de los derechos de los empleados. Además, el TREBEP establece el derecho a la igualdad de oportunidades y la no discriminación en el empleo público[530].

En el empleo público, los funcionarios tienen una relación estable y permanente con la Administración pública, y su selección se realiza mediante concurso u oposiciones. Los funcionarios tienen derecho a una serie de garantías, como la estabilidad en el empleo, la promoción funcionarial y la carrera profesional.

De acuerdo con el TREBEP, en el artículo 2, su aplicación se extiende a las siguientes Administraciones: la universidad pública; las Administraciones de los organismos locales; las comunidades autónomas y las ciudades de Ceuta y Melilla; y los organismos públicos, agencias y demás organismos públicos con personalidad jurídica propia relacionados o dependientes de cualquiera de los órganos de la Administración[531].

Cabe destacar que, en materia de función pública, se creó la Ley 30/1984, de 2 de agosto, de medidas para la reforma de la Función Pública» y, al ser una ley fragmentaría, lograba abarcar exhaustivamente la materia. De este

530. En este sentido *vid.* Luciano PAREJO Alfonso, «Lecciones de Derecho Administrativo 12a Edición Revisada, Actualizada y Ampliada», https://biblioteca.tirant.com/cloudLibrary/ebook/info/9788411470810, accessed 14 May 2023; Miguel SÁNCHEZ MORÓN, *Derecho Administrativo. Parte General* (7th edn, Tecnos 2021); Eduardo GAMERO CASADO and Severiano FERNÁNDEZ RAMOS, *Manual básico de derecho administrativo* (Tecnos 2022).

531. Ley 7/2007, de 12 de abril, del Estatuto Básico del Empleado Público, Ley nº 7/2007, 12 de abril de 2007, Boletín Oficial del Estado, 13 de abril de 2007 (España), www.boe.es/buscar/act.php?id=BOE-A-2007-7788 accedido el 22 de enero de 2023

modo, por deducción se seguiría usando la ley anterior a la Constitución, que era la ley de funcionarios de 1964. Frente a la inseguridad jurídica que se presentaba ante tal situación, era necesaria la búsqueda de una respuesta por parte del tribunal constitucional, que, en 2002, con la STC 37/2002 delimitó la posibilidad de seguir utilizando legislación anterior[532].

La necesidad de tener una normativa de la función pública era más que evidente, ya que han pasado veinticinco años desde la creación de la Constitución, que estableció, en su artículo 103.3, que «la ley regulará el estatuto de los funcionarios públicos», después de mucha jurisprudencia constitucional, que sirvió de presión para el legislador, se busca que exista una nueva normativa para que no se tenga que seguir usando leyes preconstitucionales[533]. Por ese motivo, se ven obligados a crear una comisión para estudiar y pensar una nueva normativa, creando, en 16 de septiembre, la Comisión para el estudio y preparación del Estatuto Básico del Empleado Público, regulada por la Orden APU/3018/2004, de 16 de septiembre, con la finalidad de presentar la situación de empleo público en España y señalar cambios importantes que debería tener la ley. Finalmente, muchas de estas recomendaciones fueron aplicadas al texto final de la normativa, lanzando por parte de la comisión un informe que, el 25 de abril de 2005, constituye la base fundamental para que el legislador conforme el Estatuto Básico del Empleado Público[534].

El Informe de la Comisión para el Estudio y Preparación del Empleado Público aborda una variedad de argumentos, problemas y datos, muchos de los cuales continúan siendo pertinentes y actuales. Este Informe destaca la existencia de numerosas dificultades e ineficiencias. Entre estas, se encuentran la desigualdad de condiciones laborales entre funcionarios públicos y personal laboral, pese a desempeñar funciones idénticas, la debilidad en los mecanismos de gestión, y la carencia de una planificación estratégica en recursos humanos. Asimismo, se señala la falta de análisis de los resultados del desempeño dentro del sistema de carrera y retribución, los programas de promoción, y la ausencia de garantías de objetividad en algunos procedimientos de acceso, entre otros aspectos críticos[535].

532. Jesús Ángel Fuentetaja Pastor, «El Estatuto Básico del Empleado Público» [2007], Revista de Administración Pública 457, 461, https://www.cepc.gob.es/sites/default/files/2021-12/26544rap174019.pdf.

533. Constitución española, de 27 de diciembre de 1978, Boletín Oficial del Estado, 29 de diciembre de 1978 (España), XXXX, www.boe.es/buscar/act.php?id=BOE-A-1978-31229 accedido el 22 de enero de 2023.

534. Comisión para el estudio y preparación del estatuto básico del Empleado Público, *Informe de La Comisión Para El Estudio y Preparación Del Estatuto Básico Del Empleado Público – CPAGE* (Instituto Nacional de Administración Pública 2005), https://cpage.mpr.gob.es/producto/informe-de-la-comision-para-el-estudio-y-preparacion-del-estatuto-basico-del-empleado-publico/, accessed 3 February 2023.

535. *Ibid*.

El Estatuto Básico del Empleado Público[536], en su exposición de motivos, ya señalaba la relevancia del proceso de descentralización administrativa ocurrido en las últimas décadas. Este proceso ha llevado a la Administración General del Estado a reducir progresivamente el número de empleados, impactando significativamente en la estructura y articulación de la función pública a su servicio. Paralelamente, las comunidades autónomas han experimentado un incremento progresivo en el número de empleados, lo que ha dado lugar a ciertos problemas en la gestión de personal. Estos desarrollos requieren una atención detallada y medidas correctivas para optimizar la eficiencia y equidad en la Administración pública.

3.2. El TREBEP: fundamentos del régimen estatutario de los empleados públicos

El Estatuto Básico del Empleado Público establece los principios generales, busca garantizar una base normativa para todos los funcionarios públicos a fin de permitir una mejor paridad y homogeneidad en un sistema descentralizado, con muchas variables de normalización.

La Ley 7/2007 está de acuerdo con el artículo 103.3 de la carta magna, según el cual «la ley regulará el estatuto de los funcionarios públicos de manera no exhaustiva: el acceso a la función pública de acuerdo con los principios de mérito y capacidad, las peculiaridades del ejercicio de su derecho a sindicación, el sistema de incompatibilidades y las garantías para la imparcialidad en el ejercicio de sus funciones»[537].

El Estatuto enfatiza la importancia de adherirse a principios fundamentales como la legalidad, la cobertura presupuestaria, la obligatoriedad de la negociación, la buena fe, y la publicidad y transparencia, los cuales deben regir cualquier proceso de negociación.

El TREBEP busca analizar compilar todas las normativas base para unificar en España la legislación del empleo público incluyendo las normas de derecho laboral aplicado a estos. A pesar de que a juicio de Fuentetaja Pastor[538] la TREBEP en realidad no fija unos límites mínimos comunes, sino que deja libertad a las comunidades autónomas y municipios para que la

536. Ley 7/2007, de 12 de abril, del Estatuto Básico del Empleado Público, Ley nº 7/2007, 12 de abril de 2007, Boletín Oficial del Estado, 13 de abril de 2007 (España), www.boe.es/buscar/act.php?id=BOE-A-2007-7788 accedido el 22 de enero de 2023

537. Constitución española, de 27 de diciembre de 1978, Boletín Oficial del Estado, 29 de diciembre de 1978 (España), XXXX, www.boe.es/buscar/act.php?id=BOE-A-1978-31229 accedido el 22 de enero de 2023.

538. Pastor JAF, «El Estatuto Básico Del Empleado Público» (2007), (174) Revista de Administración Pública 467, www.cepc.gob.es/sites/default/files/2021-12/26544rap174019.pdf accedido el 6 de diciembre de 2022

acepten o no a través de sus propios elementos normativos, institucionales o de servicio público.

Esta ley no solo debería establecer las funciones públicas estatales y autonómicas, sino que debería poner límites al reglamento y a la negociación colectiva.

En la exposición de motivos del TREBEP se expresaba que la principal intención de dicho Decreto era promover la reforma para la mejora en la calidad de los servicios prestados a los ciudadanos por la administración, aportando principios generales aplicables al conjunto de relaciones del empleo público.

Cabe destacar que la idea de creación de un estatuto para unificar las leyes y las peculiaridades del empleo público con las normas de derecho laboral fue lo que justificó la creación del Estatuto de los funcionarios públicos. Sin embargo, el autor Majós, que argumenta los distintos legisladores no han logrado una norma de derecho laboral bien elaborada e integrada, apta para esclarecer las normas de derecho laboral de derecho público en el sector público y las normas de derecho laboral estatuto del empleo en la empresa privada[539].

De acuerdo con la exposición de motivos[540], comienza con un conjunto de principios generales requeridos de los servidores públicos. A continuación, se enumeran los derechos básicos y comunes de los funcionarios públicos, distinguiéndose entre los más específicos los derechos de los funcionarios de carrera a la inmovilidad en su estado. Esto no debe verse como una prerrogativa empresarial, sino como una garantía principal de su equidad. La ley actualiza este catálogo de derechos, distinguiendo entre derechos individuales y colectivos e incorporando a los más tradicionales otros reconocimientos recientes. Particularmente estos son contra el acoso sexual o moral y contra la conciliación de la vida personal, familiar y profesional.

La idea de que este estatuto debe ser un estatuto que unifiquen los detalles de las relaciones de empleo público no ha dado como resultado un conjunto completo e integrado de normas que pueda aclarar las normas del servicio público específicas de los servicios del laboral, ni tampoco la regulación en materia de derecho laboral en las empresas privadas[541]. Sin

539. Joan MAURI MAJÓS, «Análisis general del Estatuto básico del empleado público: Problemas, soluciones y huidas» (2009), (19) Cuadernos de Derecho Local 7, XXXX, https://cemical.diba.cat/sites/cemical.diba.cat/files/public/migracio/publicacions/fitxers/MAURI_EBEP.pdf?noredirect=1 accedido el 1 de diciembre de 2022.

540. Ley 7/2007, de 12 de abril, del Estatuto Básico del Empleado Público, Ley n° 7/2007, 12 de abril de 2007, Boletín Oficial del Estado, 13 de abril de 2007 (España), www.boe.es/buscar/act.php?id=BOE-A-2007-7788 accedido el 22 de enero de 2023

541. Joan MAURI MAJÓS, «Análisis general del Estatuto básico del empleado público: Problemas, soluciones y huidas» (2009), (19) Cuadernos de Derecho Local 7, XXXX, https://cemi-

duda, el TREBEP ha sido objeto de múltiples reformas y enmiendas desde su aprobación en 2007. Este proceso de revisión y cambio constante ha dado lugar a un cuerpo de normas cada vez más complejo, lo que ha generado tanto críticas como alabanzas.

El más reciente informe oficial sobre el empleo público en España fue realizado por el Instituto Nacional de Administración Pública (INAP), que en abril de 2021 formó un grupo de análisis y propuesta de reformas en la Administración Pública. En diciembre de 2021, este grupo presentó el informe *13 propuestas para reformar la Administración del Estado*. Como recuerda Castillo Blanco, el informe, lleno de propuestas altamente sugerentes, ofrece una base sólida para el debate. Declara expresamente su visión de que el futuro del empleo público depende de cuatro áreas clave: el fortalecimiento de los valores, la planificación estratégica de los recursos, el fortalecimiento y actualización del sistema de mérito, y la gestión de la diversidad[542].

Como observa el autor Federico Castillo Blanco, existe un consenso generalizado en la doctrina y entre los gestores de recursos humanos sobre las deficiencias que presenta el sistema actual de empleo público. Este consenso es respaldado por una multitud de expertos en el campo, como Sánchez Morón, Jiménez Asensio, Gorriti, Fuentetaja, Cantero, Cuenca, Longo y Pérez, por nombrar solo algunos[543].

El autor Luciano Parejo Alfonso ha subrayado que el TREBEP, aunque crucial en la estructura de la función pública española, no ha logrado aún dinamizar esta institución de manera satisfactoria. La carencia de una política estatal sólida y claramente definida en este ámbito, a pesar de la importancia fundamental de la función pública en la administración del Estado social de derecho, ha sido una de las principales causas de esta situación insatisfactoria[544].

Por un lado, algunos críticos, como Eduardo Gamero Casado, han sostenido que el TREBEP sigue siendo insuficiente para unificar y aclarar completamente las normas que rigen las relaciones de empleo en el sector público. En su opinión, el estatuto aún no ha logrado integrar plenamente las normas específicas de los servicios laborales, ni ha logrado regular adecuadamente los derechos laborales en las empresas privadas[545].

Sin embargo, otros autores, como José Ramón Parada Vázquez, argumentan que el TREBEP ha tenido un impacto significativo en la estandarización

cal.diba.cat/sites/cemical.diba.cat/files/public/migracio/publicacions/fitxers/MAURI_EBEP.pdf?noredirect=1 accedido el 1 de diciembre de 2022.

542. Blanco (n 609) 113; Pública (n 546).

543. Blanco (n 609) 109.

544. Parejo Alfonso (n 617) 1366.

545. Gamero Casado and Fernández Ramos (n 617).

y clarificación de las normas que rigen el empleo público. Según él, las múltiples reformas del estatuto han permitido abordar y corregir muchos de los problemas y lagunas que existían en la normativa anterior.

Además, Sánchez Morón, destacado jurista, señala un área de preocupación. En particular, subraya que la meritocracia no ha logrado superar la confianza política como criterio para el nombramiento de un creciente número de altos cargos. Asimismo, apunta a ciertas disfunciones clientelares, que son más prevalentes en algunas administraciones que en otras. A pesar de estos problemas, la esencia de la profesionalización se ha preservado, lo que habla del compromiso con la calidad y la eficiencia en nuestro empleo público[546].

Para Luciano Parejo Alfonso, la profesionalidad ha sufrido el impacto negativo de los procesos de estabilización del personal interino llevados a cabo como resultado de las Leyes de Presupuestos Generales del Estado de 2017 y 2018, seguidas del Real Decreto-Ley 14/2021 y, finalmente, la Ley 20/2021. Estas medidas, aunque necesarias en respuesta a la jurisprudencia del Tribunal de Justicia de la Unión Europea (TJUE) sobre el abuso de la temporalidad en el empleo público, han sido objeto de críticas por parte de diversos juristas, como Alejandro Nieto, Francisco Castillo Blanco, José Cantero y Manuel Peña[547].

En resumen, a pesar de las críticas, parece que la evolución del TREBEP ha permitido avances significativos en la regulación del empleo público. Sin embargo, también es evidente que todavía quedan desafíos pendientes, lo que justifica la necesidad de seguir reflexionando y debatiendo sobre el futuro de este estatuto.

Hay que entender que se trata de un sistema aparentemente truncado del régimen jurídico que, en muchos aspectos, ni siquiera es operativo, puesto que su aplicación necesita que previamente exista un desarrollo legislativo por el Estado y por las Comunidades Autónomas, en el ámbito de sus competencias. Por lo tanto, esto dificulta que el estatuto sea automáticamente ejecutable[548].

El legislador, en la exposición de motivos, tiene un apartado que resume muy bien cómo debería funcionar la Administración pública: «Estimula a los empleados para el cumplimiento eficiente de sus funciones y responsabilidades, les proporciona la formación adecuada y les brinda suficientes oportunidades de promoción profesional». El TREBEP afirma que el sistema de empleo público debería responder a los desafíos y asegurar que el

546. M Sánchez Morón, «La Administración Tras La Crisis: El Empleo Público», *SUMAS-Congreso sobre Gestión de Recursos Humanos en la Administración Pública, págs* (2012),.

547. Parejo, Alfonso (n 617) 1366.

548. Blanco (n 609) 109.

Gobierno cuente con los profesionales con la capacitación adecuada para un mejor ejercicio de sus funciones.

Respecto a la base del contenido del régimen estatutario de los funcionarios, es competencia exclusiva del legislador estatal, que goza de una libertad para establecerlo. En este sentido, el Tribunal Constitucional ya declaró en la STC 147/1991, de 4 de julio que el legislador estatal no puede ser reputado por inconstitucional por la omisión de dejar de calificar aspectos determinados por su extensión o su intensidad. Por otro lado, el Tribunal Constitucional puede considerar que aquel ha excedido por no dejar margen de actuación para el legislador autónomo[549].

Además, el Tribunal Constitucional, en la Sentencia 76/1983, de 5 de agosto, afirma que el artículo 149.1.18.ª de la Constitución española reconoce competencia exclusiva del Estado para establecer las bases del régimen estatutario de sus funcionarios y de las Administraciones públicas. Por esto, genera una doble competencia estatal en materia de función pública:

> [...]1.ª competencia para regular los aspectos básicos de la situación personal de los funcionarios públicos, es decir, de la denominada relación de servicio, contenido indiscutible del régimen estatutario.
>
> 2.ª competencia para regular los aspectos esenciales de la organización de la burocracia de las Administraciones públicas, pues la expresión «régimen jurídico» contenida en el precepto constitucional no se refiere exclusivamente al procedimiento y al régimen de recursos[...][550].

Una de las novedades aportadas por el TREBEP fue el artículo 8, el cual presentó el concepto de «empleado público», que es la persona que desempeña las funciones en la Administración pública a fin de realizar los servicios de interés general.

Cabe recordar que el TREBEP no es todo el «Estatuto» de la Sección 103.3 del Servicio Civil de la CE[551]; es decir, no es la ley básica completa para el personal que trabaja en la Administración pública. A modo de ejemplo sobre esto, la Ley Básica de incompatibilidades, Ley 53/1984, de 26 de diciembre, no está incluida en el TREBEP[552], a pesar de ir en contra de la propuesta del Informe del Comité de Expertos, que convenientemente defendía por su inserción y su universalización.

549. Fuentataja Pastor,. J. A.; «La evaluación del desempeño en la función pública: ámbito de operatividad y contexto administrativo», en Cantero Martínez, J. (Dir.), Crisis Económica y Función Pública, Pamplona, Thomson Reuters-Aranzadi, 2012, (pp. 219-258)

550. *Constitución Española*, vol núm. 311 (1978),.

551. *Ibid.*

552. Ley 53/1984, de 26 de diciembre, de Incompatibilidades del Personal al Servicio de las Administraciones Públicas, Ley n° 53/1984, 26 de diciembre de 1984, Boletín Oficial del Estado, 4 de enero de 1985 (España), XXXX, www.boe.es/buscar/act.php?id=-BOE-A-1985-151 accedido el 22 de enero de 2023.

La Comisión para el Estudio y Preparación del Estatuto Básico del Empleado Público ya decía que era necesario tener una buena selección de los candidatos, así como una formación adecuada y una promoción profesional para estimular la labor al servicio público. Además, argumentaba aún que no era posible que existiera un sistema deficiente de empleado público para tener una buena Administración[553].

Cabe recordar que desde la exposición de motivos ya dejaba claro la necesidad de satisfacer el derecho de los ciudadanos a una buena administración y se recuerda la importancia de las reformas para buscar a adaptar a las necesidades de nuevos tiempos y de acuerdo con las demandas de los países europeos y de la administración comunitaria.

Como decía en la Comisión para el estudio y preparación del Estatuto Básico del Empleado Público de 2005: «No puede existir una buena Administración allí donde el sistema de empleo público es deficiente»[554].

El TREBEP es una ley sobre principios y normas de derecho público, que se traduce directamente en derecho laboral. Sobre la base de la competencia exclusiva del Estado en materia laboral, como se hace en la cláusula primera y última que permite redactar las disposiciones del TREBEP al amparo del artículo 149.1.7 del de la CE, en función de la competencia exclusiva del Estado sobre legislación laboral[555].

Cabe mencionar que el proceso de descentralización administrativa de las últimas décadas ha afectado la estructura y articulación de la función pública, según el estatuto básico del empleado público de 2007. La Administración General del Estado ha disminuido su número de empleados, mientras que las administraciones autonómicas han aumentado el suyo. La reducción de los efectivos y los cambios en las funciones en la Administración General del Estado han generado problemas de gestión de personal. Las comunidades autónomas y las entidades locales también han experimentado un crecimiento importante en su número de empleados. Hoy en día, las comunidades autónomas tienen 3 veces más empleados que el propio gobierno. Como se puede ver en la tabla a continuación[556].

553. Comisión para el estudio y preparación del estatuto básico del Empleado Público (n 622).

554. *Ibid.*

555. Joan Mauri Majós, «Análisis general del Estatuto básico del empleado público: Problemas, soluciones y huidas» (2009), (19) Cuadernos de Derecho Local 7, XXXX, https://cemical.diba.cat/sites/cemical.diba.cat/files/public/migracio/publicacions/fitxers/MAURI_EBEP.pdf?noredirect=1 accedido el 1 de diciembre de 2022.

556. Ley 7/2007, de 12 de abril, del Estatuto Básico del Empleado Público, Ley nº 7/2007, 12 de abril de 2007, Boletín Oficial del Estado, 13 de abril de 2007 (España) (12), www.boe.es/buscar/act.php?id=BOE-A-2007-7788 accedido el 22 de enero de 2023

Tabla 1: EVOLUCIÓN DEL PERSONAL AL SERVICIO DE LAS ADMINISTRACIONES PÚBLICAS:

Ente público:	2022	2012	2002	*1983*
SECTOR PÚBLICO DEL ESTADO	513.721	581.861	**563.989**	***1.357.000***
SECTOR PÚBLICO DE LAS COMUNIDADES AUTÓNOMAS	**1.611.697**	**1.351.883**	**1.101.99**	***107.000***
SECTOR PÚBLICO DE LAS ENTIDADES LOCALES	**592.152**	**597.212**	**547.728**	***232.000***
Total general	**2.717.570**	**2.685.837**	**2.303.076**	***1.696.000***

Elaboración Propia.
Fuente: INAP (datos del año 1983) y Registro Central de Personal (datos del año 2002, 2012, 2022)[557].

Como bien indica Majós en 2009, el TREBEP está pensado para el Estado o las comunidades autónomas, pero no consigue enfocarse en las peculiaridades de la administración local, y el problema esencial de nuestro sistema de la función pública porque más de 25 % de la totalidad de los empleados públicos son de la administración local y no está pensado[558].

3.2.1. El corazón del régimen estatutario: los principios fundamentales en la función pública

Para alcanzar una comprensión cabal de la regulación del empleo público en España, es imprescindible examinar los principios fundamentales que dan forma al TREBEP. Estos principios, que encuentran su origen en el artículo 103 de la Constitución española, constituyen la columna vertebral de la normativa y son esenciales para garantizar un desempeño eficaz y ético de la Administración pública.

El respeto a los derechos fundamentales, la eficacia, la eficiencia, la transparencia, la responsabilidad y la profesionalidad son los principios relevantes que buscan garantizar una Administración pública eficaz, eficiente, transparente, responsable y profesional evitando que los empleados públicos no cumplan las normativas. Estos principios son esenciales para garantizar una

557. Recuperado en:, https://funcionpublica.hacienda.gob.es/funcion-publica/rcp/boletin.html accedido el 12 de diciembre de 2022.

558. Joan Mauri Majós, «Análisis general del Estatuto básico del empleado público: Problemas, soluciones y huidas» (2009), (19) Cuadernos de Derecho Local 7, XXXX, https://cemical.diba.cat/sites/cemical.diba.cat/files/public/migracio/publicacions/fitxers/MAURI_EBEP.pdf?noredirect=1 accedido el 1 de diciembre de 2022.

Administración pública que sirva al interés general y respete los derechos fundamentales de los ciudadanos.

El autor García de Enterría sostiene que los derechos fundamentales deben ser el punto de partida de cualquier análisis del derecho administrativo. En este sentido, el TREBEP asume esta postura al señalar el respeto a los derechos fundamentales como uno de sus principios esenciales. Este principio sirve como garantía para asegurar que la actuación de los empleados públicos se realice siempre bajo el prisma del respeto a los derechos y libertades de los ciudadanos[559].

Cabe mencionar que la Constitución española de 1978 es la norma suprema del ordenamiento jurídico español. En ella se establecen los principios y derechos fundamentales que rigen la organización y funcionamiento del Estado español. Entre ellos, se encuentra un principio fundamental, que estimula a los empleados públicos a cumplir las normas y a actuar con integridad en el ejercicio de sus funciones.

Este apartado tiene como objetivo analizar ese principio constitucional y su relación con la ética pública y la integridad en el sector público.

El principio constitucional que estimula al empleado público a cumplir las normas se encuentra en el artículo 103 de la Constitución española. Este artículo establece que la Administración pública sirve con objetividad los intereses generales y actúa de acuerdo con los principios de eficacia, jerarquía, descentralización, desconcentración y coordinación, con sometimiento pleno a la ley y al derecho.

Este principio constitucional implica que los empleados públicos deben actuar de forma objetiva y con sujeción plena a la ley y al derecho. Esto significa que deben cumplir las normas y actuar con integridad en el desempeño de sus funciones, ya que su actuación tiene como objetivo servir a los intereses generales de la sociedad.

El principio constitucional del artículo 103 se relaciona estrechamente con la ética pública y la integridad en el sector público. La ética pública es el conjunto de valores y principios que deben guiar la actuación de los empleados públicos en el desempeño de sus funciones. Entre ellos se encuentran la legalidad, la objetividad, la imparcialidad, la eficacia y la transparencia. Estos valores y principios están estrechamente ligados al principio constitucional del artículo 103, ya que todos ellos tienen como objetivo servir con objetividad los intereses generales y actuar con sujeción plena a la ley y al derecho[560].

Uno de los principios fundamentales del TREBEP es el de estabilidad en el empleo. Este principio establece que los empleados públicos tienen derecho a un empleo estable y seguro, y que únicamente pueden ser despedidos por

559. CASSAGNE and DE ENTERRÍA (n 391).

560. Constitución española (n 638).

causas justificadas. Además, establece que los empleados públicos tienen derecho a una carrera profesional basada en la formación, la especialización y el desempeño laboral.

Según Arias Martínez, la Constitución española estipula que la Administración pública y sus empleados deben actuar con objetividad, imparcialidad y neutralidad al servicio del interés general. Estos principios de comportamiento se reflejan en el código de conducta del TREBEP. El propósito principal de este código es establecer los deberes y principios que los empleados públicos deben observar y respetar en el desempeño de sus funciones[561].

Sin embargo, esta lista de obligaciones, éticas y reglas de conducta requiere la implementación de un conjunto de medidas que aseguren su cumplimiento. Por tanto, cualquier falta de imparcialidad y neutralidad por parte del empleado público en el ejercicio de sus funciones, al contradecir las directrices que deben guiar su comportamiento, merece, sin duda, una reprimenda ética. No obstante, para que esta reprimenda sea jurídica, primero debe basarse en el derecho disciplinario, que tipifica como infracciones ciertos comportamientos de los empleados públicos que violan el principio de objetividad. En segundo lugar, el marco jurídico debe establecer mecanismos de abstención y recusación, así como un sistema de incompatibilidades, para prevenir situaciones que puedan presentar al empleado público un conflicto de intereses, garantizando así su imparcialidad[562].

Bajo la perspectiva de Carretero Sánchez, se pueden identificar tres categorías de principios que rigen la función pública: inspiradores, éticos y de conducta.

1. Principios inspiradores: el Estatuto de la Función Pública establece un conjunto de principios generales que todos los empleados públicos deben respetar (art.3.1), entre los que se incluyen la igualdad, el mérito y la capacidad en el acceso y la promoción, el sometimiento pleno a la ley y al derecho, la igualdad de trato entre hombres y mujeres, la objetividad, imparcialidad y profesionalidad en el servicio, la permanencia en el cargo, el desarrollo y la cualificación permanente, la transparencia, la evaluación y responsabilidad en la gestión, y la negociación colectiva y participación[563].
2. Principios éticos: el artículo 53 del Estatuto recoge una serie de reglas éticas que, según Maneiro Vázquez[564], incluyen el respeto a la Consti-

561. ARIAS MARTÍNEZ (n 381) 207.

562. *Ibid*.

563. SÁNCHEZ, «Corrupción, Funcionarios Públicos y El Papel de La Deontología» (n 380) 24–26.

564. Veáse à Yolanda MANEIRO VÁZQUEZ, «El nuevo código de conducta del empleado público», *El Estatuto básico del empleado público: XIX Congreso Nacional de Derecho del Trabajo y de la Seguridad Social, Badajoz, 29 y 30 de mayo de 2008, Vol. 2, 2009, ISBN 978-84-8417-334-2, págs. 251-269* (Subdirección General de Información Administrativa y Publicaciones 2009), https://dialnet.unirioja.es/servlet/articulo?codigo=4357848, accessed 31 May 2023.

tución y al resto de las normas jurídicas, la actuación conforme a los intereses generales, la lealtad y buena fe hacia la Administración, el resto del personal y los ciudadanos, la no discriminación, la no intervención en asuntos de interés personal, la ejemplaridad, austeridad y honradez, la eficacia, economía y eficiencia, el deber de diligencia, el sigilo en cuanto a la información manejada y la actualización constante en su formación y cualificación, así como la adhesión a las normas de seguridad y salud laboral, y la proposición de mejoras al sistema[565].

3. Principios de conducta: el artículo 54 del Estatuto especifica principios inspiradores de conducta que deben ser concretados legalmente, entre los que se incluyen la atención y respeto hacia los demás, la diligencia en el cumplimiento de las tareas, el principio de obediencia, la transparencia y accesibilidad, el no desvío de bienes públicos para uso propio o intereses particulares, la integridad y austeridad, la constancia y permanencia de los documentos, la actualización en su formación y cualificación, y la garantía de atención al ciudadano en la lengua oficial del territorio cuando este lo solicite[566].

Ahora, si pasa al análisis de los principios inspiradores desde diversas ópticas y autores con el fin de comprender su relevancia para los empleados públicos en la prevención de la corrupción y las violaciones a los derechos humanos en la Administración pública. Cabe destacar que la corrupción y las transgresiones a los derechos humanos en este sector representan problemáticas de suma importancia. Los principios inspiradores actúan como pilar esencial, estableciendo un marco ético y regulatorio que los empleados públicos deben respetar. Profundicemos en estas perspectivas.

A). Principio de legalidad

Acorde a lo expuesto por Eduardo Gamero Casado y Severiano Fernández Ramos, el principio de legalidad se encuentra arraigado en el núcleo de nuestro ordenamiento jurídico. Este principio se manifiesta de manera explícita en el artículo 9.3 de la Constitución española, que asegura el principio de legalidad, la jerarquía normativa, la publicidad de las normas, y la irretroactividad de las disposiciones sancionadoras no favorables o restrictivas de derechos individuales. Asimismo, este artículo exige a los poderes públicos el cumplimiento de la ley y prohíbe su comportamiento arbitrario[567].

Es uno de los pilares importantes del Estado de derecho y establece que la actuación de los poderes públicos debe estar sometida a la ley. En el ámbito sancionador, este principio se concreta en la necesidad de que las infracciones y sanciones estén previamente establecidas en una norma con rango de ley.

565. Sánchez, «Corrupción, Funcionarios Públicos y El Papel de La Deontología» (n 380) 24–26.

566. *Ibid*.

567. Eduardo Gamero Casado and Severiano Fernández Ramos, *Manual Básico de Derecho Administrativo* (13.a, EDITORIAL TECNOS 2016) 67.

El artículo 25.1 de la carta magna consagra el derecho a la legalidad en materia sancionadora al establecer que nadie puede ser condenado o sancionado por acciones u omisiones que en el momento de producirse no constituyan delito, falta o infracción administrativa, según la legislación vigente en aquel momento[568]. Así como el artículo 33 del TREBEP, que también hace referencia a este principio.

En cuanto a la intervención del reglamento, se establece que este no es necesario cuando la ley establece un grado de precisión suficiente como para permitir que un determinado supuesto de hecho pueda ser sancionado aplicando directamente la norma. Además, se prohíben las remisiones en blanco o habilitaciones genéricas. El principio de legalidad se esboza igualmente en el artículo 9.1 de la Constitución, que establece que tanto los ciudadanos como los poderes públicos se encuentran sujetos a la y al resto del ordenamiento jurídico. Esto implica que las acciones y decisiones de los poderes públicos deben estar estrictamente basadas en la Constitución, las leyes y los reglamentos, es decir, en el ordenamiento jurídico en su totalidad[569].

Siguiendo el pensamiento de Eduardo García de Enterría, en su obra *El principio de legalidad y el control judicial de la discrecionalidad administrativa* se articula una serie de estudios que, aunque susceptibles de una diferenciación conceptual, comparten un hilo conductor central: el principio de legalidad en el Estado de derecho. Este principio de legalidad, pilar del Estado de derecho, sostiene que todas las actuaciones de la Administración pública deben estar sometidas a la ley y al derecho, limitando así su discrecionalidad y evitando posibles abusos de poder. De esta manera, se garantiza que la Administración no pueda actuar arbitrariamente y que sus decisiones se basen siempre en criterios objetivos y racionales, acordes a la normativa vigente[570].

El principio de legalidad se manifiesta de manera distinta para los ciudadanos y para los poderes públicos. En el caso de los poderes públicos, su actuación está limitada a aquello que la ley les autoriza de manera explícita, a lo que se conoce como «principio de vinculación positiva» o aspecto positivo del principio de legalidad[571].

Asimismo, este principio de legalidad en el Estado de derecho implica que la actuación de la Administración pública está sujeta al control judicial. Este control judicial tiene como finalidad supervisar que la Administración actúa dentro de los límites que la ley le impone y que respeta los derechos y libertades de los ciudadanos[572].

568. Constitución española (n 638).

569. GAMERO CASADO and FERNÁNDEZ RAMOS (n 655) 74–76.

570. CASSAGNE and DE ENTERRÍA (n 391).

571. GAMERO CASADO and FERNÁNDEZ RAMOS (n 655) 74–76.

572. CASSAGNE and DE ENTERRÍA (n 391).

Por otro lado, las actuaciones administrativas pueden clasificarse en dos categorías, según su impacto en los derechos de los ciudadanos. En las actuaciones desfavorables o restrictivas de derechos, la Administración está obligada a respetar de manera rigurosa el principio de legalidad. En este tipo de actuaciones, como la imposición de sanciones o la exigencia de requisitos para el desempeño de una actividad, la Administración solo puede actuar si existe una ley que lo autoriza previamente. Por el contrario, en las actuaciones favorables o ampliatorias de derechos, la Administración no requiere de una ley previa que la habilite para actuar. Sin embargo, existen excepciones a esta regla, como en el caso de los gastos públicos, que deben ser autorizados por el parlamento a través de la Ley de Presupuestos[573].

Esta visión de García de Enterría enmarca la importancia de la legalidad como elemento esencial para limitar la discrecionalidad administrativa y garantizar la protección de los derechos de los ciudadanos en el marco del Estado de derecho. En este sentido, el TREBEP, al establecer una serie de principios y obligaciones para los empleados públicos, contribuye a reforzar este principio de legalidad en el ámbito del empleo público[574].

La ley debe establecer los elementos esenciales de la conducta antijurídica de tal manera que, solamente sean infracciones las acciones u omisiones que puedan subsumirse en la norma con rango de ley. Asimismo, la ley debe establecer la naturaleza y límites de las sanciones que imponer. En resumen, el principio de legalidad exige que las infracciones y sanciones estén claramente definidas en una norma con rango de ley, de modo que se garantice la seguridad jurídica y se evite la arbitrariedad en la actuación administrativa.

B) Principio de imparcialidad

El principio de imparcialidad, arraigado en el artículo 103 de la Constitución española y reforzado por el TREBEP, es un pilar esencial en la estructura de la administración pública. Este principio no solo proporciona un marco de referencia para la conducta de los empleados públicos, sino que también está íntimamente ligado a la obligación de cumplir con las normas y a la necesidad de proporcionar un servicio eficaz a los ciudadanos.

El respetado académico Gamero Casado ha subrayado la importancia del principio de imparcialidad, argumentando que se trata de una guía para los empleados públicos, que deben tomar decisiones basadas únicamente en hechos y leyes, y no en favoritismos o influencias personales[575]. Este punto de vista es compartido por Eduardo García de Enterría, quien ha enfatizado

573. Gamero Casado and Fernández Ramos (n 655) 74–76.

574. Cassagne and de Enterría (n 391).

575. Gamero Casado and Fernández Ramos (n 617).

que la imparcialidad es un pilar fundamental para mantener la confianza del público en la administración[576].

La imparcialidad también está estrechamente relacionada con la obligación de cumplir con las normas. Como señala José Ramón Parada Vázquez, el principio de imparcialidad implica que los empleados públicos deben cumplir y hacer cumplir las leyes y reglamentos de manera justa y sin prejuicios[577]. Esta perspectiva es respaldada por Federico Castillo Blanco, quien argumenta que la imparcialidad y el cumplimiento de las normas son dos caras de la misma moneda en la Administración pública[578].

En términos de servicio al ciudadano, el principio de imparcialidad juega un papel crucial. Según Sánchez Morón, la imparcialidad permite a los empleados públicos tomar decisiones que son en el mejor interés de los ciudadanos, en lugar de tomar decisiones basadas en intereses personales o políticos[579]. En la misma línea, Jiménez Asensio afirma que la imparcialidad es esencial para garantizar que los servicios públicos se proporcionen de manera equitativa y justa a todos los ciudadanos[580].

Por lo tanto, la imparcialidad es un principio integral que guía la conducta de los empleados públicos en España, asegurando que las normas se cumplan y que los servicios a los ciudadanos se brinden de manera justa y equitativa.

María Antonia Arias Martínez sostiene que el principio de imparcialidad es fundamental para asegurar el comportamiento objetivo de los empleados públicos. Según la Carta magna, se exige a la Administración que actúe de manera objetiva en el servicio al interés general, y que los funcionarios públicos ejerzan sus funciones con imparcialidad (art. 103.1 y 3 CE). Por ende, cualquier acción de los servidores públicos que contravenga estos principios constitucionales representaría una infracción a las obligaciones establecidas en los artículos 52 y 53.1 del EBEP. El legislador, en varias secciones del artículo 53, hace referencia a este principio en sus formas de neutralidad e imparcialidad. Según el apartado 2 del artículo 53, los empleados públicos deben buscar la satisfacción de los intereses generales de los ciudadanos, fundamentando su actuación en consideraciones objetivas orientadas a la

576. Eduardo García de Enterría; Martínez-Carande; Tomás-Ramón Fernández Rodríguez, *Curso de Derecho Administrativo I (Tratados y Manuales de Derecho)*.

577. Parada Vázquez, José Ramón, *Derecho Administrativo I. Introducción. Organización Administrativa. Empleo Público* (Open Ediciones Universitarias 2014).

578. Castillo-Blanco (n 577).

579. Miguel Sánchez Morón, «Los condicionamientos y los márgenes de intervención en la designación de los titulares de los órganos y puestos directivos en las administraciones y entidades del sector público», *Empleo público, derecho a una buena administración e integridad, 2018, ISBN 978-84-7351-646-4, págs. 27-40* (Instituto Nacional de Administración Pública (INAP) 2018), https://dialnet.unirioja.es/servlet/articulo?codigo=6780198, accessed 14 May 2023.

580. Castillo-Blanco (n 577).

imparcialidad. Además, en el artículo 53.5 se establecen mecanismos para evitar conflictos entre el interés general que los funcionarios deben servir y sus propios intereses particulares[581].

En su fallo 235/2000 de 5 de octubre, el Tribunal Constitucional español destaca la importancia de la imparcialidad en el desempeño de la función pública. Este principio se respalda mediante varias disposiciones legales, entre las que sobresalen la obligación de abstención y la facultad de recusación de los funcionarios en presencia de ciertas situaciones legalmente definidas que pudieran poner en riesgo objetivo la integridad de su desempeño (fundamento jurídico 13).

Por último, en el apartado 6 del artículo 53, se prohíben todas aquellas acciones de los empleados públicos que puedan dar lugar a un conflicto de intereses económicos, con el fin de garantizar su imparcialidad. Sin embargo, se puede argumentar que esta disposición es redundante, ya que esta prohibición podría inferirse de lo establecido de manera más general en el apartado anterior[582].

C) Principio de dedicación al servicio público

La dedicación al servicio público es el compromiso de los empleados públicos de poner los intereses del público por encima de los suyos. Gamero Casado apunta en que este principio es esencial para garantizar que los recursos públicos se utilicen en beneficio de la comunidad y no para beneficio personal[583].

Los empleados públicos deben cumplir con diligencia las tareas que les correspondan o se les encomienden y, en su caso, resolverán dentro de plazo los procedimientos o expedientes de su competencia. Ejercerán sus atribuciones según el principio de dedicación al servicio público absteniéndose no solo de conductas contrarias al mismo, sino también de cualesquiera otras que comprometan la neutralidad en el ejercicio de los servicios públicos.

D) Principio de confidencialidad

La confidencialidad es también un principio importante. Los empleados públicos tienen la obligación de mantener la confidencialidad de la información a la que tienen acceso en el desempeño de sus funciones. Tanto Parada Vázquez como García de Enterría coinciden en que este principio es esencial para proteger la privacidad de los ciudadanos y la seguridad del Estado.

El principio de confidencialidad, establecido tanto en el artículo 103 de la Constitución española como en el TREBEP, es esencial para garantizar el correcto funcionamiento del servicio al ciudadano. Este principio implica la obligación de los empleados públicos de preservar la información a la que

581. Martínez (n 391) 192–194.

582. *Ibid* 194.

583. Gamero Casado and Fernández Ramos (n 617).

tienen acceso debido a su función, protegiendo así la privacidad de los ciudadanos y la integridad de los procesos administrativos.

Como bien destaca Enterría, la confidencialidad es un deber inherente a la posición de cualquier empleado público, que debe abstenerse de divulgar cualquier información a la que tenga acceso en el ejercicio de sus funciones. Este compromiso con la confidencialidad es esencial para preservar la confianza del ciudadano en la Administración pública[584].

Asimismo, Gamero Casado enfatiza que la violación del principio de confidencialidad puede dar lugar a situaciones de corrupción. Cuando un empleado público utiliza de manera inapropiada la información a la que tiene acceso, ya sea para beneficio propio o de terceros, se está produciendo un abuso de poder que va en contra de las normas de servicio al ciudadano.

Parada Vázquez, por su parte, pone de manifiesto la importancia de la formación y la sensibilización de los empleados públicos en lo que respecta a la confidencialidad. Los empleados públicos deben ser conscientes de la relevancia de su papel y de las consecuencias que pueden derivarse del incumplimiento de sus obligaciones[585].

En este sentido, Sánchez Morón apunta a la necesidad de mecanismos de control y sanciones efectivas para garantizar el cumplimiento del principio de confidencialidad. Sin embargo, también señalan que estos mecanismos deben ser proporcionados y respetar los derechos fundamentales de los empleados públicos[586].

Finalmente, Castillo Blanco destaca la complejidad que entraña la aplicación del principio de confidencialidad en el contexto actual, marcado por la digitalización y el auge de las nuevas tecnologías[587]. A pesar de estos desafíos, la confidencialidad sigue siendo un pilar fundamental del servicio al ciudadano y un elemento clave en la lucha contra la corrupción.

E) Principio de neutralidad

La neutralidad garantiza que los funcionarios públicos actúen sin prejuicios o sesgos, independientemente de sus creencias o intereses personales. José Ramón Parada Vázquez argumenta que la neutralidad es esencial para garantizar que las decisiones administrativas se tomen en interés del bien público, no en interés de los funcionarios[588]. En la misma línea, la neutralidad es una garantía de equidad y justicia en el servicio público.

---

584. CASSAGNE and DE ENTERRÍA (n 391); Eduardo GARCÍA DE ENTERRÍA; MARTÍNEZ-Carande; Tomás-Ramón FERNÁNDEZ RODRÍGUEZ (n 664).

585. Ramón PARADA VÁZQUEZ, *Derecho Administrativo II. Organización y Empleo Público.* (Marcial Pons 2010).

586. MORÓN (n 617).

587. BLANCO (n 609).

588. PARADA VÁZQUEZ (n 673).

En el contexto de la administración pública española, la neutralidad se erige como uno de los principios fundamentales que guían el comportamiento y la conducta de los servidores públicos. Este principio, tal y como está consagrado en el artículo 103 de la Constitución española y en el TREBEP sostiene que los empleados públicos deben actuar con imparcialidad y objetividad, independientemente de sus creencias personales, ideologías políticas, o cualquier otro sesgo potencial.

Los eminentes juristas Enterría[589] y Parada Vázquez han subrayado la importancia de este principio en sus obras. Primero sostienen que la neutralidad es esencial para garantizar la equidad y la justicia en la administración pública, evitando favoritismos y asegurando que todos los ciudadanos sean tratados por igual. Por otro lado, Parada Vázquez argumenta que la neutralidad es un componente vital de la ética profesional en la administración pública, ya que promueve la confianza en las instituciones y garantiza que estas actúen en interés del bien común, en lugar de en beneficio de intereses particulares[590].

El principio de neutralidad, por lo tanto, está intrínsecamente vinculado a la obligación de los servidores públicos de cumplir con las normas de servicio al ciudadano. Tal y como explica Federico Castillo Blanco, este principio exige que los empleados públicos actúen siempre con la mira puesta en el interés general, evitando cualquier acción que pueda interferir con su deber de proporcionar un servicio público eficaz y de calidad[591]. Cabe reforzar que la neutralidad es crucial para garantizar que el servicio al ciudadano se preste de manera objetiva y sin discriminación, independientemente de las circunstancias individuales de cada ciudadano, evitando así un posible problema de corrupción.

En conclusión, el principio de neutralidad, tal y como se consagra en el derecho español, exige a los servidores públicos que actúen con imparcialidad y objetividad, poniendo siempre el interés general por encima de cualquier interés personal. Este principio, que se refleja tanto en la Constitución como en el TREBEP, es fundamental para garantizar que se cumplan las normas de servicio al ciudadano y para promover la confianza en las instituciones públicas.

F) Principio de igualdad de oportunidades

Otro principio fundamental del TREBEP es el de la igualdad de oportunidades. Este principio establece que todos los empleados públicos tienen derecho a igualdad de oportunidades en el acceso y progreso en su carrera profesional, independientemente de su género, edad, orientación sexual, discapacidad, etnia, religión u otros factores.

589. Eduardo García de Enterría; Martínez-Carande; Tomás-Ramón Fernández Rodríguez (n 664).

590. Parada Vázquez (n 673).

591. Castillo-Blanco (n 577).

En el discurso académico contemporáneo, tal como lo articulan Gamero Casado y Fernández Ramos, el principio de igualdad de oportunidades en el acceso a la administración pública se ha consolidado como un derecho constitucional desde la aprobación de la Constitución española de 1978. Este principio tiene especial importancia en el contexto de la Administración pública y los principios generales del Tratado de Funcionamiento de la Unión Europea, que prohíbe discriminación, obligación de transparencia y principio de igualdad de trato[592].

A juicio de María Jesús García-García, los principios de igualdad, mérito y capacidad en el acceso a la función pública se formulan en gran medida a nivel de principios en El Estatuto Básico del Empleado Público, aprobado por Ley 7/2007, de 12 de abril. En el artículo 53 se establecen principios éticos de actuación de los funcionarios, mientras que el artículo 54 se refiere a los principios de conducta. La exposición de motivos reconoce, por ende, que estas reglas se incluyen en la ley con finalidad pedagógica y orientadora, pero García-García sostiene que una Ley no es el instrumento adecuado para llevar a cabo tales pretensiones[593].

En cuanto al acceso y permanencia en la función pública y la carrera administrativa, también se formula en gran medida a nivel de principios y adolece en algunos extremos de la falta de contenido sustantivo suficiente para concretar las exigencias básicas que requiere la regulación de esta materia. Los principios de igualdad, mérito y capacidad, y la interpretación que el Tribunal Constitucional ha efectuado sobre ellos, son el eje central de la regulación en esta materia. La plasmación de estos principios en el texto constitucional no determina su aplicación exclusivamente en el procedimiento de ingreso en la función pública, sino que prolongan su vigencia a lo largo de la vida funcionarial[594].

En su análisis, García-García considera que la ley ha confundido el planteamiento de estas cuestiones. El papel del legislador no es reiterar estos principios constitucionales, sino desarrollarlos y hacerlos positivos, de forma que alcancen un nivel de concreción y plasmación positiva de la que se derive un grado de exigencia y cumplimiento superior. Una formulación de principios no cumple con las exigencias de la legislación básica, cuyo contenido debe servir para garantizar una legislación uniforme y homogénea a nivel autonómico como primera exigencia de la igualdad[595].

592. Gamero Casado and Fernández Ramos (n 617) 779–801.

593. María Jesús García García, «Los Principios Constitucionales de Igualdad, Mérito y Capacidad: Su Plasmación En El Estatuto Del Empleado Público» (2008), 15 Rev. Juridica Castilla & Leon 129, https://core.ac.uk/download/pdf/75989002.pdf, accessed 12 February 2023.

594. *Ibid.*

595. *Ibid.*

Sin embargo, el propio Tribunal Constitucional reconoce que en estos casos el principio de igualdad de méritos y prestaciones no se aplica con la misma fuerza que en la contratación o el despido (STC 192/1991 y 200/1991). Efectivamente, el Tribunal Constitucional ha señalado que el principio de igualdad en el acceso a los puestos de trabajo y en la provisión de cargos no opera con la misma intensidad en ambos casos. En el caso de la provisión de puestos de trabajo, el principio de igualdad por mérito y capacidad es especialmente importante, ya que garantiza que se seleccionen a los mejores candidatos para desempeñar un determinado cargo. Sin embargo, en el caso del cese de un funcionario, el principio de igualdad por mérito y capacidad no tiene la misma importancia, puesto que el cese es una medida disciplinaria que tiene como objetivo proteger el interés general y el buen funcionamiento de la Administración pública.

G) Principio de eficacia y eficiencia

La eficacia y la eficiencia, destacadas por José Ramón Parada Vázquez, son otros dos principios primordiales del TREBEP. Estos principios buscan asegurar que la Administración pública funcione de manera efectiva, logrando sus objetivos con el menor gasto de recursos posible. Esta búsqueda constante de la optimización de recursos está destinada a evitar el despilfarro y a maximizar el rendimiento de las Administraciones públicas[596].

Según las reflexiones de Gamero Casado y Fernández Ramos, el principio de eficacia y eficiencia es un pilar fundamental en la gestión de la Administración pública. En el marco del Estado social, se aspira a satisfacer sus necesidades de la manera más eficiente posible. Esto implica un compromiso con la economicidad de los fondos públicos, que se traduce en la búsqueda de alcanzar la máxima cantidad de objetivos con el mínimo esfuerzo financiero[597].

Como bien indica Padilla Ruiz, la eficacia es un principio primordial de las funciones de la gestión pública, que exigen el logro de resultados que afectan directamente a los servidores públicos[598]. El principio de eficacia y eficiencia en el servicio público es otro de los principios fundamentales del TREBEP. Este principio establece que los empleados públicos tienen la responsabilidad de prestar un servicio público eficaz y eficiente, y que el Estado tiene la responsabilidad de proporcionar las herramientas y recursos necesarios para lograrlo. Este principio no solo afecta al correcto funcionamiento de la Administración pública, sino también a los empleados públicos, quienes tienen la responsabilidad de garantizar la obtención de resultados satisfactorios.

Sin embargo, se ha evidenciado que esta obligación no siempre ha estado acompañada por criterios de eficiencia o ahorro, lo que ha generado proble-

596. Parada Vázquez, José Ramón (n 665).

597. Gamero Casado and Fernández Ramos (n 617) 934.

598. Ruiz (n 391).

mas en el desempeño y en la gestión del servicio público. Por esta razón, la implementación del TREBEP ha supuesto un nuevo impulso para aplicar conjuntamente los principios de eficacia y eficiencia en la actuación de los empleados públicos.

El cumplimiento de este principio requiere de una gestión cuidadosa y estratégica de los recursos públicos. En este sentido, es imprescindible adoptar medidas que permitan optimizar el uso de los fondos estatales, promoviendo su rendimiento y garantizando su adecuada distribución. Este enfoque, además, está en consonancia con los valores de responsabilidad y transparencia que deben regir la actuación de la Administración pública. En este contexto, es fundamental considerar la legislación vigente tanto a nivel nacional como europeo, que establece directrices claras para garantizar la eficiencia y eficacia en la gestión de los recursos públicos. Así, se consolida la importancia de este principio en la praxis administrativa, enfocándose no sólo en el cumplimiento de los objetivos estatales, sino también en la sostenibilidad y la prudencia en el uso de los fondos públicos[599].

Este enfoque se materializa en el procedimiento administrativo y, especialmente, en la evaluación del desempeño. La evaluación del rendimiento del empleado público es un mecanismo vital para garantizar el correcto cumplimiento del principio de eficacia y eficiencia en el servicio público. Por tanto, es crucial que se establezcan criterios de evaluación objetivos y justos que permitan medir el desempeño de los empleados públicos de manera efectiva. De esta forma, queremos evitar que incumplan las normas y se pueda llegar a propiciar diversos actos de corrupción sobre ellos.

En este sentido, es necesario que se promuevan políticas y medidas que incentiven la mejora continua del desempeño de los empleados públicos y que fomenten su formación y capacitación. De esta manera, se logrará una Administración pública más eficiente y eficaz, capaz de satisfacer las demandas y necesidades de la ciudadanía.

De acuerdo con el autor Rueda López, el concepto de «eficiencia pública» se refiere a la optimización de los recursos y procesos en la Administración pública, con el objetivo de alcanzar los mejores resultados posibles en la prestación de servicios y en la gestión de los recursos públicos. En otras palabras, la eficiencia implica lograr la máxima producción a partir de una determinada cantidad de recursos[600]. En este sentido, la eficiencia en la gestión pública exige la utilización adecuada de los recursos disponibles, evitando el despilfarro y la ineficacia en la gestión. La evaluación del desempeño y la implementación de políticas de mejora continua son algunos de los mecanismos para fomentar la eficiencia en la Administración pública. La

599. Gamero Casado and Fernández Ramos (n 617) 934.

600. Nuria Rueda López, «La eficiencia y su importancia en el sector público» [2011], eXtoikos 38, 42, https://dialnet.unirioja.es/servlet/articulo?codigo=4017945, accessed 7 March 2023.

eficiencia pública es un elemento clave para la rendición de cuentas y para garantizar la transparencia en la gestión de los recursos públicos.

García de Enterría enfatiza en su obra que, en caso de incertidumbre, se debe priorizar el principio de eficacia en la actuación administrativa. Esta idea de eficacia administrativa es destacada en la Sentencia del Tribunal Supremo 76/1990[601], en su fundamento jurídico III que argumenta la importancia de una gestión eficaz de la inspección y verificación del cumplimiento de las obligaciones fiscales[602].

Estos principios persiguen la garantía del correcto funcionamiento de la Administración pública y la eficiente utilización de sus recursos, fomentando en los empleados públicos un pensamiento orientado a la maximización de su labor y la prevención de cualquier actuación contraria a los intereses de la institución.

H) Principio de transparencia

La transparencia y la publicidad son principios fundamentales del TREBEP. Esto significa que el Estado debe garantizar que los procedimientos de selección, contratación y promoción de los empleados públicos se realicen de manera transparente y pública, y que los empleados públicos tienen derecho a acceder a la información relacionada con su carrera profesional.

El concepto de «transparencia» se puede entender como la apertura y accesibilidad de la información y procesos públicos a la sociedad. Es importante destacar que *transparencia* no es sinónimo de *acceso a la información* ni de *rendición de cuentas*, aunque estos dos conceptos se encuentren estrechamente relacionados. Realmente, la transparencia es un concepto esencial para garantizar la confianza de la sociedad en su gobierno y para el fortalecimiento de la democracia.

Según la perspectiva de Sáenz, *et al.*, el principio de transparencia se ha consagrado como uno de los pilares esenciales que deben guiar todas las acciones de las Administraciones públicas, reconocido legalmente tanto en el contexto europeo como en la legislación nacional. En la esfera de selección de empleados públicos (que es igualmente aplicable a la provisión de puestos de trabajo), este principio, según mi criterio, está destinado a jugar un papel crucial. Este principio puede convertirse en el elemento fundamental para la supervisión de los procesos selectivos[603].

---

601. *Vid.* «Sentencia Del Tribunal Supremo 76/1990, de 26 de Abri de 1990 ECLI:ES:TC:1990:76», https://hj.tribunalconstitucional.es/es-ES/Resolucion/Show/1501#:~:text=En%20estos%20preceptos%20se%20establece,y%20sancionadas%20en%20las%20Leyes., accessed 25 June 2023.

602. Eduardo García de Enterría, *Responsa Iurisperitorum Digesta, Vol. II*, vol 17 (Universidad de Salamanca 2001) 151.

603. Bernabé Palacín Sáenz, José Luis Martín Moreno, Roberto Mayor Gómez, Jorge Fondevila Antolín, Javier Ruiz-Tapiador Sanmartín, *Calidad, Transparencia y Ética Pública*,

Por otro lado, Sánchez Morón apunta a la transparencia como un principio clave. Este principio obliga a la Administración pública a actuar de manera clara, proporcionando información suficiente y comprensible a los ciudadanos sobre sus acciones y decisiones. Esta transparencia es esencial para prevenir la corrupción y fomentar la confianza de los ciudadanos en las instituciones públicas[604].

Según los autores Corrêa y Spinelli, la transparencia es una herramienta crucial para mejorar la eficiencia y eficacia de la Administración pública, así como para aumentar la confianza de la sociedad en las instituciones públicas. Además, señalan que la transparencia en la administración pública es esencial para garantizar la rendición de cuentas y la integridad de la gestión pública[605].

Como recuerda el autor Grau de la importancia de la construcción de un marco normativo para que garantice la transparencia en la gestión pública. El autor destaca que la transparencia es esencial para la democracia y para garantizar que la gestión pública sea eficiente y eficaz[606].

En efecto, como ya se ha señalado, la infracción de este principio de transparencia conlleva, a mi parecer, una posible transgresión de derechos fundamentales. En particular, las disposiciones del artículo 24 de la Constitución española y, especialmente, las del artículo 23.2, ya que la violación de los mandatos derivados del principio de transparencia supone una restricción del derecho constitucional de acceso al empleo público en condiciones de igualdad. Este incumplimiento puede ser invocado en cualquier recurso, tanto administrativo como jurisdiccional[607].

Gamero Casado y Fernández Ramos subrayan la importancia de la transparencia en las Administraciones públicas, que se erige hoy en día como una consecuencia inevitable de cualquier Estado democrático. En un sistema de este tipo, es esencial que los ciudadanos tengan la capacidad de supervisar el ejercicio del poder público, lo que inevitablemente requiere acceso a las fuentes de información pública. En esta línea, la Constitución española, en su artículo 105.b, establece que «la ley regulará el acceso de los ciudadanos a los archivos y registros administrativos», poniendo de manifiesto la relevancia de la transparencia en el funcionamiento de la Administración pública[608].

---

https://books.google.com/books/about/Calidad_transparencia_y_%C3%A9tica_p%C3%BAblica.html?hl=es&id=gExGDwAAQBAJ, accessed 15 May 2023.

604. Morón (n 617).

605. Corrêa, Izabela Moreira; Spinelli, Mário Vinícius Claussen. Políticas de transparencia en la administración pública brasileña. Revista del CLAD Reforma y Democracia, 2011, no 51, p. 129-152.

606. Grau, N. C. (2006),. La transparencia en la gestión pública:¿ Cómo construirle viabilidad?. Estado, gobierno, gestión pública: Revista Chilena de Administración Pública, (8), 22-44.

607. Bernabé Palacín Sáenz and others, *Calidad, Transparencia y Ética Pública* (INAP 2017).

608. Gamero Casado and Fernández Ramos (n 655) 107.

Según el autor Pliscoff-Varas aborda la importancia de la ética pública en la nueva gestión pública. El mismo autor señala que la ética pública es esencial para garantizar la transparencia, la integridad y la eficiencia en la gestión pública[609].

El TREBEP establece varios principios fundamentales que rigen las relaciones laborales entre el Estado y los empleados públicos. Estos principios incluyen estabilidad en el empleo, igualdad de oportunidades, eficacia y eficiencia en el servicio público, transparencia y publicidad. Estos principios son esenciales para garantizar que el servicio público es eficaz, eficiente y justo.

Los principios fundamentales del TREBEP son elementos esenciales para entender la normativa que regula el empleo público en España. Estos principios son el respeto a los derechos fundamentales, la eficacia, la eficiencia, la transparencia, la responsabilidad y la profesionalidad.

En primer lugar, el respeto a los derechos fundamentales es un principio fundamental del TREBEP, ya que garantiza que el empleo público se desempeñe de acuerdo con los derechos y libertades reconocidos en la Constitución española[610].

I) Principio de integridad

En el sector público, es otro aspecto importante relacionado con el principio constitucional del artículo 103. La integridad se refiere a la honestidad, la transparencia y la responsabilidad en el desempeño de las funciones públicas. La integridad implica actuar con ética y evitar cualquier comportamiento que pueda dar lugar a la corrupción y el incumplimiento de las normas.

La integridad, como apunta Cerrillo, se caracteriza por la alineación de las acciones de los funcionarios y empleados públicos con los valores, principios y normas que las rigen, evitando así los conflictos de interés y el aprovechamiento indebido de sus posiciones para obtener beneficios personales. En este sentido, la integridad y la corrupción representan opuestos de un mismo espectro. En la gestión pública, se espera que la coherencia entre el comportamiento y las reglas que lo orientan refleje la integridad, mientras que su violación para el beneficio personal representa la corrupción. La integridad, entonces, se erige como un baluarte contra la corrupción, preservando la confianza en nuestras instituciones públicas y reforzando la eficacia del Estado de derecho en España y en Europa[611].

609. Pliscoff-Varas, C. (2017),. Implementando la nueva gestión pública: problemas y desafíos a la ética pública. El caso chileno. Convergencia, 24(73), 141-164.

610. Constitución española, de 27 de diciembre de 1978, Boletín Oficial del Estado, 29 de diciembre de 1978 (España), XXXX, www.boe.es/buscar/act.php?id=BOE-A-1978-31229 accedido el 22 de enero de 2023.

611. I Martínez (n 391).

Cabe recordar que los principios que hasta aquí he expuesto están de encuentro con los de la Unión Europea, que se fundamenta en los valores esenciales y universales de la dignidad humana, la libertad, la igualdad y la solidaridad, así como en los principios fundamentales de la democracia y el estado de derecho. Sin embargo, estos principios deben ser recordados por los empleados públicos a la hora de ejercer sus funciones, como recuerdan Puente y Botija, y es imperativo alcanzar un equilibrio adecuado entre todos los derechos e intereses en juego, los cuales los responsables de la formulación de políticas no pueden obviar[612]. Este equilibrio es crucial para asegurar el bienestar y la prosperidad de Europa en su conjunto.

El principio de la integridad, por lo tanto, es fundamental para cumplir la función y el interés público. Este principio se refiere a la ética y responsabilidad de los profesionales y servidores públicos en su labor diaria. El problema ético surge cuando estos profesionales priorizan el beneficio externo a su trabajo(personales) por encima del beneficio interno de su profesión. Un ejemplo factible es cuando un médico se preocupa más por obtener ganancias monetarias de sus pacientes en lugar de buscar su bienestar y recuperación[613].

En el caso de los servidores públicos, el problema surge cuando abusan de su autoridad y buscan obtener ingresos ilegales en lugar de servir al interés general. La ética de los servidores públicos se basa en tener una clara conciencia del bien interno de su profesión, el cual se relaciona con el principio del servicio público y los valores coherentes con él, como la imparcialidad, eficacia, transparencia y legalidad.

La integridad es la virtud que permite a los servidores públicos actuar de forma coherente con estos principios y valores, buscando siempre el punto medio y el prudente compromiso entre valores deseables en caso de conflicto[614].

Para fomentar la integridad en la actuación de los servidores públicos, existen instrumentos, procesos y estructuras que constituyen marcos de incentivos y constricciones útiles y necesarios. Desde una perspectiva operativa, un Gobierno íntegro es aquel que asume e implanta los instrumentos, procesos y órganos necesarios para prevenir la corrupción y fomentar un servicio público coherente con los principios y valores que fundamentan su ética profesional en un régimen democrático.

Los principios esenciales del buen gobierno son el respeto y promoción de los derechos humanos, el servicio al interés general, el respeto al Estado de

---

612. Clara GONZÁLEZ Puente and Fernando GONZÁLEZ BOTIJA, «Los Drones y Los Derechos Fundamentales En La UE» (2018), 29 Revista Universitaria Europea No 143, 147, https://aedae-aeroespacial.org/wp-content/uploads/2021/02/14.-FERNANDO-GONZALEZ-BOTIJA-1-.-UCM.-Drones-y-Derechos-Fundamentales-UE.pdf, accessed 20 June 2023.

613. Manuel VILLORIA, «Integridad» [2011], EUNOMÍA. Revista en Cultura de la Legalidad 107, 109.

614. *Ibid.*

derecho y la imparcialidad en la aplicación de las normas, la búsqueda de la eficiencia y el uso correcto de los bienes públicos, la responsabilidad profesional y la humanización de la Administración, la transparencia en la actuación pública, y la plena disposición a la rendición de cuentas. Estos principios son fundamentales para garantizar un servicio público ético y responsable que sirva a la ciudadanía de forma efectiva y justa[615].

Según la definición de integridad pública que nos aporta la OCDE, se trata de un conjunto de valores, principios y normas éticas que se comparten con el objetivo de mantener y priorizar el interés público por encima de los intereses privados en el sector público. Esta definición destaca la importancia de la coherencia y la adherencia a estos valores, principios y normas éticas para garantizar la integridad y la confianza en el sector público. La adhesión a la integridad pública es imprescindible para prevenir la corrupción y promover la transparencia y la eficacia en el desempeño de las funciones públicas. Es importante destacar que la integridad pública no es un concepto estático, sino que evoluciona con el tiempo en respuesta a los cambios en el entorno político y social[616].

El principio constitucional del artículo 103 de la Carta magna, siendo esencial para estimular a los empleados públicos a cumplir las normas y a actuar con integridad en el desempeño de sus funciones. Este principio constitucional se relaciona estrechamente con la ética pública y la integridad en el sector público, ya que todos ellos tienen como objetivo servir con objetividad los intereses generales y actuar con sujeción plena a la ley y al derecho. En definitiva, es importante que los empleados públicos tomen conciencia de la importancia de cumplir las normas y actuar con integridad por el hecho de que esto contribuye a fortalecer la confianza de la sociedad en el sector público y a garantizar la calidad y eficiencia de Administración pública[617].

En este sentido, el TREBEP no podría ser diferente, pues está pensando para garantizar la eficacia, eficiencia y profesionalidad en el servicio público, y establece varios principios fundamentales que rigen las relaciones laborales entre el Estado y los empleados públicos.

En esa dirección, cabe mencionar que específicamente en los artículos 52 a 54 del TREBEP se incluyen las obligaciones éticas y de conducta que deben seguir los empleados públicos en España. Estas obligaciones se basan en la Constitución y el resto del ordenamiento jurídico, y persiguen la satisfacción

615. Véase a Oscar Diego Bautista, «La Ética En La Gestión Pública Fundamentos, Estado de La Cuestión y Proceso Para La Implementación de Un Sistema Ético Integral En Los Gobiernos» (Universidad Complutense de Madrid 2007), https://eprints.ucm.es/id/eprint/7529/, accessed 23 April 2023.

616. OCDE, «Recomendación de La OCDE Sobre Integridad Pública - OECD» (2017), https://www.oecd.org/gov/integridad/recomendacion-integridad-publica/, accessed 13 March 2023.

617. Constitución española (n 638).

de los intereses generales de la ciudadanía. Los empleados públicos deben actuar de acuerdo los principios de objetividad, integridad, neutralidad, responsabilidad, imparcialidad, confidencialidad, dedicación al servicio público, transparencia, ejemplaridad, austeridad, accesibilidad, eficacia, honradez, promoción del entorno cultural y medioambiental, y respeto a la igualdad entre mujeres y hombres[618].

Por otro lado, el artículo 6.1 de la «Ley 43/2010, de 30 de diciembre, del servicio postal universal de los derechos de los usuarios y del mercado postal» establece el deber de fidelidad de los operadores postales en la custodia de los envíos. Cualquier incumplimiento de este deber, como la detención contraria a derecho, el intencionado curso anormal, la apertura ilegal, la sustracción, la destrucción, la retención indebida y la ocultación de los envíos postales, constituye una falta grave que debe ser sancionada.

Además, deben ajustar su actuación a los principios de lealtad y buena fe con la Administración en la que prestan sus servicios, con sus superiores, compañeros, subordinados y/o subordinadas y con la ciudadanía. Su conducta debe basarse en el respeto de los derechos fundamentales y libertades públicas, evitando toda actuación que pueda producir discriminación alguna.

Los empleados públicos deben abstenerse en aquellos asuntos en los que tengan un interés personal, así como de toda actividad privada o interés que pueda suponer un riesgo de plantear conflictos de intereses con su puesto público. No contraerán obligaciones económicas ni intervendrán en operaciones financieras, obligaciones patrimoniales o negocios jurídicos con personas o entidades cuando pueda suponer un conflicto de intereses con las obligaciones de su puesto público.

Es importante destacar que los empleados públicos no aceptarán ningún trato de favor o situación que implique privilegio o ventaja injustificada por parte de personas físicas o entidades privadas. Asimismo, deben actuar de acuerdo con los principios de eficacia, economía y eficiencia, y vigilar la consecución del interés general y el cumplimiento de los objetivos de la organización.

Por último, los empleados públicos guardarán silencio en cuanto las materias clasificadas u otras cuya difusión esté prohibida legalmente, y mantendrán la debida discreción sobre aquellos asuntos que conozcan por razón de su cargo, sin que puedan hacer uso de la información obtenida para beneficio propio o de terceras personas, o en perjuicio del interés público.

618. Gobierno de España, «Empleados Públicos. Código de Conducta. - Organización y Empleo Público - Publicidad Activa - Portal de La Transparencia de La Administración Del Estado. España - Inicio», https://transparencia.gob.es/transparencia/transparencia_Home/index/PublicidadActiva/OrganizacionYEmpleo/CodigoConductaEEPP.html, accessed 13 March 2023.

En los artículos 52 a 54 del TREBEP se establecen los principios de conducta que deben seguir los empleados públicos. Estos principios se basan en el respeto y la atención a la ciudadanía, los superiores y el resto de los empleados públicos. También se exige el desempeño diligente de las tareas correspondientes al puesto de trabajo, el cumplimiento del horario establecido y la obediencia a las instrucciones de los superiores, salvo que contravengan el ordenamiento jurídico[619].

Los empleados públicos tienen el deber de informar a la ciudadanía sobre los asuntos que tienen derecho a conocer y de facilitar el ejercicio de sus derechos y obligaciones. Además, deben administrar los recursos y bienes públicos con austeridad y velar por su conservación. Se prohíbe, por tanto, el uso de estos recursos en beneficio propio o de personas allegadas, y se rechaza cualquier regalo, favor o servicio que vaya más allá de los usos habituales y de cortesía.

También estos tienen la responsabilidad de garantizar la constancia y permanencia de los documentos, mantenerse actualizados en su formación y cualificación, y observar las normas de seguridad y salud laboral. Deben presentar propuestas para mejorar la eficacia en el servicio y garantizar la atención a la ciudadanía en la lengua oficial del territorio. En resumen, estos principios de conducta buscan asegurar la integridad, transparencia y eficiencia en el servicio público.

J) Principio de responsabilidad

La responsabilidad es otro principio fundamental del TREBEP, ya que busca garantizar que los funcionarios asuman las consecuencias de sus acciones. Es decir, la responsabilidad implica que los funcionarios deben actuar de acuerdo con los principios de legalidad, objetividad y transparencia.

La responsabilidad es otro principio fundamental. Los empleados públicos deben asumir la responsabilidad de sus acciones y decisiones. Morón insiste en que este principio es crucial para garantizar la rendición de cuentas en el sector público[620]. Asimismo, Jiménez Asensio señala que la responsabilidad es un mecanismo para prevenir y corregir el mal uso del poder público[621].

El principio de responsabilidad del empleado público es imprescindible para garantizar el correcto funcionamiento de la Administración pública. No basta con establecer principios y deberes, es necesario controlar su cumplimiento y prevenir conductas que atenten contra ellos. Por lo tanto, el legislador ha consagrado el principio de responsabilidad como uno de los

619. España BOE-A-2015-11719 Real Decreto Legislativo 5/2015, de 30 de octubre, por el que se aprueba el texto refundido de la Ley del Estatuto Básico del Empleado Público. (n 607).

620. Morón (n 617).

621. Rafael Jiménez Asensio and Federico A Castillo Blanco, «Informe sobre el empleo público local».

principios básicos del empleado público. Este principio no solo se aplica al personal de las Administraciones públicas en sentido estricto, sino también al régimen del personal al servicio de la Administración de Justicia, de las Cortes Generales y demás asambleas legislativas de las comunidades autónomas, así como del resto de órganos que reconocen la Constitución y los estatutos de autonomía de las comunidades autónomas. El legislador ha incorporado estos principios a los estatutos del personal al servicio de estos poderes y órganos constitucionales y ha establecido el correspondiente sistema de responsabilidad[622].

K) Principio de profesionalidad

Otro principio fundamental del TREBEP, ya que esté principio busca garantizar que los funcionarios desempeñen su labor de manera profesional. Este principio implica el desarrollo de competencias técnicas y la formación continua de los funcionarios para garantizar que estén preparados para enfrentar los desafíos de su trabajo.

En el contexto del TREBEP, se destaca el principio de formación continua como un elemento esencial para garantizar la adaptación constante de los funcionarios a las cambiantes necesidades de la Administración y de la sociedad en general. En este sentido, se considera que la formación continua es un requisito indispensable para mejorar el desempeño profesional y garantizar la actualización constante de los conocimientos y habilidades necesarias para el correcto desempeño de las funciones.

La formación continua se entiende como un proceso integral y permanente, que implica la adquisición de conocimientos, habilidades y destrezas necesarias para la mejora de la calidad del servicio público y el logro de los objetivos institucionales. De esta manera, se busca que los funcionarios públicos estén en capacidad de enfrentar de manera efectiva los retos y desafíos de la sociedad, en un contexto de constantes cambios y transformaciones.

En esa dirección, la formación continua se enfoca en el desarrollo de competencias que permitan a los funcionarios públicos adaptarse a los nuevos desafíos que se presentan en el desempeño de sus funciones. Dichas competencias incluyen habilidades técnicas, comunicativas, de liderazgo, de trabajo en equipo, entre otras. Además, se espera que la formación continua tenga un enfoque práctico, que permita la aplicación de los conocimientos adquiridos en el ámbito laboral, de manera que se logre una mejora efectiva en el servicio que se presta a la ciudadanía.

No obstante, es importante tener en cuenta que la formación continua debe ser entendida como un proceso integral y dinámico, que se adapta a las necesidades de cada funcionario público y de cada organización. En

622. Miguel León Acosta, «La Responsabilidad Del Empleado Público En España» (2019), 10 Revista CES Derecho 605, http://www.scielo.org.co/scielo.php?script=sci_arttext&pid=S2145-77192019000200605, accessed 3 March 2023.

este sentido, es fundamental que se diseñen programas de formación específicos, que respondan a las necesidades y características propias de cada entidad, y que se evalúen de manera continua los resultados obtenidos, con el fin de identificar áreas de mejora y ajustar los programas de formación en consecuencia.

L) Principio de objetividad

Según Gamero Casado y Fernández Ramos, el principio de objetividad se asimila a una conducta honesta y prohíbe las acciones arbitrarias o desprovistas de justificación ética. La prohibición de la arbitrariedad es un medio particularmente adecuado para controlar la discrecionalidad administrativa, y fue con este propósito que se proclamó este principio en la Constitución. La objetividad de la Administración depende del comportamiento de los empleados públicos, ya que las valoraciones de estos últimos se transforman en apreciaciones de la Administración[623].

Según Martínez, el principio de objetividad se atribuye a la Administración supera los elementos personales de la organización administrativa, es decir, los empleados públicos que finalmente actúan en nombre de la Administración. Por esta razón, el artículo 103.3 de la Constitución española establece la necesaria regulación legal de las garantías para la imparcialidad del funcionario en el ejercicio de sus funciones. La objetividad que se espera de la Administración requiere la actuación imparcial de los empleados públicos. Esto significa que, al interpretar o aplicar una norma, o al ejercer una potestad, deben evaluar el caso específico al margen de cualquier subjetividad o consideración personal. Se anula el interés personal y particular del agente en favor de la estricta voluntad de la norma[624].

Por lo tanto, existe una correlación necesaria entre la objetividad de la Administración y la imparcialidad de los funcionarios. Dado que requiere una valoración subjetiva de la realidad, el concepto de objetividad sufre de cierta indeterminación. Esto dificulta su control, especialmente en los casos en que la Administración dispone de un margen de apreciación, como ocurre con el ejercicio de las potestades discrecionales[625].

Dado que la Administración actúa a través de las personas que la integran, la objetividad que se espera de ella es una consecuencia de la imparcialidad con la que actúa el funcionario. Según el autor Martínez, la conexión entre objetividad e imparcialidad es de causa y efecto: cuando la autoridad o el funcionario actúa con imparcialidad, el resultado será la objetividad de la Administración[626].

623. Gamero Casado and Fernández Ramos (n 655) 89.

624. Martínez (n 391) 185.

625. Gamero Casado and Fernández Ramos (n 655) 88–89.

626. Martínez (n 391) 185.

Además, el empleado público debe desempeñar sus funciones con fidelidad institucional al Gobierno. Esto significa que no puede contradecir las directrices del Gobierno, pero sí puede interpretarlas de acuerdo con el interés general. En resumen, no puede obstaculizar el desarrollo del programa gubernamental en función de su propia ideología política y, además, debe actuar sin favoritismos ni discriminaciones. Esto configura la neutralidad del empleado público como otra faceta del deber de objetividad de la Administración

M) Principio de meritocracia

Es fundamental para el cumplimiento de las normas por parte de los empleados públicos, ya que busca alejarlos del incumplimiento y la corrupción. La meritocracia se relaciona con la carrera profesional, puesto que se asegura de que la promoción y el avance en la carrera se basen en el mérito y la capacidad de los funcionarios, en lugar de en criterios ajenos a su desempeño.

La meritocracia es un principio que se aplica en diversas áreas y campos de la sociedad, y tiene una gran importancia en el ámbito de la Administración Pública. El cumplimiento de este principio puede ayudar a garantizar la eficiencia y eficacia en la gestión pública, al promover la selección y promoción de funcionarios capaces y competentes.

En este sentido, es necesario que los procesos de selección y promoción se basen en criterios objetivos y transparentes, como la evaluación del desempeño y el logro de objetivos específicos. De esta manera, se evita la arbitrariedad y se fomenta la igualdad de oportunidades para los empleados públicos, independientemente de su origen social o de su relación con los superiores.

Por otro lado, es importante tener en cuenta que la meritocracia también puede tener sus limitaciones y desventajas. Poniendo como ejemplo, si los criterios de evaluación no son lo suficientemente amplios o completos, pueden excluir a algunos funcionarios que podrían ser valiosos para la organización. Además, puede que el mérito no sea fácil de medir, así como la capacidad de los empleados en algunos casos, lo que puede llevar a una promoción inadecuada o una falta de reconocimiento de los excelentes talentos.

Asimismo, el TREBEP, en su artículo 53, establece los principios éticos que deben guiar la conducta de los funcionarios públicos. Entre estos principios se encuentra el de no discriminación, que establece que los funcionarios públicos deben actuar con imparcialidad y no discriminar a ninguna persona en función de su origen, raza, sexo, orientación sexual, religión, opinión política, situación económica, entre otros[627].

627. España BOE-A-2015-11719 Real Decreto Legislativo 5/2015, de 30 de octubre, por el que se aprueba el texto refundido de la Ley del Estatuto Básico del Empleado Público. (n 607).

Con relación a los principios éticos pueden ayudar al cumplimiento de las normas de los empleados públicos y alejarse del incumplimiento y la corrupción, es importante destacar el papel fundamental de los principios de no discriminación y dedicación al servicio público.

Esta perspectiva indica que la articulación de la moralidad y ética en las leyes y regulaciones no necesariamente inspira el comportamiento deseado en los funcionarios públicos. En cambio, puede ser más efectivo incorporar medidas de aplicación y consecuencias para garantizar el cumplimiento y la alineación con los valores y principios establecidos en estos artículos. Este análisis sugiere que la motivación y el comportamiento ético no se pueden imponer simplemente a través de la legislación, sino que requieren un compromiso más profundo y una comprensión clara de la importancia de estas normas en la práctica diaria[628].

El principio de no discriminación busca garantizar la igualdad de oportunidades y evitar la vulneración de los derechos fundamentales de los ciudadanos, asegurando que la Administración pública actúe de manera justa e imparcial. Es esencial que los funcionarios públicos se adhieran a este principio, ya que su aplicación correcta contribuirá a una gestión pública más equitativa y justa.

Por otro lado, el principio de dedicación al servicio público establece que los funcionarios públicos deben dedicar su tiempo y esfuerzo al servicio de la Administración y al interés general. Este principio es clave para garantizar que los funcionarios públicos actúen con responsabilidad y compromiso en el desempeño de sus funciones, y para asegurar que la Administración pública actúe de manera eficiente y eficaz.

En definitiva, estos principios éticos son herramientas indispensables para fomentar un comportamiento ético y responsable en los empleados públicos, así como para prevenir y combatir la corrupción y el incumplimiento de las normas en la gestión pública. Su correcta aplicación contribuirá a una gestión pública más transparente, justa y eficiente.

El TREBEP también establece, en su artículo 54, los principios de conducta que deben guiar la acción de los funcionarios públicos. Entre estos principios se encuentra el de la lealtad al Estado y a la Constitución, el cual establece que los funcionarios públicos deben actuar con lealtad al Estado y a la Constitución y defender los intereses generales[629]. Es decir, que el principio de lealtad es esencial para garantizar que los funcionarios públicos actúen con responsabilidad y compromiso en el desempeño de sus funcione.

628. Parada Vázquez (n 673) 543.

629. España BOE-A-2015-11719 Real Decreto Legislativo 5/2015, de 30 de octubre, por el que se aprueba el texto refundido de la Ley del Estatuto Básico del Empleado Público. (n 607).

Según Parada Vázquez, la descripción detallada de los artículos 52, 53 y 54 del EBEP parece poco probable que tenga un impacto motivador significativo, dada su naturaleza prolija, grandilocuente, confusa y repetitiva. Argumenta que, en la era actual, los empleados públicos tienden a ignorar los sermones pedagógicos[630]. En esta misma dirección argumenta Fernández Valmayor, sobre el desorden y asistemático de los tres artículos referido[631].

En relación con el cumplimiento de normas de los empleados públicos, es importante destacar la relevancia de los principios éticos y de conducta que inspiran el código de conducta de los empleados públicos. Estos principios, como la objetividad, la integridad, la neutralidad, la responsabilidad, la imparcialidad, la confidencialidad, la dedicación al servicio público, la transparencia, la ejemplaridad, la austeridad, la accesibilidad, la eficacia, la honradez, la promoción del entorno cultural y medioambiental, y el respeto a la igualdad entre mujeres y hombres, pueden ayudar a prevenir el incumplimiento y la corrupción en el servicio público.

Cada uno de estos principios es fundamental para garantizar un comportamiento ético por parte de los empleados públicos. Por ejemplo, la objetividad y la imparcialidad son esenciales para evitar la discriminación y la preferencia indebida en la toma de decisiones. La integridad y la honradez son cruciales para prevenir el fraude y la corrupción; la transparencia y la accesibilidad son importantes para fomentar la participación ciudadana y la confianza en el servicio público; la eficacia y la responsabilidad son necesarias para garantizar que las acciones del servicio público estén orientadas al bien común.

Es relevante mencionar que estos principios pueden presentar tensiones en su aplicación. Por ejemplo, la austeridad puede entrar en conflicto con la eficacia en la prestación del servicio público. Por lo tanto, es necesario un análisis detallado y una evaluación equilibrada de cada situación para garantizar que se cumplan todos los principios de manera coherente y en armonía.

Los principios éticos y de conducta establecidos en el TREBEP son cruciales para entender la normativa que regula el empleo público en España. El respeto a los derechos fundamentales, la imparcialidad, la no discriminación, la dedicación al servicio público y la lealtad al Estado y a la Constitución son los principios relevantes que buscan garantizar una Administración pública justa, imparcial, responsable y comprometida. Los autores mencionados anteriormente son solo algunos ejemplos de las muchas voces expertas que se han pronunciado al respecto y que contribuyen al desarrollo y la comprensión de estos principios.

630. PARADA VÁZQUEZ (n 673) 543.

631. José Luis CARRO FERNÁNDEZ-VALMAYOR, «Ética Pública y Normativa Administrativa» [2010], Revista de administración pública 9, 21.

3.2.2. Construyendo un legado de Integridad: códigos éticos para los empleados públicos

La ética en la función pública es un tema de creciente preocupación en las democracias contemporáneas, particularmente debido a la importancia de preservar la integridad, la transparencia y la responsabilidad en el ejercicio de la función pública. La adopción de códigos de ética en España ha sido una herramienta clave para abordar estos desafíos, proporcionando un marco normativo que orienta el comportamiento de los empleados públicos. En este contexto, se analizará la importancia de los códigos de ética en España, su evolución histórica y el impacto en el fomento del cumplimiento de las normas y la prevención de la corrupción.

Según la recomendación del GRECO 88[632], se insta a adoptar y hacer accesible al público un código de conducta para el personal con altas funciones ejecutivas, y complementarlo con medidas prácticas como directrices escritas, asesoramiento confidencial y formación específica. En respuesta, la autoridad española menciona que el código de conducta de los empleados públicos, incluido en el Estatuto Básico del Empleado Público (Real Decreto Legislativo 5/2015), debe tenerse en cuenta para interpretación. Además, muchas entidades e instituciones públicas nacionales han adoptado sus propios códigos de conducta. En el marco del IV Plan de Gobierno Abierto (2020-2024) (eje 3), se espera que se avance en la adopción de nuevos códigos de conducta en la Administración pública y en el desarrollo de medidas de apoyo para su implementación[633]. La cuestión principal planteada por el GRECO es la necesidad de establecer un código único para los empleados públicos, lo cual resulta difícil de entender y seguir una norma cuando está dividida en varias partes.

El cumplimiento de las normas y la lucha contra la corrupción en el sector público son temas de gran relevancia en la actualidad. En esa relevancia, los códigos éticos juegan un papel fundamental en la promoción del comportamiento ético y la prevención de la corrupción en el ámbito público, ya que son un conjunto de normas y principios que guían la conducta de los empleados públicos en el ejercicio de sus funciones.

Según Ponce Solé, los códigos de ética han sido históricamente percibidos como proclamaciones generales de valores y principios fundamentales que delinean el rol profesional de los servidores públicos. Sin embargo, tradicionalmente se ha prestado escasa atención a cómo estos valores y principios se

632. GRECO, «Informe de Cumplimiento: Quinta Ronda de Evaluación. Prevención de La Corrupción y Promoción de La Integridad En Gobiernos Centrales (Altas Funciones Ejecutivas) y Las Fuerzas y Cuerpos de Seguridad» (2021), GRECO 88 88, https://rm.coe.int/quinta-ronda-de-evaluacion-prevencion-de-la-corrupcion-y-promocion-de-/1680a5f3c2, accessed 14 June 2023.

633. GRECO (n 184) 05.

aplican en situaciones concretas. En contraposición, los códigos de conducta suelen establecer estándares de comportamiento específicos que se esperan en un amplio espectro de diversas circunstancias de la vida real. Estos representan las preferencias o requerimientos de una organización pública en lo que respecta a la interpretación de dichos principios y valores[634].

En España, existen distintos códigos éticos aplicables a diferentes niveles de la Administración Pública, incluyendo el ámbito estatal, autonómico y local.

«El código de conducta de los altos cargos de la Administración general del Estado», aprobado por el Real Decreto 176/2008, establece principios y normas de conducta aplicables a los altos cargos en la Administración General del Estado (Real Decreto 176/2008). Este código se basa en valores como la transparencia, la integridad, la eficacia y la eficiencia, la imparcialidad, la confidencialidad y la responsabilidad.

Además de incluirse esos principios, sumando a ellos la honestidad, también se destaca la presencia de obligaciones que deben ser cumplidas por parte de los altos cargos como hacer más transparente su vida personal declarando bienes y rentas, prevenir el conflicto de interés y no aceptar regalos o beneficios que puedan ser sospechosos.

En el ámbito autonómico, diversas comunidades autónomas han desarrollado códigos éticos propios para sus empleados públicos. Por ejemplo, el código ético de la función pública de Cataluña, aprobado por el Decreto 12/2009, establece principios y valores que deben guiar la actuación de los empleados públicos en la Administración catalana.

Otro ejemplo, que es referencia para toda España en materia de combate a corrupción y código de ética Valencia, es la Ley 4/2021, de 16 de abril, de la Función Pública Valenciana, que tiene como objetivo estabilizar y mejorar la función pública en la Comunidad Valenciana, garantizando la profesionalización, la igualdad de oportunidades y la eficiencia en la gestión pública. En el preámbulo de la ley se destaca la importancia de la Administración pública en la sociedad democrática y su responsabilidad de garantizar la buena administración y la igualdad de oportunidades para los ciudadanos. La ley busca estabilizar el modelo actual y proporcionar soluciones para los problemas identificados en la función pública valenciana, como la temporalidad en las plantillas públicas y la falta de provisión regular de puestos. Además, se pretende dotar a la administración de herramientas que permitan contar con una función pública profesionalizada y competente, que cumpla con los valores de mérito y eficacia.

La ley se enmarca en el estatuto básico del empleado público y en la competencia exclusiva de la Generalitat en materia de desarrollo legislativo del régimen estatutario de sus funcionarios. Su redacción se estructura en 11

634. Solé (n 576) 107.

títulos, con 191 artículos, 31 disposiciones adicionales, 13 transitorias, 1 derogatoria y 4 finales.

Esta ley también crea la Comissió Intersectorial de l'Ocupació Pública de la Generalitat, órgano de coordinación e interlocución entre los ámbitos de la Administración de la Generalitat, sanidad, educación y justicia y el sector público instrumental de la Generalitat. Además, la Ley 4/2021 busca mejorar la función pública en la Comunidad Valenciana, estabilizando el modelo actual, dotando a la administración de herramientas innovadoras y estableciendo una estructura y ordenación del empleo público competente y profesionalizada.

En el ámbito local, varios ayuntamientos y entidades locales han adoptado códigos éticos para regular la conducta de sus empleados públicos. Estos códigos varían según el ente local, pero generalmente promueven valores como la transparencia, la integridad, la imparcialidad y la responsabilidad.

A continuación, se presentan algunas de las características y componentes habituales de estos códigos éticos de Administración general del Estado: Primariamente, la integridad, los códigos éticos suelen subrayar la necesidad de que los empleados públicos actúen con integridad en todas sus acciones. Esto implica evitar cualquier comportamiento que pueda dar lugar a conflictos de intereses y actuar siempre de manera honesta y justa. Segundo, la transparencia. Los códigos también subrayan la importancia de la transparencia en todas las operaciones y decisiones. Esto implica compartir información de manera abierta y accesible, y actuar de manera transparente en todas las actividades. Tercero, la imparcialidad. Los empleados públicos están llamados a actuar de manera imparcial, evitando favoritismos y tomando decisiones basadas únicamente en criterios objetivos y justos. Cuarto, la responsabilidad. Los códigos éticos instan a los empleados públicos a asumir la responsabilidad de sus acciones y a rendir cuentas cuando sea necesario. La última, las conductas que estos códigos buscan evitar suelen estar relacionadas con la corrupción, el nepotismo, el favoritismo, el abuso de poder y otros comportamientos no éticos. Así, se promueve la adopción de prácticas que eviten la corrupción, como la declaración de conflictos de intereses, la limitación de los regalos y las atenciones, y la prohibición de aceptar sobornos.

Por lo general, estos códigos pueden clasificarse según su enfoque. Algunos códigos pueden centrarse más en la prescripción de comportamientos concretos (enfoque de cumplimiento), mientras que otros pueden centrarse más en la promoción de valores y principios éticos generales (enfoque de integridad). Ambos enfoques pueden ser útiles para prevenir la corrupción, aunque algunos argumentan que un enfoque basado en la integridad puede ser más efectivo a largo plazo. En este sentido, el autor Kerkhoff *et al.* examina varios casos de corrupción en los Países Bajos y analiza cómo las percepciones y definiciones de integridad pueden cambiar con el tiempo. Este enfoque es particularmente pertinente, ya que ofrece una perspectiva sobre cómo las normas y expectativas de integridad y comportamiento ético pueden evolucionar y cómo las técnicas de «nudge» y «compliance» podrían adaptarse a estos cambios dinámicos[635].

Recuerda GRECO que para España una característica esencial de un código de conducta es su naturaleza dinámica, lo que implica el desarrollo de medidas prácticas para su implementación[636].

En conclusión, España cuenta con diversos tipos penales en su Código Penal para sancionar a los funcionarios públicos que incumplan sus obligaciones y cometan actos de corrupción, así como con códigos éticos en distintos niveles de la Administración pública, que buscan fomentar una conducta íntegra y responsable en el ejercicio de sus funciones. Estas herramientas normativas son fundamentales para prevenir y combatir el incumplimiento y la corrupción en el sector público, y garantizar la transparencia, eficiencia y calidad en la prestación de servicios a la ciudadanía.

3.2.3. La estructura de la carrera profesional en el empleo público

La carrera profesional es un elemento clave para el desarrollo de la función pública y el cumplimiento de sus objetivos. La estructuración adecuada de la carrera profesional en el empleo público es un mecanismo normativo efectivo para fomentar el cumplimiento de normas por parte de los empleados públicos, de tal forma que se alejen del incumplimiento normativo y de la posible corrupción. La estructuración del empleo público y de la carrera de los funcionarios en España se rige por la Constitución española. Según esta, los funcionarios en España se dividen en tres categorías: funcionarios de carrera, funcionarios temporales y funcionarios laborales.

Los funcionarios interinos son aquellos que ocupan una plaza temporalmente, mientras se celebra un proceso selectivo para cubrir la vacante de forma permanente.

Por último, los laborales son aquellos que no tienen estabilidad en el empleo y cuyas relaciones laborales están reguladas por el derecho laboral privado.

---

635. Toon Kerkhoff and Patrick Overeem, «The Fluidity of Integrity: Lessons from Dutch Scandals» (2021), 23 Public Integrity 82, https://www.tandfonline.com/doi/full/10.1080/10999922.2020.1826139, accessed 6 December 2023.

636. GRECO, «Informe de Cumplimiento: Quinta Ronda de Evaluación. Prevención de La Corrupción y Promoción de La Integridad En Gobiernos Centrales (Altas Funciones Ejecutivas) y Las Fuerzas y Cuerpos de Seguridad» (2021), GRECO 88 88, https://rm.coe.int/quinta-ronda-de-evaluacion-prevencion-de-la-corrupcion-y-promocion-de-/1680a5f3c2, accessed 14 June 2023.

En cuanto a la carrera profesional del funcionario público, esta se rige por el sistema de antigüedad, mediante el cual los funcionarios van ascendiendo en el escalafón según el tiempo de servicio. Además, también existe la posibilidad de ascenso por mérito, mediante la realización de cursos de formación y la superación diferentes pruebas construidas como exámenes.

Así, la estructuración del empleo público y la carrera profesional del funcionario público en España está regulada por la ley y se basa en la estabilidad en el empleo, en el ascenso por antigüedad y en el ascenso por mérito.

En este sentido, la exposición de motivos afirma que debe facilitarse la promoción interna de todos los empleados que hayan adquirido las habilidades y los requisitos necesarios para la progresión profesional de niveles inferiores a superiores.

La carrera profesional de los funcionarios públicos es un tema central en el programa de reformas del gobierno vigente en 2023. La idea es mejorar la eficacia del sistema y los estímulos y expectativas de los funcionarios mediante la introducción de modelos de carrera horizontal, basada en el desarrollo de las competencias y el rendimiento. Además, se busca facilitar la promoción interna de los empleados que adquieran las competencias y requisitos necesarios para progresar en su carrera, a fin de no limitar las oportunidades de quienes tienen interés y deseo de alcanzar mayores responsabilidades. El TREBEP ofrece una concepción global y completa de la figura de la carrera profesional y plantea un cambio de cultura en la ordenación de la carrera profesional, en la que la Administración empleadora está implicada en el desarrollo de la carrera de sus funcionarios.

La Comisión en un informe considera que la regla básica de dotación de personal para los funcionarios garantiza que las agencias administrativas se basen en la experiencia y el trabajo realizado por los funcionarios, y no en la movilidad jerárquica o vertical para la promoción a puestos superiores. La Comisión propone permitir un sistema de carrera horizontal basado en las percepciones, de tal forma que sea presentado por modalidades equivalentes, número de categorías, criterios para pasar de una categoría a otra y premios correspondientes a cada categoría[637].

En el TREBEP se estableció el artículo 16, que indica que existe la posibilidad de aplicar alguna de las siguientes modalidades: carrera vertical, carrera horizontal, promoción interna vertical y promoción interna horizontal[638]. Bajo

637. Ministerio De Administraciones Públicas, *Informe de la comisión para el estudio y preparación del Estatuto Básico del Empleado Público* (Orden APU/3018/2004, de 16 de septiembre, Instituto Nacional de Administración Pública 2005) P.107, https://bci.inap.es/material-informe-de-la-comisión-para-el-estudio-y-preparación-del-estatuto-básico-del-empleado accedido el 9 de noviembre de 2022.

638. España BOE-A-2015-11719 Real Decreto Legislativo 5/2015, de 30 de octubre, por el que se aprueba el texto refundido de la Ley del Estatuto Básico del Empleado Público. (n 607).

el juicio de Palomar Olmeda, esta regla permite a cada organización la libertad de elegir el sistema de carrera que estime más beneficioso para sus intereses y los de la organización, y permite deshacer una de las interpretaciones más complicadas introducidas, especialmente la que se considera adecuada. Los llamados transportadores horizontales no están disponibles y se están convirtiendo en una disposición obligatoria para todas las organizaciones[639].

En este sentido, asegura que la Administración pública es la que determina el modelo de carrera y lo hace de manera única o simultánea, lo que implica que incluso los grupos de servidores públicos de una organización no tienen por qué ser homogéneos por sus propias características y sus respectivas formas. Por ende, la carrera funcionarial puede haber diferentes sistemas de carrera dentro de su organización[640].

Otro tópico relacionado con la carrera profesional que también debe ser abordado es la movilidad y el derecho de inamovilidad del empleado público, en la cual tiene el derecho y la estabilidad de decidir ejercer sus funciones sin tener la presión o riesgo de tener que cambiar de funciones de puesto por presiones políticas, indicado desde el informe presentado y establecido en el Estatuto Básico del empleado público, así como en los artículos 14 y siguientes y 81[641].

El informe que, a la fecha de 25 de abril de 2005[642], ya se resaltaba, entre otras cosas, que las normas básicas que faciliten la movilidad de los empleados entre las distintas Administraciones Públicas. Justificaba la comisión que las organizaciones solo serán muy eficientes si saben cómo poner a trabajar a las personas más talentosas en su debido sitio. Además, sin perjuicio de otros factores objetivos, el sistema de provisión de los puestos de servicio público debe basarse en los principios constitucionales de igualdad, mérito y capacidad, tal como se recoge en la jurisprudencia del Tribunal Constitucional. Los servidores públicos en los sistemas de contratación justos son

639. Palomar Olmeda, «Derechos, deberes y Código de Conducta. Especial referencia a la carrera profesional y a la formación», (Madrid, 2021) (p. 250-251)

640. Palomar Olmeda, «Derechos, deberes y Código de Conducta. Especial referencia a la carrera profesional y a la formación», (Madrid, 2021) (p. 250-251)

641. Ministerio De Administraciones Públicas, *Informe de la comisión para el estudio y preparación del Estatuto Básico del Empleado Público* (Orden APU/3018/2004, de 16 de septiembre, Instituto Nacional de Administración Pública 2005) P.13, https://bci.inap.es/material-informe-de-la-comisión-para-el-estudio-y-preparación-del-estatuto-básico-del-empleado accedido el 9 de noviembre de 2022.

642. Ministerio De Administraciones Públicas, *Informe de la comisión para el estudio y preparación del Estatuto Básico del Empleado Público* (Orden APU/3018/2004, de 16 de septiembre, Instituto Nacional de Administración Pública 2005) P.13, https://bci.inap.es/material-informe-de-la-comisión-para-el-estudio-y-preparación-del-estatuto-básico-del-empleado accedido el 9 de noviembre de 2022.

fundamentales para sus perspectivas de promoción y un factor importante en su participación, compromiso y motivación[643].

La estructuración adecuada de la carrera profesional se puede realizar a través de la aplicación de mecanismos normativos que establezcan las bases para la promoción profesional en función del mérito y la capacidad. Estos mecanismos normativos deben estar diseñados para garantizar que el ascenso en la carrera profesional se realice en función de criterios objetivos y no discriminatorios.

Entre los mecanismos normativos que pueden fomentar el cumplimiento de normas en el empleo público, se encuentra la carrera profesional horizontal. La carrera profesional horizontal se refiere a la progresión en el mismo puesto de trabajo a través de la adquisición de nuevos conocimientos y habilidades, y sin necesidad de cambiar de puesto o categoría.

3.3. Los límites del derecho administrativo sancionador y derecho penal como última ratio

El derecho penal en el Estado de derecho se encuentra en una encrucijada entre el espíritu de nuestro tiempo y la Constitución. Por un lado, la tendencia a expandir el uso del derecho penal como medida para resolver conflictos sociales, y por otro, la necesidad de proteger los derechos fundamentales y garantizar su cumplimiento en un Estado de derecho.

La teoría del derecho penal del Estado de derecho ha desarrollado el concepto de última ratio[644], que, como su propio nombre indica, señala que el uso de la sanción penal debe ser considerado como el último recurso cuando no existan otras medidas jurídicas menos drásticas para resolver el conflicto.

643. Ministerio De Administraciones Públicas, *Informe de la comisión para el estudio y preparación del Estatuto Básico del Empleado Público* (Orden APU/3018/2004, de 16 de septiembre, Instituto Nacional de Administración Pública 2005) P.117, https://bci.inap.es/material-informe-de-la-comisión-para-el-estudio-y-preparación-del-estatuto-básico-del-empleado accedido el 9 de noviembre de 2022.

644. En este sentido, *vid.* Faustino García de la Torre, «Crisis del principio penal de ultima ratio ¿Debemos retomar la orientación constitucional del Derecho penal?» [2021], Anales de la Cátedra Francisco Suárez 131, https://revistaseug.ugr.es/index.php/acfs/article/view/16747, accessed 3 February 2023; Matthias Jahn and Dominik Brodowski, «Das Ultima Ratio-Prinzip Als Strafverfassungsrechtliche Vorgabe Zur Frage Der Entbehrlichkeit von Straftatbeständen» (2017), 129 Zeitschrift für die gesamte Strafrechtswissenschaft 363, https://www.degruyter.com/document/doi/10.1515/zstw-2017-0015/html, accessed 5 January 2023; Marc Salat Paisal, «El Derecho Penal Como Prima Ratio: La Inadecuación Del Derecho Administrativo Sancionador y La Necesidad de Bscar Soluciones En El Seno Del Derecho Penal», [2019], Revista General de Derecho Administrativo 15, https://laadministracionaldia.inap.es/noticia.asp?id=1509744, accessed 10 May 2023; Cerezo Mir, José (n 820); Vázquez (n 787).

Este concepto ha sido objeto de debate entre la doctrina penal y la dogmática de los derechos fundamentales, que han abogado por su vinculación a los poderes públicos y su capacidad limitadora.

Autores como Crespo[645] y Greco[646] argumentan que el derecho penal mínimo es también el máximo permitido por la Constitución y que el uso del derecho penal debe ser verdaderamente constitucional. Por su parte, Donini y Gärditz[647] analizan las técnicas y modelos regulativos de un derecho penal orientado a la Constitución, mientras que Jahn y Brodowski[648] examinan la relación entre el principio de última ratio y el derecho penal.

En la misma línea, Isensee[649] defiende la idea de que los derechos fundamentales son tanto derechos de defensa como deberes de protección del Estado. Además, Greco plantea que no existen deberes absolutos de castigar, y que el uso del derecho penal debe ser coherente con los derechos fundamentales y la Constitución[650].

El principio de última ratio es un concepto primordial en el derecho penal y en el derecho público en general. Este principio, que proviene de las ideas ilustradas que inspiraron la creación del Estado constitucional moderno, establece que el uso de medios punitivos por parte del Estado debe ser una última opción y solamente debe recurrirse a ellos cuando no existan otros medios más adecuados y eficaces.

Sin embargo, en la práctica, el derecho penal positivo parece no respetar este principio, lo que hace necesario un refuerzo de este concepto a través del derecho constitucional. Algunas teorías como la de Brodowski[651] tienen un gran potencial para limitar la actuación del derecho penal, mientras que

645. Eduardo Demetrio Crespo, *El Derecho Penal Del Estado de Derecho Entre El Espíritu de Nuestro Tiempo y La Constitución* (Editorial Reus 2021), https://www.editorialreus.es/media/pdf/primeraspaginas_9788429023152el-derecho-penal-y-constitucion-reus.pdf, accessed 3 February 2023.

646. Luís Greco, «Verfassungskonformes Oder Legitimes Strafrecht? Zu Den Grenzen Einer Verfassungsrechtlichen Orientierung Der Strafrechtswissenschaft», *Strafrecht und Verfassung* (Nomos Verlagsgesellschaft mbH & Co KG 2013).

647. Gärditz, K. F. (2016),. Demokratizität des Strafrechts und Ultima Ratio-Grundge-setz. Juristen Zeitung nª 13, 641-650.

648. Jahn and Brodowski (n 824).

649. Josef Isensee, «Das Grundrecht Als Abwehrrecht Und Als Staatliche Schutzpflicht» (1992), 9 Handbuch des Staatsrechts der Bundesrepublik Deutschland 413, https://mediendb.hjr-verlag.de/cfmueller/texte/leseprobe/9783811499928_leseprobe_03.pdf, accessed 10 January 2023.

650. Luís Greco, «Por Que Inexistem Deveres Absolutos de Punir» (2017), 1 Católica Law Review 115, https://revistas.ucp.pt/index.php/catolicalawreview/article/view/1991, accessed 2 February 2023.

651. Jahn, M., & Brodowski, D. (2016),. Krise und Neuaufbau eines strafverfassungsrechtlichen Ultima Ratio-Prinzips. Juristen Zeitung nº 20, 969-980.

otras, como la de Gärditz[652], son rechazadas por su incompatibilidad con el Estado constitucional de derecho.

En la aplicación real, parece que el derecho penal positivo puede no adherirse rigurosamente al principio de legalidad, lo que pone de relieve la necesidad de reforzar este concepto a través del Derecho constitucional. Teorías como las de Jahn y Brodowski[653] poseen un potencial significativo para limitar el alcance del derecho penal, en tanto que otras propuestas, como la de Gärditz[654], son rechazadas debido a su incompatibilidad con el Estado constitucional de derecho.

De acuerdo con la Sentencia de la Sala de lo Penal del Tribunal Supremo, del 27 de noviembre de 2009, se menciona que la grave situación alcanzada en España en cuanto a la ordenación del territorio y la destrucción del paisaje, a pesar de contar con normativas legales y administrativas, justifica la necesidad de recurrir al derecho penal como última medida debido a la ineficacia de la disciplina administrativa.

La importancia de estas teorías en el contexto del control de la corrupción y el cumplimiento radica en su capacidad para definir y limitar el alcance de la acción penal. En un sistema en el que las leyes penales son claras, predecibles y se aplican de manera coherente, existe una mayor probabilidad de que los individuos se adhieran a la ley y eviten comportamientos corruptos.

En este sentido, prevenir significa establecer una serie de mecanismos legales y regulatorios que disuadan a los individuos de participar en actividades corruptas. Esto puede implicar la creación de leyes más claras y precisas, la mejora de los mecanismos de rendición de cuentas y la implementación de sanciones efectivas y proporcionales para aquellos que infrinjan la ley.

La teoría de Brodowski[655], por ejemplo, al limitar la actuación del derecho penal, establece un marco jurídico que se enfoca en los delitos más graves, asegurando que la corrupción, especialmente a niveles altos, sea tratada de manera efectiva.

Por otro lado, la propuesta de Gärditz[656], que ha sido rechazada por su incompatibilidad con el Estado constitucional de Derecho, nos recuerda la importancia de equilibrar la necesidad de controlar la corrupción con el res-

---

652. GÄRDITZ, K. F. (2016),. Demokratizität des Strafrechts und Ultima Ratio-Grundge-setz. Juristen Zeitung nª 13, 641-650.

653. JAHN, M., & BRODOWSKI, D. (2016),. Krise und Neuaufbau eines strafverfassungsrechtlichen Ultima Ratio-Prinzips. Juristen Zeitung nº 20, 969-980.

654. GÄRDITZ, K. F. (2016),. Demokratizität des Strafrechts und Ultima Ratio-Grundge-setz. Juristen Zeitung nª 13, 641-650.

655. JAHN, M., & BRODOWSKI, D. (2016),. Krise und Neuaufbau eines strafverfassungsrechtlichen Ultima Ratio-Prinzips. Juristen Zeitung nº 20, 969-980.

656. GÄRDITZ, K. F. (2016),. Demokratizität des Strafrechts und Ultima Ratio-Grundge-setz. Juristen Zeitung nª 13, 641-650.

peto a los derechos y libertades fundamentales garantizados por la constitución. Esto subraya la necesidad de un enfoque medido y proporcional al abordar la corrupción, uno que mantenga el equilibrio entre la eficacia del control de la corrupción y el respeto a los principios fundamentales del Estado de derecho. En un Estado de derecho, concretamente en cuanto al derecho penal mínimo que resulta de las obligaciones estatales de protección y el máximo permitido por los derechos de defensa, se indica que no existe un margen entre ambos. El uso del derecho penal solamente estaría justificado por la ausencia de otros medios igualmente eficaces y estaría subordinado a las libertades constitucionales.

Hay una intensa discusión sobre si el principio de última ratio en la ley penal funciona mejor como un límite vinculante para el legislador o si solo puede aspirar a tener un impacto en la mente prudente del legislador. Según el trabajo de Gracia, se defiende que el principio de última ratio es un verdadero límite vinculante para el legislador, ya que la medida mínima de intervención punitiva exigible por la Constitución es, a su vez, la máxima intervención permitida en las libertades fundamentales. La conjugación de los deberes estatales de defensa de los derechos fundamentales con las prohibiciones que constituyen las libertades frente a la sanción se convierte en el derecho penal mínimo exigido y a su vez máximo permitido por la Constitución[657].

Este principio es de gran relevancia para el control de la corrupción por varias razones. En primer lugar, el principio de última ratio[658] asegura que el poder punitivo del Estado no se ejerza de manera excesiva o arbitraria, lo que es fundamental para preservar la confianza en las instituciones del Estado y prevenir prácticas corruptas. Los individuos son más propensos a respetar y adherirse a un sistema legal que perciben como justo y equitativo.

En segundo lugar, al establecer un límite a la intervención punitiva, este principio también puede ayudar a garantizar que los esfuerzos para combatir la corrupción no violen los derechos fundamentales. Es esencial que las medidas adoptadas para prevenir y sancionar la corrupción respeten los derechos y libertades de los individuos. De lo contrario, podríamos caer en un escenario en el que «todo vale» en la lucha contra la corrupción, lo que podría llevar a abusos de poder y violaciones de los derechos humanos.

Finalmente, el principio de última ratio también puede contribuir a un uso más eficiente de los recursos en la lucha contra la corrupción. Al requerir que el derecho penal se utilice como último recurso, se fomenta la búsqueda de otras medidas preventivas y correctivas, posiblemente más eficaces y menos costosas, para abordar la corrupción.

---

657. García de la Torre, F. (2021),. Crisis del principio penal de ultima ratio. ¿Debemos retomar la orientación constitucionalOU del derecho penal? Anales de la Cátedra Francisco Suárez. Protocolo I, pp. 131-154.

658. Lisandro Ozafrain, «El Principio de Ultima Ratio» (PhD Thesis, Universidad Nacional de La Plata 2017).

En este sentido, afirma Bacigalupo que la determinación del estatus que corresponde al «principio de intervención mínima» dentro del marco jurídico español no es una tarea sencilla. Las descripciones de su esencia suelen variar significativamente[659]. Con frecuencia se interpreta en el sentido de que el hecho penal se debe considerar como el último recurso de la política social, y que el derecho penal debe limitarse a la protección de los bienes jurídicos. En parte, es un principio de la política criminal que se relaciona con su eficacia, pero también tiene que ver con la amplitud otorgada al derecho penal en el Estado[660].

Desde esta última perspectiva, se podría considerar la posibilidad de que existan ciertos límites suficientemente objetivos que el derecho penal no debería sobrepasar en un Estado democrático de derecho. No obstante, resulta difícil concebir límites que sean distintos de los ya analizados al examinar las demás garantías constitucionales. Por esta razón, es probable que el principio de intervención mínima no disponga de la autonomía necesaria para ocupar un lugar independiente entre los principios del derecho penal[661].

Además, el papel de la sanción en el derecho penal en cuanto a evitar la corrupción en la función pública se ha vuelto cada vez más relevante y ha generado un debate intensivo sobre la eficacia de la sanción penal en la prevención de la corrupción y sobre el papel que deben desempeñar el derecho administrativo sancionador y el derecho penal como última ratio.

El derecho administrativo sancionador es una rama del derecho que regula las sanciones impuestas por la Administración pública a sus funcionarios o a terceros que han cometido una infracción. Por otro lado, el derecho penal como última ratio es el que solo debe ser aplicado en casos en los que no existen otros medios igualmente eficientes para salvaguardar los derechos fundamentales.

De acuerdo con Torres, el sistema de derecho administrativo sancionador francés ha sido objeto de reflexión y análisis durante varios años, con el objetivo de garantizar los derechos y libertades constitucionales de los ciudadanos y establecer un equilibrio entre el ejercicio de la potestad sancionadora por parte de las autoridades administrativas y la protección de los derechos individuales. El Derecho administrativo sancionador francés se refiere al conjunto de normas y principios que regulan el ejercicio de la potestad sancionadora por parte de las autoridades administrativas en Francia. Este ámbito del derecho se ocupa de las sanciones impuestas por las

659. Véase a Mir Puig, *Ibid.*, pp. 126 y ss.; José A. Sainz Cantero, Lecciones, p. 36; QUINTERO OLIVARES, Introducción, p. 48; Rodríguez Mourullo, Derecho penal, Parte General, i, pp. 52 y ss.

660. Enrique Bacigalupo Zapater, «Manual de Derecho Penal Parte General» [1996], Editorial Temis SA, Santa Fe de Bogotá, Colombia 32.

661. *Ibid.*

administraciones públicas en el marco de sus competencias y prerrogativas de poder público. Además, el Derecho administrativo sancionador francés abarca diversas áreas, como el incumplimiento de obligaciones administrativas, infracciones a las normas y reglamentos, sanciones disciplinarias, medidas de policía, entre otras. Estas sanciones pueden ser de carácter administrativo y no implicar privación de libertad, pero aun así tienen un carácter punitivo[662].

En el contexto de la corrupción en la función pública, el Derecho Administrativo sancionador ha demostrado ser un medio eficaz para prevenir y combatir la corrupción. Los códigos de ética pública, el *compliance*, la capacitación de empleados públicos y por último, la sanción administrativa es una herramienta útil para evitar la corrupción en la función pública, ya que permite la imposición de sanciones rápidas y efectivas a los funcionarios públicos que cometan actos de corrupción.

Sin embargo, muchos autores argumentan que el Derecho Administrativo sancionador tiene limitaciones y que la sanción penal debe ser utilizada como última ratio en casos de corrupción en la función pública. Según Prittwitz, la sanción penal es un medio eficaz para prevenir la corrupción en la función pública porque tiene un impacto psicológico más fuerte en los potenciales corruptos que la sanción administrativa[663]. Además, la sanción penal es más efectiva para desalentar la corrupción en la función pública porque es más difícil de eludir y es más severa que la sanción administrativa, por lo que tiene un mayor impacto en la toma de decisiones del individuo.

El derecho penal tiene un papel importante en la prevención de la corrupción en la función pública. La legislación penal española contempla diversos delitos relacionados con la corrupción en la función pública, tales como el tráfico de influencias, el cohecho, la prevaricación y el fraude en la Administración pública, entre otros. Estos delitos son sancionados con penas privativas de y multas, teniendo como objetivo castigar y prevenir la conducta corrupta de los funcionarios públicos.

Sin embargo, el derecho penal no es la única herramienta para prevenir la corrupción en la función pública. Otros mecanismos, como la transparencia, la rendición de cuentas y la participación ciudadana, son igual de relevantes para prevenir la corrupción. Además, el derecho penal no es una panacea, ya que la sanción penal puede tener efectos negativos, como la violación de los derechos humanos o la inseguridad jurídica.

---

662. Juan Ramón Fernández Torres, «La potestad sancionadora en el Derecho comparado. Francia (I)» (2009), 282–283 Documentación administrativa 7, https://produccioncientifica.ucm.es/documentos/5d399a14299952068445deb0, accessed 27 June 2023.

663. Cornelius Prittwitz, «Das Strafrecht: Ultima Ratio, Propria Ratio Oder Schlicht Strafrechtliche Prohibition?» (2017), 129 Zeitschrift für die gesamte Strafrechtswissenschaft 390, https://www.degruyter.com/document/doi/10.1515/zstw-2017-0017/html?lang=en, accessed 4 January 2023.

El derecho administrativo sancionador es un conjunto de normas y procedimientos que regulan las acciones y omisiones de los funcionarios públicos que incumplen sus obligaciones o cometen infracciones en el ejercicio de sus funciones. El TREBEP es la norma fundamental que regula la potestad sancionadora de la Administración pública sobre sus funcionarios.

En el ámbito de la prevención de la corrupción en la función pública, el derecho administrativo sancionador juega un papel fundamental como mecanismo de organización y control. La sanción administrativa tiene una función preventiva, ya que tiene como objetivo evitar la comisión de infracciones en el futuro.

La sanción penal, por otro lado, se considera como una «última ratio» en la lucha contra la corrupción en la función pública, puesto que solo se aplica en casos graves y comprobados de corrupción. Sin embargo, su aplicación tiene un gran impacto simbólico y puede contribuir a la creación de una cultura de integridad y transparencia en la función pública.

Tanto la doctrina como la jurisprudencia admiten que la facultad sancionadora de la Administración constituye una parte integral del *ius puniendi* estatal, junto con el derecho penal. Estas dos dimensiones conforman lo que, en términos generales, puede denominarse *ius publicum penale.* La delimitación de las garantías y principios que deben guiar el ejercicio de la potestad sancionadora se ha venido desarrollando en conformidad con la Constitución, aproximando técnicas y criterios forjados y consolidados en el ámbito del derecho penal. No obstante, esto no implica una homogeneización total con el sistema punitivo que corresponde a los tribunales. El debate histórico acerca de las diferencias cualitativas o cuantitativas entre el ilícito penal y el ilícito administrativo, aunque se centra fundamentalmente en los ilícitos, tiende hacia posiciones eclécticas, con un predominio de la opinión que sostiene que nos enfrentamos a diferencias no sustanciales[664].

El derecho administrativo sancionador y el derecho penal, aunque poseen características distintivas, cumplen un rol fundamental en la regulación y control del comportamiento social. La función punitiva del Estado puede manifestarse a través de sanciones administrativas o penales, dependiendo de la naturaleza del acto ilícito y la gravedad de la conducta en cuestión.

Un análisis profundo de los principios y garantías que rigen estos dos ámbitos del *ius publicum penale* revela una serie de similitudes y diferencias en sus enfoques y objetivos. En el ámbito del derecho penal, la sanción tiene como objetivo primordial la retribución y prevención de conductas ilícitas que atenten contra bienes jurídicos fundamentales, como la vida, la integri-

664. Adela Asúa Batarrita, «La Tutela Penal Del Correcto Funcionamiento de La Administración. Cuestiones Criminales y Criterios de Interpretación», *Delitos contra la Administración Pública* (Oñate: Instituto Vasco de Administración Pública 1997) 42.

dad física, la propiedad, entre otros. Por otro lado, el derecho administrativo sancionador busca garantizar el cumplimiento de normas y regulaciones que, aunque no afecten directamente a bienes jurídicos fundamentales, son esenciales para el buen funcionamiento de la sociedad y la promoción del interés general[665].

Por ejemplo, una persona que comete un homicidio será juzgada y sancionada de acuerdo con el derecho penal, mientras que una empresa que incumple con ciertas normas medioambientales será sancionada conforme al derecho administrativo sancionador. Aunque ambos casos involucran actos ilícitos, el primero atenta directamente contra un bien jurídico fundamental (la vida), mientras que el segundo afecta al interés general y al orden público.

En cuanto a las garantías procesales, tanto el derecho penal como el administrativo sancionador se rigen por principios como el debido proceso, la presunción de inocencia, el derecho a la defensa y la proporcionalidad de las sanciones. No obstante, existen diferencias en la aplicación de estos principios en cada ámbito. Por ejemplo, el derecho penal tiende a ser más riguroso en cuanto a las garantías procesales debido a la gravedad de las conductas y las sanciones que impone, mientras que el derecho administrativo sancionador puede adoptar un enfoque más flexible en ciertos aspectos, dada su naturaleza reguladora y preventiva.

La combinación de la sanción penal y la sanción administrativa es una herramienta eficaz en la lucha contra la corrupción en la función pública. El derecho penal se considera como «última ratio», es decir, como un recurso último en casos de corrupción más graves.

En España, la Ley Orgánica 2/2015, de 30 de marzo, de Protección de la Seguridad Ciudadana (LOPSC) establece las sanciones administrativas en casos de corrupción en la función pública. Además, la «Ley 39/2015, de 1 de octubre, del procedimiento administrativo común de las Administraciones públicas» establece las normas para llevar a cabo los procedimientos sancionadores en casos de corrupción. De acuerdo con Botija, los procedimientos administrativos pueden iniciarse de oficio o a instancia de parte. En el caso de la iniciación de oficio, será la Administración la que lo lleve a cabo por acuerdo del órgano competente. Por otro lado, cuando el procedimiento se inicie a instancia del interesado, este deberá presentar una solicitud con información detallada, incluyendo su identificación, los hechos, razones y petición de manera clara, así como la firma del solicitante y la identificación del órgano administrativo al que se dirige. En el caso de que varias personas tengan pretensiones similares, podrán presentar una única solicitud, a menos que las normas específicas del procedimiento indiquen lo contrario. Además, se puede exigir un recibo que certifique la fecha y hora de presentación de

665. Paisal (n 824).

las solicitudes, comunicaciones y escritos presentados electrónicamente o en las oficinas de registro de la Administración[666].

Por otro lado, el derecho penal español también establece sanciones en casos de corrupción en la función pública. El Código Penal español, en su título XXII, establece los delitos de corrupción y otros delitos relacionados con la función pública.

En conclusión, el derecho administrativo sancionador es un mecanismo fundamental para prevenir la corrupción en la función pública en España, ya que permite a la Administración pública actuar de manera rápida y eficaz en casos de infracciones cometidas por sus funcionarios. Sin embargo, la sanción penal debe ser utilizada con prudencia, puesto que solamente se aplica en casos graves y comprobados de corrupción.

Por lo tanto, la literatura jurídica apunta a una necesidad de equilibrar el uso del derecho penal en el Estado de derecho para garantizar la protección de los derechos fundamentales y reducir la arbitrariedad en su aplicación. El principio de última ratio es una herramienta clave para alcanzar este equilibrio, y su correcta interpretación y aplicación es esencial para un derecho penal verdaderamente constitucional.

Es cierto que ambos ámbitos presentan diferencias significativas en su aplicación práctica y en la finalidad de la sanción, pero no se puede negar que forman parte de un mismo ordenamiento punitivo, sujeto a unos principios y reglas comunes, con el fin de proteger los bienes jurídicos en juego y garantizar el correcto funcionamiento de la Administración pública. Sin embargo, existe duda en la aplicación de ambos, el derecho administrativo sancionador y el derecho penal.

Cabe señalar que en la sentencia emitida por el Tribunal Supremo, en la Sala del Contencioso, sección 4, el 19 de abril de 2017 (ECLI:ES:TSJCAT:2017:7979), se sostiene que la sanción disciplinaria impuesta en este caso está justificada, pues se consideran los mismos hechos desde la perspectiva de un interés jurídicamente protegido distinto al de la sanción penal, tal y como establece la STC 234/91. Además, se hace referencia a la jurisprudencia del Tribunal Constitucional que avala la duplicidad de sanciones en estas circunstancias. Lo mismo fue argüido en el caso de STSJ CAT 1685/2022 - ECLI:ES:TSJCAT:2022:1685[667].

---

666. Fernando González Botija, «II. Procedimiento administrativo», *Formularios básicos de los ciudadanos con las administraciones públicas: Adaptados a la Ley 39/2015, de 1 de octubre, del Procedimiento Administrativo Común de las Administraciones Públicas, 2016, ISBN 9788491433170, págs. 33-50* (Tirant lo Blanch 2016) 37, https://dialnet.unirioja.es/servlet/articulo?codigo=8358140, accessed 23 June 2023.

667. Consejo General del Poder Judicial, «Tribunal Superior de Justicia de Cataluña Sala de lo Contencioso Administrativo. Sección cuarta. Recurso SALA TSJ 923/2020 - Recurso Ordinario No 399/2020. STSJ CAT 1685/2022 - ECLI:ES:TSJCAT:2022:1685», https://www.poderjudicial.es/search/AN/openDocument/914c4a8c0478495b/20220511, accessed 14 March 2023.

Por otro lado, la Sentencia del Tribunal Constitucional 66/1984, de 6 de junio, aborda la potestad sancionadora de la Administración en el contexto de las relaciones de sujeción especial, específicamente en el caso de un promotor de viviendas de protección oficial. El Tribunal Constitucional señala que las garantías inherentes a los principios punitivos del derecho penal no deben aplicarse en la potestad disciplinaria de la Administración en las relaciones de supremacía especial, ya que esto constituiría un exceso.

De toda manera, la resolución sancionadora analiza si los hechos imputados tienen relevancia en el ámbito disciplinario de los funcionarios públicos, de acuerdo con lo establecido en el capítulo VI del TREBEP, que regula los deberes de los empleados públicos, el código de conducta, los principios éticos y los principios de conducta que estos deben mantener. Según la norma, el comportamiento negativo de la persona sancionada, declarado probado por sentencia, vulnera lo establecido en los artículos 53 de la mencionada norma, ya que se trata de una actuación que no respeta las normas que integran el ordenamiento jurídico y que no se ajusta a los principios de lealtad y buena fe con la Administración, que inspiran el código de conducta de los empleados públicos, configurado por los principios éticos y de conducta regulados en la mencionada norma[668].

De acuerdo con esta jurisprudencia, la sanción disciplinaria y la sanción penal pueden perseguir objetivos distintos, lo que justificaría la duplicidad de sanciones en algunos casos. Por otro lado, el análisis de la relevancia de los hechos imputados en el ámbito disciplinario de los funcionarios públicos resulta fundamental para determinar si se han vulnerado los deberes y principios que estos deben mantener, de acuerdo con el TREBEP. En este sentido, resulta necesario evaluar si el comportamiento del funcionario sancionado se ajusta a los principios éticos y de conducta que deben regir su actuación, de acuerdo con la normativa aplicable. Las sentencias analizadas ponen de manifiesto la relevancia de valorar los hechos imputados desde diferentes perspectivas, para determinar si se han vulnerado deberes y principios establecidos en la normativa aplicable, y justifica la duplicidad de sanciones en algunos casos, en función del interés jurídicamente protegido que se persiga con cada una de ellas. Es importante destacar que, en cualquier caso, debe realizarse un análisis riguroso y equilibrado, que tenga en cuenta los argumentos contrarios y las opiniones discrepantes, para garantizar un enfoque objetivo y equitativo[669].

La sección VII del régimen disciplinario, desde el artículo 93 al 98, establece los lineamientos para el ejercicio de la potestad disciplinaria en relación con los empleados sujetos a este régimen, las faltas y sanciones, la prescripción de ambas y el procedimiento disciplinario correspondiente. No

668. *Ibid.*

669. *Ibid.*

obstante, es importante destacar que, en cuanto a las faltas, el TREBEP solo tipifica las faltas muy graves (art. 95.2), delegando la tipificación de las faltas graves y leves a otras normativas con rango de ley. A pesar de que se establecen algunos principios comunes, el TREBEP divide los regímenes disciplinarios entre los aplicables a los funcionarios públicos y los aplicables al personal laboral de la Administración. Las leyes que deben complementar y desarrollar este régimen disciplinario respecto a los funcionarios públicos son las leyes de función pública que aprueben las Cortes Generales y las asambleas legislativas de cada comunidad autónoma (arts. 6 y 95.3 y 4)[670].

La Sentencia de la Audiencia Provincial de Madrid 2252/2019 enfatiza que no corresponde a los tribunales del orden penal ejercer el control sobre la actividad de las diversas Administraciones públicas, competencia que recae en los tribunales del orden Contencioso-Administrativo. Como se ha señalado en ocasiones anteriores, la finalidad no consiste en reemplazar la jurisdicción administrativa en su función de supervisión de la legalidad de la actuación de la Administración pública por la jurisdicción penal a través del delito de prevaricación. En cambio, se busca sancionar casos extremos en los que la actuación administrativa no solo es ilegal sino también injusta y arbitraria[671].

Es importante recordar que no compete a los tribunales penales determinar cuál es la interpretación más adecuada de la norma administrativa, tarea que corresponde finalmente a los órganos jurisdiccionales del orden contencioso-administrativo. La función de los tribunales penales radica en establecer si, a efectos del delito de prevaricación, la interpretación y aplicación de dichas normas llevadas a cabo por el acusado es tan irrazonable y contraria a derecho que no encuentra respaldo en una interpretación realizada conforme a criterios generalmente aceptados, y si, además, cumple con los requisitos específicos propios de los delitos de prevaricación[672].

En cuanto al régimen disciplinario del personal laboral, este se rige, en lo no previsto por el TREBEP, por la legislación laboral general (art. 93.4), que se aplica a los trabajadores por cuenta ajena contratados por empleadores privados. Por lo tanto, es necesario recurrir al estatuto, y a los respectivos convenios colectivos aprobados en cada Administración. Sin embargo, es cierto que, salvo en el caso del despido disciplinario (art. 58), el Estatuto de los Trabajadores apenas aborda el régimen disciplinario. De esta forma, en la

670. Acosta (n 59) 609–611.

671. Consejo General del Poder Judicial:, «Jurisprudencia de Audiencia Provincial de Madrid, Ponente: María del Carmen Herrero Pérez. No de Resolución: 117/2019. Sentencia. Roj: SAP M 2252/2019 - ECLI:ES:APM:2019:2252 Id Cendoj:28079370152019100107», https://www.poderjudicial.es/search/AN/openCDocument/c5308f76d64f5ce58b2f5b07294479e-405107db6f15291e1, accessed 20 March 2023.

672. *Ibid*.

práctica, el legislador estatal ha dejado en manos de los convenios colectivos, acordados entre cada Administración y su respectivo personal laboral, el desarrollo del TREBEP y, en especial, la tipificación de las faltas disciplinarias graves y leves (art. 95.3 y 4). Es importante señalar que la regulación disciplinaria debe ser equilibrada y objetiva, considerando argumentos contrarios y opiniones discrepantes, además de explicar de manera clara y accesible conceptos científicos complejos, utilizando ejemplos de diversos campos, como el derecho y jurisprudencias.

3.4. El TREBEP y sus lagunas legales

Como hemos visto anteriormente, El TREBEP establece una serie de principios y obligaciones para garantizar el cumplimiento de las normas por parte de los empleados públicos y destinados a combatir la corrupción. Sin embargo, «no puede existir una buena Administración allí donde el sistema de empleo público es deficiente» como ya sugería la Comisión para el Estudio y Preparación del TREBEP, que también señala que, para tener una buena Administración, es necesario tener un sistema de empleo público eficiente. Para ello, el régimen jurídico que regula el empleo público debe permitir la selección de los mejores candidatos y brindarles oportunidades de desarrollo profesional y compensación adecuada que incentiven su dedicación al servicio público. Además, deben tener acceso a la formación adecuada para mejorar su desempeño en la atención al público[673].

Según la evaluación de Castillo Blanco, el sistema de empleo público se caracteriza por ser excesivamente rígido, poco eficiente o productivo, y a menudo improvisado y desequilibrado. Explica que esta rigidez y relativa ineficiencia tienen raíces históricas, ya que la regulación del empleo público ha tendido a dar más peso a la garantía de los derechos de los funcionarios y, por extensión, de otros empleados, a menudo atendiendo a demandas corporativas o gremiales, que a la preocupación por la eficacia del servicio público. Estos problemas de desequilibrio y la improvisación se intensificaron durante las décadas de expansión y crecimiento, cuando fue necesario establecer nuevas administraciones públicas debido a la descentralización, organizar los servicios universales del Estado del bienestar y dar respuesta política a numerosas demandas sociales y territoriales. Muchas de estas demandas, aunque no todas, no eran razonables ni podían ser atendidas sin incrementos exponenciales del gasto público[674].

---

673. Ministerio De Administraciones Públicas, *Informe de la comisión para el estudio y preparación del Estatuto Básico del Empleado Público* (Orden APU/3018/2004, de 16 de septiembre, Instituto Nacional de Administración Pública 2005) (p.9), https://bci.inap.es/material-informe-de-la-comisión-para-el-estudio-y-preparación-del-estatuto-básico-del-empleado accedido el 9 de noviembre de 2022.

674. Blanco (n 609) 109.

Cabe mencionar la importancia de subsanar las lagunas existentes en TREBEP para evitar la corrupción. La relación entre los derechos de los trabajadores y la corrupción puede no ser directa, pero es innegable que existe una interacción entre ambos. La corrupción en el sector público puede verse facilitada o exacerbada por la falta de protección adecuada de los derechos laborales de los empleados públicos.

En el nivel más básico, la falta de una remuneración justa y suficiente puede llevar a los empleados públicos a buscar ingresos adicionales a través de medios corruptos. Por otro lado, un sistema de contratación y promoción que no se basa en el mérito, sino en conexiones personales o políticas, puede fomentar la corrupción al permitir que las personas obtengan y mantengan puestos de trabajo en el sector público a través de favores o sobornos. Por otro lado, la falta de oportunidades de desarrollo profesional y la falta de acceso a la formación pueden llevar a una disminución de la moral y el compromiso de los empleados públicos con su trabajo, lo que a su vez puede fomentar la corrupción. Si los empleados públicos sienten que no están siendo tratados de manera justa, pueden ser más propensos a participar en comportamientos corruptos. Además, si los empleados públicos no tienen protecciones laborales adecuadas, pueden temer represalias si denuncian la corrupción que observan en su lugar de trabajo. Esto puede permitir que la corrupción continúe sin control.

Por lo tanto, la protección de los derechos laborales de los empleados públicos[675] es un componente crucial en la lucha contra la corrupción en el sector público. Al garantizar que los empleados públicos sean tratados de manera justa, se les pague adecuadamente y tengan oportunidades de desarrollo profesional, se puede disuadir la corrupción y fomentar una cultura de integridad en el sector público.

En el ámbito jurídico español, es frecuente que existan casos en los que no existe una norma clara que regule una determinada situación. En estos, suele ser responsabilidad del poder judicial decidir cómo proceder. Este sería el caso de Tribunal Superior de Justicia de Valencia de la Sala Contencioso-administrativa, que consideró que la reserva de ley en la tipificación de infracciones, establecida en el Estatuto Básico del Empleado Público de 2007, llevaba a la exclusión de la tipificación reglamentaria de las faltas disciplinarias leves y graves, de ahí la imposibilidad de sancionar las conductas que merecían dichas sanciones hasta que el legislador estatal o autonómico las tipificase.

Este déficit de tipificación provocó que se presentaran impugnaciones de las sanciones disciplinarias ante juzgados y salas, generando una situación incierta mientras se esperaba la sentencia del Tribunal Supremo que aclarara el panorama. Finalmente, en la Sentencia de la Sala de lo Contencioso-administrativo del Supremo de 30 de marzo de 2017 (rec. 3300/2015), se ha resuelto la situación, considerando además que ya había sido aplicado anteriormente

675. Gamero Casado and Fernández Ramos (n 655) 306.

en este mismo tribunal, concretamente en la Sentencia de la Sala de lo Contencioso-Administrativo 28 de Julio de 2010 (nm. 930/2010). Así mismo ocurre en el caso del Tribunal Superior de Justicia, la Sala de lo Contencioso STSJ AS 390/2022 - ECLI:ES:TSJAS:2022:390, que se vale de base tales argumentos como base[676].

En concreto, la Sentencia, de 30 de marzo de 2017, de La Sala Tercera Del Tribunal Supremo, concluye que la aplicación de artículos 7 y 8 del Reglamento de Régimen Disciplinario de los funcionarios civiles del Estado aprobado por Real Decreto de 33/1986, de 10 de enero, para sancionar las faltas disciplinarias graves y leves en las que incurran los empleados públicos no es contraria al principio de legalidad. De hecho, esta norma cuenta con la cobertura legal que resulta de la aplicación integradora de los artículos 94, apartado 3.°, 95 apartados 3.° y 4.°, disposición derogatoria única, apartado G. y disposición final cuarta, apartado 3.°, de la Ley 7/2007, de 12 de abril, del Estatuto Básico del Empleado Público, que mantiene en vigor el citado Reglamento hasta tanto se produzca el desarrollo legislativo en el ámbito de cada Administración pública[677].

Por otro lado, el TREBEP es una norma estatal que regula las relaciones laborales entre el Estado y sus empleados públicos, incluyendo a los trabajadores de las comunidades autónomas y los municipios. Sin embargo, estas entidades tienen competencias exclusivas en materia de funcionamiento y organización de sus servicios y, por tanto, pueden tener normativas propias en esta materia. Aunque el TREBEP es una ley aprobada por el Gobierno central, su aplicación puede ser objeto de disputas entre las comunidades autónomas y municipios, y el Gobierno central.

Otro problema es que el TREBEP[678] no se ajusta a las necesidades y características específicas de las entidades locales y autonómicas, generando incongruencias en cuanto a la organización y funcionamiento de sus servicios. Por

676. Consejo General del Poder Judicial, «Tribunal Superior de Justicia de Asturias. Sala de lo Contencioso-Administrativo. Oviedo Sentencia: 00129/2022 Recurso: P.O. No: 688/2020. STSJ AS 390/2022 - ECLI:ES:TSJAS:2022:390», https://www.poderjudicial.es/search/AN/openDocument/1141d77afd74a653/20220321, accessed 14 March 2023.

677. «Sentencia de 30 de marzo de 2017 de la Sala Tercera del Tribunal Supremo, que estima el recurso de casación en interés de la ley interpuesto y, respetando la situación jurídica particular derivada del fallo, fija como doctrina legal que «La aplicación de los artículos 7 y 8 del Reglamento de Régimen Disciplinario de los Funcionarios Civiles del Estado aprobado por RD 33/1986, de 10 de enero, para sancionar las faltas disciplinarias graves y leves en que incurran los empleados públicos no resulta contraria al principio de legalidad, sino que tal norma tiene la cobertura legal que resulta de la aplicación integradora de los artículos 94 apartado 3o, 95 apartados 3o y 4o, disposición derogatoria única, apartado g) y disposición final cuarta, apartado 3o de la Ley 7/2007, de 12 de abril, del Estatuto Básico del Empleado Público, que mantienen en vigor el citado reglamento hasta tanto se produzca el desarrollo legislativo en el ámbito de cada Administración Pública»,», https://www.boe.es/diario_boe/txt.php?id=BOE-A-2017-5275, accessed 25 June 2023.

678. En este sentido *vid.* Gamero Casado and Fernández Ramos (n 617); Parejo Alfonso (n 617).

ejemplo, en materia de selección de personal, el TREBEP establece unos procedimientos que pueden no ser adecuados para las necesidades de las entidades locales y autonómicas, pudiendo general obvios problemas jurídicos para las comunidades autónomas y municipios debido a su carácter estatal y a la falta de adaptación a las particularidades regionales del Estado español[679].

Cabe mencionar que la autora Campos Acuña hace una crítica a las pocas reformas que han tenido, puesto que la reforma significativa se produjo en el sistema de empleo público en España con la introducción de la Ley 30/1984. Esta ley centró el modelo de función pública en el puesto de trabajo como elemento clave de la ordenación y desarrollo de la carrera y remuneraciones de los funcionarios públicos[680].

La Ley 30/1984 fue complementada posteriormente por otras leyes y reglamentos estatales y autonómicos, entre los que destaca la Ley 53/1984 de Incompatibilidades del Personal y la Ley 9/1987 de Órganos de Representación y Condiciones de Trabajo.

La última gran reforma general en materia de empleo público, que aún no ha concluido, fue la Ley 30, de 2 de agosto, de Medidas para la Reforma de los Servicios Públicos, introducida en 1984. Esta ley ha cambiado significativamente el modelo de funcionamiento público al ordenar y hacer más claro el empleo público y situar el trabajo en el centro como elemento fundamental de la carrera y retribución de los funcionarios públicos. Posteriormente, la Ley 30/1984 fue sustituida por otras leyes y actos normativos de los estados y municipios, entre los que destacan la ley 53/1984, de 26 de diciembre, sobre incompatibilidades del personal en los servicios administrativos y la «Ley 9/1987, sobre órganos de representación, condiciones de trabajo y participación del personal en los servicios administrativos».

El autor Sánchez Morón señala que muchas de las propuestas formuladas por la Comisión habían sido elaboradas en la citada literatura. El último intento general de abordarlas, iniciado con la elaboración de la TREBEP, fue un intento realmente fallido e incluido de manera oscura o descafeinada como una posibilidad encarnada en un método de elaboración que aún no había visto la luz en general. Frente a los impulsos reformistas, prevaleció la lógica conservadora del modelo vigente y los intereses de los partidos políticos y sindicatos más representativos[681].

679. Veáse a Pública (n 546).

680. Concepción Campos Acuña, «El futuro del empleo público local: retos ante un mundo digital» [2021], Documentación Administrativa 126, XXXX, http://dx.doi.org/10.24965/da.i7.10894 accedido el 3 de febrero de 2023.

681. Miguel Sánchez Morón, «La Administración tras la crisis: el empleo público» (*SUMAS - Congreso sobre Gestión de Recursos Humanos en la Administración Pública, Ayuntamiento de Vitoria-Gasteiz*, 2012) (, www.vitoria-gasteiz.org/wb021/http/contenidosEstaticos/adjuntos/es/55/98/45598.pdf accedido el 3 de febrero de 2023.

El autor Castillo Blanco opina que el ciclo de reformas implementado por el TREBEP no ha sido suficiente y no ha producido los resultados deseados. A pesar de haber sido plasmado en la legislación, en gran medida se ha preservado el modelo actual con cambios puntuales que son más estéticos que efectivos en la práctica. Estos cambios no abordan los problemas principales que han sido detectados y señalados por muchos expertos en la materia[682].

Sin embargo, algunas comunidades autónomas y municipios han señalado que el TREBEP crea lagunas jurídicas en cuanto a su aplicación. Estas lagunas pueden surgir debido a la falta de claridad en las disposiciones del TREBEP, la falta de concordancia con las leyes y regulaciones locales, o la falta de un mecanismo de resolución de conflictos. Dichas lagunas pueden afectar a la capacidad de las comunidades autónomas y municipios para administrar sus servicios públicos de manera eficiente y justa.

Una posible solución a estos problemas podría ser la revisión y actualización del TREBEP para asegurar que se adapte mejor a las necesidades de las comunidades autónomas y municipios. También podría ser necesario establecer un mecanismo de resolución de conflictos para resolver disputas entre las comunidades autónomas y municipios y el gobierno central en relación con la aplicación del TREBEP.

Una de las principales razones de estas disputas es el hecho de que algunas de las competencias en materia de empleo público están transferidas a las comunidades autónomas y municipios. Esto significa que estas entidades tienen cierta autonomía en la regulación de las condiciones laborales de sus empleados públicos, lo que puede generar desacuerdos con el Gobierno Central en relación con la aplicación del TREBEP.

Otra razón de las disputas es que el TREBEP es una ley general que no se aplica de manera uniforme a todos los empleados públicos debido a las diferencias en las condiciones laborales y derechos de los empleados públicos en las diferentes comunidades autónomas y municipios. Por ejemplo, algunas comunidades autónomas tienen convenios colectivos que establecen condiciones laborales más favorables para sus empleados públicos, lo que puede generar desacuerdos con el Gobierno central.

En cualquier caso, el Tribunal Supremo juega un papel importante en la resolución de estas disputas, ya que es la instancia superior en materia de justicia en España y tiene la responsabilidad de resolver los conflictos entre las diferentes entidades.

Por otra parte, las disputas entre las comunidades autónomas y municipios y el Gobierno central en relación con la aplicación del Estatuto Básico del Empleado Público son una realidad en España. Estas disputas son causa-

682. Federico Amador CASTILLO BLANCO, «Un sistema de empleo público distópico: ¿sería preciso reformar el EBEP?» [2021], Documentación Administrativa 8, (p. 29), http://dx.doi.org/10.24965/da.i7.10889 accedido el 3 de febrero de 2023.

das por la competencia transferida en materia de empleo público, así como por las diferencias en las condiciones laborales y derechos de los empleados públicos en las diferentes comunidades autónomas y municipios.

Además, Campos Acuña aborda la ausencia de carrera profesional en el empleo público local. De acuerdo a la autora el TREBEP dedica un capítulo a la regulación de la carrera profesional de los funcionarios de carrera, pero la carrera administrativa actualmente se utiliza como un medio para aumentar el salario en lugar de cumplir su verdadera función. La carrera profesional en los pequeños ayuntamientos solo sería posible a través de la movilidad interadministrativa y necesita un convenio o la creación de puestos abiertos por otras Administraciones, mencionando, además, la falta de una auténtica carrera administrativa horizontal en España, lo que genera una presión para crear más estructura de jefatura en el sistema[683].

3.4.1. La función del TREBEP como mecanismo para la lucha contra la corrupción

La corrupción es un fenómeno que afecta a todas las sociedades y puede tener graves consecuencias económicas, políticas y sociales. En España, la lucha contra la corrupción ha sido una prioridad para garantizar la transparencia y la confianza en las instituciones públicas. En este sentido, el TREBEP es un instrumento clave para prevenir y controlar la corrupción en el sector público, tal y como venimos diciendo a lo largo de esta investigación.

El TREBEP regula el régimen laboral de los funcionarios públicos en España y tiene como objetivo garantizar la estabilidad en el empleo, la igualdad de oportunidades y el acceso a una carrera profesional. Sin embargo, también tiene un papel fundamental en la lucha contra la corrupción.

En primer lugar, el TREBEP establece las obligaciones y responsabilidades de los funcionarios públicos en relación con el cumplimiento normativo, incluyendo la obligación de actuar con lealtad y honradez, así como la responsabilidad de conocer y cumplir las normas que regulan su actividad laboral. Además, el TREBEP también regula sanciones en caso de incumplimiento de estas obligaciones.

En segundo lugar, el TREBEP tiene un papel importante en la prevención y control de la corrupción mediante la promoción de la transparencia en la gestión de los recursos públicos. Por ejemplo, el TREBEP establece la obligación de los funcionarios de declarar cualquier posible conflicto de intereses en el desempeño de sus funciones, lo que ayuda a evitar situaciones de corrupción. Además, también establece medidas de responsabilidad para los fun-

683. Concepción Campos Acuña, «El futuro del empleo público local: retos ante un mundo digital» [2021], Documentación Administrativa 126, XXXX, http://dx.doi.org/10.24965/da.i7.10894 accedido el 3 de febrero de 2023.

cionarios públicos en caso de incurrir en actos de corrupción, lo cual ayuda a sancionar y prevenir la corrupción en el sector público.

En tercer lugar, el TREBEP también tiene un papel sustancial en la promoción de la cultura de la legalidad en el sector público. Por ejemplo, el TREBEP establece la necesidad de formación continua y la actualización de los conocimientos de los funcionarios, lo que ayuda a garantizar que estén al día en cuanto a las normas y regulaciones. Además, también promueve la transparencia y la rendición de cuentas en la gestión de los recursos públicos, lo que ayuda a garantizar la confianza de la sociedad en las instituciones públicas.

En cuarto lugar, el TREBEP también contribuye a la lucha contra la corrupción al establecer procedimientos claros y objetivos para la selección, promoción y evaluación de los funcionarios públicos. Esto ayuda a garantizar la igualdad de oportunidades y la imparcialidad en el acceso y desempeño en el empleo público, lo cual reduce la posibilidad de favorecimientos y actos de corrupción en la gestión de los recursos humanos.

En quinto lugar, el TREBEP promueve la participación ciudadana en la toma de decisiones y la gestión de los asuntos públicos mediante la promoción de la transparencia y la rendición de cuentas. Esto ayuda a garantizar que los funcionarios públicos actúen en interés del bien común y no en beneficio propio, lo cual reduce la posibilidad de actos de corrupción.

Asimismo, el TREBEP es un instrumento clave en la lucha contra la corrupción en el sector público. Establece obligaciones y responsabilidades claras para los funcionarios públicos en relación con el cumplimiento normativo, promueve la transparencia en la gestión de los recursos públicos, decreta medidas de responsabilidad en caso de incurrir en actos de corrupción, promueve la cultura de la legalidad y la formación continua, ordena procedimientos claros y objetivos para la selección, promoción y evaluación de los funcionarios públicos y promueve la participación ciudadana en la toma de decisiones y la gestión de los asuntos públicos. Es crucial que el TREBEP sea cumplido por los funcionarios públicos para garantizar la eficacia en la lucha contra la corrupción y el buen funcionamiento de la Administración pública.

3.4.2. El TREBEP para el cumplimiento normativo y el control de la corrupción por parte de los empleados públicos

El TREBEP es una normativa que regula el régimen laboral de los funcionarios públicos en España, por lo que su objetivo es garantizar la estabilidad en el empleo, la igualdad de oportunidades y el acceso a una carrera profesional, pero también juega un papel fundamental para asegurar el cumplimiento legal y combatir la corrupción en el sector público.

En primer lugar, el Estatuto Básico establece las obligaciones y responsabilidades de los funcionarios públicos con relación al cumplimiento normativo. Esto incluye la obligación de actuar con lealtad y honradez, así como la responsabilidad de conocer y cumplir las normas que regulan su actividad laboral. Además, el Estatuto también establece sanciones en caso de incumplimiento de estas obligaciones.

En segundo lugar, el Estatuto Básico también tiene un papel importante en la prevención y control de la corrupción en el sector público. Por ejemplo, establece medidas para garantizar la transparencia en la gestión de los recursos públicos, como la publicación de informes y cuentas anuales, así como la obligación de los funcionarios de declarar cualquier posible conflicto de intereses en el desempeño de sus funciones, lo que ayuda a evitar situaciones de corrupción.

A ello se suma el Estatuto Básico del Empleado Público, en el que se establecen medidas de responsabilidad para los funcionarios públicos en caso de incurrir en actos de corrupción, lo cual ayuda a sancionar y prevenir la corrupción en el sector público. Este estatuto tiene un papel fundamental en el cumplimiento normativo y en el control de la corrupción en el sector público, mediante el establecimiento de obligaciones y responsabilidades claras para los funcionarios públicos, medidas de transparencia y responsabilidad en caso de incurrir en actos de corrupción. Es relevante que este estatuto sea cumplido por los funcionarios públicos para garantizar la eficacia en la lucha contra la corrupción y el buen funcionamiento de la administración pública.

Por ello, debemos mencionar algo que los autores Catalá y Cortez destacan, que es el déficit de renovación en las Administraciones, que comenzará a tener consecuencias a medida que se enfrenten los desafíos de la pandemia y la crisis fiscal que se avecina. Destacan, a su vez, que la reforma del empleo público es una reforma pendiente en el país, pero que, a pesar de los cambios legales en las últimas décadas, en esencia, el modelo sigue siendo el mismo desde su creación, en el siglo XIX, y el Estatuto de Maura de 1918. Los autores argumentan que varios factores, como los diferentes ritmos de la política y la fragmentación competencial, han impedido avances en esta dirección, así como los intereses corporativistas y el desgaste que supone una reforma compleja y de resultados inciertos[684].

3.5. Implementar la normativa europea en la TREBEP para prevenir la corrupción entre los funcionarios y empleados

La corrupción es un fenómeno que afecta a todas las sociedades y puede tener graves consecuencias económicas, políticas y sociales. En el sector público, la corrupción puede socavar la confianza en las instituciones y afec-

684. Rafael Catalá and Oscar Cortés, «Talento Público Para Una Administración Tras El Corona Shock» [2020], Observatorio del Sector Público Esade-PWC, https://www.pwc.es/es/publicaciones/tercer-sector/talento-publicopara- administracion-corona-shock.pdf, accessed 22 January 2023.

tar negativamente la eficiencia y eficacia en la gestión de los recursos públicos. Por ellos, que es primordial implementar medidas eficaces para fomentar el cumplimiento de las normas de los empleados públicos y controlar la corrupción.

En el contexto español, el TREBEP es el instrumento legal que regula el régimen laboral de los funcionarios y empleados públicos. Sin embargo, España también es miembro de la Unión Europea y está sujeta a su normativa en materia de prevención de la corrupción. En este sentido, es importante que el TREBEP se adapte y se ajuste a la normativa europea para garantizar una eficaz prevención y control de la corrupción en el sector público español.

En cuanto a la normativa europea en materia de corrupción, la misma se basa en la Convención de las Naciones Unidas contra la Corrupción, que fue adoptada por la Asamblea General de las Naciones Unidas en 2003 y entró en vigor en 2005. España es parte de esta convención y ha adoptado medidas para prevenir y combatir la corrupción. La TREBEP también establece medidas para prevenir la corrupción y fomentar el cumplimiento de las normas éticas y legales.

Para implementar la normativa europea en la TREBEP, se deben tomar varias medidas. En primer lugar, es necesario establecer procedimientos claros y transparentes para el nombramiento, selección y evaluación de los empleados públicos. La transparencia es esencial para prevenir la corrupción, y los empleados públicos deben ser seleccionados basándose en sus méritos y habilidades, y no en función de su afiliación política o relaciones personales.

Según el autor Villoria, «la mejor transparencia es colaborativa, se genera de la sinergia Gobierno-ciudadanía y tiene una naturaleza instrumental»[685], resaltando la importancia de trabajar con los ciudadanos para una transparencia más amplía, y es que la transparencia en la gestión de los recursos públicos es un factor clave para prevenir la corrupción y promover la confianza en las instituciones públicas[686]. La normativa europea establece la necesidad de garantizar la transparencia en la gestión de los recursos públicos mediante la publicación de información relevante y la posibilidad de acceso a la misma por parte de la ciudadanía.

En segundo lugar, es importante incorporar más medidas de ética y conducta en el TREBEP. Conforme el TREBEP, en especial en su título III, «Derechos y deberes». El código de conducta de los empleados públicos, en su capítulo I, establece cuales son los derechos de los empleados públicos, el establecimiento de un código de conducta y la promoción de una cultura de

685. Manuel Villoria, «¿Qué Condiciones Favorecen Una Transparencia Pública Efectiva? Artículo de Revisión» (2021), 194 Revista de estudios políticos 213, 236, https://recyt.fecyt.es/index.php/RevEsPol/article/view/92453, accessed 3 February 2023.M. (2021),. ¿QuéArtículo de revisión. doi: https://doi.org/10.18042/cepc/rep.194.08

686. Banfield (n 411); Manor (n 411); Prud'homme (n 411).

ética son medidas eficaces para prevenir la corrupción en el sector público. La normativa europea establece la necesidad de garantizar que los funcionarios y empleados públicos actúen con integridad y lealtad en el desempeño de sus funciones.

En tercer lugar, es crucial establecer medidas de responsabilidad y sanciones en caso de incurrir en actos de corrupción. La normativa europea establece la necesidad de garantizar la responsabilidad y sanción de los funcionarios y empleados públicos que incurran en actos de corrupción. El TREBEP debe incluir medidas para garantizar que los funcionarios y empleados públicos sean sancionados adecuadamente en caso de incurrir en actos de corrupción, y que estas sanciones sean proporcionadas al grado de la falta cometida.

En cuarto lugar, es relevante establecer medidas de prevención y formación continua. Según el autor Muñoz[687], la formación continua es esencial para garantizar que los funcionarios y empleados públicos tengan los conocimientos y habilidades necesarios para desempeñar sus funciones de manera ética y eficiente. La normativa europea establece la necesidad de garantizar la formación continua de los funcionarios y empleados públicos para prevenir y controlar la corrupción.

Por otra parte, es importante que la TREBEP se adapte y se ajuste a la normativa europea para garantizar una eficaz prevención y control de la corrupción en el sector público español. Esto puede lograrse mediante la incorporación de medidas de transparencia y rendición de cuentas, medidas de ética y conducta, medidas de responsabilidad y sanciones, y medidas de prevención y formación continua. Estas medidas son esenciales para garantizar que los funcionarios y empleados públicos actúen con integridad y lealtad en el desempeño de sus funciones y para prevenir la corrupción en el sector público español.

Además de las medidas mencionadas anteriormente, también es importante implementar mecanismos de control y supervisión para garantizar el cumplimiento de la normativa y la prevención de la corrupción. Esto puede incluir la creación de una agencia independiente encargada de supervisar e investigar los posibles casos de corrupción en el sector público, así como la creación de mecanismos de denuncia y canales de comunicación para los ciudadanos y los funcionarios públicos.

Otra medida importante es la promoción de la participación ciudadana en la toma de decisiones y la gestión de los asuntos públicos. Según algunos autores[688], la participación ciudadana es esencial para garantizar la transpa-

---

687. Rodríguez-Arana Muñoz, «Ética y Empleados Públicos» (n 437).

688. Djankov and others (n 409); Laffont and Meleu (n 409); Rose-Ackerman, «Corruption and Government: Causes, Consequences, and Reform» (n 409); Bailey, John; Valenzuela (n 409); Persson, Roland and Tabellini (n 409); Fackler and Lin (n 409); Linz (n 409); Nas, Price and Weber (n 409).

rencia y la rendición de cuentas en la gestión de los recursos públicos. El TREBEP debe incluir medidas para promover la participación ciudadana en la toma de decisiones y la gestión de los asuntos públicos, lo que ayudará a garantizar que los funcionarios públicos actúen en interés del bien común y no en beneficio propio.

Al mismo tiempo, la implementación de la normativa europea en el TREBEP es esencial para prevenir la corrupción y promover la buena administración pública entre los funcionarios y empleados públicos en España. Esto puede lograrse mediante la incorporación de medidas de transparencia y rendición de cuentas, medidas de ética y conducta, medidas de responsabilidad y sanciones, medidas de prevención y formación continua, mecanismos de control y supervisión, y promoción de la participación ciudadana. Es primordial que estas medidas sean diseñadas y aplicadas de manera justa y objetiva, y que se establezcan mecanismos eficaces para garantizar su cumplimiento. Además, es fundamental que se promueva una cultura de ética y transparencia en el sector público, lo que ayudará a garantizar que los funcionarios y empleados públicos actúen en interés del bien común y no en beneficio propio.

Asimismo, es sustancial que se realice una evaluación continua y se realicen ajustes a la normativa según sea necesario para garantizar que las medidas implementadas sean efectivas en la prevención de la corrupción y promoción de una buena administración pública en España.

También es sustancial fomentar una cultura de ética y transparencia en el sector público español. Esto puede lograrse mediante la promoción de valores y principios éticos en la formación y capacitación de los funcionarios y empleados públicos, así como mediante la creación de programas de sensibilización y concientización sobre la importancia de actuar con integridad y transparencia en el desempeño de las funciones públicas.

Otra medida importante es la promoción de la rendición de cuentas y la transparencia en la toma de decisiones y la gestión de los recursos públicos. Esto puede lograrse mediante la publicación de informes y estadísticas sobre la gestión de los recursos públicos, así como mediante la creación de mecanismos de consulta y participación ciudadana en la toma de decisiones.

Asimismo, es fundamental contar con un sistema de control y supervisión eficaz que permita detectar y sancionar los casos de corrupción, y mecanismos de denuncia y protección para aquellos que denuncian casos de corrupción.

Según el TREBEP, las Administraciones públicas tienen la responsabilidad de velar por la integridad y ética de sus empleados, y deben establecer mecanismos adecuados para prevenir y sancionar cualquier acto de corrupción[689].

---

689. España Real Decreto Legislativo 5/2015, de 30 de octubre, por el que se aprueba el texto refundido de la Ley del Estatuto Básico del Empleado Público. (n 607).

Sin embargo, cuando la ley es imperfecta, los mecanismos de control y supervisión pueden ser insuficientes o ineficaces. En estos casos, puede ser difícil para las autoridades detectar y sancionar casos de corrupción, y los denunciantes pueden correr el riesgo de sufrir represalias o no recibir la protección adecuada.

En caso de que exista una ley imperfecta o insuficiente para resolver una situación, se aplicarán los principios generales del ordenamiento jurídico y, en su defecto, la jurisprudencia, la doctrina y los principios generales del derecho. Esto pone de manifiesto la importancia de contar con un sistema legal sólido y actualizado, así como la necesidad de tener en cuenta la jurisprudencia y la doctrina para interpretar y aplicar las leyes de manera efectiva. En resumen, es fundamental contar con un sistema legal y de control eficaz para prevenir y sancionar la corrupción, y la jurisprudencia es un elemento clave en este proceso.

Es importante destacar que una ley imperfecta no es excusa para no luchar contra la corrupción en la función pública, y que es necesario seguir trabajando para fortalecer los mecanismos de control y supervisión, así como proteger a los denunciantes, para garantizar una función pública ética y eficiente.

A menudo, los empleados públicos se enfrentan a situaciones en las que su ética y moral se ponen a prueba. Ya sea por la presión de sus superiores o por la tentación de obtener ganancias ilícitas, la corrupción puede manifestarse de muchas formas en el ámbito público.

Es por esto por lo que la Unión Europea ha establecido normativas y directrices para prevenir y combatir la corrupción en el sector público, con el objetivo de fomentar el cumplimiento de normas y la transparencia en la gestión de los recursos públicos.

Una de estas normativas es la Directiva 2014/62/UE, que establece medidas para garantizar la integridad de los procesos de contratación pública. Esta directiva exige a los Estados miembros que establezcan medidas para evitar conflictos de interés y el nepotismo, así como para garantizar la transparencia en el proceso de contratación y la evaluación objetiva de los proveedores.

Otra de las normativas importantes es la Directiva 2019/1937/UE, que establece medidas para proteger a los denunciantes de irregularidades en el ámbito laboral. Esta directiva establece un marco para la protección de los denunciantes, garantizando su anonimato y protección frente a represalias. Además, se establecen medidas para asegurar que las denuncias sean investigadas y abordadas de manera adecuada.

Sin embargo, la implementación de estas normativas en el ámbito público no siempre es sencilla; se requiere de una cultura organizacional sólida y una formación adecuada para los empleados públicos para garantizar que se cumplan las normas y se fomente la transparencia.

Por otra parte, también es significativo considerar la importancia del liderazgo ético en la prevención de la corrupción. Los líderes del sector público deben dar ejemplo en cuanto a la integridad y la transparencia, y fomentar una cultura organizacional sólida en la que se promuevan estos valores.

3.5.1. *Whistleblowers* y los canales de denuncias

Las denuncias anónimas han sido una herramienta ampliamente utilizada en el ámbito laboral para detectar posibles incumplimientos y actos de corrupción. No obstante, el uso de esta herramienta ha sido objeto de debate en cuanto a su legitimidad y fiabilidad. Algunos expertos argumentan que las denuncias anónimas pueden ser manipuladas y que el anonimato del denunciante puede llevar a una falta de transparencia y rendición de cuentas en el proceso de investigación.

En España, el tema de las denuncias anónimas[690] ha cobrado relevancia con la reciente aprobación de la Ley 2/2023, de 20 de febrero, reguladora de la protección de las personas que informen sobre infracciones normativas y de lucha contra la corrupción. Esta ley tiene como objetivo establecer medidas para proteger a los informantes de actos de represalia y garantizar la confidencialidad y seguridad de la información proporcionada.

Además, establece la obligatoriedad de aceptar y tramitar denuncias anónimas, pero al mismo tiempo establece medidas para preservar la identidad y garantizar la confidencialidad de los datos de las personas afectadas. De igual modo, la ley establece que la identidad del denunciante solamente puede ser desvelada en el marco de una investigación penal, disciplinaria o sancionadora, lo que garantiza una protección adicional para el informante. En general, la ley busca encontrar un equilibrio entre la protección del denunciante y la necesidad de investigar y sancionar posibles infracciones.

La Ley 2/2023, también conocida como la «ley de los *whisteblowers*, en español, "ley de los confidentes"» se ha adoptado para cumplir con las disposiciones de la Directiva (UE) 2019/1937 de la Parlamento Europeo sobre la protección de las personas que informen sobre infracciones del derecho de la UE. Esta directiva establece medidas mínimas de protección para los denunciantes, incluyendo canales seguros para la denuncia, protección contra la represalia, así como medidas de seguimiento y protección de datos personales.

En el contexto del TREBEP, el uso de denuncias anónimas puede ser considerado un mecanismo útil para cumplir con los principios de transparencia y rendir cuentas que se establecen en este estatuto. No obstante, es primordial

690. Donaire (n 445); Patricia Iglesias Rey, «El Desafío Del Sector Público Ante La Aplicación de La Directiva de Protección Del Informante. Los Canales de Denuncia» (2022), 1 REGAP: Revista galega de administración pública 175.

recordar que las denuncias anónimas deben ser tratadas con precaución y cuidado, ya que la identidad del denunciante no puede ser confirmada y la información proporcionada puede ser incompleta o falsa.

El TREBEP establece que todos los empleados públicos tienen el deber de cumplir con las normas y principios éticos en el ejercicio de sus funciones. Además, se establece que cualquier infracción debe ser investigada y sancionada, y que los empleados públicos que denuncien incumplimientos deben ser protegidos contra posibles represalias.

En el ámbito del derecho, la protección de los denunciantes anónimos ha sido objeto de controversia. Por un lado, algunos expertos argumentan que la protección de los denunciantes anónimos es necesaria para garantizar su seguridad y evitar posibles represalias. Por otro lado, se ha argumentado que la identidad del denunciante es esencial para asegurar la fiabilidad y la transparencia del proceso de investigación.

3.6. Conclusión del capítulo III

En conclusión, el cumplimiento normativo y la lucha contra la corrupción son temas esenciales para garantizar la buena administración pública y el correcto funcionamiento del Estado. En este capítulo, se ha analizado la estructura del empleo público en España, centrándose en el TREBEP y en la carrera profesional de los funcionarios públicos. También se ha estudiado la evaluación del desempeño, los mecanismos disciplinarios y la importancia de los *whistleblowers* y de los canales de denuncias.

Si bien el TREBEP presenta algunas complejidades y lagunas jurídicas, se ha demostrado que puede ser una herramienta útil para promover el cumplimiento normativo y controlar la corrupción en el empleo público. La implementación de la normativa europea en el TREBEP, tal como se establece en la Orden HFP/1031/2021, puede ser una oportunidad para mejorar aún más la lucha contra la corrupción y promover la buena administración pública.

En general, se debe seguir trabajando en el fortalecimiento de los mecanismos existentes para prevenir la corrupción y fomentar el cumplimiento normativo. Es necesario continuar explorando nuevas estrategias y herramientas que permitan mejorar la eficacia de estas medidas y asegurar que el empleo público cumpla con sus responsabilidades y esté al servicio del bien común. La socialización y europeización de las políticas antifraude y corrupción son un camino fundamental para avanzar en esta dirección y consolidar un sistema de administración pública transparente, eficiente y ético.

En suma, existen varias normas en España que permiten a los empleados públicos cumplir con las normas y evitar la corrupción. Estas normas incluyen la obligación de publicar información relevante, contar con códigos éticos y de conducta, establecer medidas para prevenir y detectar el lavado de dinero y la financiación del terrorismo, garantizar la transparencia en la financiación de los partidos políticos y establecer penas para los delitos de corrupción y el incumplimiento de las normas. Estas normas son fundamentales para garantizar la integridad y la transparencia en la gestión pública. Por otro lado, la prevención de la corrupción y el incumplimiento de las normas en el servicio público exige un compromiso firme por parte de todos los empleados públicos y una inversión en herramientas y medidas preventivas y correctivas. El TREBEP establece un marco normativo para la prevención de la corrupción y el incumplimiento de las normas en España, pero su implementación requiere un esfuerzo significativo por parte de las autoridades. Es necesario seguir trabajando para garantizar la transparencia, la rendición de cuentas y el servicio público eficiente en beneficio de la ciudadanía.

Asimismo, la prevención de la corrupción y el incumplimiento de las normas requiere también de una cultura de ética y transparencia en el ámbito público, así como de una inversión en nuevos instrumentos y herramientas de gestión y en la potenciación de las unidades de gestión de recursos humanos en las Administraciones públicas[691].

El TREBEP establece diferentes categorías de empleados públicos que desempeñan funciones retribuidas en las Administraciones públicas. Es importante entender las diferencias entre estos tipos de empleados para conocer sus derechos y obligaciones, así como las formas de selección y provisión de puestos de trabajo en la Función Pública. Además, es fundamental que la selección de personal se realice de manera transparente y justa, teniendo en cuenta los méritos y capacidades de los candidatos.

Además, la promoción interna horizontal y las modalidades de carrera profesional son herramientas clave para fomentar la igualdad, el mérito y la capacidad en la Administración pública y garantizar la calidad y la eficiencia en la prestación de servicios públicos.

La estructuración adecuada de la carrera profesional en el empleo es una forma de fomentar el cumplimiento de las normas por parte de los empleados públicos y de alejarse de la corrupción y del incumplimiento. La carrera profesional horizontal es una herramienta significativa en este sentido, ya que permite a los empleados públicos mejorar su capacitación y adquirir nuevas habilidades, garantizando la igualdad de oportunidades y evitando la discriminación.

La estructura de empleo público en España se caracteriza por la existencia de tres categorías de empleados públicos: funcionarios, laborales y contratados, cada uno con un régimen jurídico específico. El TREBEP garantiza la estabilidad en el empleo y la protección de los derechos de los empleados públicos, así como el derecho a la igualdad de oportunidades y la no discriminación en el empleo público.

691. *Ibid.*

Cabe mencionar que cuando el empleado público no cumple, existen mecanismos de acción para sancionarle. Así, la instrucción de expedientes disciplinarios es una herramienta esencial para prevenir la corrupción y el incumplimiento en la Administración pública española. A pesar de que existen críticas sobre su efectividad, es importante seguir desarrollando y mejorando estos mecanismos disciplinarios para garantizar la transparencia, la objetividad y la eficacia en la sanción de aquellos empleados públicos que no cumplen con sus obligaciones y responsabilidades. La combinación de normas de prevención y mecanismos disciplinarios puede contribuir a la construcción de una Administración pública más ética y transparente.

Por lo tanto, la ejecución de normas y mecanismos disciplinarios adecuados es fundamental para prevenir la corrupción y fomentar el cumplimiento de normas por parte de los empleados públicos en España. El TREBEP y otras normas relevantes establecen las pautas para garantizar la integridad y la transparencia en el sector público, y los mecanismos disciplinarios son esenciales para asegurar el cumplimiento de las normas y la responsabilidad ética y legal de los empleados públicos.

Por supuesto, la implementación de medidas para prevenir y controlar la corrupción en el sector público español es esencial para garantizar una buena Administración pública y la confianza de los ciudadanos en las instituciones públicas. Es esencial que se suscite una cultura de ética y transparencia, se fomente la rendición de cuentas, con la participación ciudadana, se establezcan mecanismos eficaces de control y supervisión, y se proteja a quienes denuncian casos de corrupción.

En resumen, la ejecución de normativas europeas dentro del TREBEP es más una manera de prevenir la corrupción y fomentar el cumplimiento de normas de los empleados públicos requiere de una cultura organizacional sólida, una formación adecuada y un liderazgo ético. La transparencia y la integridad son valores fundamentales en la gestión de los recursos públicos y deben ser promovidos y fomentados en todos los niveles de la organización.

Siempre es importante recordar que los principios éticos y de conducta regulados en el código de conducta de los empleados públicos son fundamentales para promover el cumplimiento de normas y la prevención del incumplimiento y la corrupción en el servicio público. Su aplicación debe ser cuidadosamente analizada para garantizar que se cumplan de manera coherente y en armonía.

La aplicación de mecanismos eficaces para prevenir la corrupción y promover el cumplimiento entre los empleados públicos es esencial para mantener la integridad y la fiabilidad de las instituciones gubernamentales. Como se ha demostrado en este capítulo, el sistema español de empleo público cuenta con un sólido marco jurídico para apoyar el desarrollo de la carrera profesional y la evaluación de los funcionarios públicos. Sin embargo, también existen lagunas y complejidades dentro de este marco que pueden crear desafíos en la lucha contra la corrupción.

Es crucial que los responsables políticos sigan evaluando y mejorando los sistemas y mecanismos existentes para garantizar su eficacia en la prevención de la corrupción y el fomento del cumplimiento de las normas. Esto incluye la aplicación de normativas y políticas europeas, como el Plan de Recuperación, Transformación y Resiliencia y la Orden HFP/1031/2021, cuyos objetivos son mejorar las medidas antifraude y anticorrupción en todos los niveles de la Administración.

Además, es importante seguir fomentando la concienciación y la educación entre los empleados públicos sobre la importancia del cumplimiento y los peligros de la corrupción. Esto incluye proporcionar formación sobre principios éticos y crear canales seguros para que los empleados denuncien casos de mala conducta o corrupción.

En general, aunque no existe una solución única para el complejo problema de la corrupción, la aplicación de mecanismos y políticas eficaces puede contribuir en gran medida a prevenir y disuadir los comportamientos corruptos entre los empleados públicos. Mediante la evaluación y la mejora continuas, podemos seguir reforzando la integridad y la fiabilidad de nuestras instituciones públicas en beneficio de toda la sociedad.

CAPÍTULO IV

TÉCNICAS DE *NUDGE* Y *COMPLIANCE* EN LA ADMINISTRACIÓN PÚBLICA: FOMENTAR EL CUMPLIMIENTO NORMATIVO Y PREVENIR LA CORRUPCIÓN

Las leyes, al igual que las espadas, por muy bien forjadas que estén, carecen de poder si no se les dota de ejecutores eficientes. Así lo subrayó el procurador Gómez Manrique, enfatizando la imperiosa necesidad de una supervisión y disciplina rigurosas de los funcionarios públicos. Sus palabras, pronunciadas en el año 1480, siguen teniendo la misma relevancia en la actualidad[692]. Esta sabiduría ancestral resalta la importancia perenne de contar con buenos ejecutores en la Administración pública, incluyendo a los oficiales de policía, para asegurar el cumplimiento del interés general.

Es en este contexto que enfatizamos la necesidad de integrar estrategias innovadoras como el *nudge*[693] y el *compliance* en la Administración pública para tener ejecutores eficientes de las normas. Esta propuesta forma parte de la siguiente fase en nuestra exploración de la prevención de la corrupción. A través de la implantación de técnicas de *nudge* y *compliance* como medio para mejorar el cumplimiento de las normas por los empleados públicos y evitando que haya prácticas corruptas en el ámbito de la administración

692. En la asamblea inaugural de las Cortes de Toledo de 1480, que marcó el comienzo de la era de los Reyes Católicos. *Vid.* Carlos Antonio Garriga Acosta, «Control y Disciplina de Los Oficiales Públicos En Castilla: La» Visita» Del Ordenamiento de Toledo (1480),» [1991], Anuario de historia del derecho español 215, 215.

693. Este documento conserva las expresiones en inglés «nudging» y «nudge». Se recomienda «acicate» como la traducción al español para estas palabras. «Acicate» se define como un incentivo o estímulo, y se propone como una alternativa cuando se usa «nudge» como sustantivo. *Vid.* Fundación del Español Urgente - Fundéu RAE, ««acicate», alternativa a «nudge» La palabra española «acicate» es una alternativa válida al anglicismo «nudge» para hacer referencia a un estímulo o incentivo, señala la Fundéu BBVA», (10 October 2017), https://www.fundeu.es/recomendacion/acicate-alternativa-a-nudge/, accessed 1 May 2023.

pública. Esta fase se construye sobre las conclusiones del capítulo anterior, que abordó la importancia crítica de la conformidad normativa y la lucha contra la corrupción para garantizar una administración pública efectiva y el adecuado funcionamiento del Estado. El empleado público es la base para la buena ejecución del Estado, con los ciudadanos apoyando al *compliance* de las normas de la Administración.

El capítulo anterior se centró en la estructura del empleo público en España, deteniéndose en el TREBEP y en la evolución profesional de los funcionarios públicos. Además, analizamos la evaluación del desempeño, los mecanismos disciplinarios y la relevancia de los denunciantes y los canales de denuncia en la lucha contra la corrupción. A pesar de las complejidades y vacíos legales que puede presentar el TREBEP, se ha demostrado que tiene el potencial de ser una herramienta valiosa para fomentar la conformidad normativa y controlar la corrupción en el empleo público.

La aplicación de la normativa europea en el TREBEP, de acuerdo con la Orden HFP/1031/2021, puede ser una oportunidad para mejorar aún más la lucha contra la corrupción y promover una buena Administración pública. A pesar de las diversas complejidades y lagunas jurídicas, se ha demostrado que la herramienta utilizada en el TREBEP es una herramienta útil para fomentar el cumplimiento normativo y controlar la corrupción en el empleo público.

Actualmente, más de doscientas instituciones a nivel mundial, incluyendo a la Organización de las Naciones Unidas y al Banco Mundial, están aplicando los conocimientos de la conducta humana a las políticas públicas[694]. Sin incluir ningún centro o laboratorio de investigación académica[695]. Además del entusiasmo académico, los Gobiernos también están mostrando interés en la técnica de *nudge* o acicate[696]. Esta técnica es un método para cambiar la conducta sin prohibir opciones o cambiar significativamente los incentivos económicos[697]. Los Gobiernos han utilizado ampliamente el

694. Álfrún TRYGGVADOTTIR, «OECD Best Practices for Spending Reviews» (2022), 22 OECD Journal on Budgeting.

695. Zeina AFIF and others, «Behavioral Science around the World: Profiles of 10 Countries».

696. Syon P BHANOT and Elizabeth LINOS, «*Behavioral public Administration*: Past, Present, and Future» (2020), 80 Public Administration Review 168; R Paul Battaglio Jr and others, «*Behavioral public Administration* Ad Fontes: A Synthesis of Research on Bounded Rationality, Cognitive Biases, and Nudging in Public Organizations» (2019), 79 Public Administration Review 304; Benjamin Ewert, Kathrin Loer and Eva Thomann, «Beyond Nudge: Advancing the State-of-the-Art of Behavioural Public Policy and Administration» (2021), 49 Policy & Politics 3; Sanchayan Banerjee and Peter John, «Nudge plus: Incorporating Reflection into Behavioral Public Policy» [2021], Behavioural Public Policy 1; Liz Richardson and Peter John, «Co-Designing Behavioural Public Policy: Lessons from the Field about How to «Nudge Plus»« (2021), 17 Evidence & Policy 405.

697. Richard H THALER and Cass R SUNSTEIN, «Nudge: Improving Decisions About Health, Wealth, and Happiness» 20.

nudge para abordar problemas sociales, desde deudas problemáticas hasta la obesidad[698]. Los principales Gobiernos del mundo están destinando más tiempo y recursos para la implementación de *nudge*, es decir, impulsos o sugerencias sutiles que buscan mejorar los resultados de los servicios públicos y así, mejorar la sociedad en su conjunto[699]. Por ejemplo, el *nudge* es a menudo rentable, lo que los convierte en una opción atractiva para los Gobiernos que buscan reducir el gasto. Además, el *nudge* proporcionan más autonomía a los ciudadanos que los instrumentos políticos tradicionales como las prohibiciones y los incentivos. Sin embargo, el *nudge* también pueden tener trampas, como que pueden ser manipulativos y tener consecuencias imprevistas. Los recientes avances debidos al COVID-19 también demuestran que es posible un cambio rápido de los comportamientos con uso de *nudge*[700].

De acuerdo con Ponce Solé, en el contexto de la pandemia de COVID-19, ha surgido una creciente preocupación por el conocimiento conductual en el ámbito digital. En este sentido, se reconoce que el *nudge* digital puede

698. Lars TUMMERS, «Nudge in the News: Ethics, Effects, and Support of Nudges» (2022), n/a Public Administration Review 11–12, https://onlinelibrary.wiley.com/doi/abs/10.1111/puar.13584, accessed 4 June 2023.

699. Mohamed BUHEJI, «Behavioural Economics Trends in Improving Governments Outcomes-Much More than Nudge» 163.

700. Aditya KUMAR PUROHIT and others, «Nudging to Change, the Role of Digital Health» in Homero Rivas and Thomas Boillat (eds), *Digital Health: From Assumptions to Implementations* (Springer International Publishing 2023), https://doi.org/10.1007/978-3-031-17666-1_10, accessed 4 June 2023; Ulrich T JENSEN, Stephanie AYERS and Alexis M KOSKAN, «Video-Based Messages to Reduce COVID-19 Vaccine Hesitancy and Nudge Vaccination Intentions» (2022), 17 PloS one e0265736; Xiangyu WANG and others, «Understanding the Spread of COVID-19 Misinformation on Social Media: The Effects of Topics and a Political Leader»s Nudge» (2022), 73 Journal of the Association for Information Science and Technology 726; Girija Bahety and others, «Texts Don»t Nudge: An Adaptive Trial to Prevent the Spread of COVID-19 in India» (2021), 153 Journal of Development Economics 102747; Shusaku SASAKI, Tomoya SAITO and Fumio OHTAKE, «Nudges for COVID-19 Voluntary Vaccination: How to Explain Peer Information?» (2022), 292 Social science & medicine 114561; Shusaku SASAKI, Hirofumi Kurokawa and Fumio OHTAKE, «Effective but Fragile? Responses to Repeated Nudge-Based Messages for Preventing the Spread of COVID-19 Infection» (2021), 72 The Japanese Economic Review 371; Jon Pierre, «Nudges against Pandemics: Sweden»s COVID-19 Containment Strategy in Perspective» (2020), 39 Policy and Society 478; Ding Ding and others, «Is the COVID-19 Lockdown Nudging People to Be More Active: A Big Data Analysis»; Hengchen DAI and others, «Behavioural Nudges Increase COVID-19 Vaccinations» (2021), 597 Nature 404; Hadley Stevens SMITH and others, «A Review of the MINDSPACE Framework for Nudging Health Promotion during EARLY Stages of the COVID-19 Pandemic» (2022), 25 Population Health Management 487; «Jordan, J., Yoeli, E., & Rand, D. (2020),. Don»t Get It or Don»t Spread It? Comparing Self-Interested versus Prosocial Motivations for COVID-19 Prevention Behaviors. Working Paper, Https://Psyarxiv.Com/Yuq7x», https://psyarxiv.com/yuq7x; Jakub M Krawiec and others, «Tools for Public Health Policy: Nudges and Boosts as Active Support of the Law in Special Situations Such as the COVID-19 Pandemic» (2021), 17 Globalization and Health 132, https://doi.org/10.1186/s12992-021-00782-5, accessed 4 June 2023.

desempeñar un papel útil para garantizar el cumplimiento del derecho a una buena administración[701].

En este sentido, Sánchez, afirma que las decisiones de las Administraciones públicas se fundamentan en diálogos que se enmarcan en normas y procedimientos diseñados para abordar situaciones presentes, sin considerar la posibilidad de actuar en diversos escenarios futuros. Sin embargo, se sugiere que dichas normas y procedimientos deberían ser flexibles y adaptarse a diferentes posibilidades a medida que se proyecta hacia el futuro[702].

Dado que se analiza el derecho como medio para satisfacer las demandas de la Administración pública y de los ciudadanos, cabe citar a Sunstein en la investigación conductual del derecho, este enfoque fusiona el derecho y la psicología con el propósito de analizar la conducta humana y explorar las decisiones y elecciones de las personas. Aunque los modelos de elección racional a menudo dan predicciones inexactas debido a errores cognitivos y distorsiones motivacionales, el comportamiento humano sigue siendo predecible y su comprensión tiene un papel importante en varios campos, incluido el análisis económico del derecho. Sin embargo, la investigación en este ámbito todavía necesita ocupar un lugar significativo, especialmente en relación con el comportamiento fuera del mercado, donde se producen desviaciones del modelo convencional con mayor frecuencia. Estudios en análisis conductual sugieren que las preferencias y valores son construidos por situaciones sociales y diferentes enfoques de provocación pueden llevar a respuestas inconsistentes.

Cabe mencionar que los términos *behavioral compliance, behavioral law, behavioral public administration y nudge* están relacionados con la aplicación de enfoques de cambio de comportamiento en la política pública, pero tienen diferencias en su enfoque y alcance. En este momento, se debe enfocar en la perspectiva del concepto de *nudge* y, más adelante, los otros.

4.1. Entendiendo la idea de *nudge*

La teoría del *nudge*, o «acicate», tiene sus raíces en la economía conductual, una disciplina que combina perspectivas de la economía y la psicología. Basándose en estos estudios, los expertos han puesto de relieve la importancia de la combinación entre la Administración pública y la psicología, conocida como Administración pública conductual.

701. Juli Ponce Solé, «Derecho, nudging digital y manipulación: patrones oscuros, inteligencia artificial y derecho a una buena administración» [2023], Anuario de la Red Eurolatinoamericana de Buen Gobierno y Buena Administración 9, https://dialnet.unirioja.es/servlet/articulo?codigo=8890050, accessed 9 June 2023.

702. Zulima Sánchez Sánchez and Miguel Eiros Bachiller, *Regulación con prospectiva de futuro y de consenso* (Thomson Reuters Aranzadi 2022), https://produccioncientifica.usal.es/documentos/63db1076ce41a8765aab5cf5, accessed 8 June 2023.

Thaler, el creador de esta teoría, define el *nudge* como «cualquier aspecto de la arquitectura de las decisiones que modifica la conducta de las personas de una manera predecible sin prohibir ninguna opción ni cambiar de forma significativa sus incentivos económicos»[703].

En esta dirección, para Bicchieri, el concepto básico de *nudge* establece lo que guía a los individuos hacia aquellos comportamientos que preferirían realizar si estuvieran completamente informados, fueran racionales e inmunes a la debilidad de la voluntad. El *nudge* los animaría a realizar sus verdaderas preferencias, sin restringir su conjunto de opciones[704].

Teniendo en cuenta la definición rigurosa de un *nudge* propuesta por Hansen, se entiende como cualquier intento de influir en el juicio, la elección o el comportamiento de las personas de manera predecible. Este tipo de influencia se logra gracias a los límites cognitivos, sesgos, rutinas y hábitos presentes en la toma de decisiones individual y social, los cuales representan barreras que dificultan a las personas actuar racionalmente en función de sus propios intereses declarados. Además, el *nudge* funciona al aprovechar estos límites cognitivos, sesgos, rutinas y hábitos como partes integrales de dichos intentos[705].

La combinación de incentivos y *nudge* puede potenciar la capacidad de mejorar la vida de las personas y ayudar a solucionar muchos de los grandes desafíos de la sociedad, todo esto sin sacrificar la libertad de elección de cada individuo. Los diseñadores de políticas basadas en *nudge* utilizan prácticas basadas en el paternalismo libertario, que asegura la libertad de elección de las personas mientras orienta sus opciones para mejorar su vida. Esto, en opinión de sus creadores, puede lograrse sin renunciar a la libertad de elección de cada ciudadano[706].

Como señala Thaler, el concepto de *nudge* tiene sus raíces en la economía conductual, un campo de investigación que combina ideas de economía y psicología[707].

---

703. THALER and SUNSTEIN, *NUDGE: Improving Decisions About Health, Wealth, and Happiness* (n 596) 20.

704. Cristina BICCHIERI, «Norm Nudging and Twisting Preferences» [2023], Behavioural Public Policy 1, 01–02, https://www.cambridge.org/core/journals/behavioural-public-policy/article/norm-nudging-and-twisting-preferences/1FB6EF21C4947C012BDDAF25300B8A65, accessed 1 June 2023.

705. Pelle GULDBORG HANSEN, «The Definition of Nudge and Libertarian Paternalism: Does the Hand Fit the Glove?» (2016), 7 European Journal of Risk Regulation 155, 174, https://www.cambridge.org/core/journals/european-journal-of-risk-regulation/article/definition-of-nudge-and-libertarian-paternalism-does-the-hand-fit-the-glove/16D7A1CBCE9928E3E9ED713BF48C315C, accessed 4 June 2023.

706. THALER and SUNSTEIN, *NUDGE: Improving Decisions About Health, Wealth, and Happiness* (n 596).

707. Richard H THALER, «Behavioral Economics: Past, Present, and Future» (2016), 106 The American Economic Review 1577.

En su influyente libro, los autores Thaler y Sunstein definen un *nudge* como «cualquier aspecto de la arquitectura de elección que altera el comportamiento de las personas de manera predecible sin prohibir ninguna opción o cambiar significativamente sus incentivos económicos»[708].

Según la opinión de Costas y Tucat, el *nudge* en las políticas públicas implican el uso del conocimiento derivado de las ciencias económicas, la neurociencia y la psicología para influir en las acciones específicas de los diferentes actores y alcanzar los objetivos establecidos por los líderes públicos. Al modificar el entorno en el que los ciudadanos toman decisiones y considerar los mecanismos de comportamiento involucrados, el *nudge* se convierte en un instrumento importante en la implementación de políticas públicas por parte del Gobierno[709].

La arquitectura de elección es el entorno en el que las personas toman decisiones, por ejemplo, un restaurante, una tienda o un sitio web. Un ejemplo de un *nudge* es disponer dispensadores de desinfectante de manos en espacios públicos[710]. Colocar desinfectantes puede ayudar a las personas a lavarse las manos con más frecuencia. No te obliga a lavarte las manos y no cambia los incentivos económicos. Otro ejemplo de *nudge* es hacer que los platos vegetarianos sean la opción predeterminada durante las conferencias. Hansen *et al*[711] demostraron que esto aumenta el porcentaje de personas que optan por la comida vegetariana: de solo un 6 %, cuando el vegetariano no era la opción predeterminada, a un 87 % cuando se presentaba como la opción estándar.

De acuerdo con Calvo Sánchez *et al*., el concepto de *nudge* se refiere a una acción que busca llamar la atención y dirigir a las personas hacia posturas beneficiosas, sin recurrir a la coerción o los incentivos económicos. Estas intervenciones buscan guiar los comportamientos hacia objetivos específicos sin limitar la libertad individual. El *nudge* se basa en cambios en el contexto de elección y se utilizan en diversos ámbitos de política pública, como salud, protección ambiental, pobreza y cumplimiento fiscal. Su aplicación ha sido respaldada por organizaciones internacionales como el Banco Mundial, la Comisión Europea y la OCDE (la protección de la salud y la efectividad, p. 237)[712].

708. THALER and SUNSTEIN, «Nudge: Improving Decisions About Health, Wealth, and Happiness» (n 915) 06.

709. Elena COSTAS-PÉREZ and Pablo TUCAT, «Nudges: Diseño y Evaluación» [2021], Gestión y Análisis de Políticas Públicas 8, 10, https://revistasonline.inap.es/index.php/GAPP/article/view/10868, accessed 4 May 2023.

710. Donald A REDELMEIER and Richard H THALER, «One Nudge for Hand Hygiene» (2021), 7 249.

711. P. G. HANSEN and others, «Nudging Hand Hygiene Compliance: A Large-Scale Field Experiment on Hospital Visitors», [2021], Journal of Hospital Infection.

712. *Vid.* María Dolores CALVO SÁNCHEZ and María Milagros ARBE OCHANDIANO, «La protección de la salud y la efectividad de las normas ambientales: innovar desde la experiencia», *Innovación en las normas ambientales, 2019, ISBN 9788413132600, págs. 221-253* (Tirant lo Blanch 2019) 237, https://dialnet.unirioja.es/servlet/articulo?codigo=6954594, accessed 23 June 2023.

Un ejemplo de cómo el *nudge* puede dirigir la conducta proviene de la política de justicia penal, Fishbane *et al*[713] descubrieron que el *nudge*, en su caso, simplificar formularios y proporcionar recordatorios a través de mensajes de texto aumentaron la probabilidad de que las personas se presentaran en sus citas judiciales. Benartzi *et al.*[714] Concluyen que el *nudge* es más rentables que los instrumentos de política tradicionales, como los incentivos.

El *nudge* ofrece oportunidades para los Gobiernos. Por ejemplo, el *nudge* suele ser rentable[715], lo que los hace una opción atractiva para los Gobiernos que buscan reducir el gasto. Además, el *nudge* proporciona más autonomía[716] a los ciudadanos que los instrumentos de política tradicionales, como las prohibiciones e incentivos[717]. Los instrumentos de intervención ligera son atractivos para los partidos políticos que se oponen a la intervención del Gobierno.

Agrupamos las oportunidades y desventajas en tres categorías: ética de *nudge*, efectos de *nudge* y apoyo al *nudge*. La categorización se inspira en el trabajo académico de Moseley[718]. En un artículo de revisión, resume los debates sobre el *nudge*. Utilizamos el trabajo de Moseley, ya que ofrece una visión general amplia del debate sobre el *nudge*. Su amplia categorización contrasta con análisis específicos de los debates sobre el *nudge*, como si el *nudge* impacta en la autonomía[719].

Teniendo en cuenta a Hortal, el *nudge* no solo es libertario, sino que también muestra un lado paternalista. Cuando se implementa, el arquitecto de elección tiene en mente el tipo de cambio de comportamiento que busca y trata de orientar el comportamiento de las personas en consecuencia. Las siguientes secciones de este artículo exploran la posibilidad de que los Gobiernos y otras agencias utilicen el paternalismo libertario del enfoque del *nudge* para hacer que las personas sean más virtuosas en un sentido aristotélico actualizado. El acicate[720] puede ser una alternativa que no tiene que depender de la estrategia coercitiva de los mandatos ni de la esperanza de

---

713. Alissa Fishbane, Aurelie Ouss and Anuj K Shah, «Behavioral Nudges Reduce Failure to Appear for Court» (2020), 370 Science (New York, N.Y.) eabb6591.

714. Shlomo Benartzi and others, «Should Governments Invest More in Nudging».

715. Battaglio Jr and others (n 914); Benartzi y others (n 932).

716. Lars Tummers, «Public Policy y Behavior Change» (2019), 79 Public Administration Review 925, 926.

717. George Loewenstein y others, «Can Behavioural Economics Make Us Healthier?» (2012), 344 Bmj.

718. Alice Moseley, «Nudging in Public Policy», *Oxford research encyclopedia of politics* (2020),.

719. Anastasia Vugts and others, «How Autonomy Is Understood in Discussions on the Ethics of Nudging» (2020), 4 Behavioural Public Policy 108.

720. *Vid.* Ponce Solé, Juli, *Acicates (nudges), buen gobierno y buena administración: Aportaciones de las ciencias conductuales, nudging y sector público y privado* (Marcial Pons 2022).

que la educación se traduzca en acción. El *nudge* se basa en el conocimiento del comportamiento y no son reguladores[721].

Thaler y Sunstein proponen tres influencias sociales que pueden ser utilizadas como *nudge* tanto en el ámbito privado como público: la información, la presión social y la impronta para promover cambios positivos en las personas. El *nudge* debe ser diseñados por los arquitectos de decisiones para intentar cambiar positivamente lo que Thaler denomina «conservadurismo colectivo», una tendencia de las personas a seguir una norma de grupo establecida hace mucho tiempo, incluso si esta es perjudicial o si no se conoce su origen. Esta norma seguirá perpetuándose, incluso cuando existen pruebas claras de que es perjudicial para ellos[722].

Como recuerda Sunstein, los *nudge* siempre respetan, y a menudo promueven, la acción humana; como insisten en preservar la libertad de elección, no depositan una confianza excesiva en el Gobierno. Además, suelen ser transparentes en lugar de encubiertos o formas de manipulación; muchos tipo de *nudge* son educativos, e incluso cuando no lo son, tienden a simplificar la vida y hacerla más navegable[723].

4.1.1. Desvelando los secretos del *nudge*

En 2008, el economista del comportamiento Richard Thaler y Cass Sunstein publicaron su influyente obra sobre *nudge*[724]. Este libro, que rápidamente se convirtió en un superventas, presentaba el argumento de utilizar la arquitectura de la elección, es decir, el entorno en el que se toma una decisión, para modificar el comportamiento individual. Con base en los autores, una estructuración deliberada de las opciones podría ayudar a las personas a tomar mejores decisiones, beneficiándose a sí mismas y a la sociedad. Animaron a los arquitectos de la elección, aquellos responsables de organizar el contexto en el que las personas toman decisiones, a enmarcar las opciones de manera que «modifiquen el comportamiento de las personas de forma predecible sin prohibir ninguna opción o cambiar significativamente sus incentivos económicos». Thaler y Sunstein denominaron colectivamente a estas características de diseño como *nudge* o «acicates»[725].

---

721. Alejandro HORTAL, «Virtue Nudges: Using Choice Architecture to Form Virtuous Citizens» 06–08, https://papers.ssrn.com/abstract=4274050, accessed 8 June 2023.

722. THALER and SUNSTEIN, *NUDGE: Improving Decisions About Health, Wealth, and Happiness* (n 596).

723. Cass R SUNSTEIN, «Misconceptions about Nudges» [2018], Available at SSRN 3033101, https://econpapers.repec.org/article/behjbepv1/v_3a2_3ay_3a2018_3ai_3a1_3ap_3a61-67.htm, accessed 29 May 2023.

724. *Vid.* THALER and SUNSTEIN, «Nudge: Improving Decisions About Health, Wealth, and Happiness» (n 915).

725. Todd HAUGH, «Nudging Corporate Compliance» (2017), 54 Am. Bus. LJ 683, 689–690.

Richard H. Thaler fue galardonado con el Premio Nobel Memorial de Ciencias Económicas en 2017 por sus contribuciones a la economía del comportamiento. Teniendo en cuenta a la opinión de Peter E. Earl[726], las contribuciones de Thaler a la economía se pueden dividir en tres categorías: a) la exposición de las deficiencias empíricas de la teoría de la elección racional y el desarrollo de la perspectiva de Kahneman y Tversky[727] para explicar una amplia gama de anomalías; b) el desarrollo de una teoría de la «contabilidad mental» y su uso para entender las formas en que los consumidores responden a diferentes tipos de estrategias de precios; y c) el desarrollo del concepto de «paternalismo libertario» con Cass Sunstein y la exploración de sus implicaciones prácticas para la política, especialmente a través de la técnica del *nudge*. Sin embargo, su premio Nobel también refleja el alcance de su impacto en la economía a través de su uso persuasivo de ejemplos cotidianos memorables de cómo las personas reales no siempre se comportan como la teoría de la elección racional afirma que deberían[728].

Citando a Sunstein, en nuestra rutina diaria, nos encontramos con diversos ejemplos de *nudge* o «acicate». Un sistema de posicionamiento global (GPS) que nos guía en el camino, una aplicación móvil que nos recuerda cuántas calorías hemos consumido el día anterior, un mensaje de texto que nos avisa que debemos pagar una factura o que tenemos una cita médica programada para el día siguiente, un despertador que nos despierta por la mañana, son todos ejemplos de esta estrategia. En el mismo sentido, la inscripción automática en un plan de pensiones, los ajustes predeterminados en nuestros ordenadores y teléfonos móviles, así como un sistema de pago automático de facturas de tarjetas de crédito e hipotecas, también es *nudge* en acción[729].

Al juicio de Moseley, el *nudge* se fundamenta en la concepción de que los individuos utilizan atajos mentales (heurísticos) en la toma de decisiones cotidiana, atajos que no siempre sirven a sus intereses a largo plazo (por ejemplo, en relación con las pautas de alimentación y ejercicio, la seguridad vial o el ahorro para el futuro). El *nudge* no consiste en persuadir a los individuos de la conveniencia de seguir determinadas pautas de actuación que contribuyan a su bienestar a largo plazo[730].

726. Peter E Earl, «Richard H. Thaler: A Nobel Prize for Behavioural Economics» (2018), 30 Review of Political Economy 107, 107–108, https://www.tandfonline.com/doi/full/10.1080/09538259.2018.1513236, accessed 1 June 2023.

727. Amos Tversky and Daniel Kahneman, «Availability: A Heuristic for Judging Frequency and Probability» (1973), 5 Cognitive Psychology 207, https://www.sciencedirect.com/science/article/pii/0010028573900339, accessed 1 June 2023.

728. Earl (n 944) 107–108.

729. Cass R Sunstein, «Consideraciones Preliminares. Algunas Ideas Generales Sobre Las Aportaciones Conductuales y Los Nudges» (Marcial Pons 2022).

730. Moseley (n 936).

Las teorías de Haas[731] y Radaelli[732] sugieren que no solo es esencial que las nuevas ideas encuentren un contexto económico y político favorable, sino también que las políticas públicas que se vinculan con esas ideas puedan ser aplicadas efectivamente. La «perspectiva del conocimiento»[733] ofrece un análisis de las políticas públicas desde un enfoque más amplio, equilibrando la relación entre poder y conocimiento.

Además, Herbert Simon, en su libro, destaca los límites de la racionalidad y propone la teoría de la racionalidad limitada. De esta manera, Simon enfatiza que la toma de decisiones no siempre sigue un proceso completamente racional y que los individuos se ven restringidos por estas limitaciones en su capacidad para tomar decisiones óptimas. En esta obra, Simon contrasta el modelo clásico de elección racional y señala que el comportamiento racional está condicionado por varios factores en la toma de decisiones, como la disponibilidad de información, las limitaciones cognitivas de la mente individual y el tiempo disponible para tomar la decisión[734].

4.1.2. Innovación de estímulo: evidencia empírica en la aplicación de la técnica *nudge*

Enfatiza Tummers que los académicos han analizado si los *nudges* son eficaces. Como Schmidt señala, por supuesto, muchas intervenciones de *nudge* que no son eficaces. Sin embargo, estos resultados no invalidan el enfoque *nudge* en su conjunto[735]. Por otro lado, es importante destacar que Szaszi *et al.* Señalan que existe un conocimiento insuficiente acerca de por qué estas estrategias de *nudge* resultan ser efectivas[736]. Siendo está corriente muy minoritaria, una vez que existes millares de artículos[737] que confirmar la eficacia del *nudge*. En este sentido, Jachimowicz *et al.*[738]. Señalaron que *nudge* por defecto suelen funcionar de acuerdo con lo previsto.

---

731. Ernst B HAAS, When Knowledge Is Power: Three Models of Change in International Organizations, vol 22 (University of California Press 1990).

732. Claudio M RADAELLI, «The Role of Knowledge in the Policy Process» (1995), 2 Journal of European public policy 159.

733. *Ibid.*

734. Herbert A SIMON, *Administrative Behavior* (Simon and SCHUSTER 2013).

735. Andreas T SCHMIDT and Bart ENGELEN, «The Ethics of Nudging: An Overview» (2020), 15 Philosophy Compass e12658, https://onlinelibrary.wiley.com/doi/abs/10.1111/phc3.12658, accessed 6 June 2023.

736. Barnabas SZASZI and others, «No Reason to Expect Large and Consistent Effects of Nudge Interventions» (2022), 119 Proceedings of the National Academy of Sciences e2200732119, https://www.pnas.org/doi/full/10.1073/pnas.2200732119, accessed 5 June 2023.

737. SCHMIDT and ENGELEN (n 953).

738. Jon M JACHIMOWICZ and others, «When and Why Defaults Influence Decisions: A Meta-Analysis of Default Effects» (2019), 3 Behavioural Public Policy 159.

En los últimos años, se han llevado a cabo varias encuestas para evaluar las opiniones de las personas sobre el *nudge*, tanto a nivel nacional como en diferentes países. Diversas Investigaciones[739] han explorado las actitudes y la aceptación de *nudge* en diferentes culturas y países.

A nivel europeo, algunas investigaciones[740] buscan comprender las opiniones de las personas sobre la aplicación de *nudge* en distintos contextos y su percepción en términos de efectividad y ética. Como señala el informe de Reisch, los encuestados consideran que un *nudge* tiene objetivos legítimos y que se ajustan al interés y valores de la mayoría de las personas, es probable que lo favorezcan. Dado que, en Europa, existe un gran respaldo general al *nudge* del tipo que se han adoptado, o se están considerando seriamente en las naciones democráticas[741]. Del mismo modo, en el Reino Unido, los trabajos de Gold *et al.*[742] y Reynolds *et al.*[743] confirmarán la aceptación de las personas sobre el *nudge*. Estas encuestas y estudios contribuyen a comprender cómo las personas perciben el *nudge* y cuál es su nivel de aceptación.

En Estados Unidos, por ejemplo, se han realizado estudios[744] que buscan comprender la percepción y aceptación de *nudge* por parte de la población. Según Jung *et al.*, la mayoría de los ciudadanos estadounidenses de una muestra representativa tendían a favorecer la mayoría de *nudge* que examinaron. El apoyo está asociado a la percepción de que a *nudge* es el tipo de objetivos «correctos»[745].

Además, proporcionan información valiosa sobre las preocupaciones éticas y las percepciones sobre la efectividad de estas intervenciones. Este conocimiento puede ser utilizado para informar y mejorar el diseño e imple-

---

739. Cass R Sunstein, Lucia A Reisch and Micha Kaiser, «Trusting Nudges? Lessons from an International Survey» (2019), 26 Journal of European Public Policy 1417; Sunstein, «Misconceptions about Nudges» (n 941); William Hagman and others, «Public Views on Policies Involving Nudges» (2015), 6 Review of philosophy and psychology 439; Gidon Felsen, Noah Castelo and Peter B Reiner, «Decisional Enhancement and Autonomy: Public Attitudes towards Overt and Covert Nudges» (2013), 8 Judgment and Decision making 202.

740. Cäzilia Loibl and others, «Which Europeans like Nudges? Approval and Controversy in Four European Countries» (2018), 52 Journal of Consumer Affairs 655; Lucia A Reisch and Cass R Sunstein, «Do Europeans like Nudges?» (2016), 11 Judgment and Decision making 310.

741. Reisch and Sunstein (n 958).

742. Natalie Gold and others, «Better off, as Judged by Themselves: Do People Support Nudges as a Method to Change Their Own Behavior?» [2020], Behavioural Public Policy 1.

743. JP Reynolds and others, «Public Acceptability of Nudging and Taxing to Reduce Consumption of Alcohol, Tobacco, and Food: A Population-Based Survey Experiment» (2019), 236 Social Science & Medicine (1982), 112395.

744. Gold and others (n 960); Janice Y Jung and Barbara A Mellers, «American Attitudes toward Nudges» (2016), 11 Judgment and Decision making 62.

745. Jung and Mellers (n 962).

mentación de *nudge*, garantizando que sean éticamente responsables y se alineen con las expectativas y preferencias de la sociedad.

En general, segundos varios estudios[746], las personas suelen dar la bienvenida a *nudge*, al menos en la medida en que promueven objetivos que respaldan y son aplicados por partes con las que pueden identificarse.

Mientras funcionen suficientes intervenciones *nudge* como parece ser el caso y podamos separar las políticas nudge eficaces de las ineficaces, el enfoque *nudge* puede seguir produciendo políticas públicas valiosas[747]. El *nudge* normalmente se prestan muy bien a un enfoque basado en la evidencia para la formulación de políticas y, a menudo, incluso se pueden probar a través de ensayos de control aleatorios. Además, los defensores de *nudge*, como Sunstein, también tienden a respaldar una mayor orientación a la evidencia en las políticas públicas[748]. Que encontremos regularmente *nudges* ineficaces podría decirse que el enfoque lo hace razonablemente bien a la hora de separar las políticas eficaces de las ineficaces.

Estos resultados de la investigación de Esposito *et al*.[749]. Sugieren que el *nudge* puede ser una herramienta política eficaz, confirman la existencia de

746. REYNOLDS and others (n 961); Haoyang YAN and J Frank YATES, «Improving Acceptability of Nudges: Learning from Attitudes towards Opt-in and Opt-out Policies» (2019), 14 Judgment and Decision Making 26; Margaret Allman-Farinelli and others, «The Role of Supportive Food Environments to Enable Healthier Choices When Eating Meals Prepared Outside the Home: Findings from Focus Groups of 18 to 30-Year-Olds» (2019), 11 Nutrients 2217; Jasmin Bhawra and others, «Are Young Canadians Supportive of Proposed Nutrition Policies and Regulations? An Overview of Policy Support and the Impact of Socio-Demographic Factors on Public Opinion» (2018), 109 Canadian Journal of Public Health = Revue Canadienne De Sante Publique 498; Emma Sainsbury and others, «Public Support for Government Regulatory Interventions for Overweight and Obesity in Australia» (2018), 18 BMC public health 513; Lucia A REISCH, Cass R SUNSTEIN and Wencke Gwozdz, «Viewpoint: Beyond Carrots and Sticks: Europeans Support Health Nudges» (2017), 69 Food Policy 1, https://www.sciencedirect.com/science/article/pii/S0306919216306467, accessed 7 June 2023; C SUNSTEIN, *The Ethics of Influence: Government in the Age of Behavioral Science* (2016),; Dragos C PETRESCU and others, «Public Acceptability in the UK and USA of Nudging to Reduce Obesity: The Example of Reducing Sugar-Sweetened Beverages Consumption» (2016), 11 PLOS ONE e0155995, https://journals.plos.org/plosone/article?id=10.1371/journal.pone.0155995, accessed 4 June 2023; HANSEN (n 923); PETRESCU and others; Hagman and others (n 957); Rasmus Stampe HANSEN, «Tallerkenspild På Restauranter; Plate Waste at Restaurants»; Jayne Lucke, «Context Is All Important in Investigating Attitudes: Acceptability Depends on the Nature of the Nudge, Who Nudges, and Who Is Nudged» (2013), 13 The American journal of bioethics: AJOB 24.

747. Dennis HUMMEL and Alexander MAEDCHE, «How Effective Is Nudging? A Quantitative Review on the Effect Sizes and Limits of Empirical Nudging Studies» (2019), 80 Journal of Socio-economics 47; Anneliese ARNO, Steve THOMAS and Steve J THOMAS, «The Efficacy of Nudge Theory Strategies in Influencing Adult Dietary Behaviour: A Systematic Review and Meta-Analysis», (2016), 16 BMC Public Health 676.

748. Cass R SUNSTEIN, *The Cost-Benefit Revolution* (MIT Press 2018).

749. Gabriele ESPOSITO and others, «Nudging to Prevent the Purchase of Incompatible Digital Products Online: An Experimental Study», (2017), 12 PLOS ONE 1.

una brecha generacional en el comportamiento en línea y ponen de relieve cómo el *nudge* puede moderar el efecto de las variables sociodemográficas.

A partir de los resultados de más de 440 intervenciones conductuales de Mertens *et al.*, se han demostrado que la arquitectura de elección es una herramienta de cambio de conducta eficaz y ampliamente aplicada que permite las elecciones personal y socialmente deseables mediante el uso de dominios conductuales, ubicaciones geográficas y poblaciones. Confirmando así que las estrategias de *nudge* son efectivas, demostrando tamaños de efecto pequeños a medianos[750]. Sin embargo, existe una corriente de académicos que, tras ajustar por sesgo de publicación, no encuentran evidencia de la efectividad de estas tácticas de persuasión[751]. También, al juicio de Hortal[752], no se puede garantizar que los *nudge* funcionen en un lugar diferente o en un momento futuro. Otro estudio de Hortal[753] sostiene que no todos los *nudge* funcionan de la misma manera ni son eficaces a largo plazo. Todo depende de cómo está siendo utilizado el *nudge*, no es una «bala de plata», que sirve para todo en cualquier contexto y cultura.

Por otro lado, sostienen Van Roekel *et al.* Que la capacidad de *nudge* para preservar la autonomía y ser efectivos al mismo tiempo depende del diseño del *nudge*[754].

Las recientes innovaciones en la teoría del *nudge*, como las referentes a *boosting y self-nudges*, *nudge versus think*, *nudge*+ pueden proporcionar pautas para el desarrollo de *nudge* que preserven la autonomía y sean efectivos[755].

---

750. Stephanie MERTENS and others, «The Effectiveness of Nudging: A Meta-Analysis of Choice Architecture Interventions across Behavioral Domains» (2022), 119 Proceedings of the National Academy of Sciences of the United States of America e2107346118, 110.

751. Maximilian MAIER and others, «No Evidence for Nudging after Adjusting for Publication Bias» (2022), 119 Proceedings of the National Academy of Sciences e2200300119, https://www.pnas.org/doi/full/10.1073/pnas.2200300119, accessed 5 June 2023.

752. Alejandro HORTAL, «Evidence-Based Policies, Nudge Theory and Nancy Cartwright: A Search for Causal Principles» (2023), 7 Behavioural Public Policy 333.

753. HORTAL (n 939).

754. Henrico VAN ROEKEL and others, «Nudges Can Be Both Autonomy-Preserving and Effective: Evidence from a Survey and Quasi-Field Experiment» [2023], Behavioural Public Policy 1, https://www.cambridge.org/core/journals/behavioural-public-policy/article/nudges-can-be-both-autonomypreserving-and-effective-evidence-from-a-survey-and-quasi-field-experiment/31CAE447654D0541B2F2E7824099C288, accessed 5 June 2023.

755. Ralph HERTWIG and Till GRÜNE-YANOFF, «Nudging and Boosting: Steering or Empowering Good Decisions» (2017), 12 Perspectives on Psychological Science: A Journal of the Association for Psychological Science 973, 2; Samuli Reijula and Ralph HERTWIG, «Self-Nudging and the Citizen Choice Architect» (2022), 6 Behavioural Public Policy 119, https://www.cambridge.org/core/journals/behavioural-public-policy/article/abs/selfnudging-and-the-citizen-choice-architect/F526628F7F3C7B436FA2BCBFC1FC3C76, accessed 5 June 2023; Sanchayan Banerjee and Peter John, «Nudge Plus: Putting Citizens at the Heart of Behavioural Public Policy», https://papers.ssrn.com/abstract=4315671, accessed 5 June 2023.

Citando a Бондаренко *et al.*[756], el sesgo cognitivo también explica por qué las personas jóvenes son especialmente susceptibles a historias y memes memorables para prevenir o fomentar comportamientos. De acuerdo con Matjaskoun, los programas de prevención de drogadicción han demostrado ser más efectivos después de la muerte de una celebridad por sobredosis de drogas[757].

La heurística de la disponibilidad implica la tendencia a evaluar las probabilidades de un resultado basándose en los recuerdos y experiencias disponibles[758]. Un ejemplo de esto es que la muerte por accidente de tráfico parece más probable que la muerte por enfermedades cardiovasculares, a pesar de que la mortalidad por estas últimas es quince veces mayor[759]. Sin embargo, los accidentes de tráfico son más rápidos de recordar debido a su cobertura en los medios de comunicación. En el estudio de Palekar, entre las personas de quince a veinticuatro años, conocer a alguien que ha muerto de SIDA contribuía a la percepción del VIH como una enfermedad grave y cambiaba el comportamiento relacionado con el riesgo de infección. Este modelo de evaluación de riesgos se reproduce independientemente del nivel de educación[760], lo que sugiere una influencia significa-

756. АМ Бондаренко, НС Карпова and ДС Михайлова, «ИСПОЛЬЗОВАНИЕ ПОДХОДОВ ПОВЕДЕНЧЕСКОЙ ЭКОНОМИКИ В РАЗРАБОТКЕ ЦИФРОВЫХ СЕРВИСОВ ПОВЫШЕНИЯ КОМПЛАЕНТНОСТИ ПАЦИЕНТОВ» [2022], ПОТЕНЦИАЛ ИННОВАЦИОННОГО РАЗВИТИЯ В НОВЫХ ГЕОПОЛИТИЧЕСКИХ, 168.

757. Jennifer L Matjasko and others, «Applying Behavioral Economics to Public Health Policy: Illustrative Examples and Promising Directions» (2016), 50 American journal of preventive medicine S13.

758. Tversky and Kahneman (n 945).

759. Noreen C Facione, «Perceived Risk of Breast Cancer: Influence of Heuristic Thinking» (2002), 10 Cancer Practice 256, https://onlinelibrary.wiley.com/doi/abs/10.1046/j.1523-5394.2002.105005.x, accessed 1 June 2023.

760. En este sentido *Vid.* Chris Arney, «Nudge: Improving Decisions about Health, Wealth, and Happiness» (2015), 49 Mathematics and Computer Education 69; Catherine Cochrane, «Teaching Integrity in the Public Sector: Evaluating and Reporting Anti-Corruption Commissions» Education Function» (2019), 38 Teaching Public Administration 014473941985114; M. Caris, «IMAGINE - IMproving Adherence to Guidelines in Infectious Diseases through Nudging and Education: IMproving Adherence to Guidelines in Infectious Diseases through Nudging and Education»; Carlo Barone and others, «Nudging Gender Desegregation: A Field Experiment on the Causal Effect of Information Barriers on Gender Inequalities in Higher Education» (2019), 21 European Societies 356; Teresa Costa, Teresa Costa and Tatiana Sanches, «Nudging Higher Education Libraries: The Portuguese Recommendations» 1; Liat L Mackey, Stephanie Grutzmacher and CR Miller, «Nudging Students towards Healthful Choices through Education Enhanced by Environmental Cues» (2013), 45 Journal of Nutrition Education and Behavior; Mette Trier Damgaard and Helena Skyt Nielsen, «Nudging in Education: A Survey»; Julia M Puaschunder, «Nudging in The Digital Big Data Era» (2017), 4 18; Mariachiara Tallacchini and Mariachiara Tallacchini, «Nudging or Education to Responsible Choices? The Example of Breast Screening», (2017), 41 Epidemiologia & Prevenzione 14.

tiva de la conciencia y la experiencia directa en la percepción. Además, La experiencia vivida directamente, incluso en un entorno virtual, como en un juego interactivo, ha arrojado resultados prometedores. Un juego de autorregulación para niños con diabetes tipo 1 redujo las visitas a servicios de urgencias en un 77 %, mientras que un juego de manejo del asma para adolescentes demostró la retención de conocimientos sobre el asma y la autorregulación después de un mes[761].

Los defensores de estos enfoques pueden señalar mejoras en muchos campos, entre los que se incluyen la salud[762] (sin incluir temática COVID-19),

761. Debra A Lieberman, «Management of Chronic Pediatric Diseases with Interactive Health Games: Theory and Research Findings» (2001), 24 The Journal of ambulatory care management 26.

762. En los últimos 3 años, sobre Nudge salud ha realizado investigaciones véase à Purohit and others (n 918); Facione (n 977); J. Mackenbach and others, «Abstract 53: Real-Life Effects of Nudging and Pricing Strategies in the Supermarket to Promote Healthy Diets and Cardiometabolic Health: The Supreme Nudge Parallel Cluster-Randomized Controlled Trial» [2023], Circulation; Loewenstein and others (n 935); Seshathiri Dhanasekaran and others, «Data Collection and Smart Nudging to Promote Physical Activity and a Healthy Lifestyle Using Wearable Devices» [2022], Linköping electronic conference proceedings; Florian Pecune, Lucile Callebert, and Stacy Marsella, «Designing Persuasive Food Conversational Recommender Systems With Nudging and Socially-Aware Conversational Strategies» (2022), 8 Frontiers in Robotics and AI; Josine M Stuber and others, «Nudging Customers towards Healthier Food and Beverage Purchases in a Real-Life Online Supermarket: A Multi-Arm Randomized Controlled Trial» (2022), 20 BMC Medicine; Gerarda Caso and Riccardo Vecchio, «Nudging Low-Medium Income Mothers towards Healthy Child Options in an Online Restaurant Scenario» (2022), 180 Appetite 106360; Ayoub El Majjodi, Alain D. Starke, and Christoph Trattner, «Nudging Towards Health? Examining the Merits of Nutrition Labels and Personalization in a Recipe Recommender System» [2022], User Modeling, Adaptation, and Personalization; Sanduni Hansika and Thushanthi Perera, «O14 Digital Nudging as a Trigger for Healthy Eating Among Young Adults» Journal of Nutrition Education and Behavior; Sharissa M Smith and others, «Preferences of Women with a Vulnerable Health Status towards Nudging for Adequate Pregnancy Preparation as Investment in Health of Future Generations: A Qualitative Study» (2022), 22 BMC Pregnancy and Childbirth; JM Stuber and others, «Real-Life Effects of Nudging and Pricing Strategies in the Supermarket to Promote Healthy Diets» (2022), 32 European journal of public health; Massimo Cesareo and others, «The Effectiveness of Nudging Interventions to Promote Healthy Eating Choices: A Systematic Review and an Intervention among Italian University Students», (2022), 168 Appetite 105662; Pecune, Lucile Callebert, and Stacy Marsella; Alain D Starke and others, «Nudging Healthy Choices in Food Search Through List Re-Ranking» [2021], User Modeling, Adaptation, and Personalization 293; Alain D Starke, Martijn C Willemsen and Christoph Trattner, «Nudging Healthy Choices in Food Search Through Visual Attractiveness», (2021), 4 Frontiers in Artificial Intelligence 621743; Josine M Stuber and others, «Shifting toward a Healthier Dietary Pattern through Nudging and Pricing Strategies: A Secondary Analysis of a Randomized Virtual Supermarket Experiment», (2021), 114 The American Journal of Clinical Nutrition 628; Cesareo and others; Stephanie SAH Blom and others, «Under Pressure: Nudging Increases Healthy Food Choice in a Virtual Reality Supermarket, Irrespective of System 1 Reasoning», (2021), 160 Appetite 105116.

la educación[763], la sostenibilidad[764], empleo[765], protección del consumidor[766],

763. En los últimos 3 años, sobre Nudge educación ha realizado investigaciones véase à R. WEIJERS and others, «Nudging Autonomous Learning Behavior: Three Field Experiments» [2023], Education sciences; Lisa Van Der Sande and others, «Nudging to Stimulate Reading in Primary and Secondary Education» [2023], SAGE Open; Mette Trier DAMGAARD and Helena Skyt NIELSEN, «Behavioral Economics and Nudging in Education: Evidence from the Field» 21; Riccardo SARTORI and others, «Enhancing Critical Thinking Skills and Media Literacy in Initial Vocational Education and Training via Self-Nudging: The Contribution of NERDVET Project» (2022), 13 Frontiers in Psychology; K.B. Taylor, «Data and Growth in Education: A Deweyan Analysis»; R. WEIJERS and others; Lisa Van Der Sande and others; Riccardo SARTORI and others; Robert WEIJERS, «Nudging Autonomous Learning Behavior: Three Field Experiments in Vocational Education and Training» [2022], Proceedings of the 2022 AERA Annual Meeting; Emily C Hanno, «Nudging EARLY Educators» Knowledge, Beliefs, and Practices: An Embedded Randomized Controlled Trial of Text Message Supports» [2022], EARLY Education and Development 1; Z. Taylor, S. Meghani, and Liz Nguyen, «Nudging in a Pandemic: Lessons Learned from Text Messaging College Students amid COVID-19» [2022], Social Science Research Network; Geeta Lakshmi and others, «Nudging Student Recycling Behaviour: An Experimental Study in Kazakhstan and UK Higher Education» [2022], Journal of Cleaner Production 134164; JM STUBER and others (n 980); Alice BROWN and others, «The Creation of a Nudging Protocol to Support Online Student Engagement in Higher Education» [2022], Active Learning in Higher Education 146978742110390; Alexander PARIKH-BRIGGS, Suraj NAIR, and Prakriti SHARMA, «The Impact of Behavioral Nudging in Economic Theory on High School Grading Policies and Student Achievement» (2022), 11 Journal of Student Research; Nouran NASHAAT, Rasha Abd El Aziz, and Marwa TAREK ABD EL AZEEM, «The Role of Digital Nudging and Gender on Students» Online Commitment during Digitalization: The Private Higher Education Sector» [2022], IBIMA Business Review 1; Stuart TANNOCK, Stuart TANNOCK and Stuart TANNOCK, «Nudging and Informal Learning» [2021], Palgrave Studies in Education and the Environment 55; J. ADEM, «Nudging and Investment in Education: Why Cash Grants Fail to Raise Household Investment in Child Education in Developing Countries?» [2021], Social Science Research Network; Junhui Li and Xitong Guo, «Nudging Effective Health Education via Message Design: Evidence from a Randomized Experiment» [2021], Pacific Asia Conference on Information Systems.

764. Marta SANTOS SILVA, «Nudging and Other Behaviourally Based Policies as Enablers for Environmental Sustainability» (2022), 11 Laws 9, https://www.mdpi.com/2075-471X/11/1/9, accessed 7 June 2023; Liliana Donath, Monica Boldea and Ana-Maria Popa, «Nudging Generation Y towards Education for Sustainability» 123; Carolin V Zorell, «Nudges, Norms, or Just Contagion? A Theory on Influences on the Practice of (Non-)Sustainable Behavior» (2020), 12 Sustainability 10418, https://www.mdpi.com/2071-1050/12/24/10418, accessed 4 June 2023; Micha Kaiser and others, «The Power of Green Defaults: The Impact of Regional Variation of Opt-out Tariffs on Green Energy Demand in Germany» (2020), 174 Ecological Economics 106685.

765. Organización de Cooperación y Desarrollo Económicos - OCDE, «Use of Behavioural Insights in Consumer Policy. Organisation for Economic Co-Operation and Development Science, Technology and Innovation Policy» (2017), 36.

766. BIT., «The Behavioural Insights Team. Update Report 2016-17» (2016),.

finanzas[767], ahorro, medio ambiente[768], discriminación y estrategias anticorrupción[769]. En los últimos años, se han realizado diversos estudios sobre la influencia del *nudge*[770] para una mayor transparencia.

En los últimos tres años, se han llevado a cabo diversas investigaciones en el ámbito de la educación que han explorado el uso de *nudge* para mejorar los resultados educativos y fomentar comportamientos positivos en los estudiantes. Estos estudios han proporcionado conocimientos valiosos sobre cómo el *nudge* puede ser utilizados de manera efectiva en el entorno educativo.

767. H. Carvalho, Alexandro Afonso, and J. Mazzon, «Tax Compliance in the Wild: Critical Review of Nudging and Proposition of an Integrative Framework» [2023], BAR: Brazilian Administration Review; Armenak Antinyan, Zareh Asatryan and Zareh Asatryan, «Nudging for Tax Compliance: A Meta-Analysis» [2019], Social Science Research Network; Mpumi Monageng, «The Effect Of Reciprocity And Social Norm Nudges On Tax Compliance», https://www.business.unsw.edu.au/About-Site/Schools-Site/Taxation-Business-Law-Site/Documents/MONAGENG%20Mpumi%20%20THE%20EFFECT%20OF%20RECIPROCITY%20AND%20SOCIAL%20NORM%20NUDGES%20ON%20TAX%20COMPLIANCE.pdf, accessed 5 May 2023; Michael Hallsworth and others, «The Behavioralist As Tax Collector: Using Natural Field Experiments to Enhance Tax Compliance» (2017), 148 Journal of Public Economics 14; Stewart Kettle and others, «Behavioral Interventions in Tax Compliance: Evidence from Guatemala» 1.

768. Banco Mundial, «Informe Sobre El Desarrollo Mundial 2015 Aborda Los Temas de La Mente, La Sociedad y La Conducta» (2014), 22.

769. *Ibid*; Banco Mundial, «When Corruption Is the Norm» (World Development Report 2015: Mind, Society, and Behavior 2015), http://pubdocs.worldbank.org/en/193141482349924845/Spotlight-1.pdf; C Sunstein and Lucia Reisch, *The Economics of Nudge* (2016),; BIT, «The Behavioural Insights Team», https://www.bi.team/, accessed 12 June 2020; M.ª del Carmen Gómez Rivero and Abraham Barrero Ortega, *Regeneración Democrática y Estrategias Penales En La Lucha Contra La Corrupción* (Tirant lo Blanch 2017), https://biblioteca-tirant-com.ezproxy.usal.es/cloudLibrary/ebook/info/9788491691181; «Género y Anticorrupción En América Latina y El Caribe Buenas Prácticas y Oportunidades – Fundación Ciudadania y Desarrollo», https://www.ciudadaniaydesarrollo.org/projects/genero-y-anticorrupcion-en-america-latina-y-el-caribe-buenas-practicas-y-oportunidades/, accessed 14 May 2021; Gómez (n 3); Robert Klitgaard, «Estrategias a Nivel Nacional e Internacional Para Reducir La Corrupción. Pena y Estado» (1995), 1, n° 1 Revista Latino-americana de Política Criminal 245.

770. Jensen, Ayers and Koskan (n 918); Ana Luize Correa, M. Ames, and Marcello Beckert Zappellini, «Nudge Policies in COVID-19 Context: A Necessary Action or Ethical Dilemma?» [2022], Revista de Administração Contemporânea; Dai and others (n 918); Sasaki, Saito and Ohtake (n 918); J. Nordensvärd, Therese Sefton, and S. Godenhjelm, «Interpreting the State–Citizen Nexus in Contemporary Nordic Legal and Social Citizenship: The Case of Divergence in Restriction on Freedom of Movement as a Mitigation Policy in the COVID-19 Pandemic» [2023], Journal of International and Comparative Social Policy; Krawiec and others (n 918); Wang and others (n 918); Krawiec and others (n 918); Mertens and others (n 968); Pierre (n 918); Elena Kantorowicz-Reznichenko, Jaroslaw Kantorowicz and Liam Wells, «Can Vaccination Intentions against COVID-19 Be Nudged?» [2022], Behavioural Public Policy 1, https://www.cambridge.org/core/journals/behavioural-public-policy/article/can-vaccination-intentions-against-covid19-be-nudged/AB186B6D497EE60FE333FCFDBBE10C00, accessed 5 June 2023.

En esta dirección, en 2023, R. Weijers *et al*. Han realizado experimentos de campo para examinar cómo el *nudge* puede influir en el comportamiento de aprendizaje autónomo en estudiantes[771]. Al mismo tiempo, Van Der Sande *et al*. han investigado cómo el *nudge* puede estimular la lectura en la educación primaria y secundaria[772]. Del mismo modo, Damgaard y Nielsen han analizado el uso de la economía conductual y *nudge* en la educación, proporcionando evidencia basada en estudios de campo[773].

Igualmente, Sartori *et al*. En 2022 examinaron cómo el *nudge* puede mejorar las habilidades de pensamiento crítico y la alfabetización mediática en la educación vocacional inicial, a través del proyecto Nerdvet[774]. Además, Hanno[775] realizó un ensayo controlado aleatorizado integrado para evaluar el impacto de los mensajes de texto de apoyo en el conocimiento, creencias y prácticas de los educadores tempranos. También, Weijers *et al*.[776]. proporcionaron pautas para la implementación exitosa de *nudge* en el ámbito educativo, basadas en una revisión de la literatura existente.

Alice Brown *et al*., en su artículo de 2022, exploraron la creación de un protocolo de *nudge* para fomentar la participación de los estudiantes en la educación superior en línea[777]. Conjuntamente, Parikh-Briggs *et al*., en su estudio[778] sobre el impacto del *nudge* conductual en las políticas de calificación y el rendimiento estudiantil en la Educación Secundaria. Asimismo, Nashaat *et al*.[779], en su investigación, exploraron el papel del *nudge* digital y el género en el compromiso en línea de los estudiantes en el sector de la educación superior privada. Por otra parte, Stuart Tannock, en su trabajo *Nudging and informal learning*, investigó el uso de *nudge* en el aprendizaje informal[780]. También, J. Adem, en su estudio sobre *nudge* e inversión en educación en países en desarrollo[781]. Conjuntamente, Junhui Li[782] y Xitong Guo,

771. R. Weijers and others (n 981).

772. Rebecca Saxe and others, «Using Social and Behavioural Science to Support COVID-19 Pandemic Response», (2020), 4 460.

773. Damgaard and Nielsen (n 981).

774. Riccardo Sartori and others (n 981).

775. Hanno (n 981).

776. Robert J Weijers, Björn B de Koning and Fred Paas, «Nudging in Education: From Theory towards Guidelines for Successful Implementation» (2020), 36 European Journal of Psychology of Education 883.

777. Brown and others (n 981).

778. Alexander Parikh-Briggs, Suraj Nair, and Prakriti Sharma (n 981).

779. Nouran Nashaat, Rasha Abd El Aziz, and Marwa Tarek Abd El Azeem (n 981).

780. Tannock, Stuart Tannock and Tannock (n 981).

781. J. Adem (n 981).

782. Junhui Li and Xitong Guo (n 981).

en su investigación, examinaron cómo el diseño de mensajes puede influir en la efectividad de la educación en salud. Chris Brown y Chris Parnin, en su artículo *Nudging students toward better software engineering behaviors*[783], exploraron cómo el *nudge* puede mejorar los comportamientos en ingeniería de *software*.

Las producciones académicas sobre *nudge* aumentaron exponencialmente con el covid-19. Los artículos y libros mencionados pueden ser categorizados en las siguientes áreas: *Nudge* en la prevención y control de COVID-19: Los hallazgos evidencian que los incentivos monetarios pueden incrementar las tasas de vacunación contra el virus del COVID-19[784]. El uso de mensajes de video puede ayudar a reducir la vacilación de la vacuna y aumentar las intenciones de vacunación[785]. Las estrategias de *nudge,* como mensajes repetidos y basados en *nudge*, pueden ser efectivas para prevenir la propagación de la infección por COVID-19[786]. La difusión de información precisa y la lucha contra la desinformación son elementos clave en la efectividad de las estrategias de *nudge* para el control de COVID-19[787].

En conjunto, estos estudios proporcionan una visión más completa de cómo se ha aplicado el *nudge* en el ámbito educativo durante la pandemia. Mientras que algunos investigadores cuestionan los dilemas éticos asociados con estas intervenciones, otros se centran en los resultados prácticos y la efectividad de *nudge* en la promoción de comportamientos deseables, como la adhesión a las medidas de prevención y la vacunación. Estas investigaciones contribuyen al debate sobre la aplicabilidad y el impacto de las políticas de *nudge* en el contexto de la COVID-19 y ofrecen información relevante para la toma de decisiones en el ámbito educativo y de la salud pública. Además, hay artículos sobre la pandemia de COVID-19 y la justicia administrativa durante el estado de alarma en España[788].

---

783. Chris Brown and Chris Parnin, «Nudging Students Toward Better Software Engineering Behaviors» [2021], International Workshop on Bots in Software Engineering 11.

784. Dai and others (n 918); Pol Campos-Mercade and others, «Monetary Incentives Increase COVID-19 Vaccinations», [2021], Science.

785. Jensen, Ayers and Koskan (n 918).

786. Sasaki, Saito and Ohtake (n 918).

787. S Barari and others, «Evaluating COVID-19 Public Health Messaging in Italy: Self-Reported Compliance and Growing Mental Health Concerns» [2020], medRxiv, https://doi.org/10.1101/2020.03.27.20042820; Wang and others (n 918).

788. Juan Ramón Fernández Torres, «La Justicia Administrativa Durante El Estado de Alarma», *COVID-19 y derecho público:(durante el estado de alarma y más allá)* (Tirant lo Blanch 2020), https://biblioteca-tirant-com.ezproxy.usal.es/cloudLibrary/ebook/show/9788413555584?showPage=366&search=Juan+Ram%C3%B3n+Fern%C3%A1ndez+Torres+&returnTo=%2FcloudLibrary%2Febook%2Fsearch%3Fgeneral%3DJuan%2BRam%25C3%25B3n%2BFern%25C3%25A1ndez%2BTorres%2B%26max%3D10, accessed 20 June 2023.

En esta línea, la investigación de Buheji presenta el estudio piloto de «*Trust*» traducido sería Proyecto Confianza, que consiste en mejorar el tiempo de atención en los hospitales usando la economía conductual. Para ello se revisó la arquitectura del sistema de codificación de los pacientes en los cinco hospitales participantes y cómo influyó en el comportamiento de los pacientes[789].

El problema abordado, conforme este autor, es que existen muchas estadísticas de los países que muestran que hay un número de pacientes que mueren mientras esperan a ser diagnosticados en el hospital, siendo una costumbre de los centros de salud aceptar a pacientes por cita o por orden de llegada tardando mucho en ser atendidos. Esto produce errores que pueden costar vidas, puesto que los pacientes de emergencia que llegan a estos centros médicos pueden recibir el mismo trato que los casos que no son de emergencia. Antes de aplicar este proyecto el paciente llegaba independiente de estar con o sin cita previa, solían hacer cola para tomar un número para registrarse, luego tendrían un tiempo de espera de unos 30 minutos, y así sería llamado por el médico para el diagnóstico. Luego, el paciente iría a la sala de tratamiento, o si es el caso de ser transferido a una clínica de emergencia o ambulancia[790].

En este caso el *nudge* fue usado para crear un código de colores que son de tres grupos, los casos de color rojo, donde los pacientes deben ver al médico inmediatamente; el color amarillo, donde el paciente necesita tratamiento y debe ser visto en menos de 30 minutos; el color verde, donde los pacientes necesitan un chequeo y pueden esperar 30 minutos o más. La innovación viene a la hora de hacer el diagnóstico al llegar al hospital, siendo responsabilidad de los pacientes el decidir sobre la prioridad de su caso. El resultado de este estudio mostró que los pacientes de gravedad que eligieron el código rojo eran atendidos por los médicos en 5 minutos en la Sala de Emergencia y que había diez casos críticos de los cinco centros de salud que se consideraban casos complicados de emergencia que necesitaban ser transferidos al hospital. Quedó demostrado que dar confianza a los pacientes para que verifiquen su condición redujo la carga y los riesgos de que los pacientes de emergencia colapsaran mientras esperaban el diagnóstico[791].

Así, este proyecto a través de técnicas de comportamiento simples y sin mayor gasto de recursos, logró mostrar un modelo de cómo se puede mejo-

---

789. Mohamed Buheji, «The Trust Project« Building Better Accessibility to Healthcare Services through Behavioural Economics and Inspiration Labs» (2019), 7 International Journal of Economics, Commerce and Management, United Kingdom 526.

790. Mohamed Buheji, «Behavioural Economics Trends in Improving Governments Outcomes-Much More than Nudge» 532.

791. Buheji, «The Trust Project« Building Better Accessibility to Healthcare Services through Behavioural Economics and Inspiration Labs» (n 1009).

rar muchos de los servicios públicos, tales como: tener mayor acceso a los servicios de salud y así reducir el efecto de morbilidad y mortalidad.

Cabe mencionar que algunos artículos podrían abordar más de un tema o área, pero se han categorizado en función de su enfoque principal. Aunque la teoría del *nudge* se ha mencionado ocasionalmente en la bibliografía sobre el patrimonio, se trata en gran medida de considerar la aplicación de *nudge* al patrimonio. Aunque se ha hablado mucho de la sutil influencia del patrimonio, se ha profundizado poco en cómo las cosas pequeñas y aparentemente insignificantes se convierten en convincentes o influyentes.

Una aplicación común son los valores por defecto[792], como un sistema de exclusión voluntaria de la donación de órganos para aumentar la proporción de donantes potenciales, confiando en las tendencias predecibles de las personas a atenerse al statu quo[793]. O pensemos en el diseño inteligente de las cafeterías: Colocar alimentos saludables, como manzanas, a la altura de los ojos aumenta el consumo de manzanas porque los elementos destacados captan previsiblemente la atención de los clientes[794]. Otros *nudge* funcionan a través del diseño visual. Las imágenes horribles en los paquetes de cigarrillos, por ejemplo, reducen su consumo a través de respuestas emocionales[795]. Las marcas viales inteligentes pueden reducir los accidentes de tráfico de múltiples maneras[796]. Al juicio de Petrescu *et al.* El *nudge* para reducir el consumo de bebidas azucaradas parecen tener una aceptación similar en el Reino Unido y en EE. UU., siendo más aceptables que los impuestos, pero menos que la educación[797].

Cabe mencionar que existe el Centro de Competencia en *Insigts* Conductuales de la Unión Europea tiene como misión respaldar la formulación de políticas de la UE con evidencia sobre el comportamiento humano. Sus objetivos son: utilizar conocimientos conductuales para diseñar políticas más efectivas; tender un puente entre los formuladores de políticas y los investigadores en comportamiento; aumentar el uso de los conocimientos conductuales en la formulación de políticas cuando sean pertinentes. Para lograr esto, se realizan actividades de desarrollo de capacidades, asistencia experta e investigación[798].

---

792. Vugts and others (n 937).

793. Amber Rithalia and others, «Impact of Presumed Consent for Organ Donation on Donation Rates: A Systematic Review» (2009), 338 BMJ.

794. Arno, Thomas and Thomas (n 965).

795. Geoffrey T Fong and others, «The Impact of Pictures on the Effectiveness of Tobacco Warnings» (2009), 87 Bulletin of The World Health Organization 640.

796. Paul J Carlson and others, «Benefits of Pavement Markings; A Renewed Perspective Based on Recent and Ongoing Research» (2009), 2107 Transportation Research Record 59.

797. Petrescu and others (n 964).

798. «About the Competence Centre on Behavioural Insights | Knowledge for Policy», https://knowledge4policy.ec.europa.eu/behavioural-insights/about_en, accessed 16 June 2023.

4.2. Enfoque conductual y normativo para prevenir la corrupción en la Administración pública

Se debe tener en cuenta que el uso del *nudge* debe ser pensado para planificar las políticas públicas con la intención de alterar positivamente los comportamientos de los ciudadanos. Siguiendo las reflexiones de Sánchez «es preciso que las normas sean adecuadas y admitidas por el ciudadano y que se estimule el cumplimiento de las mismas»[799]. El *nudge* debe focalizarse en aquellas decisiones en las que los individuos pueden incurrir en errores. Los ciudadanos, que toman decisiones constantemente, no siempre son conscientes de los errores cometidos. Por lo tanto, recae en los diseñadores de políticas la responsabilidad de llevar a cabo un proceso de evaluación riguroso, puesto que los ciudadanos no siempre tienen la capacidad de acumular de manera automática la experiencia necesaria para tomar la decisión correcta.

Los académicos muestran su apoyo al *nudge*, por ejemplo, al señalar que muchos gobiernos han adoptado nudges[800] y cabe destacar que los países angloamericanos son los impulsores, y que los gobiernos controlados por la izquierda no favorecen el *nudge*. No obstante, como el interés y el nivel de transferencia de políticas no disminuyen, es probable que en los próximos años el *nudge* aparezca en una amplia variedad de contextos[801], incluida China[802].

De acuerdo con Rivero[803] es altamente recomendable la creación de *Nudges Units* en las Administraciones públicas españolas para enfrentar los desafíos de la buena administración y lograr más con menos. Aunque España ha imitado soluciones comparadas en otras áreas, como la planificación estratégica, es necesario ensayar con oficinas de análisis conductual interdisciplinares para mejorar las políticas públicas, siguiendo el ejemplo de BIT[804]

799. Zulima Sánchez Sánchez, «¿Es Ético el» Green Nudging» Para La Mejora de la Calidad Normativa en Materia Medioambiental?», *Innovación en las Normas Ambientales.* (Tirant Lo Blanch 2019) 66.

800. Stefano DellaVigna and Elizabeth Linos, «RCTs to Scale: Comprehensive Evidence from Two Nudge Units» (2022), 90 Econometrica 81.

801. AM Wu, Y Yan and L Vyas, «Public Sector Innovation, e-Government, and Anticorruption in China and India: Insights from Civil Servants» (2020), 79 Australian Journal of Public Administration, https://doi.org/10.1111/1467-8500.12439; T Christensen and Y Fan, «Post-New Public Management: A New Administrative Paradigm for China?» (2018), 84 International Review of Administrative Sciences, https://doi.org/10.1177/0020852316633513.

802. Peter John, «The International Appeal of Behavioural Public Policy: Is Nudge an Anglo-American Phenomenon?» (2019), 4 Journal of Chinese Governance 144.

803. Ricardo Rivero-Ortega, «Preámbulo a La Obra» Acicates (Nudges), Bueno Gobierno y Buena Administración: Aportaciones de Las Ciencias Conductuales, Nudging y Sectores Público y Privado»« 18, https://gredos.usal.es/handle/10366/149619, accessed 4 May 2023.

804. BIT, «The Behavioural Insights Team», https://www.bi.team/, accessed 12 June 2020.

en Inglaterra y Estados Unidos, otros países que han obtenido resultados positivos mediante la colaboración de expertos en comunicación, economía, psicología y regulación.

Citando al informe de Stahl sobre el potencial de las intervenciones conductuales, tanto donantes, gobiernos como profesionales anticorrupción están recurriendo cada vez más a la ciencia del conductual en busca de herramientas alternativas para abordar la corrupción sistémica. Los enfoques conductuales anticorrupción parecen prometedores, ya que se basan en una creciente evidencia descriptiva sobre cómo las normas sociales y los modelos mentales impulsan la corrupción, especialmente en contextos frágiles. Las intervenciones que se centran en las normas sociales y buscan cambiar los comportamientos hacia prácticas no corruptas podrían ser más efectivas y duraderas que aquellas que simplemente añaden más regulaciones y controles[805].

Para evitar la corrupción, propone Ponce Solé que se utilicen opciones por defecto *nudge* en la regulación, lo que favorece la concesión de ayudas sociales a las personas necesitadas solicitantes y avanza hacia la sustitución de complejas acreditaciones documentales por declaraciones responsables. Esto se alinea con la Directiva de Servicios, y busca facilitar la intervención social de manera efectiva. Además, el autor menciona la posibilidad de emplear sistemas algorítmicos y de inteligencia artificial, adecuadamente evaluados para evitar sesgos y errores, para ayudar en la elaboración y aplicación personalizada de las regulaciones. Esto incluiría la detección y el inicio de oficio de procedimientos para la concesión de prestaciones sociales, como se está haciendo en otros países y en algunas administraciones locales[806].

En este sentido, la autora De Benedetto justifica que la tradicional idea de prevenir la corrupción la ley que hace los políticos corruptos, puede ser fruto del árbol envenenado, una vez que las leyes, en sí mismas, pueden ser una fuente de corrupción, ya que los responsables públicos y los reguladores contribuyen a la corrupción mediante su creación[807].

Por otro lado, Camargo señala que las reformas anticorrupción han fracasado en México, Rusia y Tanzania debido a la falta de poder de aplicación y la politización de las agencias encargadas de hacer cumplir la ley. Aunque se

805. Cosimo Stahl, «Behavioural Insights and Anti-Corruption A Practitioner-Tailored Review of the Latest Evidence (2016–2022)» (Basel Institute on Governance 2022) 02, https://baselgovernance.org/publications/behavioural-insights- and-anti-corruption, accessed 6 June 2023.

806. Ponce Solé, Juli, «Buen Gobierno y Derecho a Una Buena Administración Desde Una Perspectiva de Calidad Normativa. A Propósito Del Libro de La Profesora Maria de Benedetto, Corruption from a Regulatory Perspective» [2023], EUNOMÍA Revista en Cultura de la Legalidad 396–397.

807. Maria de Benedetto, *Corruption from a Regulatory Perspective* (Hart Publishing 2021), https://www.bloomsbury.com/uk/corruption-from-a-regulatory-perspective-9781509929238/, accessed 10 June 2023.

han implementado marcos legales para combatir la corrupción, estos marcos no han sido efectivos debido a la falta de voluntad política y los intereses creados. Además, el autor sugiere que la retórica normativa anticorrupción puede ser utilizada como una fachada para encubrir prácticas redistributivas asociadas con la cooptación[808].

En respuesta a esto, el *nudge* podría contribuir en este sentido, Siddiquee y Zafarullah resalta que con el *nudge* puede alentar a los ciudadanos y a los funcionarios públicos a cumplir con las regulaciones anticorrupción, fortaleciendo así la transparencia y la integridad en el ámbito público[809]. Esto ayudar a reformas anticorrupción a que los empleados públicos querrán cumplir la ley.

Con base en Dorrough *et al.*, sus hallazgos respaldan las tendencias recientes hacia una lucha contra la corrupción basada en evidencia. Evitar el fracaso de los esfuerzos anticorrupción requiere contar con un modelo conductual preciso del tipo de corrupción en cuestión. Ampliaron investigaciones anteriores utilizando medidas de autoinforme y presentamos las primeras perspectivas conductuales sobre el soborno transnacional. Los resultados revelan que las preferencias de las personas por el soborno no son estables, sino que cambian dinámicamente en función de su interlocutor. Si bien investigaciones recientes orientadas a políticas han demostrado que las percepciones sobre la frecuencia y aceptabilidad del soborno varían dentro de un país y entre sectores, nosotros descubrimos que el comportamiento también cambia dinámicamente. Los arquitectos de políticas que buscan reducir el soborno transnacional deben tener en cuenta estos hallazgos y abandonar la noción determinista cultural de «algunas personas simplemente son corruptas». Estos hallazgos avanzan en la ciencia del comportamiento ético, que se ha centrado en el comportamiento individual, al revelar una fuerte influencia social de los respectivos interlocutores. Nuestras perspectivas conductuales también respaldan políticas basadas en la evidencia contra el soborno[810].

Como plantea De Benedetto, existen cuatro enfoques anticorrupción. El primero es el enfoque penal, que se caracteriza por actuar a posteriori y castigar acciones corruptas que ya se han realizado. Los siguientes tres enfoques son preventivos. El enfoque convencional o tradicional incluye evaluaciones de riesgos, normas que regulan conflictos de interés, códigos éticos y organismos o agencias anticorrupción. El enfoque conductual se centra en el estudio de las motivaciones y comportamientos individuales, así como en el papel de las normas sociales. El enfoque normativo se enfoca en el análisis de las oportunidades de infracción y corrupción que ofrecen las normas, ya sean adoptadas o en proceso de adopción. Este último implica llevar a cabo una evaluación anticorrupción mucho antes y trabajar en la «genética» de la

808. BAEZ-CAMARGO and LEDENEVA (n 98).

809. SIDDIQUEE, SIDDIQUEE and ZAFARULLAH (n 98).

810. Nils KOBIS and others, *Bribery across Nations* (2022), 10.

corrupción al considerar las normas como endógenas para el análisis de la corrupción, en lugar de abordarla en una fase posterior tratando de prevenir miles de posibles actos concretos de corrupción debido a la inmensidad de los inistrativos[811].

En este sentido, Villoria también destaca la importancia de la calidad regulatoria y la evaluación temprana de los proyectos de ley para detectar posibles oportunidades de renta, lo que se conoce como «gestión de las normas»[812].

4.2.1. El poder del *nudge* contra la corrupción: ejemplos prácticos

Desde la perspectiva de Ponce Solé, los acicates pueden desempeñar un papel importante en la prevención de la corrupción y la mala administración. Incluso los decisores y empleados públicos, como seres humanos, están sujetos a sesgos y pueden cometer acciones negligentes o corruptas. Un informe reciente de la OCDE[813] propone diversas medidas para prevenir la corrupción, entre ellas, la implementación de una opción por defecto en la cual cada empleado público involucrado en un nuevo proyecto automáticamente reciba un formulario para declarar posibles conflictos de interés[814]. Esto demuestra que los acicates pueden ser utilizados como una herramienta efectiva para promover la transparencia y prevenir conductas indebidas en el ámbito administrativo.

La economía conductual puede ayudar en la lucha contra la corrupción al ofrecer nuevos enfoques que tienen en cuenta no solo el comportamiento racional de los agentes económicos, sino también sus emociones, motivaciones y normas sociales. La autora Shmakov realiza un análisis de los factores de corrupción en las instituciones educativas basado en la metodología de la economía conductual, y se ofrecen recomendaciones para mejorar los métodos clásicos de lucha contra la corrupción mediante el uso de un enfoque conductual. La autora sugiere las siguientes recomendaciones: tener en cuenta las emociones, motivaciones y normas sociales de los agentes económicos al diseñar políticas anticorrupción, utilizar incentivos y desincentivos que consideren la psicología humana, como la aversión a las pérdidas y la preferencia por la reciprocidad, fomentar la transparencia y la rendición de cuentas en las instituciones públicas y privadas, y fortalecer la capacidad de

811. DE BENEDETTO (n 1027) 76–78.

812. M. VILLORIA, «Breve Comentario al Libro de Maria DE BENEDETTO, Corruption from a Regulatory Perspective» [2023], EUNOMÍA Revista en Cultura de la Legalidad 374.

813. OECD, «Behavioural Insights for Public Integrity» (n 567).

814. Julio PONCE SOLÉ, Estrella MONTOLÍO DURÁN and José Andrés ROZÁS VALDÉS, «Derecho Conductual y Nudges: Implicaciones Jurídicas y LINGüísticas» [2021], Gestión y Análisis de Políticas Públicas 58, 68.

las instituciones encargadas de hacer cumplir la ley y mejorar la coordinación entre ellas[815].

De acuerdo con Cantarelli, en su estudio utiliza un metaanálisis para sintetizar 137 experimentos en 73 artículos sobre las causas del comportamiento no ético. Los resultados muestran que la exposición a miembros del grupo que se comportan de manera incorrecta o a otros que se benefician de acciones no éticas, la codicia, el egocentrismo, la autojustificación, la exposición a la deshonestidad incremental, la aversión a la pérdida, metas de rendimiento desafiantes o la presión del tiempo aumentan el comportamiento no ético. Por otro lado, que la supervisión de los empleados, la provisión de recordatorios morales y la disposición de los individuos a mantener una imagen positiva de sí mismos disminuyen la conducta no ética[816].

La sobornación de los funcionarios públicos de bajo nivel es posiblemente la forma más común de corrupción experimentada por los ciudadanos comunes, especialmente en entornos institucionalmente «frágiles»[817]. Por lo general, se combate a través de diferentes estrategias: a) medidas de auditoría, monitoreo y aplicación de sanciones[818]; b) iniciativas de transparencia de la información y rendición de cuentas social[819] y, c) el enfoque del presente artículo, las campañas de concienciación sobre la corrupción. Las campañas de concienciación son una de las herramientas menos costosas en el arsenal anticorrupción, pero su efectividad aún está pobremente documentada.

De acuerdo con De Benedetto, para prevenir la corrupción desde una perspectiva sistémica, es necesario simplificar, regular y controlar. Existe consenso en la literatura respecto al poder de los empleados públicos para asignar beneficios escasos e imponer costes excesivos[820], el cual está estre-

---

815. A Shmakov, «ПОВЕДЕНЧЕСКИЕ ПРИЧИНЫ НЕДОСТАТОЧНОЙ ЭФФЕКТИВНОСТИ МЕР ПО БОРЬБЕ С КОРРУПЦИЕЙ В ОБРАЗОВАТЕЛЬНЫХ УЧРЕЖДЕНИЯХ. The Low Effectiveness of Anti-Corruption Measures in Educational Organizations: The Behavioral Aspects» [2022], Journal of Institutional Studies, http://hjournal.ru/files/JIS_14_4/JIS_14.4_6.pdf, accessed 1 June 2023.

816. Nicola Bellé and Paola Cantarelli, «What Causes Unethical Behavior? A Meta-Analysis to Set an Agenda for Public Administration Research» (2017), 77 Public Administration Review 327.

817. Mogens K Justesen and Christian Bjørnskov, «Exploiting the Poor: Bureaucratic Corruption and Poverty in Africa» (2014), 58 World Development 106, https://www.sciencedirect.com/science/article/pii/S0305750X14000035, accessed 7 June 2023.

818. Claudio Ferraz and Frederico Finan, «Exposing Corrupt Politicians: The Effects of Brazil»s Publicly Released Audits on Electoral Outcomes*» (2008), 123 The Quarterly Journal of Economics 703, https://doi.org/10.1162/qjec.2008.123.2.703, accessed 7 June 2023; Olken (n 211).

819. Reinikka and Svensson (n 211).

820. Rose-Ackerman, «Corruption and Government: Causes, Consequences, and Reform» (n 121) 39.

chamente relacionado con las reglas que establecen prohibiciones, restricciones, anticipación de costos o beneficios, y asignación de tareas reguladoras. Estas reglas pueden dar lugar a la búsqueda de rentas y contribuir a la posibilidad de transacciones corruptas. Por lo tanto, es fundamental adoptar estas reglas solo cuando sean estrictamente necesarias y evaluar cuidadosamente sus impactos. Además, para prevenir la corrupción, se necesita una estrategia integrada en la que los reguladores sean conscientes de los incentivos y desincentivos que están generando, y donde el cumplimiento sea más favorable que la corrupción[821].

En las últimas décadas, se ha generado una amplia cantidad de literatura preocupada por los incentivos monetarios y no monetarios detrás de las acciones corruptas[822]. Los estudios experimentales sobre la lucha contra la corrupción se han centrado en diversas estrategias, como auditorías y monitoreo desde arriba y desde abajo, rotación de personal, aplicación de sanciones o transparencia de la información[823].

En la opinión de Lambsdorff, los métodos actuales para prevenir la corrupción se centran en medidas cuya existencia y aplicación pueden ser probadas más allá de toda duda razonable y que pueden ser verificadas de manera sólida por observadores externos. Sin embargo, la evidencia experimental muestra que estos métodos no funcionan bien. A pesar de ello, las empresas que utilizan estos métodos son preferidas en contratación pública y en los tribunales, incluso si la actitud de la alta dirección es deficiente. Los métodos preventivos pueden beneficiarse sustancialmente de la ciencia conductual, que se enfoca no solo en criterios objetivos, sino también en factores menos tangibles como los sentimientos, las expectativas, las normas sociales, el reconocimiento, la comunicación y los incentivos no monetarios. La confianza se presenta como un ingrediente central en la prevención[824].

En este apartado, nos sumergiremos en un fascinante panorama conformado por catorce estudios que abordan de manera integral las complejidades y estrategias innovadoras para combatir la corrupción. Desde el análisis detallado del comportamiento humano hasta la implementación de nudges y enfoques conductuales, cada estudio revela valiosas perspectivas sobre cómo enfrentar este desafío global. Comenzando con el informe de Stahl

821. Maria de Benedetto, «Corrupción y lucha contra la corrupción desde una perspectiva regulatoria» [2023], EUNOMÍA. Revista en Cultura de la Legalidad 402, 412, https://e-revistas.uc3m.es/index.php/EUNOM/article/view/7680, accessed 9 June 2023.

822. Shleifer and Vishny (n 404); S Rose-Ackerman, «The Political Economy of Corruption» (1997), 31 Corruption and the Global Economy.

823. Abbink (n 139); Reinikka and Svensson (n 211); Olken (n 211); Reinikka and Svensson (n 211).

824. Lambsdorff, «Preventing Corruption by Promoting Trust – Insights from Behavioral Science» (n 151) 11.

del Basel Institute on Governance, que destaca cuatro puntos de entrada prometedores para la programación de comportamiento en intervenciones anticorrupción, hasta estudios específicos como el experimento en México sobre mensajes anticorrupción y el impacto de la identidad profesional en la toma de decisiones de funcionarios públicos en situaciones de soborno, cada investigación contribuye al entendimiento y desarrollo de estrategias efectivas.

1) El informe titulado *Insights del comportamiento y anticorrupción,* realizado por Stahl, del Basel Institute on Governance, examinó un total de quince estudios sobre intervenciones anticorrupción, centrándose en cómo los enfoques de cambio de conductual y normas sociales pueden informar la práctica contra la corrupción. El informe presenta varios avances significativos: en primer lugar, se identificaron cuatro puntos de entrada prometedores para la programación de comportamiento en intervenciones anticorrupción. Esto resalta la importancia de enfocarse en áreas específicas donde se pueda tener un impacto real y efectivo. En segundo lugar, se enfatiza la necesidad de contextualizar de manera detallada las intervenciones anticorrupción para mejorar su efectividad. Comprender el entorno y las dinámicas específicas en las que ocurre la corrupción es fundamental para desarrollar estrategias adecuadas[825]. En tercer lugar, se destaca la importancia de abordar los factores estructurales, organizacionales e individuales que influyen en el comportamiento corrupto. La corrupción no es simplemente un problema individual, sino que está influenciada por una serie de factores que deben ser considerados en las intervenciones. En cuarto lugar, se resalta la importancia de utilizar enfoques de cambio de comportamiento y normas sociales en lugar de mensajes genéricos para la sensibilización masiva. Esto implica la necesidad de comprender las motivaciones y los impulsos subyacentes que impulsan el comportamiento corrupto, y abordarlos de manera efectiva. Por último, el informe enfatiza la necesidad de evaluar rigurosamente las intervenciones anticorrupción para determinar su efectividad y mejorar las prácticas futuras. Esta evaluación crítica es fundamental para identificar qué enfoques son más exitosos y cómo pueden ser mejorados y adaptados en diferentes contextos[826].

2) Basándose en Falisse, que investiga el impacto de los mensajes de sensibilización contra la corrupción en los funcionarios públicos en una situación en la que enfrentan un intento de soborno, los mensajes anticorrupción, en particular los que recuerdan a los funcionarios su identidad profesional y las cualidades que se esperan de ella, influyen en la prestación de servicios públicos, pero no en la propensión a aceptar sobornos. Los participantes que fueron expuestos al mensaje de identidad profesional eran más propensos a

825. Stahl (n 1025).

826. *Ibid.*

elegir un reparto estrictamente igualitario del servicio público entre los ciudadanos participantes que los que no fueron expuestos a ningún mensaje. Estos mensajes se basan en la idea general de buena gobernanza o en la identidad profesional, entendida como la percepción de sí mismos como profesionales (en el caso, como funcionarios públicos)[827].

Este experimento se dividió en tres etapas para reproducir una situación de corrupción menor en la que un ciudadano soborna a un funcionario público con la expectativa de recibir más servicios públicos de los que le corresponden. El enfoque se centró en las decisiones del funcionario público: ¿cuándo aceptan el soborno? ¿Cuándo proporcionan a la persona que soborna, lo que este pide? En la primera etapa, se asignaron a cada funcionario público doce vales que otorgaban acceso a un servicio público. Los funcionarios debían distribuir estos vales entre los ciudadanos que los solicitaron de manera equitativa. Se les dejó claro que el servicio era limitado en cantidad y que cada ciudadano tenía derecho a recibirlo por igual. Se pretendía evaluar si los funcionarios distribuían los vales de manera equitativa, a pesar de la posibilidad de que la demanda superara la oferta[828].

En la segunda etapa, cada funcionario público se enfrentó a una situación determinada por la distribución promedio de las solicitudes emitidas por los ciudadanos en una etapa preliminar. Se les presentaron tres solicitudes de ciudadanos en sobres, dos de los cuales contenían una solicitud de cuatro vales y una cantidad de dinero de experimento, mientras que el tercer sobre contenía una solicitud de seis vales y una cantidad de dinero mayor al costo oficial. En esta etapa se introdujo el elemento del soborno, ya que un sobre contenía una solicitud de más vales y más dinero del necesario. En la tercera etapa, los funcionarios públicos distribuyeron los vales entre los ciudadanos colocándolos en los sobres correspondientes. Aunque las instrucciones indicaban que solo debían tomar la cantidad de dinero correspondiente al costo de los vales asignados, en la práctica no había nada que les impidiera quedarse con la cantidad de dinero que desearan. Esta etapa buscaba evaluar si los funcionarios se adherían estrictamente a las instrucciones o si aprovechaban la oportunidad para obtener beneficios personales[829].

3) Existe otro estudio sobre el uso de conocimientos conductuales para reducir la entrega de regalos en un hospital público de Tanzania: realizado en colaboración entre el Basel Institute on Governance, el *U. K. Behavioural Insights Team,* la Universidad de Dar es Salam y la Universidad de Utrecht. El estudio encontró que la intervención tuvo un impacto significativo en la

827. Jean-Benoit FALISSE and others, «Do Anti-Corruption Messages Improve Public Service Delivery? Insights from a Lab-in-the-Field Experiment in Burundi» [2021], Journal of Development Studies 1.

828. *Ibid.*

829. *Ibid.*

reducción de la prevalencia de la entrega de regalos en el hospital público de Tanzania. El puntaje promedio en la medida primaria de resultado disminuyó de 0,46 a 0,28 (una disminución del 39 %) en el grupo de intervención[830].

En vista de esta investigación exploratoria, desarrollamos e implementamos una intervención para cambiar las actitudes y las normas sociales percibidas sobre el regalar tanto de los usuarios como de los proveedores de atención médica, y reducir el intercambio real de regalos. La intervención tuvo como objetivo abordar tanto el lado de la «demanda» como el de la «oferta» del regalar. Planificamos los siguientes componentes de la intervención: primera parte, «taller para los campeones», un taller de medio día para el personal médico seleccionado en los departamentos de intervención (los «campeones del personal») para prepararlos para su papel de apoyo entre pares en la intervención. También se invitó a los «campeones» a unirse a un grupo de WhatsApp con otros campeones para intercambiar consejos y apoyo. Segunda parte, «mensajes a los campeones», se enviaron mensajes semanales de WhatsApp al grupo de campeones durante un período de cuatro semanas para recordarles que promovieran los mensajes de la intervención, para animarlos y proporcionar consejos sobre cómo ser un campeón efectivo[831].

Tercera parte, «cartas enviadas a todo el personal de los departamentos de intervención», firmadas por el presidente de la Asociación Médica de Tanzania, estas cartas destacan la necesidad de rechazar los regalos ofrecidos por los pacientes. Cuarta parte, «señales en los locales», colocadas en los mostradores de la recepción y en las salas de consulta, con dos lados: a) «Enfrentado al paciente», mensaje pidiendo a los pacientes que no ofrezcan regalos al personal del hospital y sugiriendo un comportamiento sustituto; b) «Enfrentado al proveedor», mensaje que refuerza que el regalar es corrupción y proporciona cuatro pasos para rechazar un regalo. Quinta parte, «carteles», exhibidos en las áreas de espera y recepción, resaltando que el regalar se considera corrupción y pidiendo a los usuarios que no ofrezcan regalos. Sexta parte, «visitas de seguimiento para mantener los carteles y las señales en los escritorios», los asistentes de investigación, con la ayuda de los campeones del personal, visitaron la instalación dos veces durante el período de prueba para verificar los materiales de intervención y reemplazarlos cuando fuera necesario[832].

Tuvo otro informe del caso hospital público de Tanzania, que se titula *Adoptar un enfoque dirigido por pares para difundir mensajes anticorrupción*. El informe se divide en tres secciones que discuten los resultados de la encuesta de red entre campeones, proveedores no campeones que trabajan en departamentos de intervención y proveedores de departamentos no de

830. Baez Camargo and others (n 98) 11.

831. *Ibid.*

832. *Ibid.*

intervención. En general, los resultados sugieren que la intervención fue bien recibida por los proveedores y que la difusión de la intervención fue efectiva en la mayoría de los casos. Sin embargo, también se identificaron algunos desafíos en la implementación de la intervención, como la dificultad de algunos campeones para recordar los nombres de sus colegas y la distribución extrema de las respuestas en la encuesta de red. El informe concluye con recomendaciones para futuros estudios sobre enfoques liderados por pares para la difusión de mensajes anticorrupción[833].

4) En el contexto de México, la OCDE, a través de su observatorio, ha difundido los experimentos[834] en los cuales se utilizó *nudge* para fomentar que los funcionarios públicos informen sobre los regalos que reciben, los cuales podrían constituir un soborno de acuerdo con la ley mexicana. Esta ley exige que los funcionarios informen y entreguen cualquier regalo que supere los 35 USD al Ministerio de Servicio Público (MPS) con el fin de evitar posibles conflictos de interés o sobornos. El contexto inicial revelaba que muchos funcionarios públicos no cumplían con esta ley, ya que entre 2012 y 2017, en promedio, solo veintidós servidores públicos federales informaron haber recibido un regalo, a pesar de que había más de 150 000 funcionarios en total. Para abordar esta situación, se implementó un experimento mediante el envío de mensajes informativos sobre el comportamiento a 157 586 funcionarios públicos reales con el objetivo de aumentar los informes sobre los regalos recibidos que podrían generar un conflicto de intereses. El experimento se llevó a cabo desde el 13 de diciembre de 2016 hasta el 28 de febrero de 2017. El mensaje que hacía hincapié en la importancia del cumplimiento de la ley tuvo el mayor impacto en todos los resultados medidos. Se utilizaron cinco modelos de mensajes y se evaluó cuál de ellos sería más efectivo. El número de individuos que informaron sobre los regalos recibidos fue mayor en cada grupo de tratamiento en comparación con el grupo de control (que fue cero). En total, se reportaron 438 regalos, y aunque fue ligeramente menor que el año anterior (445), el número total de individuos que informaron sobre los regalos, que era el resultado principal, fue mayor[835].

5) Otros estudios que no se centran en la corrupción también proporcionan pistas sobre cómo desafiar el comportamiento poco ético: los estudios de psicología social sobre la deshonestidad han sugerido que la activación de la identidad personal y/o profesional puede reducir la propensión a hacer

833. Stark (n 98).

834. Margarita Gómez-García and Pablo Ignacio Soto-Mota, «Applying Behavioral Science to Increase Compliance and Reports of Gifts Received by Public Servants in Mexico», International Research Society for Public Management Conference, Budapest, Hungary (2017), 15–18, https://oecd-opsi.org/innovations/using-behavioral-science-to-reduce-corruption-within-mexicos-public-service-an-innovative-way-to-fight-corruption/, accessed 6 June 2023.

835. *Ibid*.

trampa[836], mientras que experimentos naturales han encontrado que el cumplimiento de los contribuyentes podría mejorarse mediante recordatorios cuidadosamente redactados[837].

6) Gingerich llevó a cabo un experimento de información como parte de una encuesta realizada a hogares, en la que se aleatorizó la distribución de un folleto entre los encuestados que mostraba gráficamente un aumento en el porcentaje de costarricenses que habían presenciado personalmente un acto de corrupción. La exposición al folleto aumentó significativamente la disposición a sobornar, lo que indica un efecto promotor de la corrupción (es decir, «la corrupción corrompe»). Este experimento de información integrado consistía en una encuesta a gran escala realizada en el Gran Área Metropolitana (GAM) de Costa Rica entre octubre de 2013 y abril de 2014. Se indujeron cambios en las creencias sobre la corrupción mediante la asignación aleatoria de un material informativo que mostraba el aumento porcentual de costarricenses que habían experimentado u observado directamente un acto de corrupción entre 2006 y 2011. El estudio encontró que, en promedio, la asignación a este material (en comparación con la condición de control) aumentó la probabilidad de que un encuestado estuviera dispuesto a pagar un soborno a un oficial de policía[838].

7) En un estudio similar, Denisova-Schmidt evaluó experimentalmente el impacto de una intervención contra la corrupción, utilizando una carpeta informativa basada en materiales desarrollados por *Transparency International*, en estudiantes universitarios de la ciudad ucraniana de Lviv. En una encuesta a seiscientos estudiantes, se expuso aleatoriamente a los individuos o al grupo de tratamiento a la carpeta contra la corrupción o a una carpeta con información sobre Lviv (grupo de control). Los estudiantes que previamente habían enfrentado situaciones de soborno mostraron una mayor disposición a participar en una campaña contra la corrupción, mientras que no se encontró un efecto significativo en la muestra total. Además, la intervención aumentó la percepción general de que la corrupción era una parte (a largo plazo) de la sociedad en lugar de un fenómeno temporal, tanto en la muestra total como en varios subgrupos. Asimismo, los estudiantes con experiencia en prácticas corruptas adoptaron una visión más negativa de la corrupción, posiblemente

836. Christopher J Bryan, Gabrielle S Adams and Benoît Monin, «When Cheating Would Make You a Cheater: Implicating the Self Prevents Unethical Behavior», (2013), 142 Journal of Experimental Psychology: General 1001; Alain Cohn, Ernst Fehr and Michel André Maréchal, «Business Culture and Dishonesty in the Banking Industry» (2014), 516 Nature 86, https://www.nature.com/articles/nature13977, accessed 9 June 2023.

837. Hallsworth and others (n 985); Michael Hallsworth, «A Manifesto for Applying Behavioural Science» (2023), 7 Nature Human Behaviour 310.

838. Daniel W Gingerich and others, «Corruption as a Self-Fulfilling Prophecy: Evidence from a Survey Experiment in Costa Rica» (2015), SSRN Scholarly Paper 2581394, https://papers.ssrn.com/abstract=2581394, accessed 11 June 2023.

debido a la vergüenza. Sin embargo, aquellos sin tales experiencias podrían haber aumentado su aceptación de la corrupción al aprender sobre su difusión a través de los materiales contra la corrupción[839]. Estos resultados concuerdan con las consideraciones de equidad mencionadas anteriormente y con los hallazgos del estudio de Gingerich, que apuntan a la posibilidad de que aprender sobre la difusión de la corrupción pueda aumentar su aceptación.

8) En el informe del banco mundial, se menciona en algunos estudios de casos en todo el mundo que pueden proporcionar una idea de las estrategias utilizadas. En general, se mencionan varias estrategias que se han utilizado para combatir la corrupción, como campañas de concientización, capacitación ciudadana, liderazgo efectivo, comunicación bien implementada y coordinación entre donantes y activistas de la sociedad civil. Algunos ejemplos son: Primeramente, en Guatemala, se implementaron campañas cívicas innovadoras y acciones no violentas para combatir la corrupción a nivel local. Estas campañas incluyeron programas de radio, foros, capacitación y programas universitarios para apoyar las campañas[840]. Segundo lugar, en Egipto, los miembros de Shayfeen.com, una plataforma de redes sociales liderada por ciudadanos, se hicieron conscientes de la Convención de las Naciones Unidas contra la Corrupción (UNCAC) y utilizaron sus artículos para proteger a los denunciantes. Tercero, en la India, un profesor de física indio expatriado de la Universidad de Maryland, al regresar a su país de origen, se vio acosado por incesantes demandas de extorsión, lo que lo llevó a crear un billete de cero rupias, un *nudge* como un estímulo moral simple mediante una nota que promete no aceptar ni dar sobornos, con el objetivo de que las personas la entreguen cuando se les solicite un soborno y así lograr un cambio de actitud tanto en los ciudadanos como en los funcionarios públicos, que se ha convertido en un medio no violento popular para combatir la corrupción generalizada en India[841]. La ONG 5th Pillar decidió ampliar la invención del billete de cero rupias para luchar contra la corrupción avergonzando a los funcionarios que solicitan sobornos. Consistió en la distribución de una cédula denominada «rupee cero» *(zero rupee)*, en la cual se leía la siguiente frase: «Prometo no aceptar ni dar sobornos». Se relata el caso de un funcionario que supuestamente quedó «aturdido al recibir la nota y devolvió todos los sobornos que había solicitado para proporcionar electricidad a un pueblo»[842].

---

839. Elena DENISOVA-SCHMIDT, Martin HUBER and Yaroslav PRYTULA, «An Experimental Evaluation of an Anti-Corruption Intervention among Ukrainian University Students» (2015), 56 Eurasian Geography and Economics 713, 18–19.

840. Sabina PANTH, «Changing Norms Is Key to Fighting Everyday Corruption» 47, http://hdl.handle.net/10986/20185, accessed 11 June 2023.

841. *Ibid* 10.

842. Banco Mundial, «- When Corruption Is the Norm» [2015], World Development Report 2015: Mind, Society, and Behavior. 60, http://pubdocs.worldbank.org/en/193141482349924845/Spotlight-1.pdf.

9) Otra idea innovadora en la India es la plataforma de internet de bajo costo llamada ipaidabribe.com, que, en colaboración con la ONG Janaagraha, ha facilitado a los ciudadanos la difusión y estigmatización del soborno y ha avergonzado a los funcionarios públicos que solicitan sobornos. Utilizó esa información para abogar por la mejora de los sistemas y procedimientos de gobernanza, así como para fortalecer la aplicación de la ley y la regulación con el fin de reducir el alcance de la corrupción en la obtención de servicios gubernamentales[843].

10) Por otro lado, en el caso de Colombia, en 2016 se reveló un escándalo de corrupción en el Programa de Alimentación Escolar, donde las empresas contratadas para proveer comida en las escuelas engañaban a los padres y al gobierno al tomar fotografías de niños con platos llenos de comida, cuando en realidad se descubrió que no era cierto. Para abordar este problema de mala alimentación en las escuelas, se implementaron *nudge* en colaboración con el gobierno de Colombia a través del Programa de las Naciones Unidas para el Desarrollo[844]. La estrategia consistió en una intervención de monitoreo con dos componentes: en primer lugar, el envío de mensajes de texto (SMS) para fomentar la supervisión del Programa de Alimentación Escolar por parte de los padres; en segundo lugar, la realización de auditorías semanales por parte de los contratistas para verificar la calidad y cantidad de alimentos en las escuelas. A través de mensajes personalizados con horarios específicos, se logró una mayor participación e interés de los padres en la alimentación de los alumnos. Se utilizaron cinco modelos de mensajes para involucrar a los padres en el monitoreo, siendo el más exitoso aquel que preguntaba qué había comido su hijo ese día. En este caso, se aplicaron cinco principios para el diseño de los mensajes[845].

11) Por otro lado, el informe de Stahl afirma que los enfoques anticorrupción deben definirse de manera estrecha, centrándose en patrones concretos de corrupción relevantes para el contexto. Un diseño de intervención exhaustivo debe especificar las vías a través de las cuales se espera que los elementos de la intervención generen un cambio en los comportamientos objetivos. Solo al poner a prueba empíricamente si esas vías de cambio esperadas se validan en la práctica, podemos construir una sólida evidencia sobre lo que funciona para abordar los patrones arraigados de corrupción[846].

12) En otro estudio en Nigeria, se elaboró e impartió un programa de formación contra la corrupción para funcionarios públicos, organizaciones de la

843. *Ibid* 61.

844. The Behavioural Insights Team BIT, «International Development and Behavioural Insights. Summary Report 2017-19» (2017), 11–12, https://www.bi.team/wp-content/uploads/2019/03/BIT_International_V4-Interactive-28.3.19.pdf, accessed 2 April 2023.

845. *Ibid* 11.

846. STAHL (n 1025) 17–18.

sociedad civil, líderes religiosos y el entretenimiento de organizaciones. Este programa fue en colaboración con la BIT, la Universidad de Harvard y el respaldo de la Fundación John D. y Catherine T. MacArthur. Uno de los problemas identificados en Nigeria es que muchas personas no recogen su nueva licencia de conducir una vez que está disponible. Miles de personas nunca la reclaman, lo que las hace vulnerables a situaciones donde se requiere mostrar su identificación, como durante paradas de tráfico, y pueden ser propensas a ofrecer sobornos. Para abordar esta situación, se colaboró con una oficina local del Cuerpo Federal de Seguridad Vial de Nigeria y se realizó un experimento que consistió en enviar recordatorios por SMS a aquellas personas que no habían recogido su nueva licencia de conducir después de recibir una primera notificación. El mensaje, basado en el principio de aversión a la pérdida, enfatizaba que el receptor ya había realizado el pago correspondiente. Como resultado de esta intervención, el número de personas que reclamaron su licencia de conducir se incrementó más del doble en un período de dos meses[847].

Como señala Lambsdorff, su investigación no pretende afirmar que la prevención haya estado completamente equivocada. Es probable que la ciencia del conductual emita un juicio favorable con respecto a algunos de los métodos actualmente empleados. Por ejemplo, los métodos que aumentan la transparencia fomentan la participación local, establecen mecanismos de quejas o promueven la denuncia podrían haber funcionado bien. Si estos métodos fomentan que los civiles, empleados y funcionarios se conviertan en socios en la prevención de la corrupción, los estudios experimentales podrían arrojar resultados a favor de estos métodos. Estos enfoques apelan a la cooperación veraz y honesta y pueden alentar a las personas a utilizar su experiencia subjetiva y discreción para lograr fines positivos. Este tipo de comunicación es probable que establezca el tono adecuado. Para muchos otros factores, se requieren políticas conductuales mejor informadas[848].

Coincidiendo con el planteamiento del Centro de Investigación U4 Anti-Corruption, se destaca la importancia de divulgar información pública sobre condenas por corrupción como medio para reducir la percepción de aceptación de sobornos[849]. En línea con este enfoque, se pueden mencionar los casos prácticos de las Plataformas de Internet como ipaidabribe.com, que se basan en la Teoría de la Ventana Rota de Philip Zimbardo. Estos ejemplos demuestran la necesidad de implementar medidas que promuevan la

847. BIT, «International Development and Behavioural Insights. Summary Report 2017-19» (n 1064) 13.

848. Lambsdorff, «Preventing Corruption by Promoting Trust – Insights from Behavioral Science» (n 151) 11.

849. Kendra Dupuy and Siri Neset, «The Cognitive Psychology of Corruption» (U4 Anti-Corruption Resource Centre, Chr Michelsen Institute 2018), https://www.u4.no/publications/the-cognitive-psychology-of-corruption.pdf, accessed 11 June 2023.

ejemplaridad pública, como señala Fernández, respaldado por ejemplos exitosos[850]. Para lograr este objetivo, es crucial fomentar y estimular a los empleados a través de políticas públicas que generen un efecto multiplicador de buenas prácticas basado en el aprendizaje por repetición.

13) Como recuerda Baez-Camargo, que la investigación de campo realizada en Tanzania, Uganda y Ruanda encontró evidencia de impulsores de comportamiento, lo que demuestra que los ciudadanos se dejan influir por las presiones y creencias sociales que, en última instancia, estimulan la *petty corruption, en español, pequeña corrupción* al respaldar prácticas de mala adaptación asociadas. Sostenida por normas sociales de solidaridad grupal, reciprocidad y legitimada por percepciones comúnmente compartidas de la corrupción como la norma, la investigación apunta a una superposición problemática de las esferas pública (formal) y sociocultural (informal). Al agregar una dimensión conductual al estudio de los impulsores de la corrupción, puede ayudar a lucha contra corrupción[851].

La implementación de *nudge* se utiliza con el propósito de generar un impacto positivo, ya sea desalentando acciones que fomenten la corrupción o estimulando buenas prácticas. Desde el punto de vista de Lobel y Amir[852], este enfoque puede conducir a sistemas de regulación efectivos con una intervención mínima, además de tener efectos distributivos, solucionar problemas de coordinación a nivel macro y estar intrínsecamente impulsados por el valor. El *nudge* en las políticas actúan como una primera etapa de la regulación en una secuencia, siendo necesarias medidas más coercitivas en etapas posteriores. Mediante la aplicación de la economía conductual, es posible identificar patrones de comportamiento humano que contribuyen a la corrupción y desarrollar sistemas para contrarrestarlos, afectando así las prácticas corruptas. En línea con el informe de la OCDE sobre *behavioural insights*, resulta crucial reducir la discrecionalidad de quienes toman decisiones, con el fin de limitar las oportunidades de conductas indebidas[853].

En conclusión, la revisión detallada de catorce estudios en el ámbito de la corrupción y las intervenciones anticorrupción revela una rica variedad de enfoques y estrategias. Estos estudios destacan la necesidad de adoptar un enfoque multifacético y contextualizado para abordar la corrupción, reconociendo sus dimensiones estructurales, organizacionales e individuales. Se

850. José Antonio Fernández Ajenjo, *Leyes de La Corrupción y Ejemplaridad Pública* (Amarante 2019).

851. Baez-Camargo and others (n 135).

852. On Amir and Orly Lobel, «Stumble, Predict, Nudge: How Behavioral Economics Informs Law and Policy» [2008], Columbia Law Review 2098.

853. OECD, «Behavioural Insights and Public Policy: Lessons from Around the World» (Organisation for Economic Co-operation and Development 2017), https://www.oecd-ilibrary.org/governance/behavioural-insights-and-public-policy_9789264270480-en, accessed 11 June 2023.

ha observado que las intervenciones basadas en el cambio de comportamiento y las normas sociales muestran prometedores puntos de entrada, subrayando la importancia de dirigirse a áreas específicas y entender a fondo el entorno en el que se manifiesta la corrupción.

4.3. *Compliance* y *nudge*: potenciando el cumplimiento normativo en la Administración pública

Los autores Reznichenko *et al.* han contribuido al debate sobre las técnicas de *nudge y compliance* en relación con la regulación y el cumplimiento de las normativas. Al utilizar conocimientos de las ciencias del comportamiento, el *nudge* dirige el comportamiento de las personas sin limitar sus opciones. Reznichenko *et al.*, aclaran el concepto de «arquitectura de elección» y analizan específicamente los «*nudge* de cumplimiento» tanto en el ámbito público como en el privado. Entre ellos se incluyen nudge que fomentan el cumplimiento fiscal, la prescripción de medicamentos conforme a las directrices y el reembolso puntual de préstamos y tasas. El *nudge* revisados incluye los de saliencia, que enfatizan ciertos aspectos de una elección para que las personas se centren en ella; los de persuasión moral, que hacen más visibles las consecuencias morales de las decisiones de las personas; y los de normas sociales descriptivas o prescriptivas, que informan a las personas sobre lo que hacen los demás o sobre lo que se considera que debería hacerse[854].

Además, Reznichenko *et al.* examinan la literatura empírica que demuestra la efectividad (o falta de ella) de *nudge* de cumplimiento. Si bien no es fácil comparar la efectividad y la rentabilidad de estos *nudges* en diferentes campos de aplicación, se llegan a algunas conclusiones respecto a la efectividad general de *nudge* de cumplimiento[855].

Según Villagrasa y Ponce Solé, en el debate sobre el uso de herramientas anticorrupción y antifraude, a menudo se pasa por alto el potencial de las ciencias del comportamiento para mejorar y fortalecer la prevención de conductas contrarias a la ética pública y al marco normativo. Resulta sorprendente que estas contribuciones no sean consideradas más a menudo, dado el creciente interés que están despertando en el diseño de políticas públicas[856].

---

854. Elena, KANTOROWICZ-REZNICHENKO and Liam WELLS, «Nudging Compliance», *The Cambridge Handbook of Compliance* (2021), 05, https://www.cambridge.org/core/books/abs/cambridge-handbook-of-compliance/nudging-compliance/080F9566A69D2B7098F51078C7174D31, accessed 5 May 2023.

855. *Ibid*.

856. Oscar CAPDEFERRO VILLAGRASA and Juli PONCE SOLÉ, «Nudging e Inteligencia Artificial Contra La Corrupción En El Sector Público: Posibilidades y Riesgos» [2022], Revista Digital de Derecho Administrativo 225, 228.

Por otro lado, Sánchez da una explicación concisa, el *compliance* es beneficioso para cualquier organización, ya que permite adquirir un conocimiento detallado de su funcionamiento a través del diagnóstico, lo que facilita la corrección de errores y la implementación de mejoras. En el caso del sector público, se configura como un instrumento fundamental para corregir ineficiencias. Además, el *compliance* ayuda a evitar o minimizar el riesgo de responsabilidad por parte de los gestores y a prevenir irregularidades y comportamientos poco éticos. La represión penal no es suficiente para combatir la corrupción, por lo que es necesario actuar desde el derecho administrativo mediante mecanismos de cumplimiento que actúen como filtro inicial contra conductas fraudulentas, evitando en la medida de lo posible la intervención del derecho penal y los procedimientos judiciales. Mejorar la reputación de la organización frente a la ciudadanía también es un objetivo importante, especialmente en un contexto de desafección institucional y falta de comprensión sobre la falta de respuesta o la respuesta inadecuada a conductas irregulares. Considerando estos tres objetivos, resulta evidente que la aplicación de una política de *compliance* en la Administración pública no solo tiene sentido, sino que es más necesaria que nunca en la actualidad [857].

De hecho, algunas de las iniciativas más interesantes en la lucha contra la corrupción en el ámbito administrativo han surgido de la combinación de los conocimientos de las ciencias del comportamiento y los programas *compliance.* Este enfoque sistemático de prevención de la corrupción y promoción del comportamiento ético se conoce como cumplimiento público basado en el comportamiento *(behavioural public compliance)*. Además, este enfoque puede ser fácilmente adaptado y aplicado con gran efectividad en los entornos digitales donde el control de la corrupción está siendo trasladado, como mencionamos anteriormente[858].

4.3.1. Fusionando fuerzas: sinergias y posibilidades de integración de *nudge* con *behavioral compliance, behavioral law* y *behavioral public Administration*

Estos términos y conceptos están interconectados, pero son distintos. El *compliance*, el *behavioral law*, la *behavioral public Administration* y el *nudge* tiene que ver con el comportamiento/conducta, pero lo abordan desde perspectivas diferentes y con objetivos distintos. El *compliance* se centra en un cambio de comportamiento en respuesta a una petición explícita o implícita,

857. Sánchez, «Oportunidad Legal y Necesidad Democrática de Crear Una Autoridad Administrativa Independiente de Lucha Contra La Corrupción y Protección Del Denunciante» (n 906) 214.

858. Villagrasa and Solé (n 1076) 228.

mientras que el *behavioral law* se ocupa más del análisis de los sesgos cognitivos y la heurística en el ámbito jurídico. Por otra parte, la *behavioral public Administration* hace hincapié en el comportamiento y las actitudes de los individuos en el sector público, y *nudge* son herramientas utilizadas en estos campos para guiar suavemente el comportamiento sin imponer mandatos ni cambios significativos en los incentivos económicos.

Según Langevoort, el término *behavioral compliance* o «cumplimiento conductual» se refiere al diseño y manejo de la conformidad que se basa en una amplia gama de predicciones conductuales sobre el comportamiento individual y organizacional. Aunque esto resulta interesante y más o menos intuitivo para la mayoría de las personas, la pregunta es si es útil para aquellos que buscan construir un programa de conformidad exitoso[859]. Los autores que escriban sobre este tema, desde 1970[860], también se centran en la perspectiva de tributos[861], ética[862] y el contexto actual del COVID-19[863].

De igual manera, para Fabrigar, el *behavioral compliance* es una forma activa de influencia social que es iniciada intencionalmente por una persona, resultando en un cambio en el comportamiento manifiesto. A menudo se lleva a cabo en respuesta a solicitudes explícitas o implícitas por parte de otros. El *compliance* se conceptualiza como una forma externa de influencia social,

859. Donald C Langevoort, «Behavioral Ethics, Behavioral Compliance», *Research handbook on corporate crime and financial misdealing* (Edward Elgar Publishing 2018) 2, https://web.archive.org/web/20191112161518id_/https://scholarship.law.georgetown.edu/cgi/viewcontent.cgi?article=2519&context=facpub, accessed 4 June 2023.

860. Angela Biaggio and Aroldo Rodrigues, «Behavioral Compliance and Devaluation of the Forbidden Object as a Function of Probability of Detection and Severity of Threat», (1971), 4 Developmental Psychology 320; James T Tedeschi and others, «Power, Influence, and Behavioral Compliance» (1970), 4 Law & Society Review 521; Curt C. Braun and others, «Differences in Behavioral Compliance as a Function of Warning Color» (1994), 38 379.

861. Hallsworth and others (n 985); Kettle and others (n 985).

862. Jiaming Wang and others, «The Mediating Role of Job Competence between Safety Participation and Behavioral Compliance», (2021), 18 International Journal of Environmental Research and Public Health 5783; Samuel Tomczyk, Maxi Rahn and Silke Schmidt, «Social Distancing and Stigma: Association Between Compliance With Behavioral Recommendations, Risk Perception, and Stigmatizing Attitudes During the COVID-19 Outbreak» (2020), 11 Frontiers in Psychology 1821; Tedeschi and others (n 1080).

863. Eugene Y Chan, «Moral Foundations Underlying Behavioral Compliance during the COVID-19 Pandemic», (2020), 171 Personality and Individual Differences 110463; Firas AlOmari, «How to Improve Patient Satisfaction Behavioral Compliance and Hospital Image through Nurse Caring: Strategizing for Healthcare during COVID-19», [2021], Health Marketing Quarterly 1; Becky L Choma and others, «Ideological and Psychological Predictors of COVID-19-Related Collective Action, Opinions, and Health Compliance Across Three Nations» (2021), 9 Journal of Social and Political Psychology 123; Cornelia Betsch and others, «Social and Behavioral Consequences of Mask Policies during the COVID-19 Pandemic», (2020), 117 Proceedings of the National Academy of Sciences of the United States of America 21851; Tomczyk, Rahn and Schmidt (n 1082).

enfocándose en el cambio de comportamiento, y aunque a veces puede ocurrir debido a cambios en las creencias o sentimientos internos de las personas, tales cambios internos no son el objetivo principal del *compliance*[864].

Según Langevoort, la conformidad conductual no es una nueva forma de diseño de conformidad, sino una perspectiva adicional. Al igual que la conformidad requiere habilidades económicas sólidas, también requiere conocimientos psicológicos para predecir cómo se procesarán, interpretarán y actuarán los incentivos y mensajes de conformidad en el campo. Todas las funciones y desafíos de conformidad deben ser analizados y considerados rigurosamente para anticipar respuestas y contrarrespuestas, esfuerzo que se asemeja a la teoría de juegos tanto en su forma clásica como conductual. El enfoque conductual de la conformidad ofrece algunas intervenciones concretas a considerar, pero se trata principalmente de hacer las cosas convencionales (comunicación, vigilancia, análisis forense) de manera más efectiva[865].

De acuerdo con Langevoort, en su artículo sobre el *global behavioral compliance*, esta parte evalúa el estado actual del *compliance* conductual, expresando apoyo al enfoque conductual, pero argumentando que parte del entusiasmo generado al considerarlo un gran avance en la eficacia del «cumplimiento corporativo» es poco realista. Aunque los hallazgos han contribuido a tener una mejor comprensión de «qué funciona» en el «cumplimiento», esto avanza lentamente, y las perspectivas conductuales parecen ser más efectivas para ayudar a entender por qué a veces falla el cumplimiento, a pesar de los importantes recursos destinados a esta tarea, que para establecer una hoja de ruta clara hacia el éxito. El problema radica en que la hoja de ruta académica requiere cambios radicales en creencias, culturas y prácticas que, desde la perspectiva de los empresarios, parecen demasiado drásticos. Este nuevo enfoque ha ganado relativamente pocos adeptos en la economía global altamente competitiva. En ese sentido, la adopción del *compliance* conductual es tibia e incompleta. El capítulo revisa el tema del *compliance* conductual, su respaldo académico y las promesas y dificultades futuras de adoptar una visión más matizada de la naturaleza humana en el ámbito del cumplimiento[866].

Langevoort plantea una serie de preocupaciones potenciales al depender de esta investigación al diseñar un programa de *compliance*. Algunas de ellas son de índole metodológica, como si se puede confiar en experimentos que utilizan a personas comunes (o estudiantes) como sujetos para

864. Leandre R Fabrigar and Meghan E Norris, «Conformity, Compliance, and Obedience».

865. Langevoort (n 1079) 18–19.

866. Donald C Langevoort, «Global Behavioral Compliance» in Stefano Manacorda and Francesco Centonze (eds), *Corporate Compliance on a Global Scale: Legitimacy and Effectiveness* (Springer International Publishing 2022), https://doi.org/10.1007/978-3-030-81655-1_10, accessed 11 June 2023.

diseñar un programa de *compliance* para aquellos en el ámbito empresarial. Esta es una preocupación válida, ya que los resultados de laboratorio pueden interpretarse erróneamente y a veces son engañosos (después de todo, los investigadores tienen sus propios sesgos conductuales e intereses personales). Recuerda que todas las ciencias sociales deben usarse con precaución, incluida esta, al formular prácticas y políticas[867].

El derecho conductual, por su parte, se centra, como Sunstein[868], y Harel y Teichman[869] traducirán el *behavioral law and economics* como «análisis económico del derecho» que es lo mismo del derecho conductual. De acuerdo con Harel y Teichman, el análisis económico-conductista del derecho examina las interacciones entre el derecho y las ciencias del comportamiento, reconociendo que el comportamiento humano puede ser predicho. Sin embargo, en lugar de basarse en los supuestos tradicionales de la teoría de la elección racional, utiliza predicciones alternativas fundamentadas en fenómenos de comportamiento bien establecidos. Estos mismos autores, aplica derecho conductual en el ámbito del derecho penal, este enfoque sostiene que el sistema jurídico debe emplear los conocimientos de las ciencias del comportamiento para motivar a los individuos a actuar de manera socialmente deseable[870].

Por otro lado, autores como Ulen[871] y Ponce[872], que justifican el término correcto sería *derecho conductual*[873] o también «estudios legales conductuales», en la opinión de Ulen, se refiere a la incorporación de técnicas y métodos de las ciencias sociales al estudio del derecho. A diferencia de otras disciplinas conductuales, el enfoque distintivo del derecho conductual[874] es moldear el comportamiento humano en función del bien social, en lugar de buscar fines individuales o centrarse en el pensamiento en lugar de la conducta. El derecho conductual es un enfoque que busca entender cómo el

867. LANGEVOORT (n 1079) 18–19.

868. Cass SUNSTEIN, «Análisis Conductual Del Derecho» [2012], Themis Revista de Derecho 53.

869. Alon HAREL and Doron TEICHMAN, «Análisis Conductista Del Derecho Penal y Su Aplicación: Una Amistosa Revisión Crítica» (2018), 22 Discusiones 31.

870. *Ibid*.

871. Thomas S ULEN, «La Importancia Del Derecho Conductual» (2015), 2 Revista de Teoría del Derecho de la Universidad de Palermo 25.

872. SOLÉ, DURÁN and VALDÉS (n 1034).

873. En este sentido véase à José María ABELLÁN-PERPIÑÁN, César CIERCO SEIRA, and David Jimenez-Gomez, «Nudges y La Pandemia: Un Análisis Desde La Economía y El Derecho Conductual. Informe SESPAS 2022» (2022), 36 Gaceta sanitaria S93; Juli PONCE SOLÉ, «Derecho Administrativo, Ciencias Conductuales y Nudging En La Gestión Pública - Dialnet» (2018), 15 Revista Vasca de Gestión de Personas y Organizaciones Públicas 8, https://dialnet.unirioja.es/servlet/articulo?codigo=6748829.

874. Luca DI DONATO, «Behavioural Research and Corruption: A New Promise for Governments?» (2018), 24 European Law Journal 510.

comportamiento humano puede ser moldeado a través de diferentes mecanismos, más allá de las reglas formales. Esto incluye el uso de incentivos económicos, normas sociales y encuadres psicológicos para influir en el comportamiento humano y lograr objetivos sociales. En otras palabras, el derecho conductual se enfoca en cómo el derecho puede ser utilizado para incentivar el comportamiento deseado en una sociedad. Además, se diferencia de otros campos conductuales, descriptivos o evaluativos al buscar controlar el objeto de estudio y analizar políticas normativas[875].

Desde la posición de Villagrasa y Ponce Solé, actualmente se hace referencia a la economía y el derecho conductuales, ya que las ciencias del comportamiento han cuestionado el modelo del *Homo economicus* de la economía clásica, que también ha influido en el derecho público. Este modelo se basaba en la idea de un individuo racional y egoísta, lo que llevó a un enfoque de regulación basado en el ordeno y mando, con énfasis en la prohibición y sanción como mecanismos principales de intervención administrativa para garantizar el interés general y el cumplimiento de las normas. A partir de las contribuciones científicas mencionadas, surge el concepto de *nudge*, que ha inspirado comportamientos tanto en empresas privadas como en políticas públicas regulatorias en diferentes países de todo el mundo[876].

En la opinión de Ulen, el derecho conductual se distingue de otras disciplinas conductuales debido a su objetivo de moldear el comportamiento humano con relación a cierta medida de bien social. A diferencia de campos como la publicidad o el *marketing*, que se centran en la manipulación con fines individuales, el derecho conductual busca influir en el comportamiento en beneficio de la sociedad en general. Además, se diferencia de la filosofía, que se enfoca en el pensamiento más que en la conducta, y de otras disciplinas como la antropología, sociología, psicología y economía, que se centran en tratamientos descriptivos o evaluativos del comportamiento sin necesariamente buscar controlarlo o analizar políticas normativas. En resumen, el derecho conductual se destaca por su enfoque en el moldeamiento del comportamiento humano para promover el bien social y su distinción de otras disciplinas que abordan el comportamiento desde diferentes perspectivas[877].

Ponce Solé analiza las críticas que se han formulado al derecho conductual y los acicates en el ámbito jurídico. Algunos argumentos planteados cuestionan su procedencia de entornos jurídicos distintos, como Estados Unidos y el Reino Unido, donde estos instrumentos buscan legitimar la intervención pública en culturas más reacias. Sin embargo, en países como España, donde la intervención pública es más aceptada, se considera que estos acicates tienen menos relevancia o incluso carecen de sentido. A pesar de estas críti-

875. ULEN (n 1091).

876. VILLAGRASA and SOLÉ (n 1076) 229–230.

877. ULEN (n 1091) 26.

cas, el uso del derecho conductual y los acicates sigue siendo de interés en aquellos países donde la intervención administrativa es bien recibida, ya que aporta herramientas útiles para los reguladores y fomenta el cumplimiento efectivo de la regulación. Se ha argumentado que los acicates no pretenden reemplazar por completo la regulación tradicional basada en limitaciones y prohibiciones, sino que pueden ser más efectivos en ciertos contextos[878].

Por fin, cabe mencionar la existencia de la expresión *behavioral public Administration*[879] o «Administración pública conductual», que se ha extendido significativamente después de que Grimmelikhuijsen *et al.* Plantearan una propuesta de investigación en la que se incluían pruebas de las ciencias del comportamiento y los teóricos de la administración pública, lo cual se centra en la evaluación de la administración pública desde la perspectiva microeconómica del comportamiento y las actitudes individuales, fundamentada en los conocimientos de la psicología[880] sobre el comportamiento de individuos y grupos[881].

El enfoque de la Administración pública conductual tiene como objetivo integrar la investigación psicológica en el estudio de la administración pública[882]. Teóricamente, los académicos de la Administración pública han comenzado a adoptar y ampliar teorías del campo de la psicología y la microeconomía. Este panel se centra en el uso de conocimientos psicológicos en el ámbito de la Administración pública, incluyendo las actitudes y juicios de los ciudadanos, funcionarios públicos elegidos y no elegidos, y su influencia en la toma de decisiones y comportamientos.

Una Administración pública conductual agrega fundamentos a nivel individual al abordar los componentes conductuales y de toma de decisiones de la administración pública desde el lado de la demanda. En otras palabras, la Administración pública conductual vuelve a examinar las suposiciones a nivel micro de las teorías de administración pública. De este modo, una

---

878. SOLÉ, DURÁN and VALDÉS (n 1034) 62.

879. En este sentido *Vid.* BHANOT and LINOS (n 914); Battaglio Jr and others (n 914); Antonio CABRALES GOITIA and Pedro REY BIEL, «Mas Allá de Los Nudges: Políticas Públicas Efectivas Basadas En La Evidencia de Las Ciencias Del Comportamiento» [2021], Gestión y Análisis de Políticas Públicas 38; JH MEYER-SAHLING, KS MIKKELSEN and C SCHUSTER, «The Causal Effect of Public Service Motivation on Ethical Behavior in the Public Sector: Evidence from a Large-Scale Survey Experiment» (2019), 29 Journal of Public Administration Research and Theory 445.

880. Gary SCHWARZ, Tom CHRISTENSEN and Xufeng ZHU, «Bounded Rationality, Satisficing, Artificial Intelligence, and Decision-Making in Public Organizations: The Contributions of Herbert Simon» (2022), 82 Public Administration Review 902, https://onlinelibrary.wiley.com/doi/abs/10.1111/puar.13540, accessed 4 June 2023.

881. Stephan GRIMMELIKHUIJSEN and others, «*Behavioral public Administration*: Combining Insights from Public Administration and Psychology» (2017), 77 Public Administration Review 45.

882. *Ibid*.

Administración pública conductual se enmarca en la tradición de los llamados anteriores de Herbert Simon a examinar más de cerca las teorías psicológicas de la toma de decisiones humanas y hacer de ellas un componente central en el estudio de la Administración pública[883].

En la década de 1940, el autor Herbert Simon ya escribía sobre el *administrative behavior* que sería la toma de decisiones es el corazón de la administración, y que el vocabulario de la teoría administrativa debe derivarse de la lógica y la psicología de la elección humana[884].

Actualmente, el campo de la Administración pública conductual está madurando y aborda diferentes subtemas, como la carga administrativa y la inclusión de conocimientos micro en fenómenos meso y macro. Christensen *et al.* Teorizan sobre la importancia de los recursos cognitivos, especialmente el funcionamiento ejecutivo, para que los ciudadanos puedan interactuar con el Estado de manera efectiva. Proporcionando ejemplos ilustrativos de tres factores comunes en la vida cotidiana, como la escasez, los problemas de salud y el deterioro cognitivo relacionado con la edad, para detallar cómo estos microfactores influyen en las interacciones con el Estado. Estos factores aumentan la probabilidad de que las personas necesiten asistencia del Estado y debilitan las habilidades de funcionamiento ejecutivo, lo que puede agravar los efectos negativos de las interacciones burocráticas con el Estado, reduciendo así el acceso a los beneficios estatales y aumentando la desigualdad[885].

Por otro lado, cabe recordar que las personas y empleados públicos son diferentes. Diferentes trabajadores del sector público pueden tener diferentes necesidades y reaccionar de manera diferente a las intervenciones conductuales. Podemos personalizar las intervenciones diferenciando entre subgrupos ocupacionales y profesionales. Los análisis conductuales pueden ayudarnos a identificar factores personales específicos que influyen en el comportamiento. Los algoritmos pueden ayudarnos a contextualizar y personalizar la Administración pública conductual. Por ejemplo, podemos utilizar algoritmos para ofrecer intervenciones basadas en el caso específico en sistemas digitales, y podemos personalizar las intervenciones en función de las necesidades específicas de los trabajadores del sector público. Sin embargo, el uso de algoritmos para la toma de decisiones sobre temas complejos debe realizarse con la supervisión de un gestor público. Se necesita más investigación para explorar el potencial del uso de algoritmos com-

883. Sebastian Jilke, «Essays on the Microfoundations of Competition and Choice in Public Service Delivery» 157.

884. Herbert A Simon, *Administrative Behavior* (The Free Press 1997) XII.

885. Julian Christensen and others, «Human Capital and Administrative Burden: The Role of Cognitive Resources in Citizen-State Interactions» (2020), 80 Public Administration Review 127, https://onlinelibrary.wiley.com/doi/abs/10.1111/puar.13134, accessed 13 June 2023.

binados con las ciencias conductuales. De esta manera, podemos manejar las heurísticas para comprender y respaldar la toma de decisiones en contextos del sector público[886].

Por otro lado, desde la opinión de Calvo Sánchez, *el nudge* se diferencian de otras intervenciones similares al aprovechar el conocimiento sobre procesos cognitivos y considerar el peso del contexto en la toma de decisiones. Estas intervenciones se basan en la economía conductual y reconocen que los individuos no siempre toman decisiones racionales debido a limitaciones y sesgos cognitivos. El *nudge* busca aprovechar, superar o corregir estos errores cognitivos, como la aversión al riesgo, la inercia o el descuento temporal. Es fundamental comprender la justificación teórica detrás de los *nudges* para analizar su aplicación[887].

Además, se plantea la preocupación sobre la eficacia de los acicates y se argumenta que su efectividad puede variar según el tipo de acicate y el sector en el que se aplique. Sin embargo, se destaca que existen cada vez más estudios que intentan medir dicha eficacia, y su resultado dependerá de la evidencia disponible. Otra crítica se refiere a la opacidad de los acicates y su posible manipulación de las personas. Sin embargo, se argumenta que la opacidad no es inherente a los acicates y que la transparencia debería ser parte fundamental de su aplicación. Además, se ha demostrado que la efectividad de los acicates no disminuye cuando son conocidos por los individuos[888].

A pesar de las críticas y resistencias, el uso del derecho conductual y los acicates puede ser un complemento útil para promover comportamientos éticos y contrarrestar el autoritarismo en el Derecho Administrativo español. Estos instrumentos permiten modificar el comportamiento de los ciudadanos de manera menos invasiva y restrictiva, en línea con el principio de proporcionalidad. Aunque se reconoce la existencia de obstáculos, se considera que el Derecho conductual puede desempeñar un papel importante en el contexto jurídico español[889].

El estudio de Rangone investiga las herramientas tradicionales y nuevas para aumentar la efectividad de las reglas y estrategias de *compliance*. Se destaca que la efectividad tiene dos dimensiones inseparables: el cumplimiento perfecto de los términos de las reglas y la efectividad como resultado de reglas que incentivan comportamientos que cumplen con el «espíritu de la ley». Para lograr este enfoque integral de la efectividad, las reglas deben basarse en evidencia, ser claras, comprensibles y aceptadas. Ade-

886. Rosanna NAGTEGAAL, «Handling Heuristics: How Behavioral Sciences Can Support Decision-Making in the Public Sector» (PhD Thesis, Utrecht University 2022) 121, https://dspace.library.uu.nl/handle/1874/416553.

887. CALVO SÁNCHEZ and ARBE OCHANDIANO (n 930) 238.

888. SOLÉ, DURÁN and VALDÉS (n 1034) 62–63.

889. *Ibid* 63.

más, se requiere una comprensión clara de los factores que impulsan el cumplimiento[890].

Los tomadores de decisiones deben evaluar la disuasión y todas las demás motivaciones que van más allá del cálculo racional, como la motivación interna, la equidad procesal, la cooperación, las normas sociales, los heurísticos y los sesgos. Enriquecer la suposición de racionalidad con otros impulsores de cumplimiento no implica desechar las reglas tradicionales o las herramientas de cumplimiento, que siguen siendo cruciales para respaldar el cumplimiento voluntario y prevenir el incumplimiento[891].

Sin embargo, la disuasión debe ser calibrada mediante un enfoque basado en riesgos, sensible y proporcional a las reglas y estrategias de cumplimiento (simplificadas). La confianza en las autoridades públicas y unas Administraciones públicas de apoyo y cooperativas son también fundamentales para aumentar el cumplimiento voluntario, y un enfoque basado en la cognición debe complementar estas perspectivas[892].

Se han presentado diversas perspectivas en relación con el cumplimiento conductual, el derecho conductual y la administración pública conductual. El cumplimiento conductual se centra en el diseño de estrategias de conformidad basadas en la comprensión del comportamiento individual y organizacional. Por otro lado, el derecho conductual examina las interacciones entre el derecho y las ciencias del comportamiento, utilizando predicciones basadas en fenómenos conductuales establecidos. Finalmente, la administración pública conductual integra conocimientos psicológicos en el estudio de la administración pública, centrándose en el comportamiento y las actitudes individuales.

Estos enfoques complementarios buscan mejorar la eficacia de las políticas y prácticas públicas al comprender mejor los factores que influyen en el comportamiento humano. Se han explorado diversas áreas, como la influencia de los recursos cognitivos en la interacción con el Estado, la personalización de intervenciones basadas en diferentes subgrupos ocupacionales y profesionales, y el uso de algoritmos para la administración pública conductual. Estas investigaciones y enfoques prometen ayudar a mejorar la toma de decisiones y aumentar la eficacia de las políticas públicas. Cada uno de estos enfoques tiene su propio objetivo y ámbito de aplicación dentro del campo de estudio del comportamiento humano en el contexto público. Las herramientas pueden colaborar de manera conjunta en la batalla contra la corrupción, permitiendo que los empleados públicos cumplan con las normativas.

890. Nicoletta Rangone, «Making Law Effective: Behavioural Insights into Compliance» (2018), 9 European Journal of Risk Regulation 483, https://www.cambridge.org/core/journals/european-journal-of-risk-regulation/article/abs/making-law-effective-behavioural-insights-into-compliance/773D3B3B061D25427A411D9D0A1A9F2C, accessed 10 June 2023.

891. *Ibid.*

892. *Ibid.*

4.3.2. Formación con ética de los empleados públicos: implicaciones de uso de *nudge* y *compliance*

Al juicio de Kusbandrijo, la mentalidad del empleado público de ser servido en lugar de prestar servicios sigue siendo expresiva. Esto se debe a la baja cultura moral de los funcionarios para servir y a su profesionalidad como funcionarios. El autor está refiriéndose al contexto de indonesia, pero es fácilmente adaptable a cualquier contexto de administración pública[893].

De acuerdo con Sunstein, la transformación significativa podría estar a cargo de los funcionarios competentes que poseen la autoridad y el conocimiento adecuados, ya que tienen la capacidad de implementar reformas sustanciales. Este no es un papel exclusivo de los grupos de investigación o los equipos de reflexión; incluso un solo individuo, si se le otorga la autoridad y la misión correctas, puede causar un gran impacto. Según este modelo, los funcionarios competentes no necesariamente deben embarcarse en nuevas investigaciones, o al menos no en gran cantidad. Su labor puede basarse en lo que ya se sabe, y es posible que mantengan vínculos formales o informales con expertos del sector privado que estén trabajando en estas cuestiones. Este enfoque, en un sentido relevante, resulta ser el más directo, ya que no demanda la creación de nuevas oficinas ni la asignación de fondos adicionales significativos. Lo único que requiere es prestar atención a las cuestiones pertinentes y centrarse en los nombramientos apropiados. En los Estados Unidos, este tipo de estrategia ha demostrado ser muy exitosa, con la adopción de numerosos *nudge* o impulsos[894].

Un estudio cuestión que los ciudadanos esperan del empleado público, los autores creían que los ciudadanos apenas valoran la eficacia, la eficiencia y la rendición de cuentas. En lugar de ello, los tres valores fundamentales que se consideran en la sociedad son la capacidad de servicio, la receptividad y la dedicación. Estos valores son genéricos en todos los países, edades, sexos y niveles educativos[895].

A criterio de Dassah, el comportamiento ético y la profesionalidad son valores apreciados en el servicio público. Se espera que los funcionarios públicos, incluidos los políticos, los demuestren al desempeñar sus deberes oficiales. Sin embargo, en muchos países en desarrollo, estos valores se honran más en su incumplimiento que en su cumplimiento. La corrupción en el sector público ocurre cuando los políticos y/o los funcionarios públicos se

893. Bambang Kusbandrijo, Bambang Kusbandrijo and Ni Putu Tirka Widanti, «Ethical Dimension of Public Service» [2019], Iapa Proceedings Conference 127, 130.

894. Sunstein, «Consideraciones Preliminares. Algunas Ideas Generales Sobre Las Aportaciones Conductuales y Los Nudges» (n 947) 27.

895. Sheeling Neo, Stephan Grimmelikhuijsen and Lars Tummers, «Core Values for Ideal Civil Servants: Service-Oriented, Responsive and Dedicated» n/a Public Administration Review, https://onlinelibrary.wiley.com/doi/abs/10.1111/puar.13583, accessed 7 June 2023.

enriquecen indebidamente y de manera ilícita, o enriquecen a personas cercanas a ellos, al abusar del poder público que se les ha confiado. La corrupción tiene costos económicos, políticos y sociales. No es un problema exclusivo de los países en desarrollo, e incluso, no es principalmente un problema de ellos. De hecho, la ética y la corrupción son desafíos no solo para muchas economías emergentes, sino también para muchos países en el mundo desarrollado. Sin embargo, en ningún lugar los efectos de la corrupción son más devastadores que en los países en desarrollo[896].

La discusión ética de los empleados públicos en ejercicio de la función se vuelve crucial en el ámbito del servicio público cuando este debe ser rápido, fácil y económico al considerar a las personas como ciudadanos[897]. Los servidores públicos no solo deben realizar su labor técnica de manera competente y profesional, sino que también deben actuar correctamente desde un punto de vista ético. Todos enfrentamos dilemas éticos en nuestra vida privada y profesional; la pregunta es si estamos preparados para enfrentarlos, ya que no es fácil hacer frente a un dilema ético.

En este sentido, en la opinión de Rodríguez-Arana Muñoz, más allá de los aspectos técnicos y exige otros conocimientos y competencias, que deben ser desarrollados a través de procesos de capacitación y selección adecuados, en las formaciones para los empleados públicos, una sólida base en los valores del Estado de Derecho, altos estándares éticos y una firme convicción de que se debe mejorar las condiciones de vida de los ciudadanos, además de un completo dominio de la normativa pertinente[898].

La relación deteriorada entre los servidores públicos y los ciudadanos ha sido señalada como uno de los problemas del estado, que incluye la inequidad en la prestación de servicios, la insatisfacción ciudadana y las difíciles condiciones laborales para los funcionarios públicos[899]. Los Gobiernos son percibidos como impersonales y atrapados en la burocracia[900], lo que agrava el problema de la relación entre los servidores públicos y los ciudadanos.

---

896. Maurice Oscar DASSAH, «Is There a Hole in the Bucket? Identifying Drivers of Public Sector Corruption, Effects and Instituting Effective Combative Measures» (2008), 43 37, 38.

897. Janet V DENHARDT and Robert B DENHARDT, «The New Public Service Revisited» (2015), 75 Public Administration Review 664, 665, https://onlinelibrary.wiley.com/doi/abs/10.1111/puar.12347, accessed 7 June 2023.

898. Enrique DÍAZ BRAVO and RODRÍGUEZ ARANA (n 169) 20.

899. Charles T GOODSELL, *The Case for Bureaucracy: A Public Administration Polemic* (CQ Press 2004); Laura C Hand and Thomas J Catlaw, «Accomplishing the Public Encounter: A Case for Ethnomethodology in Public Administration Research» (2019), 2 Perspectives on Public Management and Governance 125.

900. Barry BOZEMAN and Mary K FEENEY, *Rules and Red Tape: A Prism for Public Administration Theory and Research* (ME Sharpe 2011), https://doi.org/10.1080/10967494.2015.1027800; Lars TUMMERS and others, «The Impact of Red Tape on Citizen Satisfaction: An Experimental Study» (2016), 19 International Public Management Journal 320.

Esta situación genera una disminución en la confianza en el Gobierno y una baja reputación de las instituciones públicas[901], lo que, a su vez, crea un clima que favorece diversos problemas de participación ciudadana, como la falta de disposición para participar en actividades de política[902].

La deshonestidad en el servicio público puede tener consecuencias negativas para la sociedad y la Administración pública. Cuando los empleados públicos se involucran en comportamientos deshonestos, pueden aumentar los costos de monitoreo y aplicación de las reglas, agotar los recursos comunes y erosionar la confianza y la cooperación en la sociedad. Además, la deshonestidad en el servicio público puede socavar la legitimidad y la confianza en las instituciones públicas, lo que puede tener efectos negativos en la democracia y el desarrollo económico. Por lo tanto, es importante comprender y abordar la deshonestidad en el servicio público para garantizar la integridad y la eficacia de la Administración pública[903]. En esta dirección, según Calvo Sánchez, es importante enfatizar y promover comportamientos ejemplares en el ámbito público para fomentar la reproducción de conductas correctas. Con uso de economía conductual y *nudges* para garantizar que las buenas prácticas sean visibles y las malas sean censuradas [904].

Por otro lado, para combatir acciones específicas de corrupción es a través de los periódicos, los cuales pueden hacer públicos los comportamientos corruptos y capacitar a los ciudadanos proporcionándoles información para monitorear a los funcionarios. Esto se basa en la idea de que las personas tienden a comportarse de manera diferente cuando están siendo observadas o creen que están siendo observadas. La transformación de actos de corrupción ocultos en comportamiento público puede generar presión social sobre los funcionarios y motivarlos a cumplir con sus deberes, tal como se pretende[905].

Se reconoce ampliamente la importancia de que el Estado implemente acciones más eficaces y eficientes, así como políticas públicas más adecuadas. Sin embargo, uno de los desafíos radica en la falta de personal con conocimientos suficientes para abordar estas cuestiones. Como afirma

901. Ralph Erber and Richard R Lau, «Political Cynicism Revisited: An Information-Processing Reconciliation of Policy-Based and Incumbency-Based Interpretations of Changes in Trust in Government» [1990], American Journal of Political Science 236.

902. Yunsoo Lee and Hindy Lauer Schachter, «Exploring the Relationship between Trust in Government and Citizen Participation» (2019), 42 International Journal of Public Administration 405; Eric M Uslaner and Mitchell Brown, «Inequality, Trust, and Civic Engagement» (2005), 33 American politics research 868.

903. AL Olsen and others, «Behavioral Dishonesty in the Public Sector» (2019), 29 Journal of Public Administration Research and Theory, https://doi.org/10.1093/jopart/muy058.

904. Calvo Sánchez and Arbe Ochandiano (n 930) 241.

905. Banco Mundial, «- When Corruption Is the Norm» (n 1062) 61.

Luciano Cappelletti, autor italiano, en su obra de 1968, dada la complejidad de los reglamentos administrativos y las actividades desempeñadas por los empleados, es aún más necesario que reciban formación no solo jurídica, sino también relacionada con su labor. Cappelletti sostiene que si bien el conocimiento del derecho, especialmente del derecho público y administrativo, es útil para los funcionarios, su preparación no debe limitarse exclusivamente a cuestiones legales, ya que la administración es una actividad compleja que requiere conocimientos en diversas áreas[906].

Beltrán, por su parte, enfatiza la necesidad de establecer un módulo básico de formación para empleados públicos de todos los niveles, que aborde los aspectos fundamentales del análisis de políticas públicas. Esto permitiría despertar y mantener la atención sobre los resultados de dichas políticas, generando un cambio significativo en la profesionalidad y calidad de la actuación de los empleados públicos[907].

En este sentido, Ponce Solé recuerda que los gestores responsables deben contar con el conocimiento y la formación adecuados sobre el derecho a una buena administración y la caja de herramientas de la buena regulación. Esta formación puede realizarse en colaboración con las universidades. Se recomienda enfocar especialmente esta formación en aquellos ámbitos identificados como problemáticos. Es importante concienciar a los cargos electos, altos cargos y empleados públicos sobre la importancia de la calidad normativa para el buen gobierno, la buena administración y la sostenibilidad económica[908].

Como señala Muñoz, la educación y la formación son clave para fomentar una cultura de ética e integridad. Sin embargo, el *compliance* va más allá, estableciendo mecanismos efectivos para asegurar que las organizaciones cumplan con todas las leyes, regulaciones, normas y estándares éticos aplicables.

Se destaca la relevancia de la formación y gestión del conocimiento en el ámbito de la contratación pública como parte fundamental de la profesionalización según el *Informe anual de supervisión de la contratación pública* de España, realizado por OIReScon. La formación en aspectos como integridad, prevención del fraude y prácticas colusorias es crucial para fomentar una cultura administrativa adecuada. Además, se resalta la importancia de la formación en el correcto uso de las plataformas de contratación y servicios electrónicos, aspecto fundamental para el avance de la contratación electrónica[909].

906. Luciano Cappelletti, *Burocrazia e Società. Uno Studio Dei Quadri Direttivi Dell»amministrazione Italiana* (Giuffré 1968) 111.

907. Beltrán (n 588).

908. Juli (n 1026) 398.

909. Oficina Independiente de Regulación y Supervisión de la Contratación - OIReScon (n 172) 12.

En el Kenia, en el estudio Mutegi y King'oriah se menciona que la capacitación de los empleados es crucial para el éxito de las instituciones públicas, aunque los recursos limitados pueden afectar los costos de capacitación y dificultar el mantenimiento y mejora de la calidad de los servicios. Se examinó si los centros Huduma son exitosos en la eliminación de la corrupción, la burocracia y la ineficiencia en la entrega de servicios en el sector público. El objetivo del estudio fue establecer la influencia de la capacitación de los empleados en la prestación de servicios públicos de los centros Huduma en Kenia, y la variable mediadora de las políticas gubernamentales. El diseño de investigación descriptiva se utilizó, y la población objetivo incluyó a gerentes de sucursales, supervisores de sección y clientes públicos de los cincuenta y dos centros Huduma en Kenia[910].

Los resultados del estudio mostraron una asociación lineal positiva y significativa baja entre la capacitación de los empleados y la prestación de servicios públicos (PSD). También se encontró una asociación lineal moderada de la relación mediadora entre las políticas gubernamentales y la PSD, con un nivel de confianza del 99 %. Los resultados de las hipótesis mostraron que la capacitación de los empleados tiene una influencia significativa en la PSD. Además, se observó que un aumento en la capacitación de los empleados conduce a un aumento en la PSD, lo que demuestra que las prácticas de capacitación motivan a los empleados a trabajar más duro. Además, se encontró que las políticas gubernamentales tienen una relación mediadora entre la capacitación de los empleados y la PSD. El estudio recomienda al gobierno reevaluar sus políticas y garantizar una implementación adecuada y uso de prácticas de recursos humanos en los centros Huduma para aumentar la eficiencia en la entrega de servicios públicos[911].

En cuanto a las debilidades de la formación pública de los empleados, Granado destaca varios problemas. Existe una falta de conexión entre los objetivos de la formación y las expectativas, necesidades y capacidades de los empleados. Los cursos no se centran en mejorar el desempeño y la eficiencia de los funcionarios que los cursan. La heterogeneidad de los alumnos dificulta el aprendizaje. Además, el sistema de capacitación es centralizado y ofrece una formación general básica con escasas oportunidades de especialización, sin criterios de selección claros ni un marco informativo adecuado[912].

Granado también menciona la falta de evaluación del impacto de la formación en el desempeño de la organización. Los instructores se enfocan en complacer a los participantes en lugar de centrarse en la efectividad de la

910. Faith Mwende Mutegi, Susan Nzioki, and George King'oriah, «Employee Training and Public Service Delivery of Huduma Centres in Kenya» (2021), 9 The International Journal of Business and Management.

911. *Ibid.*

912. Granado (n 588) 998–1001.

capacitación. La autora señala que la percepción de los participantes es el principal criterio de evaluación en la mayoría de los programas de capacitación, lo que lleva a que los instructores se centren en agradar a los alumnos para recibir una buena valoración[913].

Según el *Informe de cumplimiento del grupo de Estados contra la corrupción* (GRECO) de 2021, en relación con la Recomendación III, se observa que en España no se han proporcionado datos específicos sobre el tipo y la frecuencia de las sesiones de formación relevantes, ni sobre el número de altos cargos que han asistido a dichas sesiones. Asimismo, se destaca que las autoridades señalan que la Oficina de Conflictos de Intereses (OCI) y otras instituciones nacionales continúan llevando a cabo actividades de formación. Estas acciones formativas están dirigidas a todas las categorías de empleados públicos y funcionarios, y los Puntos de Contacto Estatales para la prevención de la corrupción pueden participar en ellas.

Además, un estudio realizado en Australia examinó cómo las comisiones evalúan y divulgan públicamente la eficacia de sus actividades educativas para demostrar su contribución a la integridad y reducción de la mala conducta y corrupción en el sector público. En Australia, las comisiones permanentes de lucha contra la corrupción del sector público tienen funciones educativas específicas[914].

Según Rodríguez-Arana, es necesario que las escuelas de Administración pública incluyan en sus programas docentes temas relacionados con la ejemplaridad y la ética, dado el alto nivel de integridad y ética que se espera de los funcionarios públicos. Además, es importante que los propios funcionarios reflexionen sobre los motivos que guían sus acciones administrativas de manera habitual. De esta manera, será más fácil tener en cuenta los criterios éticos en la acción pública y promover una mayor sensibilidad ética entre los empleados públicos[915].

En este sentido, el *nudge* puede ayudar, estimulando a los empleados a hacer curso de formación, está siempre mejorando sus capacidades, como mensajes o SMS, recordando la importancia de buena formación para sus profesiones. Sin embargo, el *nudge* no obliga a hacer las cosas, solo hace un estímulo para que los empleados públicos hagan lo que deberían. Conforme demuestra las investigaciones, Falisse que los mensajes anticorrupción, en particular los que recuerdan a los funcionarios su identidad profesional y las cualidades que se esperan de ella, influyen en la prestación de servicios públicos, pero no en la propensión a aceptar sobornos. Los participantes que fueron

913. *Ibid* 1010–1012.

914. Cochrane (n 978) 38.

915. Jaime Rodríguez-Arana Muñoz, «La ética en la administración pública» [2005], 970-32-1953-5 545, http://ru.juridicas.unam.mx:80/xmlui/handle/123456789/23245, accessed 7 June 2023.

expuestos al mensaje de identidad profesional eran más propensos a elegir un reparto estrictamente igualitario del servicio público entre los ciudadanos participantes que los que no fueron expuestos a ningún mensaje[916]. Esto podría muy bien ser aplicado a nivel de los empleados públicos españoles.

En esta dirección, Rodríguez-Arana señala que es responsabilidad de los propios empleados públicos quienes deben adoptar los principios éticos como propios y aplicarlos en su rendimiento profesional y en sus relaciones con los ciudadanos. Esto sin duda modificaría la imagen negativa de la administración y contribuiría a su fortalecimiento moral. En resumen, ayudaría a recuperar la idea desvanecida del servicio público tanto en el ámbito privado como en el público[917].

De acuerdo con Sunstein, cualquier iniciativa gubernamental debe ser transparente y abierta, en lugar de ser oculta y encubierta. En efecto, la transparencia debería ser un componente esencial de cualquier práctica. Imaginemos que un gobierno o un empleador privado implementa un programa que inscribe automáticamente a las personas en un plan de pensiones, o que una gran entidad, como una cadena de tiendas privadas o las que administran las cafeterías en edificios gubernamentales, decide hacer más visibles y accesibles los alimentos saludables. En cualquiera de estas situaciones, las acciones tomadas no deberían ser ocultadas de ninguna manera[918].

En particular, las decisiones gubernamentales deberían estar sujetas a escrutinio público y revisión. Uno de los principales beneficios de *nudge* o impulsos, en comparación con los mandatos y prohibiciones, es que evitan la coerción. Sin embargo, como recuerda Sunstein, nunca deben manifestarse en forma de manipulación o engaño. Al igual que con cualquier otra acción gubernamental, el público debe tener la capacidad de revisar y examinar *nudge*[919].

En el cierre de este apartado, se destaca la importancia de una infraestructura ética sólida en la organización, abarcando todos los sistemas formales e informales que comunican, monitorean y recompensan el comportamiento ético, o sancionan el comportamiento no ético de los empleados. La construcción de una infraestructura ética sólida y coherente en la administración pública es esencial para garantizar una gobernanza transparente y responsable[920]. Este libro aboga por una respuesta coordinada y multifa-

---

916. FALISSE and others (n 1047).

917. RODRÍGUEZ-ARANA MUÑOZ, «La ética en la administración pública» (n 1135) 545.

918. SUNSTEIN, «Consideraciones Preliminares. Algunas Ideas Generales Sobre Las Aportaciones Conductuales y Los Nudges» (n 947) 21–22.

919. *Ibid.*

920. Eva ZEDLACHER and Martina HARTNER-TIEFENTHALER, «Civility Values and Cyberbullying Prevention in the Digital Workspace: How to Foster an Ethical Climate of Respect» in Leslie RAMOS Salazar (ed), *Advances in Human Resources Management and Organiza-*

cética por parte del gobierno español y la Unión Europea para enfrentar la corrupción. Se resalta la relevancia de la capacitación constante y específica de los empleados públicos en ética, integridad y anticorrupción, reforzando las recomendaciones de los informes GRECO 62[921] y 83[922]. La efectividad de estas capacitaciones debe ser evaluada regularmente por instituciones independientes para asegurar su impacto positivo en el desempeño profesional. Puesto que, la gestión pública debe dar a los empleados las mejores condiciones para ejercer su labor y evitar la corrupción, aumentando las sanciones para las prevaricaciones y conflictos de interés. Por esto que la formación y capacitación en ética pública, junto con la implementación de nudges y estrategias de compliance, pueden contribuir significativamente a este objetivo. Al final, es imprescindible que las innovaciones en la administración pública no solo mejoren la eficiencia y la eficacia, sino que también sirvan para reforzar los derechos humanos y los principios de la Agenda 2030.

4.3.3. Transparencia y lucha contra la corrupción: el papel fundamental de *nudge* y *compliance* en la función pública

La transparencia y la lucha contra la corrupción son componentes cruciales de una gobernanza y una administración pública eficaces. En los últimos años, académicos e investigadores han explorado el potencial de la teoría de los incentivos y los mecanismos de cumplimiento como herramientas valiosas para promover la transparencia y frenar la corrupción en el sector público. Basándose en una amplia gama de trabajos académicos[923], este discurso pretende destacar la importancia de emplear *nudge* y estrategias de cumplimiento para fomentar la transparencia y combatir la corrupción en el ámbito de la administración pública.

La teoría de *nudge*, tal y como la han dilucidado autores como Lorenz-Spreen, Popova y M. Maynard[924], ofrecen una visión de cómo los cambios

tional Development (IGI Global 2020), https://services.igi-global.com/resolvedoi/resolve.aspx?doi=10.4018/978-1-7998-4912-4.ch027, accessed 4 December 2023.

921. GRECO, «Informe De Evaluación: Cuarta Ronda De Evaluación. Prevención de la corrupción respecto de parlamentarios, jueces y fiscales» (2019), GRECO 62 83, https://rm.coe.int/CoERMPublicCommonSearchServices/DisplayDCTMContent?documentId=09000016806ca049, accessed 14 August 2023.

922. GRECO, «Informe De Evaluación: Quinta Ronda De Evaluación. Prevención de la corrupción y promoción de la integridad en Gobiernos centrales (altas funciones ejecutivas) y Fuerzas y Cuerpos de Seguridad» (2019), GRECO 83 83, https://rm.coe.int/quinta-ronda-de-evaluacion-prevencion-de-la-corrupcion-y-promocion-de-/168098c693, accessed 14 September 2023.

923. Olivia M Maynard and Marcus R Munafò, «Nudging Transparent Behavioural Science and Policy», (2018), 2 Behavioural Public Policy 198.

924. Maria Popova, «How Can the EU Help Ukraine Build the Rule of Law and Fight Corruption? Romania and Bulgaria as Guideposts» [2017], PonarsEuarasia - Policy Memos; Maynard

sutiles en la arquitectura de la elección pueden influir en el comportamiento individual, conduciendo en última instancia a los resultados deseados. La aplicación de los principios de la teoría de los codazos en el contexto de la administración pública puede aumentar significativamente la transparencia y reducir las prácticas corruptas.

Al diseñar entornos de toma de decisiones que promuevan la transparencia y la integridad, los Gobiernos pueden acicatar a los funcionarios públicos hacia un comportamiento ético. Por ejemplo, el *nudge* puede emplearse para fomentar la revelación de conflictos de intereses, facilitar la denuncia de actividades corruptas y fomentar una cultura de rendición de cuentas en las instituciones públicas. La investigación de Siddiquee y Zafarullah[925] sobre las medidas anticorrupción en Malasia ejemplifica el potencial de *nudge* para frenar la corrupción y promover una gobernanza transparente.

Hay que destacar los mecanismos de cumplimiento protegen la integridad. Estos mecanismos, incluidos los sistemas de control eficaces, los marcos estrictos de rendición de cuentas y la normativa anticorrupción desempeñan un papel fundamental en la defensa de la integridad en la administración pública. El estudio de Hoe-Chang Kim[926] sobre la situación de corrupción de los cargos electos en la Administración local ofrece una valiosa perspectiva sobre la necesidad de contar con sólidos mecanismos de cumplimiento.

Mediante el establecimiento de normas y directrices claras, las organizaciones públicas pueden disuadir las prácticas corruptas y promover la transparencia. Las medidas de cumplimiento, cuando se aplican eficazmente, crean un efecto disuasorio, haciendo que los individuos se lo piensen dos veces antes de participar en actividades corruptas. El examen de Dhiyathad Prateeppornnarong[927] de la Comisión Anticorrupción del Sector Público de Tailandia pone de relieve los retos a los que se enfrentan los organismos reguladores y subraya la necesidad de estrategias de *compliance* exhaustivas para hacer frente a la corrupción con eficacia.

Aunque la teoría de *nudge* y los mecanismos de *compliance* cumplen funciones distintas en la promoción de la transparencia y la lucha contra la

and Munafò (n 1140); Philipp Lorenz-Spreen and others, «How Behavioural Sciences Can Promote Truth, Autonomy and Democratic Discourse Online» (2020), 4 Nature Human Behaviour 1102.

925. Siddiquee, Siddiquee and Zafarullah (n 98).

926. Hoe-Chang Kim, «A Study on Corruption Status of Elected Officials in Local Government and Anti-Corruption Measures» (2022), 5 부패방지법연구, 107.

927. Dhiyathad Prateeppornnarong, «Fighting Corruption While Having Hands Tied: A Case Study of Thailand»s Public Sector Anti-Corruption Commission:» (2021), 56 Journal of Asian and African Studies 320.

corrupción, pueden reforzarse mutuamente. La investigación realizada por Opoku *et al.*[928] sobre la institucionalización de *nudge* en Ghana demuestra el potencial de la combinación de *nudge* con sólidos marcos de cumplimiento para lograr mejores resultados.

El *nudge* se puede utilizar para fomentar conductas de cumplimiento, como la presentación oportuna de declaraciones financieras, el cumplimiento de códigos éticos y la denuncia de prácticas corruptas. Al mismo tiempo, los mecanismos de cumplimiento refuerzan la efectividad de *nudge* al establecer consecuencias claras para el incumplimiento, garantizando la integridad del sistema. Este enfoque integrado, como destacan Mavroudis *et al.*[929] en el contexto del consentimiento informado en la atención médica, ofrece una estrategia integral para fortalecer la transparencia y combatir la corrupción.

Nunca se insistirá lo suficiente en la importancia de la teoría de los incentivos y los mecanismos de *compliance* para reforzar la transparencia y combatir la corrupción en la administración pública. Los trabajos de varios autores[930] han arrojado luz sobre el potencial de estos enfoques para influir en el comportamiento individual, configurar los entornos de toma de decisiones y fomentar una cultura de integridad.

Citando a Ponce Solé, la transparencia en el Estado democrático está estrechamente relacionada con la participación ciudadana y se vincula al concepto de gobierno abierto, en línea con la cláusula del Estado democrático establecida en el artículo 1.1 de la Constitución. Desde 2013, una nueva generación de leyes de transparencia, acceso a la información y buen gobierno, tanto a nivel estatal como autonómico, ha impulsado la obligación jurídica de publicidad activa por parte de las administraciones públicas. Esto significa que la publicidad activa puede ir más allá de ser un elemento importante de transparencia y convertirse en una política pública en sí misma, con el objetivo de orientar las actividades del sector privado hacia la realización de acciones de interés general. Es crucial considerar no solo qué información se publica, sino también cómo se

---

928. Prince Opoku, Mark Amankwa and Gershon Dagba, «Institutionalizing Nudge to Fight Corruption and Promote Economic Growth in Developing Countries. The Case of Ghana» [2018], Social Science Research Network.

929. Constantine D. Mavroudis and others, «Ethical Considerations of Transparency, Informed Consent, and Nudging in a Patient with Paediatric Aortic Stenosis and Symptomatic Left Ventricular Endocardial Fibroelastosis», (2016), 26 Cardiology in The Young 1573.

930. Navonil Mustafee and others, «Investigating the Use of Real-Time Data in Nudging Patients» Emergency Department (ED) Attendance Behaviour» 6; Bart Engelen and Viktor Ivanković, «Nudging, Transparency, and Watchfulness» (2019), 45 Social Theory and Practice 43; Jonas Wachner and others, «The Influence of Nudges on Autonomy: Does Transparency Matter?»; Jonas Wachner, Marieke A Adriaanse and Denise TD de Ridder, «The Influence of Nudge Transparency on the Experience of Autonomy» 1.

presenta y qué lenguaje se utiliza, lo que se conoce como «*smart disclosure*». De esta manera, se reconoce la importancia de la presentación de la información y el uso del lenguaje en el contexto de la transparencia y la publicidad activa[931].

Al adoptar incentivos que promuevan la transparencia y emplear mecanismos de cumplimiento sólidos, los gobiernos pueden crear un entorno que disuada de la corrupción, fomente el comportamiento ético y salvaguarde los principios de la buena gobernanza. No obstante, como señalan Stanak y Hokamp[932], se necesita más investigación para explorar la aplicación práctica de estas estrategias y su impacto a largo plazo en la transparencia y la prevención de la corrupción.

Argumenta Ponti *et al.*, la transparencia administrativa, entendida como la visibilidad y comprensibilidad de los procesos de una administración, constituye una herramienta para prevenir la corrupción desde dos perspectivas interconectadas. En primer lugar, la transparencia actúa como un antídoto natural contra la opacidad, que es el entorno en el que se producen las transacciones corruptas. De hecho, el intercambio corrupto se mantiene oculto, ya que busca mantener en secreto los intereses desviados/ilegales que pretende satisfacer, así como el desvío/desperdicio asociado de fondos. En segundo lugar, la observación pública garantizada por la transparencia actúa como un elemento disuasorio para llevar a cabo este tipo de comportamientos. Además, los procesos de «digitalización» que ofrecen en las Administraciones públicas la oportunidad para experimentar y aplicar herramientas de prevención de la corrupción basadas en la capacidad cognitiva que se habilita mediante, por ejemplo, en análisis de grandes cantidades de datos, o uso de inteligencia artificial e el enfoque de datos abiertos[933].

En general, la integración de la teoría de los incentivos y los mecanismos de cumplimiento ofrece una vía prometedora para reforzar la transparencia y combatir la corrupción, allanando el camino hacia unos sistemas de administración pública más responsables y fiables.

931. Solé, Durán and Valdés (n 1034) 68.

932. Michal Stanak and Michal Stanak, «Nudging in Neonatology: Practical Wisdom and Accountability for Reasonableness», (2019), 35 International Journal of Technology Assessment in Health Care 5; Erika Große Hokamp and Joachim Weimann, «Nudging Openly – An Experimental Analysis of Nudge Transparency in a Public Goods Setting» [2021], German Economic Review.

933. Benedetto Ponti, Agustí Cerrillo-i-Martínez and Fabrizio di Mascio, «Transparency, Digitalization and Corruption» in Enrico Carloni and Michela Gnaldi (eds), *Understanding and Fighting Corruption in Europe: From Repression to Prevention* (Springer International Publishing 2021), https://doi.org/10.1007/978-3-030-82495-2_6, accessed 9 June 2023.

4.3.4. Cambiando la cultura organizacional mediante *nudge* y *compliance*

La cultura organizacional es esencial para la forma en que los empleados se comportan y toman decisiones en el entorno laboral de la Administración pública o privada. Las organizaciones adoptan códigos de ética[934] y medidas de *compliance* con el propósito de fomentar una conducta ética y asegurar el cumplimiento de las normas establecidas. Este contexto, las técnicas de *nudge* ofrecen enfoques complementarios que pueden fortalecer y reforzar dichas medidas.

Se debe tener en cuenta una necesidad que tiene España, que, de conformidad con el *Informe complimiento de GRECO 88*, emitió la recomendación de adoptar y hacer fácilmente accesible al público un código de conducta para el personal con altas funciones ejecutivas. Además, se recomendó complementarlo con medidas prácticas para su implementación, como directrices por escrito, asesoramiento confidencial y formación específica. Estas acciones buscan fortalecer la ética y la conducta en las posiciones de liderazgo y garantizar su aplicación efectiva[935]. En consecuencia, los *nudge* pueden ser de gran ayuda para la implosión de España en cumplimiento con la recomendación del GRECO.

Es importante cambiar la cultural organización o cultura en la Administración pública. Porque, de acuerdo con Camargo, los comportamientos corruptos son resistentes debido a la presencia de estructuras informales de Gobierno que operan en paralelo con las estructuras formales. Estas estructuras informales están arraigadas en la cultura y la historia de los países, y a menudo se basan en relaciones interpersonales y normas no escritas. Por otra parte, la autora señala que los incentivos para participar en comportamientos corruptos son altos debido a la falta de oportunidades económicas y políticas, así como a la falta de confianza en las instituciones. Se destaca que es necesario comprender las raíces culturales e históricas de la corrupción para abordarla efectivamente[936].

Los resultados de los estudios Olsen *et al.* muestran que hay una fuerte correlación negativa entre la deshonestidad a nivel individual y la motivación para el servicio público. Además, los indicadores de corrupción a nivel de país están fuertemente correlacionados con la deshonestidad a nivel individual entre los posibles empleados públicos. Estos resultados sugieren que

---

934. *Vid.* María Dolores CALVO SÁNCHEZ, «Nuevo reto para la Administración Pública del S. XXI: evaluación del desempeño y la sostenibilidad del sistema sanitario público español», *El nuevo derecho administrativo: libro homenaje al prof. Dr. Enrique Rivero Ysern, 2011, ISBN 978-84-939756-1-6, págs. 513-521* (2011), https://dialnet.unirioja.es/servlet/articulo?codigo=3985694, accessed 23 June 2023.

935. GRECO (n 184) 05.

936. BAEZ-CAMARGO and LEDENEVA (n 98) 73–75.

la deshonestidad y la corrupción en el servicio público están estrechamente relacionadas y que es importante abordarlas tanto a nivel individual como a nivel institucional[937].

En este contexto, la investigación de Baez-Camargo destaca que los ciudadanos son influenciados por presiones sociales y creencias que fomentan prácticas corruptas de menor escala al respaldar comportamientos mal adaptados. Estas conductas son respaldadas por normas sociales de solidaridad grupal y reciprocidad, y son legitimadas por la percepción común de la corrupción como una práctica aceptada[938]. Ambos estudios resaltan la importancia de trabajar tanto en la cultura organizacional como en el entorno en general para abordar de manera efectiva la corrupción y fomentar prácticas éticas en el servicio público.

En sentido de combatir estas acciones, de acuerdo Lorenz-Spreen *et al.*, Popova, Maynard y Munafò[939], la aplicación de *nudge* en entornos de toma de decisiones puede influir en el comportamiento individual y fomentar la adhesión a los códigos de ética. Estas técnicas pueden utilizarse para resaltar los valores éticos y promover la integridad entre los funcionarios públicos. Según los estudios anteriores mencionados, al abordar la relevancia de tener un código de conducta único para todos los empleados públicos, el GRECO indicó a España que sería preferible disponer de un código independiente, separado y de fácil uso en lugar de las disposiciones legislativas dispersas, con el fin de cumplir con el primer componente de la recomendación III. Por lo tanto, esta parte de la recomendación no puede considerarse cumplida, conforme el informe de evaluación de la quinta ronda sobre España[940]. Para cumplir dicha recomendación, España necesita la elaboración de un código único que podría ayudar a cumplir las normas, ya que los empleados públicos sabrán qué norma debe seguir. Con la ayuda de Lorenz-Spreen y del estímulo de *nudge*, podrá reducir los comportamientos corruptos en las Administraciones públicas españolas[941].

En relación con las medidas de cumplimiento normativo, la combinación de *nudge* con un marco sólido de cumplimiento puede fortalecer aún más la eficacia de las regulaciones anticorrupción. El trabajo de Opoku *et al.*[942] sobre la institucionalización del *nudge* en Ghana destaca cómo este puede utilizarse para fomentar comportamientos de cumplimiento normativo y reforzar los códigos éticos en la lucha contra la corrupción.

---

937. Olsen and others (n 1123).

938. Baez-Camargo and others (n 135).

939. Lorenz-Spreen and others (n 1141); Maynard and Munafò (n 1140); Popova (n 1141).

940. GRECO (n 184) 05.

941. Philipp Lorenz-Spreen and others, «How Behavioural Sciences Can Promote Truth, Autonomy and Democratic Discourse Online» (2020), 4 Nature Human Behaviour 1102.

942. Prince Opoku, Amankwa and Dagba (n 1145).

Asimismo, la investigación de Siddiquee y Zafarullah sobre las medidas de cumplimiento normativo en Malasia resalta cómo el *nudge* puede alentar a los ciudadanos y a los funcionarios públicos a cumplir con las regulaciones anticorrupción, fortaleciendo así la transparencia y la integridad en el ámbito público[943].

En la opinión de Camargo, si bien los hallazgos muestran que la *«petty corruption»* «corrupción menor» es prevalente y conduce a una entrega inequitativa de servicios públicos, también informan que las actitudes y comportamientos de los ciudadanos y funcionarios públicos hacia la corrupción están cambiando como resultado de los cambios en el entorno político. Además, la evidencia sugiere que la efectividad de los enfoques convencionales contra la corrupción puede mejorar al incorporar pequeños empujones sobre normas sociales arraigadas y entendimientos colectivos asociados con prácticas de soborno y favoritismo[944].

Estos estudios respaldan la idea de que *nudge* puede complementar los códigos de ética y las medidas de cumplimiento normativo al influir en el comportamiento de los individuos y fomentar la adhesión a las regulaciones anticorrupción. Al destacar los valores éticos y establecer consecuencias claras para el incumplimiento, el *nudge* puede reforzar la implementación de los códigos de ética y fortalecer la cultura de cumplimiento normativo en la Administración pública.

4.3.5. Buen gobierno y participación ciudadana: potenciando la colaboración con *nudge* y *compliance*

De acuerdo con Ponce Solé, en el contexto español se observa una abundancia de normativa de baja calidad y un escaso conocimiento y aplicación de las herramientas de calidad normativa. Esto da lugar a problemas como el mal gobierno, la mala administración, la baja calidad normativa, la desconfianza y la corrupción. Existe un círculo vicioso en el que la baja calidad institucional conlleva una baja calidad normativa, lo que, a su vez, genera desconfianza ciudadana y corrupción. Los riesgos de mala administración y corrupción están presentes en esta dinámica[945]. Lo que refuerza la necesidad de utilizar técnicas de *nudge* con *compliance* para romper este ciclo vicioso y promover la mejora de la calidad normativa.

De acuerdo con Purba, el principio de buena gobernanza se presenta como una de las soluciones sólidas, si no la mejor, en la prevención y combate de la corrupción en las agencias gubernamentales o instituciones[946].

---

943. *Ibid.*

944. BAEZ CAMARGO and others (n 135).

945. JULI (n 1026) 395.

946. L. A. H. PURBA and Anna ERLIANA, «Developing the Civil Servant Ethics to Combat Corruption to Enhance Good Governance in the Government of Dki Jakarta (A Literature Study)»

Como afirma Ponce Solé, es necesario desarrollar una infraestructura de buen gobierno y buena administración, así como una regulación basada en tangibles e intangibles, como la confianza de los ciudadanos en los gestores públicos y la formación adecuada en cuanto al significado del derecho a una buena administración y el uso de la caja de herramientas de la buena regulación. Para evitar enfoques puramente formalistas, se debe proporcionar formación, especialmente en aquellos ámbitos en los que se identifican deficiencias[947].

Es importante tener en cuenta el caso del Tribunal de Justicia de la Unión Europea de abril de 2015 (Caso T-217/11), en el que se determina que la violación del derecho a una buena administración por parte del *Ombudsman* europeo generó sentimientos de tiempo y energía malgastados y causó una pérdida de confianza en dicha institución, que, paradójicamente, fue creada para combatir casos de mala administración. El Tribunal reconoce que el *Ombudsman* europeo, al ejercer su discrecionalidad, violó el principio de diligencia debida derivado del artículo 41 de la Carta de Derechos Fundamentales de la Unión Europea.

Por otro lado, aunque todos los ciudadanos pueden impulsar la rendición de cuentas, solo unos pocos sectores participan activamente en ella, como los grupos de la oposición. En el estudio de Alcántara concluye que se alcanzan altos niveles de rendición de cuentas y se evidencian bajos niveles de corrupción con la existencia de grupos de oposición de la sociedad civil[948].

Los principios de buena gobernanza y participación ciudadana activa son esenciales para fomentar sociedades responsables e inclusivas. En los últimos años, los académicos han explorado el potencial de utilizar la teoría del *nudge* y los mecanismos de *compliance* para promover una gobernanza efectiva y fomentar la participación ciudadana. Basándose en las obras de varios autores, incluidos Mironga, Mpumi y Liddo[949], esta discusión tiene como objetivo resaltar la importancia de emplear estrategias de empujón y cumplimiento para reforzar el buen gobierno y la participación ciudadana.

En este sentido, la investigación realizada por Mironga y Namilonga[950] sobre la constitucionalización de la gobernanza local en Zimbabue ilustra

(2019), 18, http://seajbel.com/wp-content/uploads/2019/05/SEAJBEL-18_55.pdf, accessed 6 June 2023.

947. Juli (n 1026) 390–398.

948. José Ángel Alcántara-Lizárraga and Alexandra Jima-González, «Accountability, Corruption, and Opposition Groups: Evidence from Latin America» (2022), 11 Social sciences 541.

949. Anesu Mironga and Christopher Namilonga, «The Impact of Zimbabwe»s Constitutionalisation of Local Governance on Strengthening Citizen Participation and Good Governance»; Mpumi Monageng (n 985); Anna De Liddo, Brian Plüss and Alberto Ardito, «Democratic Reflection: Nudging Citizens? Democratic Engagement with Political Election Debates» [2020], CSCW Companion 25.

950. Anesu Mironga and Christopher Namilonga (n 1165).

cómo pueden reforzar la participación ciudadana y contribuir a la buena gobernanza a través del poder de los incentivos basado en el *nudge,* garantizando la implicación activa de los ciudadanos en los procesos de toma de decisiones.

Además, los estudios de Mpumi Monageng[951] sobre el efecto del *nudge* de reciprocidad y norma social en el *compliance* de las obligaciones fiscales, el *nudge* puede acicatear a los ciudadanos a cumplir sus deberes cívicos y a participar activamente. Diseñando arquitecturas de elección que destaquen la importancia y los beneficios de la participación ciudadana, los Gobiernos pueden acicatear a los individuos hacia una mayor implicación en los asuntos públicos, sin quitar la libertad de elección.

Los mecanismos de *compliance* desempeñan un papel fundamental en la defensa de los principios de buena gobernanza al garantizar la transparencia, la rendición de cuentas y el Estado. A través del uso de *compliance*, los Gobiernos pueden crear un entorno propicio para la participación ciudadana y la gobernanza eficaz. Sobre esto, autores Hong-Hue y Sun[952] afirman que la participación ciudadana y la actuación de los gobiernos locales en Vietnam demuestra la correlación positiva entre el compromiso ciudadano y la buena gobernanza.

Con las medidas de *compliance* de acceso a la información, las consultas públicas y los procesos participativos de toma de decisiones generan oportunidades para que los ciudadanos contribuyan a la elaboración de políticas y exijan responsabilidades a las autoridades. En esta dirección, Liddo *et al.*[953] subrayan la importancia de dar pequeños estímulos a los ciudadanos hacia el compromiso democrático a través de herramientas digitales, permitiendo así una mayor participación en los debates políticos y en las elecciones.

Haciendo referencia a la definición previa de buena gobernanza, podemos comprender que dicho maltrato al ciudadano común constituye una violación de los derechos humanos, ya que priva al individuo de su derecho a ser atendido adecuadamente por un aparato gubernamental íntegro. Por lo tanto, es necesario luchar por los derechos humanos en aras del humanismo, y enfatiza el autor Purba que la lucha contra la corrupción es una condición indispensable para el desarrollo del bienestar y el desarrollo social en general[954].

Desde el punto de vista de Ponce Solé, es fundamental establecer una infraestructura de buen gobierno y buena administración, incluyendo una

951. Mpumi MONAGENG (n 985).

952. Trinh HOANG HONG HUE and Milan TUNG-WEN SUN, «Democratic Governance: Examining the Influence of Citizen Participation on Local Government Performance in Vietnam» [2021], International Journal of Public Administration 1.

953. De LIDDO, PLÜSS and ARDITO (n 1165).

954. L. A. H. PURBA and Anna ERLIANA (n 1162).

regulación adecuada. Esta infraestructura no se basa solo en aspectos tangibles, sino también en intangibles como la confianza de los ciudadanos en los gestores públicos y la confianza de los gestores en que su trabajo no les acarreará problemas penales indebidos. Además, es necesario contar con un nivel adecuado de formación para aplicar las herramientas de buena regulación[955].

Aunque la teoría del *nudge* y los mecanismos de *compliance* son conceptos distintos, pueden trabajar en conjunto para mejorar la buena gobernanza y la participación ciudadana. Integrando el *nudge* en las estrategias de *compliance*, los Gobiernos pueden animar a los ciudadanos a cumplir la normativa y a participar activamente en los asuntos públicos. Como señala la investigación de Jesse *et al.*[956], el *nudge* digital para la elección de alimentos en línea ejemplifica el potencial de combinar las intervenciones *nudge* con los mecanismos de cumplimiento para promover comportamientos más saludables y sostenibles.

La tecnología digital y las plataformas de medios sociales también ofrecen vías para aplicar *nudge* y mecanismos de cumplimiento que fomenten la participación ciudadana. En esta dirección, apunta el trabajo de Mirsch *et al.*[957] sobre la aplicabilidad de los *nudges* digitales, que ponen de relieve la importancia de diseñar *nudges* digitales eficaces que apoyen la participación ciudadana. Además, la investigación de Vainre *et al.*[958] sobre el *nudge* hacia el cumplimiento fiscal demuestra el potencial de combinar *nudge* con medidas de cumplimiento para aumentar la disposición de los ciudadanos a cumplir con sus obligaciones fiscales.

La teoría del *nudge* y los mecanismos de *compliance* integrados son prometedores para mejorar la buena gobernanza y la participación ciudadana. Los Gobiernos pueden crear entornos que acicatean a los ciudadanos para una mayor participación en los asuntos públicos, por medio del uso de la teoría del *nudge* e estableciendo sólidos marcos de *compliance*, fomentando así una gobernanza responsable y transparente. Por otro lado, aún carece de más investigaciones e implementaciones prácticas, como señalan varios autores, para aprovechar plenamente el potencial de estos enfoques y garantizar su eficacia a largo plazo en la promoción de la participación ciudadana y la buena gobernanza.

---

955. Juli (n 1026) 395.

956. Mathias Jesse, Dietmar Jannach, and Bartosz Gula, «Digital Nudging for Online Food Choices» (2021), 12 Frontiers in Psychology.

957. Tobias Mirsch, Christiane Lehrer and Reinhard Jung, «Making Digital Nudging Applicable: The Digital Nudge Design Method» [2018], International Conference on Interaction Sciences.

958. Maris Vainre and others, «Nudging towards Tax Compliance: A Fieldwork Informed Randomised Controlled Trial» (2020), 3.

4.4. *Nudge* y *compliance*: implicaciones en la protección de los derechos humanos

Las violaciones de derechos humanos y la corrupción en el sector público están estrechamente relacionadas[959]. La corrupción puede ser un factor que contribuye a la violación de los derechos humanos[960], ya que puede debilitar las instituciones y los sistemas de protección de los derechos humanos, y puede permitir que los empleados públicos abusen de su poder y cometan actos ilegales y arbitrarios.

Algunas formas en que la corrupción puede favorecer a la violación de los derechos humanos son las siguientes:

Primeramente, la corrupción puede perpetuar la discriminación y la exclusión de ciertos grupos de la sociedad, como las personas pobres, las minorías étnicas o las mujeres. Por ejemplo, la corrupción puede permitir que los funcionarios públicos discriminen a ciertos grupos en la provisión de servicios públicos o en la toma de decisiones. Como fueron citados los estudios de Olsen *et al.*[961], Denisova-Schmidt[962] y Gingerich[963] así como, de Siddiquee y Zafarullah[964] sobre las medidas anticorrupción con *nudge* para frenar la corrupción y promover una gobernanza transparente.

En segundo lugar, la impunidad: la corrupción puede contribuir a la impunidad de los empleados públicos que cometen transgresiones de derechos humanos, ya que puede permitir que estos funcionarios eviten la responsabilidad y el castigo por sus acciones. Por ejemplo, la corrupción puede permitir que los funcionarios públicos sobornen a los jueces o a los fiscales para evitar ser procesados por sus delitos.

En tercer lugar, el abuso de poder: la corrupción puede permitir que los funcionarios públicos abusen de su poder y cometan actos ilegales y arbitrarios, como la tortura, la detención ilegal o la violación de la privacidad. Por ejemplo, la corrupción puede permitir que los funcionarios públicos sobornen a la policía o a los servicios de inteligencia para obtener información o para cometer actos ilegales. Este caso, como solución, podría usar los casos de *nudge* de India[965].

959. Persson, Rothstein and Teorell (n 459).

960. Base de Datos Políticos de las Américas, «Responsabilidad Por Violaciones de Los Derechos Humanos», https://pdba.georgetown.edu/Comp/Derechos/responsabilidad.html#idx, accessed 16 September 2022; Silva Abbott (n 84).

961. Olsen and others (n 1123).

962. Denisova-Schmidt, Huber and Prytula (n 1059).

963. Gingerich and others (n 1058).

964. Siddiquee, Siddiquee and Zafarullah (n 98).

965. *Vid.* Panth (n 1060).

La corrupción en la Administración pública puede contribuir a la violación de los derechos humanos al debilitar las instituciones y los sistemas de protección de los derechos humanos[966], y al permitir que los funcionarios públicos abusen de su poder y cometan actos ilegales y arbitrarios. Por lo tanto, es importante combatir la corrupción. Este punto cabe recordar los diversos ejemplos citados en este capítulo de *nudge y compliance* que podría ser usando promover la transparencia y la rendición de cuentas en la Administración pública para proteger los derechos humanos y promover la justicia y la igualdad. En este sentido, los *nudge* pueden ser utilizados para promover el cumplimiento de las normas y los principios éticos establecidos en el EBEP, y para prevenir las violaciones de derechos humanos causadas por los empleados públicos. Por ejemplo, se pueden utilizar *nudge* para promover la transparencia y la rendición de cuentas[967] en la Administración pública, mediante la publicación de información clara y accesible sobre los procesos y decisiones administrativas. También se pueden utilizar *nudge* para promover la ética y la integridad en la administración pública, mediante la promoción de valores como la honestidad, la imparcialidad y la responsabilidad.

Por otra parte, el TREBEP establece que los empleados públicos tienen el deber de respetar los derechos humanos y evitar la corrupción en la Administración pública, y que las infracciones a estos deberes pueden ser sancionadas disciplinariamente[968] por las Administraciones públicas. También esta ley regula que la potestad disciplinaria debe ejercerse de acuerdo con el principio de legalidad y tipicidad de las faltas y sanciones[969].

En este sentido, las violaciones de derechos humanos y la corrupción en la Administración pública pueden ser consideradas como infracciones disciplinarias por parte de los empleados públicos, y pueden ser sancionadas de acuerdo con los procedimientos establecidos en el TREBEP. Por ejemplo, si un empleado público comete un acto de corrupción que implica la violación de los derechos humanos de una persona, este acto puede ser considerado como una falta disciplinaria y puede ser sancionado de acuerdo con los procedimientos establecidos en el TREBEP.

De acuerdo con el informe de Báez Camargo sobre el uso de *nudge* para combatir la corrupción en el sector de salud de Tanzania, este afirma que

966. Ordiñana Torró (n 392); Acosta, «Ley Del Estatuto Básico Del Empleado Público, Art. 18: Promoción Interna de Los Funcionarios de Carrera» (n 392); Andresen and others (n 392).

967. *Vid.* Hokamp and Weimann (n 1149); Wachner, Adriaanse and de Ridder (n 1147); Joel Taylor, «Choice Architecture, Nudging, and the Historic Environment: The Subtle Influences of Heritage through the Lens of Behavioural Science» [2023], International Journal of Heritage Studies (IJHS); José María Abellán-Perpiñán, César Cierco Seira, and David Jimenez-Gomez (n 1093); Maynard and Munafò (n 1140).

968. En este sentido *Vid.* Marina Jalvo (n 393); López (n 393).

969. *Vid.* Trayter Jiménez, J. M. (n 394).

el personal de las instalaciones de salud que no acepta un regalo o no recíproca un favor a menudo es castigado mediante chismes, críticas e incluso aislamiento social, reforzando aún más las normas. Por otro lado, el regalar y el soborno aumentan la desigualdad en el acceso a la atención médica, ya que los pacientes que pueden y están dispuestos a dar regalos pueden recibir un trato preferencial a expensas de aquellos que no pueden permitírselo. En casos extremos, los regalos y otros pagos no oficiales se convierten en un requisito para acceder a los servicios, lo que tiene consecuencias que amenazan la vida de los grupos más vulnerables[970]. Este es un claro ejemplo de violaciones de los derechos humanos, el derecho a la salud, cometidas por los empleados públicos y como el *nudge* pudo ayudar a disminuir la violación.

4.4.1. *Nudge*: potenciando los programas de *compliance* público

Desde el punto de vista de Handron *et al.*, existen cinco ideas y acciones para mejorar los programas de *compliance* con la economía conductual:

Primero, las limitaciones de las herramientas tradicionales, aunque las sesiones de formación y los manuales detallados se utilizan habitualmente en los programas de *compliance*, su eficacia para impulsar el cambio de comportamiento es limitada. Las ciencias del comportamiento sugieren que las personas aprenden mejor en pequeñas dosis y a través de la participación activa en lugar de la escucha pasiva. Por lo tanto, los esfuerzos de cumplimiento deben tener en cuenta cómo aprenden y moldean su comportamiento las personas. Perfeccionar los enfoques de formación y comunicación puede aumentar la probabilidad de inculcar hábitos y comportamientos positivos[971].

Segundo, el valor de la ciencia del conductual: muchas de las políticas y prácticas de *compliance* existentes se basan en concepciones anticuadas del comportamiento humano. Adoptar un enfoque basado en la ciencia conductual significa comprender cómo actúan las personas y por qué. El incumplimiento no siempre es intencionado, y la ciencia conductual puede ayudar a minimizar el incumplimiento involuntario y permitir que las personas actúen de acuerdo con sus intenciones positivas. Estrategias como la simplificación de procesos, la mejora de la comunicación y la incorporación de incentivos pueden ser eficaces para impulsar el cumplimiento. Estas estrategias deben adaptarse a la cultura de la organización y medir sus resultados.

970. BAEZ CAMARGO and others (n 98) 02.

971. Nitish UPADHYAYA HANDRON CAITLIN, Nitish UPADHYAYA and Scott DONALD, «Five Insights and Actions to Enhance Compliance Programs» (*Passle*), https://insights.ropesgray.com/post/102icik/five-insights-and-actions-to-enhance-compliance-programs, accessed 10 June 2023.

Tercero, medir la cultura: para entender la cultura de una organización hay que escuchar las intenciones de los directivos y el impacto de esas intenciones en los empleados. El marco del ciclo cultural, que incluye ideas, instituciones, interacciones e individuos, puede ayudar a medir y analizar la cultura. Se necesitan enfoques tanto cualitativos como cuantitativos para captar la complejidad de la cultura y su influencia en el cumplimiento. Los relatos de los empleados pueden aportar un contexto crítico a los datos cuantitativos e informar las iniciativas de cambio[972].

Cuarto, la necesidad de un enfoque experimental: no existe una solución única para mejorar el cumplimiento, y las intervenciones que funcionan en un contexto pueden no funcionar en otro. Adoptar un enfoque experimental implica desglosar los problemas, identificar las variables o intervenciones específicas que hay que cambiar y probar nuevos enfoques. Los cambios en los procesos, la modificación de las comunicaciones e incluso los cambios en el entorno físico pueden formar parte de la experimentación. La adaptación basada en pruebas es crucial para producir los resultados deseados.

Por último, cambiar de mentalidad: adoptar nuevas formas de hacer las cosas requiere un cambio de mentalidad y la voluntad de asumir riesgos. La experimentación implica incertidumbre, pero también ofrece oportunidades de aprendizaje y crecimiento. Empezar con pequeños proyectos piloto y basarse en las pruebas recopiladas puede conducir a cambios más amplios. Al adoptar nuevas estrategias y perspectivas, los programas de cumplimiento pueden lograr más incluso en tiempos difíciles [973].

Basándonos en las ideas presentadas en el informe de 2023 *Wolfsberg anti-bribery and corruption compliance programme guidance*, estas medidas podrían adaptarse al contexto de la Administración pública o ser exigidas en España tanto para empresas como para la Administración pública. Resumen de los elementos de un programa de *compliance* antisoborno y anticorrupción. Si bien ningún programa de *compliance* antisoborno y anticorrupción puede prevenir o proteger completamente contra los riesgos de soborno y corrupción, y no existe una solución única para todos, esta guía puede ayudar a todas las entidades financieras a mitigar dichos riesgos en las siguientes áreas:

Primeramente, política en el ámbito de la empresa: para capturar los elementos clave de un programa, ser aplicable a nivel de toda la empresa, establecer una política de intolerancia al soborno y la corrupción, y prohibir los pagos de facilitación[974].

---

972. *Ibid*.

973. *Ibid*.

974. Wolfsberg Group, «Wolfsberg Anti-Bribery and Corruption Compliance Programme Guidance» (Wolfsberg Group 2023) 02–03, https://baselgovernance.org/publications/wolfsberg-anti-bribery-and-corruption-compliance-programme-guidance, accessed 10 June 2023.

En segundo lugar, establecimiento de un entorno de control: los controles basados en el riesgo deben estar alineados con la política de toda la empresa y diseñados para mitigar los riesgos de soborno y corrupción asociados con: a) Cualquier cosa de valor, incluyendo regalos y hospitalidad, empleo, experiencia laboral (remunerada o no), donaciones y contribuciones caritativas, patrocinios corporativos y contribuciones políticas. B) Proveedores de terceros, incluida la participación de intermediarios, que pueden generar diversos grados de riesgo legal, regulatorio y reputacional de soborno y corrupción. C) Riesgos relacionados con transacciones de clientes: ciertos clientes, contrapartes o tipos de actividades comerciales de los clientes pueden exponer a la entidad financiera a riesgos legales o reputacionales adicionales que deben ser considerados y gestionados dentro de una estructura de gobierno adecuada. D) Inversiones principales y adquisiciones de fondos controlados, inversiones o empresas conjuntas realizadas por la entidad financiera o un fondo controlado por esta[975].

En tercer lugar, gobierno, roles y responsabilidades: el programa de la entidad financiera debe ser supervisado por la alta dirección, administrado por una persona con suficiente autoridad, experiencia y recursos, con acceso a la junta directiva u otra autoridad gobernante. Cuarto lugar, Evaluación de riesgos: cada entidad financiera debe evaluar periódicamente la naturaleza y el alcance de los riesgos de soborno y corrupción a los que está expuesta, así como la efectividad de los controles diseñados para mitigar dichos riesgos[976].

Quinto lugar, la capacitación y concienciación: el programa debe ser comunicado a través de políticas, procedimientos y orientaciones, y se deben proporcionar capacitación basada en riesgos a los empleados relevantes y, según corresponda, a ciertos terceros. Esto incluye el desarrollo de un marco para identificar, analizar y compartir lecciones aprendidas de eventos internos y externos relevantes para la FI, de manera oportuna, como parte de la evaluación continua de la adecuación del Programa. Por fin, Monitoreo y pruebas de cumplimiento de los controles: la FI debe contar con mecanismos para probar el cumplimiento de políticas y procedimientos, identificar riesgos relacionados con terceros o empleados y actuar en caso de incumplimiento, investigando, remediando y realizando mejoras en los controles, según corresponda[977].

En resumen, la implementación de un Programa ABC basado en estos elementos puede ayudar a las entidades financieras y la administración pública a mitigar los riesgos de soborno y corrupción, promoviendo la transparencia, la ética y el cumplimiento de las leyes y regulaciones aplicables.

975. *Ibid.*

976. *Ibid.*

977. *Ibid.*

4.4.2. *Compliance* y *nudge*: posibles estrategias para el *compliance* en el marco del TREBEP

La estrategia de *behavioral compliance* y *nudge* puede ser aplicada de manera efectiva en el marco del TREBEP para ayudar a los empleados públicos a cumplir con las normas y evitar la corrupción en la administración. El TREBEP establece una serie de principios y conductas éticas que los empleados públicos deben seguir en el desempeño de sus funciones.

Teniendo en cuenta a la opinión de Rodríguez-Arana Muñoz, es necesario tomar medidas con el propósito de restaurar no solo el «valor fundamental del servicio público», sino también para fomentar actitudes que fomenten el desarrollo personal tanto de los funcionarios públicos como de aquellos que son beneficiarios de dicho servicio. Estos comportamientos deben trascender el actual contexto de corrupción que ha permeado la Administración pública en todos sus niveles[978].

En España, es necesario avanzar desde una visión formalista y ritualista del proceso de elaboración de leyes y reglamentos hacia una perspectiva más realista. Esto implica realizar una evaluación de impacto normativo y un análisis auténtico de los efectos en el mundo real, tanto antes como después de la implementación. La segunda perspectiva, en particular, ha sido descuidada históricamente y requiere una revitalización urgente. Es importante evitar una sobrecarga de regulaciones y controles que provoque parálisis administrativa y la adopción de una «burocracia defensiva», donde el enfoque se centra en cubrirse las espaldas en lugar de administrar correctamente. Esto se debe a la creciente criminalización de la actividad administrativa en países como España[979].

Es importante destacar que el *nudge* debe ser aplicados de manera ética y transparente, respetando los derechos y libertades fundamentales de los empleados públicos. Además, es crucial evaluar rigurosamente las intervenciones basadas en *nudge* para determinar su efectividad y mejorar las prácticas futuras, tal como mencionado por Stahl en su informe sobre intervenciones anticorrupción[980].

En cuanto a cómo pueden utilizarse el *nudge* para influir sutilmente en el comportamiento de los empleados públicos hacia la integridad y la ética, se sugieren varias estrategias. Primero, el poder de los compromisos: se ha demostrado que los compromisos públicos de actuar con honestidad aumentan la probabilidad de un comportamiento ético. Por ejemplo, hacer que los

978. Jaime Rodríguez-Arana Muñoz, «Ética y Empleados Públicos» [1997], Gestión y Análisis de Políticas Públicas 29, https://revistasonline.inap.es/index.php?journal=GAPP&page=article&op=view&path[]=112.

979. Juli (n 1026) 395.

980. Stahl (n 1025).

nuevos funcionarios se comprometan verbalmente a actuar con integridad en una reunión en la que se presentan por primera vez a sus colegas puede servir de estímulo. Del mismo modo, hacer que los individuos firmen una declaración ética comprometiéndose a la veracidad al principio de los formularios, como los formularios de reembolso de gastos o las declaraciones de impuestos, puede aumentar la honestidad[981].

En segundo lugar, los límites de la fuerza de voluntad: el *nudge* basados en los límites de la fuerza de voluntad también pueden ayudar a promover el comportamiento ético. En momentos de mucho estrés o cuando los recursos son escasos, las personas son más propensas a sucumbir a la tentación. Intervenciones sencillas, como enviar mensajes de texto al personal diciendo: «Gracias por actuar con integridad», pueden actuar como un empujón en la dirección correcta. Otra sugerencia es programar las decisiones que entrañan un alto riesgo de comportamiento poco ético para momentos en los que la gente esté menos estresada o tenga menos recursos.

En tercer lugar, mentir por omisión y por comisión: el *nudge* también pueden diseñarse en torno al hecho de que es más probable que las personas sean deshonestas omitiendo información que proporcionando información falsa. Exigir a los individuos que proporcionen actualizaciones sobre sus circunstancias, en lugar de esperar que declaren proactivamente si sus circunstancias cambian, puede ser un *nudge* útil. Cabe mencionar que el estudio realizado Mazar y Hawkins sobre elecciones predeterminadas, honestidad y trampas, mostró que las personas son menos propensas a hacer trampas cuando se les exige anular una opción predeterminada. Las opciones predeterminadas también pueden fomentar comportamientos honestos al crear una barrera psicológica contra la deshonestidad. Si las personas lo desean, aún pueden ser deshonestas[982]. Desde el punto de vista de Hortal, un *nudge* garantiza que las personas honestas no se comporten en contra de su voluntad debido a las circunstancias mencionadas anteriormente[983].

Cuarta parte, influencia de quienes nos rodean: las normas sociales desempeñan un papel importante a la hora de que las personas actúen éticamente o no. Hacer saber a la gente que el comportamiento ético es común, o la «norma», puede influir en ellos para que se comporten de la misma manera. Sin embargo, también es importante señalar que el *nudge* tienen limitaciones y es más probable que se utilicen eficazmente en combinación con otros enfoques anticorrupción.

981. Lambsdorff, «Preventing Corruption by Promoting Trust – Insights from Behavioral Science» (n 151).

982. Nina Mazar and Scott A Hawkins, «Choice Architecture in Conflicts of Interest: Defaults as Physical and Psychological Barriers to (Dis) Honesty» (2015), 59 Journal of Experimental Social Psychology 113, 107.

983. Hortal (n 939).

Por otro lado, en cuanto a las técnicas de *compliance*, pueden proporcionar un marco estructurado para prevenir la corrupción. He aquí algunos pasos clave que tener en cuenta.

Primeramente, la diligencia debida: es fundamental al inicio de la relación comercial, ya que requiere una diligencia debida más detallada que la que se exige normalmente a otros socios comerciales, como vendedores o proveedores. Debe obtenerse información clave sobre las cualificaciones de la organización, su estructura de propiedad, su historial normativo y jurídico, su solvencia financiera y su reputación general en el sector. Los posibles distribuidores deben cotejarse con las listas de vigilancia de los gobiernos de todo el mundo.

Segunda parte, la evaluación de las relaciones: Es importante evaluar las relaciones con los distribuidores en el contexto más amplio de la exposición total a terceros. Las relaciones con los distribuidores son a menudo las más vitales en la línea de vida operativa de una organización, por lo que la gestión eficaz de estas relaciones es crucial.

Tercera, el código de conducta: establecer un código de conducta del distribuidor es otra técnica de cumplimiento crucial. Los posibles socios comerciales deben comprometerse a acatar el código de conducta de una organización que haga hincapié explícitamente en las responsabilidades específicas de cumplimiento que la organización espera que asuman sus distribuidores.

Cuarta parte, la gestión de riesgos: suprimir el riesgo de cumplimiento elevado de las relaciones con los distribuidores es otra práctica de cumplimiento importante. Los distribuidores son representantes directos de las organizaciones cuyos productos y servicios comercializan, por lo que las organizaciones que dependen de los distribuidores son más vulnerables a las acciones de cumplimiento derivadas de violaciones de las leyes internacionales contra el soborno y la corrupción.

Por último, la plataforma de *compliance*: el uso de una plataforma de cumplimiento integrada puede proporcionar la máxima visibilidad de las asociaciones clave de terceros, lo que permite a las organizaciones incorporar, investigar, examinar, auditar e informar sobre sus relaciones con terceros en todos los ámbitos. Esto puede resolver el problema de los silos de información y proporcionar una visión consolidada de los riesgos externos de la organización.

Para fomentar el cumplimiento de estas normas, se pueden utilizar nudge que busquen influir en el comportamiento de los empleados de manera sutil y no coercitiva. Por ejemplo, se podrían enviar recordatorios periódicos a los empleados públicos para que completen su formación y cualificación, incentivando así su actualización continua y el cumplimiento del artículo 54, punto 8 del TREBEP. Asimismo, se podrían establecer sistemas de alertas para notificar a los empleados cuando se publiquen nuevos informes relevantes, fomentando la transparencia y la rendición de cuentas de acuerdo con el artículo 54, punto 10 del TREBEP.

Además de *nudge*, la implementación de programas de *compliance* puede ser otra estrategia efectiva para fomentar el cumplimiento de las normas del TREBEP y prevenir prácticas corruptas en la administración pública. Estos programas buscan prevenir, detectar y corregir conductas ilícitas o contrarias a la ética en las organizaciones.

Dentro del marco del TREBEP, se podrían establecer programas de *compliance* que incluyan medidas para prevenir y detectar conflictos de intereses, de acuerdo con el artículo 52 del TREBEP. Estos programas podrían identificar y evaluar los riesgos de conflicto de intereses, implementar medidas para prevenirlos y supervisar las actividades de los empleados públicos para detectar posibles conflictos. Asimismo, se podrían implementar programas de *compliance* específicos para prevenir y detectar la corrupción en la administración pública, siguiendo el mismo enfoque de identificación de riesgos, implementación de medidas preventivas y supervisión de actividades.

La estrategia de *behavioral compliance* y *nudge* puede ser aplicada de manera efectiva en el marco del TREBEP para ayudar a los empleados públicos a cumplir con las normas y evitar prácticas corruptas en la administración pública. Estas estrategias, basadas en la influencia sutil del comportamiento y en la implementación de programas de *compliance*, pueden ser herramientas valiosas para fomentar comportamientos éticos y legales en los empleados públicos, siempre y cuando se apliquen de manera ética, transparente y respetando los derechos fundamentales de los empleados.

Se pueden aplicar los programas de *compliance* y *el nudge* para ayudar a los empleados públicos en esto a cumplir la normativa. A continuación, se presentan algunas posibles formas de aplicación: Los programas de *compliance* pueden ser una herramienta útil para ayudar a los empleados públicos a cumplir con las normas del EBEP y evitar prácticas corruptas en la administración pública. Estos programas pueden incluir medidas preventivas, como la identificación y evaluación de los riesgos de corrupción y malas prácticas, la implementación de medidas para prevenir y mitigar estos riesgos, y la supervisión y seguimiento de las actividades de los empleados públicos para detectar posibles conductas corruptas. Además, los programas de *compliance* pueden incluir medidas de sanción y responsabilidad, como la identificación y sanción de las conductas ilícitas o contrarias a la ética en las organizaciones.

Por otro lado, el *nudge* puede ser una herramienta útil para fomentar comportamientos éticos y legales en los empleados públicos, especialmente cuando se combinan con otros enfoques, como los programas de *compliance* o la formación y capacitación continua. Por ejemplo, se podrían utilizar el *nudge* para fomentar la transparencia en la administración pública, como la implementación de medidas para garantizar el acceso a la información pública o para prevenir el conflicto de intereses. Además, el *nudge* puede ser utilizados para fomentar comportamientos deseables en diferentes áreas de la administración pública, como la evaluación del desempeño y la promoción profesional basada en el mérito y la capacidad[984].

Después de analizar la ley y los autores de *nudge*, podemos recomendar el uso del *nudge y del compliance* para mejorar la aplicación en el contexto de la Orden HFP/1031/2021, se podrían considerar algunas medidas adicionales, como: Identificar los principales riesgos de corrupción y las malas prácticas en la administración pública y diseñar programas de *compliance* específicos para prevenirlos. Otro punto, ayudar a recordar de la importancia y estimular los canales de comunicación efectivos para la retroalimentación de los empleados públicos sobre la efectividad del programa de compliance y su impacto en el comportamiento. Por último, Evaluar periódicamente la efectividad del programa de *compliance* y ajustarlo en función de los resultados obtenidos.

En general, los programas *de compliance y el nudge* puede ser herramientas útiles para ayudar a los empleados públicos a cumplir con las normas del EBEP y evitar prácticas corruptas en la administración pública. Sin embargo, es importante que estos enfoques se apliquen de manera ética y transparente, y que se respeten los derechos y libertades fundamentales de los empleados públicos. Además, se requiere organizacional sólida y un compromiso firme de las autoridades y los líderes de la administración pública para garantizar la implementación efectiva de estos enfoques.

Esto implica la asignación de recursos adecuados, la formación y capacitación continua de los empleados públicos, la promoción de la transparencia y la rendición de cuentas, y la colaboración con otros actores relevantes, como la sociedad civil y el sector privado, para prevenir y combatir la corrupción y las malas prácticas en la Administración pública.

4.4.3. *Nudge* y las sanciones en el ámbito de los empleados públicos

Las ventajas de *nudge* sobre el sistema de sanciones para los empleados públicos conforme al TREBEP son las siguientes: En primer lugar, fomentan la autorresponsabilidad: El *nudge* fomenta la autorresponsabilidad de los empleados públicos, ya que les permiten tomar decisiones informadas y conscientes sobre su comportamiento. En lugar de imponer sanciones, el *nudge* busca influir en el comportamiento de los empleados públicos de manera sutil y no invasiva., según el artículo 52.1. Como recuerda Lambsdorff[985], el modelo tradicional de poner a los empleados a leer un código de ética de cien páginas no resuelve el problema. Sin embargo, si se utiliza un

984. QUESADA LUMBRERAS (n 907).

985. LAMBSDORFF, «Preventing Corruption by Promoting Trust – Insights from Behavioral Science» (n 151) 08–09.

enfoque basado en el *nudge o compliance* conductual sería diferente, buscando proporcionar recordatorios morales muy breves en momentos en que sean relevantes para la toma de decisiones. Estos recordatorios morales se han utilizado ampliamente para reducir la corrupción en el sistema judicial[986]. Demuestran cómo a lo largo del tiempo y en diferentes lugares, los tribunales han recordado a los jueces acerca de Dios, las virtudes y sus deberes como método para evitar el soborno[987].

Segundo lugar, son más efectivos para fomentar comportamientos deseables: el *nudge* es más efectivos para estimular comportamientos deseables que el sistema de sanciones. Esto se debe a que *nudge* busca influir en el comportamiento de los empleados públicos de manera positiva y constructiva, en lugar de imponer castigos o consecuencias negativas, según el artículo 52.1.

Tercer lugar, son más flexibles: el *nudge* es más flexibles que el sistema de sanciones, ya que pueden ser adaptados a diferentes contextos y situaciones. Por ejemplo, se pueden utilizar diferentes tipos de *nudge* para estimular los comportamientos deseables en diferentes áreas del sector público, de acuerdo con artículo 52.1.

Cuarto lugar, son más económicos: el *nudge* es más económico que el sistema de sanciones, ya que no implican costos adicionales para la administración pública. En cambio, pueden ser implementados con recursos y herramientas existentes, según el artículo 52.1. Sin embargo, es importante mencionar que los *nudge* no deben ser utilizados como una alternativa al sistema de sanciones, sino como una herramienta complementaria para fomentar comportamientos deseables en los empleados públicos. Además, el *nudge* debe ser aplicados de manera ética y transparente, y debe respetar los derechos y libertades del funcionario estatal.

4.4.4. Impacto esperado en la prevención de la corrupción y sus desafíos de la implementación

La implementación de enfoques *nudge* en la Administración pública presenta varios desafíos que deben abordarse cuidadosamente. Como hemos visto a través de los autores citados anteriormente, existe evidencia de que el *nudge* puede influir en el comportamiento de las personas y promover decisiones más éticas y conformes a las normas. Sin embargo, su aplicación en el ámbito de la administración pública requiere considerar ciertos factores y superar obstáculos para lograr resultados efectivos.

986. Judith Resnik and Dennis Edward Curtis, *Representing Justice: Invention, Controversy, and Rights in City-States and Democratic Courtrooms* (Yale University Press 2011).

987. Nina Mazar, On Amir and Dan Ariely, «The Dishonesty of Honest People: A Theory of Self-Concept Maintenance» (2008), 45 Journal of marketing research 633.

Uno de los desafíos clave es la diversidad de contextos y culturas en el ámbito público. Como mencionó Langevoort, las prácticas tradicionales de cumplimiento se basan en creencias arraigadas y prácticas culturales en las organizaciones. Implementar el *nudge* puede requerir cambios significativos en creencias, culturas y prácticas existentes, lo que puede ser resistido por aquellos que no están dispuestos a adoptar nuevas formas de abordar la ética y la integridad[988].

Además, la efectividad de *nudge* puede variar en diferentes grupos y situaciones. Bellé y Cantarelli señalarón que factores como la codicia, el egocentrismo y la presión del tiempo pueden aumentar el comportamiento no ético. Por otro lado, la supervisión de los empleados, los recordatorios morales y la voluntad de mantener una imagen positiva pueden disminuir la conducta no ética. Es esencial comprender las características y necesidades de los grupos objetivo para diseñar *nudges* efectivos y adaptados a cada contexto[989].

También se ha señalado la importancia de abordar la corrupción y la falta de integridad tanto a nivel individual como institucional. Los estudios de Olsen *et al.*[990], Denisova-Schmidt[991] y Gingerich[992] han demostrado la conexión entre la deshonestidad individual y la corrupción a nivel organizacional y de país. Por lo tanto, el *nudge* debe abordar tanto los factores individuales que impulsan la conducta no ética como las deficiencias institucionales que permiten y fomentan la corrupción.

Por último, es fundamental considerar el impacto a largo plazo y la generalización de los resultados de *nudge*. Esto destaca la necesidad de evaluar cuidadosamente los efectos de *nudge* en diferentes situaciones y poblaciones, así como considerar posibles efectos no deseados.

Sin embargo, el *nudge* tiene sus desventajas, incluyendo que el *nudge* puede ser manipulativo explora cuándo estas tácticas podrían considerarse manipulativas. Se debate la relación entre la manipulación, la autonomía, la transparencia, y el consentimiento, y cómo estos conceptos se entrelazan en la práctica de *nudge* y tener consecuencias no deseadas.

Además, Rangone sostiene que la efectividad de las reglas anticorrupción específicas (como el denunciante, la rotación de personal, la transparencia en el sector público y la transparencia de los registros de cumplimiento) depende de los marcos jurídicos adoptados, que está estrechamente relacionado con su impacto en el comportamiento individual. Por un lado, el

988. LANGEVOORT (n 1086).

989. BELLÉ and CANTARELLI (n 1036).

990. OLSEN and others (n 1123).

991. DENISOVA-SCHMIDT, HUBER and PRYTULA (n 1059).

992. GINGERICH and others (n 1058).

ensayo demuestra que el abordaje criminal *ex post* a la corrupción debería ser enriquecido con medidas ex ante, basadas en dos pilares. Por otro lado, herramientas de regulación mejorada, como la consulta abierta, la transparencia en la toma de decisiones y una justificación detallada de la decisión final y la evaluación de impacto (siempre y cuando se enriquezca con elementos conductuales) limita la discreción burocrática indebida y aumenta la responsabilidad[993].

Además, al juicio de Ponce Solé, se pueden utilizar técnicas de evaluación *ex post* para combatir la corrupción, como la inclusión de cláusulas en las normas que establezcan su revisión en un plazo determinado, incluyendo su impacto en relación con la corrupción. Estas cláusulas, conocidas como *sunset legislation*, se utilizan en la Unión Europea y en otros países, pero no tradicionalmente en España. Una *sunset clause* implica que una norma tiene una vigencia limitada en el tiempo y puede ser prorrogada si se demuestra que su continuación es necesaria, basándose en una evaluación de su eficacia hasta el momento. Por otro lado, la normativa experimental se refiere a normas que se aprueban con un alcance limitado en términos espaciales o subjetivos, mientras que el resto sigue regulado por la normativa anterior. Estas normas experimentales también tienen una vigencia temporal limitada y se evalúan para determinar si deben ampliarse y convertirse en permanentes o finalizar su vigencia limitada[994].

También argumenta Rangone que este enfoque basado en la cognición para la regulación representa un cambio de dirección en la elaboración de reglas y la organización reguladora, requiriendo que se recopile evidencia a través de experimentos en el laboratorio y en el campo y que el personal regulador esté abierto a la colaboración con científicos cognitivos. Por lo tanto, aunque este enfoque basado en la cognición juega un papel crucial en la efectividad de la regulación, estos desafíos requerirán tiempo y un cambio radical en la cultura legislativa y administrativa antes de que puedan ser implementados[995].

Sin embargo, en España, según Ponce Solé, la cultura de la evaluación normativa *ex post* es prácticamente inexistente, a pesar de que se exige formalmente en la legislación. Aunque se han previsto evaluaciones para ciertas normas, no se han proporcionado resultados accesibles al público. Para utilizar eficazmente estas herramientas de evaluación normativa, es necesario contar con los recursos y la formación necesarios. Es fundamental que la

993. Nicoletta Rangone, «A Behavioural Approach to Administrative Corruption Prevention» [2016], SSRN Electronic Journal (p.28-29), http://dx.doi.org/10.2139/ssrn.3499240 accedido el 3 de febrero de 2023.

994. Juli (n 1026) 390.

995. Nicoletta Rangone, «A Behavioural Approach to Administrative Corruption Prevention» [2016], SSRN Electronic Journal (p.28-29), http://dx.doi.org/10.2139/ssrn.3499240 accedido el 3 de febrero de 2023.

calidad normativa ocupe un lugar destacado en la agenda política y se le dé la importancia que tiene, como sucede en otros países[996].

Por otro lado, De Benedetto argumenta que es fundamental establecer controles y sanciones que actúen como desincentivos al incumplimiento, asegurando así el funcionamiento adecuado del sector regulado a través de un número limitado de controles específicos[997]. Para lograr el efecto preventivo y protector del poder administrativo y evitar la prevaricación y la corrupción, es necesario simplificar, regular y controlar de manera integral. La efectividad no se limita solo a la administración, sino que abarca toda la cadena de acción institucional, desde la formulación de las normas hasta su aplicación, impacto y reforma. En otras palabras, prevenir la corrupción desde sus fuentes, abordando las numerosas actividades que podrían ser susceptibles de transacciones corruptas, resulta más costoso y menos efectivo que adoptar una estrategia que actúe antes de que ocurra el problema[998].

Abellán-Perpiñán *et al.* el *nudge* debe ser formalizados jurídicamente, superando los estándares de la acción administrativa, enfocándose en la transparencia y prohibiendo su uso arbitrario. Además, el *nudge* puede facilitar una escala de respuesta de la Administración pública más proporcional, reservando sanciones para situaciones más graves. Es importante establecer protocolos para futuras pandemias que incluyan *nudge* que puedan implementarse de manera más rápida y menos coercitiva en comparación con medidas legislativas más drásticas[999].

Ponce Solé, es más amplio, y reforzar que el empleo de *nudge* digital[1000], *big data* y la inteligencia artificial en la identificación de riesgos de corrupción se presenta como una herramienta altamente beneficiosa para prevenir los problemas asociados a la mala administración y la corrupción. Este enfoque se considera una consecuencia lógica y esencial de los principios constitucionales de buena administración, como la eficacia, la eficiencia y la economía, así como de la protección del derecho de los ciudadanos a una buena administración[1001].

996. Juli (n 1026) 391.

997. *Vid.* T Tyler, «Why People Obey the Law Yale University Press New Haven».

998. Benedetto (n 1041) 413-414.

999. José María Abellán-Perpiñán, César Cierco Seira, and David Jimenez-Gomez (n 1093) S93.

1000. Ponce Solé, «Derecho, nudging digital y manipulación» (n 919).

1001. Juli Ponce Solé, «La Prevención de Riesgos de Mala Administración y Corrupción, La Inteligencia Artificial y El Derecho a Una Buena Administración» [2018], Revista internacional de Transparencia e Integridad 11, 13, https://repositorio.uam.es/bitstream/handle/10486/702253/EM_65_12.pdf?sequence=1&isAllowed=y, accessed 3 May 2023.

En resumen, la implementación de enfoques *nudge* en la Administración pública enfrenta desafíos relacionados con la diversidad de contextos, la efectividad en diferentes grupos, la necesidad de abordar factores individuales e institucionales, y la consideración de impactos a largo plazo. Superar estos desafíos requiere un enfoque cuidadoso, basado en la evidencia y adaptado a cada situación específica. Al considerar las lecciones de los autores mencionados anteriormente, podemos avanzar hacia una Administración pública más ética y transparente.

4.4.5. Impacto esperado y desafíos en la implementación de *compliance* y *nudge* en la prevención de la corrupción

La inquietud por el conocimiento conductual en el entorno digital ha aumentado, especialmente durante la pandemia de COVID-19, como señaló Ponce Solé. A pesar de que el *nudge* puede tener diversos beneficios, también puede provocar manipulaciones inaceptables. En este sentido, el uso de los denominados «patrones oscuros» por parte del sector público y privado plantea interrogantes legales y suscita preocupación sobre una posible violación de la libertad de pensamiento. El Comité de ministros del Consejo de Europa ha señalado esta preocupación en una declaración reciente de 2019. El Reglamento de la UE sobre Servicios Digitales, aprobado en 2022, ha introducido por primera vez una regulación de los patrones oscuros a nivel europeo, y se espera que el futuro reglamento sobre inteligencia artificial contenga disposiciones que prevengan los efectos más perjudiciales de la manipulación digital. Es crucial establecer regulaciones razonables a nivel europeo y nacional para aprovechar los beneficios de la inteligencia artificial y evitar sus consecuencias negativas. De esta manera, se evitará que los ciudadanos se conviertan en meros «zombis digitales» bajo el control de gobiernos y corporaciones[1002].

A pesar de que el interés despertado por este estudio y su impacto en la política han sido notables, también surgió la preocupación relacionada con las intervenciones *nudge* ha sido el uso intencionado de los límites cognitivos de las personas para provocar determinados comportamientos[1003]. Entre estas críticas, pude acerca de la ética de crear técnicas que se fundamentan tanto en la heurística como en los sesgos que tienden a revelar los seres humanos[1004].

1002. Ponce Solé, «Derecho, nudging digital y manipulación» (n 919).

1003. Joel Taylor (n 1183).

1004. En el sentido de proporcionar una comprensión general de los debates éticos *Vid.* Pelle Guldborg Hansen and Andreas Maaløe Jespersen, «Nudge and the Manipulation of Choice: A Framework for the Responsible Use of the Nudge Approach to Behaviour Change in Public Policy» (2013), 4 European Journal of Risk Regulation 3; Schmidt and Engelen (n 953).

Una crítica es que el *nudge* reducen la autonomía[1005]. Algunos estudiosos critican *nudge*[1006]. Otros estudios demuestran que los efectos de *nudge* en el mundo real son inferiores a los que se afirma en la literatura académica. Además, los *nudge* pueden ser manipuladores.

En el estudio de Reznichenko *et al.*, se afirma que el ámbito del *nudge compliance* puede evolucionar de manera rápida cuando los avances tecnológicos permiten supervisar el cumplimiento y el *nudge* automatizado. A pesar de que el *nudge* es una vía prometedora en el ámbito del *compliance*, siguen existiendo cuestiones éticas sobre el alcance adecuado de su uso, y es necesario seguir investigando sobre la eficacia a largo plazo de esta técnica[1007].

Los temas, si el uso de los sesgos de los ciudadanos es loable[1008]. Existe un debate académico sobre la ética de *nudge*[1009] con los principios morales involucrados en el *nudge*.

Los críticos sostienen que basarse únicamente en el *nudge* puede simplificar en exceso problemas complejos y descuidar las cuestiones sistémicas subyacentes que contribuyen a los patrones de comportamiento. Por otra parte, entre las críticas al *nudge* que incluyen, que socavan la autonomía[1010].

La preocupación ética se centra en si el *nudge* se utilizan de manera justa y respetuosa hacia los individuos, sin manipularlos o limitar su libre albedrío. Autores como Bovens[1011] argumentan que la transparencia en el desarrollo e implementación de *nudge* es fundamental para garantizar que los ciudadanos comprendan y consientan las influencias que se ejercen sobre ellos. Por otro lado, Selinger y Whyte[1012] plantean la importancia de considerar los sesgos y las limitaciones cognitivas de los individuos al diseñar *nudge* ético que los guíen hacia elecciones beneficiosas.

Además, el debate ético también aborda la cuestión de quién debe tener el poder de diseñar y aplicar *nudge*. Bovens[1013] sostiene que el desarrollo de *nudge* ético requiere una gobernanza adecuada y una rendición de cuentas clara, evitando el riesgo de manipulación o abuso de poder por parte de quienes implementan estas intervenciones.

1005. Vugts and others (n 937).

1006. Hansen and Jespersen (n 1220); Evan Selinger and Kyle Powys Whyte, «Is There a Right Way to Nudge? The Practice and Ethics of Choice Architecture» [2011], Sociology Compass.

1007. Elena, Kantorowicz-Reznichenko and Liam Wells (n 1074) 05.

1008. Hertwig and Grüne-Yanoff (n 973).

1009. Luc Bovens, «The Ethics of Nudge» [2009], Preference change: Approaches from philosophy, economics and psychology 207; Selinger and Whyte (n 1222).

1010. Vugts and others (n 937).

1011. Bovens (n 1225).

1012. Selinger and Whyte (n 1222).

1013. Bovens (n 1225); Selinger and Whyte (n 1222).

De hecho, hay voces críticas que cuestionan la supuesta eficacia de *nudge*, como destacan[1014]. Estos críticos sostienen que el impacto de *nudge* puede no ser tan significativo como sugieren sus defensores, y que deberían tenerse en cuenta otros factores, como la autonomía individual y la complejidad de los procesos de toma de decisiones.

Sobre la autonomía, Vugts *et al*. realizaron una revisión bibliográfica de estas consideraciones para identificar y diferenciar las conceptualizaciones de la autonomía. Los autores analizando 33 artículos sobre la ética del *nudge*[1015], identificaron tres conceptualizaciones generales de la autonomía: A) La libertad de elección se refiere a la disponibilidad de opciones y al entorno en el que los individuos tienen que elegir. B) La agencia implica la capacidad de un individuo para deliberar y determinar qué elegir. C) La autoconstitución se refiere a la identidad de una persona y a los objetivos elegidos por ella misma[1016].

Un ejemplo fundamental es que la Administración Trump suprimió la «unidad federal de *nudge*» de la Administración creada durante el Gobierno de Obama. Los autores Greer *et al*. ofrecen una visión de este caso, explorando las razones detrás de la decisión y las implicaciones más amplias para el uso de *nudge* en las políticas públicas[1017].

El debate en torno a la eficacia de *nudge* refleja el diálogo en curso en los círculos académicos y políticos[1018]. Mientras que algunos estudios apoyan la eficacia de *nudge* en determinados contextos, otros cuestionan su impacto global y plantean importantes consideraciones éticas. Es crucial seguir examinando y evaluando las pruebas empíricas y las implicaciones éticas para garantizar que el *nudge* se desplieguen de forma responsable y eficaz en las culturas organizativas.

Además, Vugts *et al*. señalan que en la discusión sobre la ética del *nudge*, los autores se refieren a diferentes perspectivas de la autonomía. Y que Aclarar estas conceptualizaciones contribuye a comprender mejor cómo *nudge* puede socavar o, por el contrario, reforzar la autonomía[1019].

1014. Szaszi and others (n 954).

1015. *Vid.* Constantine D. Mavroudis and others (n 1146); ME Brown, LK Treviño and DA Harrison, «Ethical Leadership: A Social Learning Perspective for Construct Development and Testing» (2005), 97 Organizational Behavior and Human Decision Processes, https://doi.org/10.1016/j.obhdp.2005.03.002; Bovens (n 1225); I Beeri and others, «Advancing Ethics in Public Organizations: The Impact of an Ethics Program on Employees» Perceptions and Behaviors in a Regional Council» (2013), 112 Journal of Business Ethics, https://doi.org/10.1007/s10551-012-1232-7.

1016. Vugts and others (n 937).

1017. Greer K Gosnell and Morgan D Bazilian, «Changing Behaviour Is the Key to Solving the Climate Challenge» (2021), 5 Nature Human Behaviour 294.

1018. Jachimowicz and others (n 956); DellaVigna and Linos (n 1020).

1019. Vugts and others (n 937).

Sobre las críticas que el nudge socave la autonomía volitiva y a otros que socave, o no respete, la agencia racional. El autor Schmidt[1020] contesta que se podría argumentar que la hipótesis contraria al *nudge* no suele dejar a los agentes más autónomos o racionales desde el punto de vista volitivo. Es más, algunas políticas de *nudge* podría servir incluso para ajustar más las decisiones de las personas a sus fines y mejorar su toma de decisiones, reforzando así la autonomía volitiva y la agencia racional.

De acuerdo con Jung *et al.* cuando existe opción al *nudge* tiene adoptar dos posiciones: Los individualistas rechazan el *nudge* basándose en ideas sobre el papel del gobierno en el bienestar personal. Los conservadores y los reaccionarios se oponen al *nudge* porque los consideran una amenaza para la autonomía. Las percepciones pueden ser más fáciles de cambiar que los principios, según las circunstancias[1021].

Citando a Hortal, las comunidades siempre tendrán personas que no son virtuosas y el *nudge* no es una solución mágica para cambiar su comportamiento. Los mandatos, las herramientas educativas y los incentivos deben combinarse con el nudge para aumentar la eudaimonia[1022].

Como señala Quintana Medina, las implicaciones normativas de *nudge* ha sido ampliamente debatidas en la última década. Se han planteado objeciones a su uso y se han llegado a diversas conclusiones sobre su aceptabilidad ética como herramientas para cambiar el comportamiento. Además, argumenta que, si bien la literatura actual destaca que el *nudge* tienen una naturaleza normativa intrínsecamente problemática, esto no es necesariamente cierto. La autora clasifica las objeciones centrales a los medios de *nudge* en dos categorías: la objeción de racionalidad y la objeción de reflexión, con el fin de abordar estas preocupaciones. En respuesta a estas dos quejas, sostiene que los opositores tienden a basarse en una idea generalizada y tergiversada de *nudge*, así como en comprensiones poco realistas de la autonomía que no se apoyan en bases empíricas[1023].

Como ya se ha mencionado antes, la corrupción es un fenómeno sistemático, multidisciplinar, multifacético, muy persistente y prácticamente omnipresente de la sociedad. En el intento de combatirla, necesitas de reformas más allá del marco legal para combatir efectivamente[1024]. Tal como afirma

---

1020. Andreas T Schmidt and Bart Engelen, «The Ethics of Nudging: An Overview» (2020), 15 Philosophy Compass e12658, https://onlinelibrary.wiley.com/doi/abs/10.1111/phc3.12658, accessed 6 June 2023.

1021. Jung and Mellers (n 962).

1022. Hortal (n 939) 10.

1023. Júlia de Quintana, «Nudges, Consideraciones Normativas de sus Objetivos y Métodos» [2021], Gestión y Análisis de Políticas Públicas 23, 35.

1024. Gardiner (n 129).

Heywood[1025], es necesario que se trabaje en diversos sectores y con todo tipo de ayuda disponible, como por ejemplo *el nudge, compliance*, las tecnologías e inteligencia artificial. Como afirman Villagrasa y Ponce Solé, si puede juntar con inteligencia artificia[1026] y la tecnología, pueden ayudar a hacer eficaz el derecho a una buena administración de los ciudadanos, mediante la personalización y la prevención de la mala administración y de la corrupción administrativa. En el ámbito de la inteligencia artificial, los algoritmos tienen el potencial de promover la eficacia, la eficiencia, la consistencia y la justicia. Por lo tanto, la inteligencia artificial puede ser utilizada para mejorar la gestión postpandemia en el sector público al permitir una mayor personalización y anticipación en la prestación de servicios públicos, así como al ayudar a prevenir la mala administración y la corrupción. Sin embargo, también es importante tener en cuenta los posibles riesgos que la inteligencia artificial[1027] puede presentar para la buena administración[1028].

4.5. Conclusión del capítulo IV

En este capítulo, hemos explorado las aplicaciones del enfoque nudge en la prevención de la corrupción en la Administración pública. Hemos examinado el concepto de nudge, su evolución histórica y los estudios de casos relevantes que respaldan su efectividad. Además, analizamos las estrategias de *nudge* para prevenir la corrupción y se exploraron las posibilidades de integración con el enfoque de *compliance*.

El capítulo se destacó la importancia de combinar *nudge y compliance* para fortalecer la transparencia y la lucha contra la corrupción en la función pública. Se identificaron sinergias y posibilidades de integración entre ambos enfoques, y se resaltó su potencial para mejorar la formación ética de los empleados públicos y promover un buen gobierno y la participación ciudadana.

Las estrategias de *nudge* para prevenir la corrupción en la Administración pública han sido objeto de numerosos estudios e investigaciones que destacan su efectividad en promover la transparencia y prevenir conductas indebidas.

Desde la perspectiva de Ponce Solé[1029], se destaca el papel importante de los acicates en la prevención de la corrupción y la mala administración. Según

---

1025. Heywood, «Combating Corruption in the Twenty-First Century: New Approaches» (n 314).

1026. *Vid.* Paulo Ramon Suárez Xavier, «Gobernanza, Inteligencia Artificial y Justicia Predictiva: Los Retos de La Administración de Justicia Ante La Sociedad En Red», https://riuma.uma.es/xmlui/handle/10630/20979, accessed 18 November 2023.

1027. *Vid.* Paulo Ramón Suárez Xavier, «El Reto de La Regulación de La Inteligencia Artificial En El Sistema Judicial y Su Entorno» [2022], Revista Jurídica Portucalense 144, https://revistas.rcaap.pt/juridica/article/view/26275, accessed 18 November 2023.

1028. Villagrasa and Solé (n 1076) 225–228.

1029. Solé, Durán and Valdés (n 1034) 68.

el informe de la OCDE[1030], se propone implementar una opción por defecto en la cual cada empleado público involucrado en un nuevo proyecto reciba automáticamente un formulario para declarar posibles conflictos de interés.

Por otro lado, la supervisión de los empleados, la provisión de recordatorios morales y la disposición de los individuos a mantener una imagen positiva de sí mismos disminuyen la conducta no ética[1031]. En el caso de la sobornación de funcionarios públicos de bajo nivel, se utilizan estrategias como medidas de auditoría, monitoreo y aplicación de sanciones, iniciativas de transparencia de la información y rendición de cuentas social, y campañas de concienciación sobre la corrupción. Sin embargo, se destaca que la efectividad de las campañas de concienciación aún está pobremente documentada[1032].

De Benedetto[1033] enfatiza la importancia de simplificar, regular y controlar desde una perspectiva sistémica para prevenir la corrupción. Se sugiere adoptar reglas estrictamente necesarias y evaluar cuidadosamente sus impactos, así como tener una estrategia integrada donde los reguladores sean conscientes de los incentivos y desincentivos generados y donde el cumplimiento sea más favorable que la corrupción.

Varios estudios experimentales se han centrado en enfoques como auditorías y monitoreo, rotación de personal, aplicación de sanciones y transparencia de la información para prevenir la corrupción.

Lambsdorff[1034] destaca que los métodos actuales de prevención de la corrupción pueden beneficiarse de la ciencia conductual, que considera no solo criterios objetivos, sino también factores como sentimientos, expectativas, normas sociales, reconocimiento, comunicación e incentivos no monetarios.

Además, se examinaron las implicaciones de *nudge* y *compliance* para los derechos humanos. Se discutió la posibilidad de integrar estos enfoques en el marco normativo existente, en particular en el contexto del TREBEP. Se señaló el papel de *nudge* en los programas de *compliance* público y se analizó el impacto esperado en la prevención de la corrupción, así como los desafíos de implementación.

El campo de los *nudge* y *compliance* tiene el potencial de desarrollarse rápidamente, de acuerdo Kantorowicz-Reznichenko, a medida que los avances tecnológicos hacen posible el monitoreo del *compliance* y *nudge* automatizados. Aunque el *nudge* es un enfoque prometedor para mejorar el *com-*

1030. OECD, «Behavioural Insights for Public Integrity» (n 567).

1031. Bellé and Cantarelli (n 1036).

1032. Justesen and Bjørnskov (n 1037).

1033. Benedetto (n 1041) 412.

1034. Lambsdorff, «Preventing Corruption by Promoting Trust – Insights from Behavioral Science» (n 151) 11.

pliance, persisten preguntas éticas sobre el alcance adecuado de su uso, y se requiere una investigación adicional sobre la efectividad a largo plazo de esta técnica.

La integración de *nudge y compliance* ofrece múltiples ventajas. Por un lado, el *nudge* puede complementar las estrategias de *compliance* al influir en aspectos conductuales que no son fácilmente abordados únicamente con reglamentos y controles. Por otro lado, el *compliance* proporciona un marco normativo sólido y establece las bases para la implementación efectiva de *nudge*. En este sentido, es fundamental considerar algunas recomendaciones para mejorar la estructuración del empleo público y fortalecer la transparencia en la administración. Es necesario promover una cultura organizacional ética, fomentar la participación ciudadana y establecer mecanismos de monitoreo y evaluación efectivos.

En conclusión, *behavioral compliance, behavioral law y behavioral public Administration* son enfoques interrelacionados pero distintos dentro del estudio del comportamiento humano en el ámbito público. Mientras que *behavioral compliance* se centra en lograr el cumplimiento de las leyes y regulaciones existentes, *behavioral law* se enfoca en examinar las interacciones entre el derecho y las ciencias del comportamiento para influir en el comportamiento socialmente deseable. Por su parte, *behavioral public Administration* busca mejorar la administración pública al analizar el comportamiento y las actitudes de los individuos en el sector público. Además, el concepto de *Nudge* se centra en influir en las decisiones de las personas de manera positiva. Estos enfoques pueden colaborar de manera conjunta en la lucha contra la corrupción y en el cumplimiento de las normativas por parte de los empleados públicos.

Finalmente, se concluyó que la combinación de *nudge* y *compliance* ofrece una estrategia integral para prevenir la corrupción en la administración pública. Se resaltó la ventaja de *nudge* sobre el sistema de sanciones tradicional para los empleados públicos, y se identificaron retos y perspectivas futuras para su implementación.

CONCLUSIONES GENERALES

En el epílogo de esta obra, nos encontramos ante una conjunción de responsabilidades y oportunidades ineludibles en el ámbito de la Administración Pública en España. Los administradores y empleados públicos, en su papel vital como ejecutores de los derechos humanos y promotores de la Agenda 2030, se erigen como piedras angulares en este esfuerzo colectivo. La integración de técnicas de *nudge* y *compliance* no solo se presenta como una innovación necesaria, sino como un imperativo ético para asegurar el cumplimiento de las normas y erradicar las prácticas corruptas, reafirmando así el compromiso inquebrantable del Estado en estimular su uso.

Este libro ha desentrañado con meticulosidad y agudeza la corrupción en sus múltiples facetas, destacando su naturaleza intrínsecamente política y sus ramificaciones en el sector de la contratación pública en España. La corrupción, un fenómeno tan antiguo como el poder mismo, se revela no solo como una erosión de la confianza pública, sino como un lastre para la integridad institucional y un obstáculo para la justicia social. Las medidas implementadas en España, aunque significativas, exigen una aplicación más rigurosa y una vigilancia constante para su efectividad.

Se ha puesto de relieve la necesidad de una formación adecuada para los empleados públicos, destacando que esta puede ser un factor motivador crucial para garantizar una prestación de servicios eficiente y transparente en la Administración pública. Este libro enfatiza que el compliance no es simplemente un conjunto de normas a seguir, sino un compromiso ético y un reflejo de la cultura organizacional, esencial para la construcción de una administración pública íntegra y eficaz.

A lo largo de nuestro análisis sobre la corrupción en España, hemos realizado una exploración exhaustiva de sus raíces, enfocándonos especialmente en su naturaleza política y en su estrecha relación con la contratación pública y el desarrollo urbano. En este estudio, he evidenciado las deficiencias de las medidas actuales y he propugnado por la adopción de una estrategia más sólida y cohesiva para enfrentar la corrupción. Esta estrategia debe abarcar tanto el ámbito legislativo como la implementación y supervisión efectiva de las políticas públicas. En relación con esto, es pertinente señalar en los informes GRECO 5[1035] y GRECO 88[1036], han recomendado reiteradamente a España que elabore una estrategia multidisciplinar integral. Esta estrategia debe implicar a diferentes autoridades en la prevención, detección y enjuiciamiento de delitos relacionados con la corrupción, incluyendo la realización de investigaciones sobre la magnitud y las tipologías de los fenómenos de corrupción en el país, así como la compilación de estadísticas detalladas de los casos de corrupción detectados conforme el informe GRECO 5, párrafo 10[1037]. Hasta la fecha de publicación de esta obra, las autoridades no han llevado a cabo estas recomendaciones de manera efectiva.

Por otra parte, hemos destacado el papel del Código Penal español en la lucha contra la corrupción, subrayando la importancia de tener un marco legal sólido que sancione eficazmente los delitos cometidos por empleados públicos. Es importante tener en cuenta lo que resalta Costa[1038] que, tradicionalmente, el abordaje de la corrupción ha involucrado la reforma del marco legal penal y el fortalecimiento de las sanciones civiles y administrativas. Sin embargo, se observa una marcada divergencia entre la normativa escrita y las costumbres sociales. En este contexto, las recomendaciones de GRECO 83[1039] para España enfatizan la necesidad de trasladar las leyes del papel a la práctica. La lucha contra la corrupción debe comenzar con la implementación de políticas públicas y regulaciones orientadas a modificar la percepción social acerca de la corrupción. Según la CIDH[1040], es imperativo establecer mecanis-

---

1035. GRECO, «Evaluation Report on Spain. First Evaluation Round: Independence, Specialisation and Means Available to National Bodies Engaged in the Prevention and Fight against Corruption Extent and Scope of Immunities» (2001), GRECO 5 5, https://rm.coe.int/CoERMPublicCommonSearchServices/DisplayDCTMContent?documentId=09000016806c9cdc, accessed 14 October 2023.

1036. GRECO, «Informe de Cumplimiento: Quinta Ronda de Evaluación. Prevención de La Corrupción y Promoción de La Integridad En Gobiernos Centrales (Altas Funciones Ejecutivas) y Las Fuerzas y Cuerpos de Seguridad» (2021), GRECO 88 88, https://rm.coe.int/quinta-ronda-de-evaluacion-prevencion-de-la-corrupcion-y-promocion-de-/1680a5f3c2, accessed 14 June 2023.

1037. GRECO, «Evaluation Report on Spain. First Evaluation Round: Independence, Specialisation and Means Available to National Bodies Engaged in the Prevention and Fight against Corruption Extent and Scope of Immunities» (2001), GRECO 5 5, https://rm.coe.int/CoERMPublicCommonSearchServices/DisplayDCTMContent?documentId=09000016806c9cdc, accessed 14 October 2023.

1038. Natalia Lacerda Macedo Costa, «'Nudge' Como Abordagem Regulatória De Prevenção à Corrupção Pública No Brasil», (2017), no. 214 Revista De Informação Legislativa 54 91, 106, http://www12.senado.leg.br/ril/edicoes/54/214/ril_v54_n214_p91.

1039. GRECO, «Informe De Evaluación: Quinta Ronda De Evaluación. Prevención de la corrupción y promoción de la integridad en Gobiernos centrales (altas funciones ejecutivas) y Fuerzas y Cuerpos de Seguridad» (2019), GRECO 83 83, https://rm.coe.int/quinta-ronda-de-evaluacion-prevencion-de-la-corrupcion-y-promocion-de-/168098c693, accessed 14 September 2023.

1040. Comisión Interamericana de Derechos Humanos - CIDH, «Resolución 1/17 Derechos Humanos y Lucha Contra La Impunidad y La Corrupción 12 de Septiembre de 2017» 121, https://www.oas.org/es/cidh/decisiones/pdf/Resolucion-1-17-es.pdf.

mos efectivos que erradiquen la corrupción, asegurando así el acceso a una justicia independiente y la salvaguarda de los derechos humanos. Se señala, no obstante, que la legislación por sí sola no es suficiente para erradicar la corrupción, y se argumenta a favor de un enfoque más holístico que incluya medidas preventivas y una cultura de integridad y transparencia.

El presente trabajo se ha centrado en la implantación de técnicas de *nudge* y *compliance* como medios para mejorar el cumplimiento de las normas por parte de los empleados públicos y evitar prácticas corruptas en el ámbito de la administración pública. Considerando que la formación adecuada para los empleados públicos puede ser un factor motivador para lograr una buena prestación de servicios en la Administración pública[1041].

Las principales innovaciones de esta investigación radican en la propuesta de estrategias integrales basadas en *nudge* y *compliance*, así como en la llamada a realizar más estudios empíricos y aplicaciones prácticas en la administración pública a nivel global. Se destaca la importancia de la capacitación de los empleados públicos y el papel de la ética en la construcción de una organización.

Hemos evidenciado la importancia de contar con un marco normativo sólido, la promoción de la ética y la transparencia, la implementación de mecanismos de control y evaluación, y el fomento de una cultura organizacional orientada al *compliance*. Estas estrategias, basadas en el pequeño empujón y el cumplimiento voluntario, pueden contribuir a mejorar la eficacia en la prevención de la corrupción y fortalecer la confianza de los ciudadanos en las instituciones públicas. No obstante, se destacó la necesidad de superar los desafíos y seguir investigando en esta materia para perfeccionar y adaptar las estrategias a la realidad cambiante del contexto administrativo y social.

España ha implementado diversas medidas para mejorar la lucha contra la corrupción y promover la transparencia y la integridad en la administración pública en los últimos años. Estas medidas incluyen la creación de nuevas instituciones y la aprobación de nuevas leyes y normativas, y tienen como objetivo prevenir la corrupción y garantizar el uso eficiente y transparente de los recursos públicos.

Es importante tener en cuenta que la corrupción es algo multifacético y sus males son multidisciplinares, lo que exige soluciones al mismo nivel. Tras examinar la literatura existente, se aprecia que aún es necesario llevar a cabo trabajos académicos y experimentos involucrando toda el área conductual (*behavioural compliance*, *behavioural law*, *behavioural public Administration* y *nudge*) para hacer herramientas que fomenten el cumplimiento de las normas de los empleados públicos y evite la corrupción. Hay que tener en cuenta que están interconectados, aunque tienen enfoques diferentes, todos trabajan para mejorar el cumplimiento con ayuda de otras áreas de

1041. Quesada Lumbreras (n 904).

conocimiento, por ejemplo, la psicología y economía. Así podemos evitar corrupción en la administración pública y mejorar los servicios que ofrece.

Igualmente, el campo del *behavioural law*, *behavioural public Administration* y *behavioural compliance* destaca por su enfoque en el comportamiento humano y su aplicación en el ámbito público. Mientras que el derecho conductual busca moldear el comportamiento en función del bien social, el cumplimiento conductual se centra en el diseño de la conformidad basado en predicciones conductuales. La administración pública conductual examina el comportamiento y las actitudes individuales para mejorar la Administración pública. Estos enfoques se complementan entre sí y pueden colaborar para lograr una administración pública más efectiva y mejorar el cumplimiento de las normas. Sería ideal que el legislador español a la hora de hacer sus leyes, o el gobierno en la hora de hacer política pública tomará por base las aportaciones de todas estas aportaciones de la economía conductual o *behavioural*.

Para futuros estudios, recomiendamos llevar a cabo investigaciones correlacionadas en las cuatro áreas mencionadas (*behavioral compliance*, *behavioral law*, *behavioral public Administration* y *nudge*) para profundizar en la lucha contra la corrupción en la administración pública. Asimismo, sugerimos la colaboración con otras disciplinas, como la psicología y la economía, para mejorar la integridad y la calidad de los servicios ofrecidos.

Los hallazgos de esta investigación han revelado que la implementación de *nudge* en entornos de toma de decisiones puede influir en el comportamiento individual y promover la adhesión a los códigos de ética. Además, hemos evidenciado la importancia de contar con un código de conducta único y accesible para todos los empleados públicos, así como el papel crucial del liderazgo en la prevención de la corrupción.

En el contexto de la administración pública, el nudge puede ser utilizado para fomentar la integridad en los empleados públicos mediante la implementación de estrategias que los motiven a actuar de manera ética y transparente.

Una de las estrategias sugeridas es el poder de los compromisos, que consiste en hacer que los empleados públicos se comprometan públicamente a actuar con honestidad y transparencia. Esto aumenta la probabilidad de un comportamiento ético y reduce la posibilidad de prácticas corruptas.

Otra estrategia es el uso de mensajes o recordatorios que recuerden a los empleados públicos la importancia de la buena formación y la identidad profesional. Esto puede ser realizado mediante mensajes de texto o correos electrónicos que estimulen a los empleados a hacer cursos de formación y mejorar sus capacidades.

Es importante destacar que el *nudge* debe ser aplicado de manera ética y transparente, respetando los derechos y libertades fundamentales de los empleados públicos. Además, es crucial evaluar rigurosamente las intervenciones basadas en *nudge* para determinar su efectividad y mejorar las prácticas futuras.

En el contexto de España, los nudges todavía no están siendo desarrollado, a pesar de que han implementado diversas medidas para mejorar la lucha contra la corrupción y promover la transparencia y la integridad en la administración pública en los últimos años. Estas medidas incluyen la creación de nuevas instituciones y la aprobación de nuevas leyes y normativas, y tienen como objetivo prevenir la corrupción y garantizar el uso eficiente y transparente de los recursos públicos.

Una recomendación al gobierno de España es invertir en nudge y la creación de *Nudges Units* en las administraciones públicas, que según recordaba Rivero, lograrán más eficiencia en el gobierno y la buena administración, enfrentando desafíos con intervenciones basadas en la metodología nudge, como ha sido implementado con éxito en Gran Bretaña con el caso de *BIT*[1042], Estados Unidos y Australia. A pesar de que España ha creado otras oficinas por imitación de soluciones comparadas, aún no se ha experimentado con pequeñas oficinas interdisciplinarias de análisis conductual[1043].

En cuanto a medidas específicas pueden tomar para fortalecer la gobernanza y la integridad en la administración pública española, es esencial implementar medidas de transparencia, rendición de cuentas, ética y conducta, así como responsabilidad y sanciones, complementadas con una formación continua. Estas medidas son vitales para asegurar que los funcionarios y empleados públicos actúen con integridad y lealtad en sus funciones, y para prevenir la corrupción en el sector público español. Tras analizar las legislaciones y los expertos en nudge, se recomienda la utilización de *nudge y compliance* para mejorar la aplicación en el contexto de la Orden HFP/1031/2021. Entre las medidas adicionales sugeridas están la identificación de riesgos principales de corrupción y malas prácticas en la administración pública, y el diseño de programas de compliance específicos para prevenirlos. Es crucial también resaltar la importancia de la Ley 2/2023 de protección de denuncias anónimas, para fomentar canales de comunicación efectivos que permitan a los empleados públicos ofrecer retroalimentación sobre la efectividad de los programas de compliance y su impacto en el comportamiento. Además, se debe evaluar periódicamente la efectividad de estos programas y ajustarlos según los resultados obtenidos.

Los programas de *compliance y nudge* pueden ser herramientas útiles para ayudar a los empleados públicos a cumplir con las normas del TREBEP y evitar prácticas corruptas. Sin embargo, es crucial que se apliquen de manera ética y transparente, respetando los derechos y libertades fundamentales de los empleados públicos. Se requiere una estructura organizacional sólida y un firme compromiso de las autoridades y líderes de la administración pública para garantizar una implementación efectiva de estos enfoques.

1042. BIT, «The Behavioural Insights Team» (n 1021).

1043. Rivero-Ortega (n 1020) 18.

Es importante también destacar la necesidad de contar con un marco normativo sólido y estrategias integradas de anticorrupción, promoviendo la ética y la transparencia, implementando mecanismos de control y evaluación, y fomentando una cultura organizacional orientada al *compliance*. Estas estrategias, basadas en el pequeño empujón y el cumplimiento voluntario, pueden mejorar la eficacia en la prevención de la corrupción y fortalecer la confianza de los ciudadanos en las instituciones públicas.

Otras medidas relevantes incluyen promover la participación ciudadana en la toma de decisiones y la gestión de los asuntos públicos, crear una agencia independiente para supervisar e investigar posibles casos de corrupción en el sector público, y establecer mecanismos de denuncia y canales de comunicación para ciudadanos y funcionarios públicos.

Propongo la incorporación de un código de ética unificado en la administración pública española, complementado con el uso de nudges para recordar a los empleados públicos sus deberes. Esta sugerencia se alinea con las recomendaciones del informe de GRECO 88[1044], a España. Sin embargo, la eficacia de este conjunto de obligaciones y normas éticas y de conducta depende críticamente de la implementación de medidas que aseguren su cumplimiento efectivo.

Es imprescindible destacar que cualquier fallo en la imparcialidad y neutralidad de los empleados públicos, que contravenga las directrices éticas y de conducta, merece no solo una reprimenda ética, sino también consecuencias jurídicas. Estas deben ser respaldadas por el derecho disciplinario, que define como infracciones ciertos comportamientos que violan el principio de objetividad.

Para prevenir conflictos de intereses, se hace necesaria la articulación de mecanismos legales de abstención y recusación, así como un sistema de incompatibilidades que garantice la imparcialidad en la función pública. La transgresión de estos principios por parte de los empleados públicos no solo representa una forma de corrupción o su facilitación, sino que también tiene el potencial de causar graves violaciones de los derechos humanos. Esto se debe a que puede limitar o negar el acceso a servicios públicos esenciales, perpetuar la pobreza y la desigualdad, y minar la confianza en las instituciones públicas.

Al largo de esta obra, se enfatizó la importancia crítica de la formación y capacitación de los empleados públicos, en línea con las recomendaciones de los informes GRECO 62 y 83. Es esencial proporcionarles formación

1044. GRECO, «Informe de Cumplimiento: Quinta Ronda de Evaluación. Prevención de La Corrupción y Promoción de La Integridad En Gobiernos Centrales (Altas Funciones Ejecutivas) y Las Fuerzas y Cuerpos de Seguridad» (2021), GRECO 88 88, https://rm.coe.int/quinta-ronda-de-evaluacion-prevencion-de-la-corrupcion-y-promocion-de-/1680a5f3c2, accessed 14 June 2023.

específica y periódica sobre ética, integridad y anticorrupción, con evaluaciones regulares por parte de instituciones independientes para verificar la efectividad de estas formaciones en su desempeño profesional. Los empleados públicos deben estar equipados con las herramientas y el conocimiento necesarios para tomar decisiones éticas e informadas, que estén en consonancia con el interés social.

Sabiendo que los empleados públicos son piedras angulares en el correcto funcionamiento de nuestras instituciones y en el mantenimiento de la confianza social en ellas. Sin embargo, es innegable que enfrentan retos y tentaciones que pueden poner en peligro su integridad y la eficiencia de la Administración pública. Por ello, es crucial proporcionarles las mejores condiciones posibles para su desempeño laboral y para prevenir la corrupción, incluyendo el incremento de las sanciones para actos de prevaricación y conflictos de interés, así como sancionar ejemplarmente a aquellos que incumplan las normas.

Por tanto, es fundamental abordar la corrupción con una respuesta coordinada y multifacética que involucre todas las esferas de la sociedad. El gobierno español, en colaboración con la Unión Europea, debe desarrollar y promover políticas públicas que integren el uso de *compliance y nudge*. Estas políticas deben orientarse a facilitar la aplicación de los derechos humanos y a contribuir al cumplimiento de los objetivos de la Agenda 2030, asegurando que las innovaciones sirvan para reforzar los derechos de los ciudadanos y ayudar a empleados y políticos a cumplir con las normas y evitar la corrupción.

Este libro se ofrece como un recurso valioso para investigadores, legisladores y profesionales en el ámbito de la administración pública. Mediante un análisis profundo y una presentación persuasiva, contribuye significativamente a la literatura existente y proporciona un marco práctico y aplicable para futuras reformas en la administración pública, tanto en España como en un contexto internacional más amplio.

Concluyendo, este libro busca ser un catalizador para cambio hacia una gobernanza más transparente y ética en la administración pública, promoviendo el respeto a los derechos humanos y al cumplimiento de los objetivos de la Agenda 2030, buscando no solo mejorar su eficiencia y eficacia, sino también inspirar una acción para la aplicación continua y reflexiva de las estrategias de *nudge y compliance* en la administración pública. Esta obra marca el inicio de un nuevo capítulo en la administración pública, abogando por la integridad, la transparencia y la responsabilidad como pilares de una sociedad más justa y sostenible.

REFERENCIAS BIBLIOGRÁFICAS

Aarvik P, «Artificial Intelligence – A Promising Anti-Corruption Tool in Development Settings?» (U4 Anti-Corruption Resource Centre 2019), https://www.cmi.no/publications/7146-artificial-intelligence-a-promising-anti-corruption-tool-in-development-settings, accessed 3 May 2023.

Abbink K, «Staff Rotation as an Anti-Corruption Policy: An Experimental Study» (2004), 20, *European Journal of Political Economy,* 887, https://www.sciencedirect.com/science/article/pii/S0176268003000843.

Abellán-Perpiñán, J. M, Cierco Seira, C and **Jiménez-Gómez, D**. «Nudges y La Pandemia: Un Análisis Desde La Economía y El Derecho Conductual. Informe SESPAS 2022» (2022), 36, *Gaceta sanitaria*, S93.

Abramo CW, «How Much Do Perceptions of Corruption Really Tell Us?» (2007), 2 *Economics Discussion Papers*.

Acosta CAG., «Control y Disciplina De Los Oficiales Públicos En Castilla: La "Visita" Del Ordenamiento de Toledo (1480)» (1991) *Anuario de historia del derecho español*, 215.

Acosta M, Ley Del Estatuto Básico Del Empleado Público, Art. 18: Promoción Interna de Los Funcionarios de Carrera.

Acosta ML., «La Responsabilidad Del Empleado Público En España» (2019), 10, *Revista CES Derecho*, 605, http://www.scielo.org.co/scielo.php?script=sci_arttext&pid=S2145-77192019000200605, accessed 3 March 2023.

Acuña MCC.:

- «Compliance en la administración pública: dificultades y propuestas», (2017), 102, *Colección: Temas de Administración Local*.

- «Ética En La Gestión Pública. Los Códigos Éticos Como Herramientas de Compliance: Una Propuesta de Traslación Normativa», (2017), *CEFLegal. Revista práctica de derecho*, 73. https://revistas.cef.udima.es/index.php/ceflegal/article/view/10399, accessed 15 June 2023.

- «Inteligencia Artificial e Innovación En La Administración Pública:(in) necesarias regulaciones para la garantía del servicio público», (2019), *Pertsonak eta Antolakunde Publikoak Kudeatzeko Euskal Aldizkaria= Revista Vasca de Gestión de Personas y Organizaciones Públicas*, 74.

- «Compliance y Tecnología Como Herramientas de mejora de La Gestión Pública: Inteligencia Artificial y Toma de Decisiones», (2020), *Presupuesto y gasto público,* 39.

- *Guía práctica de compliance en el sector público* (Wolters Kluwer, 2020).

Adem, J. «Nudging and Investment in Education: Why Cash Grants Fail to Raise Household Investment in Child Education in Developing Countries?» (2021), *Social Science Research Network*.

Ades A and **di Tella R.**, «The New Economics of Corruption: A Survey and Some New Results», (1997), 45, *Political Studies*, 496.

Afif, Z. and others, *Behavioral Science around the World: Profiles of 10 Countries*.

Agraso LR, **Cerqueiras Emb** and **Sánchez Afr**, «Formación Profesional Dual: Comparativa Entre El Sistema Alemán y El Incipiente Modelo Español», (2015) 25, *Revista Española de Educación Comparada*, 149. https://redined.educacion.gob.es/xmlui/bitstream/handle/11162/163745/14788-24519-2-PB.pdf?sequence=1&isAllowed=y

Ajenjo JAF, *Leyes de la Corrupción y Ejemplaridad Pública* (Amarante, 2019).

Albornoz AJ-BC de, «Corrupción y formas de gobierno», (2019), *Revista Andaluza de Administración Pública*, 305. https://ws168.juntadeandalucia.es/revistaselectronicas/raap/article/view/1131, accessed 31 May 2023

Alcántara-Lizárraga, J.Á and **Jima-González A**, «Accountability, Corruption, and Opposition Groups: Evidence from Latin America» (2022), 11, *Social sciences*, 541.

Allman-Farinelli M and others, «The Role of Supportive Food Environments to Enable Healthier Choices When Eating Meals Prepared Outside the Home: Findings from Focus Groups of 18 to 30-Year-Olds», (2019), 11, *Nutrients*, 2217.

Alves E. D. S.:

- «La Aplicación de Nudge En La Formación de Los empleados públicos En España, Ayuda a Prevenir La Corrupción», *Administración, Hacienda y Justicia en el Estado Social* (Tirant lo Blanch, 2021).

- «La Prevaricación Como Posible Madre de Los Delitos De Corrupción: Análisis Jurisprudencial y Legislativo Español», *Administración, hacienda y justicia en el estado social II* (Tirant lo Blanch, 2023).

- «Nudging Compliance: Empowering Public Employees to Uphold Regulations and Safeguard Against Corruption / Nudging Compliance: Acicatear a Los Empleados Públicos Para Que Cumplan La Normativa y Prevengan La Corrupción» (Facultad de Derecho, Programa de Doctorado «Administración, Hacienda y Justicia en el Estado Social» *Universidad De Salamanca*, 2023). https://gredos.usal.es/bitstream/handle/10366/153305/Santos%20Alves%2C%20Ederson%20Dos%20%28v.r.%29.pdf?sequence=1&isAllowed=y, accessed 15 November 2023

Alzola MN, Hava García, Esther, «Los Delitos de Prevaricación», Aranzadi, Cizur Menor (Navarra), 1.ª Ed., 2019, 149 páginas, (2020), *Revista de Estudios Jurídicos y Criminológicos*, 253. https://revistas.uca.es/index.php/rejucrim/article/view/6711/7089

Ambraseys N and **Bilham R**, «Corruption Kills», (2011), 469, *Nature*, 153.

Amir O and **Lobel O**, «Stumble, Predict, Nudge: How Behavioral Economics Informs Law and Policy», (2008), *Columbia Law Review*, 2098.

Amoretti Navarro MF, *Strafrecht und Criminal Compliance in philosophischer Perspektive: eine Kritik des postmodernen Zeitgeists im Strafrecht und seiner Wissenschaft* (Duncker & Humblot GmbH, Berlin).

Ana Luize Correa, M. Ames, and **Marcello Beckert Zappellini**, «Nudge Policies in COVID-19 Context: A Necessary Action or Ethical Dilemma?», (2022), *Revista de Administração Contemporânea*.

Anders G.:

- «Like Chameleons. Civil Servants and Corruption in Malawi», (2002), Bulletin de l'APAD.

- «Civil Servants in Malawi: Cultural Dualism, Moonlighting and Corruption in the Shadow of Good Governance».

Andersson S and **Heywood Pm**, «The Politics of Perception: Use and Abuse of Transparency International's Approach to Measuring Corruption», (2009), 57, *Political studies*, 746.

Andresen C and others, «APPLYING EU ANTI-DISCRIMINATION LAW List of Participants / Dal ī Bnieku Saraksts».

Andvig JC and others, *Corruption. A Review of Contemporary Research* (Chr Michelsen Institute 2001).

Andvig JC and **Fjeldstad O-H**, «Crime, Poverty and Police Corruption in Developing Countries», (2008), *CMI Working Paper*.

Anechiarico F and **Jacobs Jb**, *The Pursuit of Absolute Integrity: How Corruption Control Makes Government Ineffective* (University of Chicago Press, 1996).

Anesu Mironga and **Christopher Namilonga**, «The Impact of Zimbabwe's Constitutionalisation of Local Governance on Strengthening Citizen Participation and Good Governance».

Antinyan A, **Zareh Asatryan** and **Asatryan Z**, «Nudging for Tax Compliance: A Meta-Analysis», (2019), *Social Science Research Network*.

Arana JR, «La Buena Administración Como Principio y Como Derecho Fundamental En Europa», (2013), 6, *Misión Jurídica*, 23. http://www.revistamisionjuridica.com/la-buena-administracion-como-principio-y-como-derecho-fundamental-en-europa/

Arbués R and **Ruiz F-Ddr**, «El Compliance En Las Organizaciones. Relación Entre Compliance y Otras Áreas de La Empresa. Compliance y Gobierno Corporativo»., AA.VV,(Coord.) Saiz Peña, Ca, *Compliance, cómo gestionar los riesgos normativos en la empresa*.

Arce C, *Los Derechos Políticos De Los Residentes Extranjeros: La Ciudadanía Inclusiva*. (Defensor del pueblo andaluz, 2012).

Arias Martínez MA.:

- «El Principio de Objetividad En El Empleo Público: La Objetividad Como Deber de Los Empleados Públicos» (2013) *Documentación Administrativa* 183.

- «El Principio de Objetividad En El Empleo Público: La Objetividad Como Deber de Los Empleados Públicos», (2013), *Documentación Administrativa*, 183.

Armstrong KA, *Governing Social Inclusion: Europeanization through Policy Coordination* (Oxford University Press, 2010).

Arney C.:

- «Predictably Irrational: The Hidden Forces That Shape Our Decisions», (2010), 44, *Math Comput Educ*.

- «Nudge: Improving Decisions about Health, Wealth, and Happiness», (2015), 49, *Mathematics and Computer Education*, 69.

Arno A, **Thomas S** and **Thomas SJ**, «The Efficacy of Nudge Theory Strategies in Influencing Adult Dietary Behaviour: A Systematic Review and Meta-Analysis», (2016), 16, *BMC Public Health*, 676.

Asbjorn E, **Krause C** and **Rosas A**, *Economic, Social and Cultural Rights: A Textbook* (Martinus Nijhoff Publishers, 1995).

Asensio RJ and **Blanco FAC**, «Informe sobre el empleo público local» (Fundación Democracia y Gobierno Local 2009). https://repositorio.gobiernolocal.es/xmlui/bitstream/handle/10873/583/Sumario_5_14.%20pdf?sequence=1&isAllowed=y, accessed 10 April 2023.

Asúa Batarrita A, «La Tutela Penal Del Correcto Funcionamiento de La Administración. Cuestiones Criminales y Criterios de Interpretación'», *Delitos contra la Administración Pública* (Oñate: Instituto Vasco de Administración Pública, 1997).

Ávila-Rodríguez CM and **Gutiérrez-Rodríguez F**, *El Derecho a Una Buena Administración y La Ética Pública* (Tirant Lo Blanch, 2011). https://biblioteca-tirant-com.ezproxy.usal.es/cloudLibrary/ebook/show/9788490041468

Avis E, **Ferraz C** and **Finan F**, «Do Government Audits Reduce Corruption? Estimating the Impacts of Exposing Corrupt Politicians», (2018), 126, *Journal of Political Economy*, 1912. https://www.journals.uchicago.edu/doi/full/10.1086/699209, accessed 20 May 2023.

Ayoub El Majjodi, **Alain D. Starke**, and **Christoph Trattner**, «Nudging Towards Health? Examining the Merits of Nutrition Labels and Personalization in a Recipe Recommender System» (2022) User Modeling, Adaptation, and Personalization.

Bacigalupo S.:

- «2. El Modelo de Imputación de La Responsabilidad Penal de Los Entes Colectivos», Aspectos prácticos de la responsabilidad criminal de las personas jurídicas (Aranzadi Thomson Reuters, 2013).

- «Compliance», (2021), *EUNOMÍA. Revista en Cultura de la Legalidad*, 260. https://e-revistas.uc3m.es/index.php/EUNOM/article/view/6348, accessed 31 March 2023.

Bacigalupo Zapater E, *Manual de Derecho Penal Parte General* (1996), Editorial Temis SA, Santa Fe de Bogotá, Colombia.

Baez Camargo C and others:

- «Behavioural Influences on Attitudes towards Petty Corruption. A Study of Social Norms and Mental Models in Uganda».

- «Using Behavioural Insights to Reduce Gift-Giving in a Tanzanian Public Hospital: Findings from a Mixed-Methods Evaluation. Basel Institute on Governance» (Basel Institute on Governance, 2022) https://baselgovernance.org/publications/TZ-giftgiving, accessed 10 June 2023.

Baez-Camargo C.:

- «Developing Anti-Corruption Interventions Addressing Social Norms: Lessons from a Field Pilot in Tanzania», vol 40 (Basel Insititute on Governance, 2022), *Working Paper*, https://edoc.unibas.ch/89202/, accessed 10 June 2023.

- «Petty Corruption in the Public Sector: A Comparative Study of Three East African Countries through a Behavioural Lens», (2020), 79, *African Studies*, 232.

Bahety G and others, «Texts Don't Nudge: An Adaptive Trial to Prevent the Spread of COVID-19 in India», (2021), 153, *Journal of Development Economics*, 102747.

Bailey, John ; **Valenzuela A**, «Mexico's New Politics: The Shape of the Future», (1997), 4, *Journal of Democracy*, 43.

Banco Mundial:

- «Informe Sobre El Desarrollo Mundial 2015 Aborda Los Temas de La Mente, La Sociedad y La Conducta» (2014).

- «When Corruption Is the Norm», (2015), World Development Report 2015: Mind, Society, and Behavior.

- «Informe Sobre El Desarrollo Mundial 2015 Aborda Los Temas de La Mente, La Sociedad y La Conducta» (2015). https://www.bancomundial.org/es/news/feature/2014/12/02/world-development-report-2015-explores-mind-society-and-behavior, accessed 12 April 2023.

- «When Corruption Is the Norm» (World Development Report 2015: Mind, Society, and Behavior 2015) http://pubdocs.worldbank.org/en/193141482349924845/Spotlight-1.pdf.

Bandiera O, **Prat A** and **Valletti T**, «Active and Passive Waste in Government Spending: Evidence from a Policy Experiment», (2009), 99, *American Economic Review*, 1278. https://www.aeaweb.org/articles?id=10.1257/aer.99.4.1278.

Banerjee S and **John P.**:

- «Nudge plus: Incorporating Reflection into Behavioral Public Policy», (2021), *Behavioural Public Policy*, 1

- «Nudge Plus: Putting Citizens at the Heart of Behavioural Public Policy», https://papers.ssrn.com/abstract=4315671, accessed 5 June 2023.

Banfield EC, «Corruption as a Feature of Government Organization». In M. U. Ekpo, Ed., *Corruption in Sub-Saharan Africa: Towards a Search for Causes and Consequences*. (1979).

Barari S and others, «Evaluating COVID-19 Public Health Messaging in Italy: Self-Reported Compliance and Growing Mental Health Concerns» (2020), medRxiv https://doi.org/10.1101/2020.03.27.20042820.

Bardhan P, «Corruption and Development: A Review of Issues», (1997), 35, *Journal of Economic Literature*.

Barone C and others, «Nudging Gender Desegregation: A Field Experiment on the Causal Effect of Information Barriers on Gender Inequalities in Higher Education», (2019), 21, *European Societies*, 356.

Base de Datos Políticos de las Américas:

- «Responsabilidad Por Violaciones de Los Derechos Humanos», https://pdba.georgetown.edu/Comp/Derechos/responsabilidad.html#idx, accessed 16 September 2022.

- «Responsabilidad Por Violaciones de Los Derechos Humanos» (Centro de Estudios Latinoamericanos, Escuela de Servicio Exterior, Universidad de Georgetown, *Oxford University Press*, 2017). https://pdba.georgetown.edu/Comp/Derechos/responsabilidad.html#idx, accessed 16 September 2022.

Battaglio Jr RP and others, «Behavioral public Administration Ad Fontes: A Synthesis of Research on Bounded Rationality, Cognitive Biases, and Nudging in Public Organizations», (2019), 79, *Public Administration Review*, 304.

Baumann H, «A Failure of Governmentality: Why Transparency International Underestimated Corruption in Ben Ali's Tunisia», (2017), 38, *Third World Quarterly*, 467.

Bautista ÓD, «La Ética En La Gestión Pública Fundamentos, Estado de La Cuestión y Proceso Para La Implementación de Un Sistema Ético Integral En Los Gobiernos» (Universidad Complutense de Madrid 2007) https://eprints.ucm.es/id/eprint/7529/.

Bechara, Ana ; **Fuziger** RJosé, «A Política Criminal Brasileira No Controle Da Corrupção Pública». https://edisciplinas.usp.br/pluginfile.php/4254324/mod_resource/content/1/Estudios sobre corrupci{\'{o}}n.pdf.

Beeri I and others, «"Advancing Ethics in Public Organizations: The Impact of an Ethics Program on Employees" Perceptions and Behaviors in a Regional Council», (2013), 112, *Journal of Business Ethics*, https://doi.org/10.1007/s10551-012-1232-7.

Begovic B, «Corrupción: Conceptos, Tipos, Causas y Consecuencias» (*CADAL - Centro para el desarrollo de América latina* 2005) https://www.cadal.org/publicaciones/archivo/?id=1410.

Bekker V, Tummers L and **Van Leeuwen M**, «Nudge'as an Innovative Policy Instrument: A Public Administration Perspective», *Conference proceedings of the Social Innovation Research Conference*. Available at: https://www. researchgate. net/publication/282808146_'Nudge'_as_an_innovative_policy_i nstrument_a_public_administration_perspective (2015).

Bellé N and **Cantarelli P**, «What Causes Unethical Behavior? A Meta-Analysis to Set an Agenda for Public Administration Research», (2017), 77, *Public Administration Review*, 327.

Bello y **Villarino J-M**, «Measuring Corruption: A Critical Analysis of the Existing Datasets and Their Suitability for Diachronic Transnational Research», (2021), 157, *Social Indicators Research*, 709.

Beltrán M, «La Formación de Los Empleados Públicos. La Acción Pública En El Régimen Democrático», (2000), *Centro de Estudios Políticos y Constitucionales*, 153.

Benartzi S and others, «Should Governments Invest More in Nudging».

Benedetto MD, «Corrupción y lucha contra la corrupción desde una perspectiva regulatoria», (2023), *EUNOMÍA. Revista en Cultura de la Legalidad*, 402. https://e-revistas.uc3m.es/index.php/EUNOM/article/view/7680, accessed 9 June 2023.

Benito Sánchez D, «El Delito de Corrupción En Las Transacciones Comerciales Internacionales» (2020). *El delito de corrupción en las transacciones comerciales internacionales*, 493.

Betsch C and others, «Social and Behavioral Consequences of Mask Policies during the COVID-19 Pandemic», (2020), 117, *Proceedings of the National Academy of Sciences of the United States of America*, 21851.

Bhagwati JN, «Directly Unproductive, Profit-Seeking (DUP) Activities» (1982), 90, *Journal of Political economy*, 988.

Bhanot SP and **Linos E**, «Behavioral public Administration: Past, Present, and Future» (2020), 80, *Public Administration Review*, 168.

Bhawra J and others, «Are Young Canadians Supportive of Proposed Nutrition Policies and Regulations? An Overview of Policy Support and the Impact of Socio-Demographic Factors on Public Opinion» (2018), 109, *Canadian Journal of Public Health = Revue Canadienne De Sante Publique*, 498.

Biaggio A and **Rodrigues A**, «Behavioral Compliance and Devaluation of the Forbidden Object as a Function of Probability of Detection and Severity of Threat» (1971), 4, *Developmental Psychology*, 320.

Bicchieri C, «Norm Nudging and Twisting Preferences» (2023), *Behavioural Public Policy*, 1, https://www.cambridge.org/core/journals/behavioural-public-policy/article/norm-nudging-and-twisting-preferences/1FB6EF21C4947C012BDDAF25300B8A65, accessed 1 June 2023.

BID, «A Política Pública de Combate à Covid-19».

BIT.:

- «The Behavioural Insights Team. Update Report 2016-17» (2016).

- «The Behavioural Insights Team» (2018) https://www.bi.team/, accessed 12 June 2020.

- «The Behavioural Insights Team» https://www.bi.team/, accessed 12 June 2020.

BIT TBIT, «International Development and Behavioural Insights. Summary Report 2017-19» (2017), https://www.bi.team/wp-content/uploads/2019/03/BIT_International_V4-Interactive-28.3.19.pdf, accessed 2 April 2023.

Blanchet LA and **Marin Tpm**, «A Corrupção Como Violação de Direitos Humanos e a Necessária Efetividade Da Lei No 12.846/13», (2018), 18, *A&C - Revista de Direito Administrativo & Constitucional*.

Blanco FAC, «Retos y Propuestas Para Un Nuevo Empleo Público En Andalucía», *Retos Jurídicos Actuales De La Administración Andaluza. I Jornadas del Instituto Clavero Arévalo en homenaje al profesor Manuel Clavero Arévalo* (Instituto Andaluz de Administración Pública 2022). https://idus.us.es/bitstream/handle/11441/137420/Retos%20juridicos%20actuales%20de%20la%20administracion%20andaluza.pdf?sequence=1&isAllowed=y, accessed 3 March 2023.

Blom SSAH and others, «Under Pressure: Nudging Increases Healthy Food Choice in a Virtual Reality Supermarket, Irrespective of System 1 Reasoning», (2021), 160 *Appetite*, 105116.

Boly A and **Gillanders R**, «Anti-Corruption Policy Making, Discretionary Power and Institutional Quality: An Experimental Analysis», (2018) 152, *Journal of Economic Behavior and Organization*, 314.

Borges M and others, «Combatting Corruption among Civil Servants: Interdisciplinary Perspectives on What Works», (2017,) *USAID Research and Innovations Grants Working Paper Series*. Washington/DC: USAID.

Bovens L, *The Ethics of Nudge*, (2009), Preference change: Approaches from philosophy, economics and psychologyl 207.

Bovens M, «Two Concepts of Accountability: Accountability as a Virtue and as a Mechanism» (2010), 33, West European Politics, 946.

Bozeman B and Feeney MK, *Rules and Red Tape: A Prism for Public Administration Theory and Research* (ME Sharpe 2011) https://doi.org/10.1080/10967494.2015.1027800.

Brademas J and **Heimann F**, «Tackling International Corruption: No Longer Taboo» (1998), 77, *Foreign Affairs*, 17

Brito BDC and **Alves EDS**, «Programa Minha Casa, Minha Vida Como Modelo de Moradia (in)Adequada: Um Estudo Sobre o Jardim Bassoli», *Brazilian Technology Symposium*, 2016, Campinas BTSYM. BTSym'16 - Proceedings, V.1. 2016. Recuperado en: http://lcv.fee.unicamp.br/images/BTSym-16/proceedings/pa70-16-edited.pdf. (2016).

Brown A and others, «The Creation of a Nudging Protocol to Support Online Student Engagement in Higher Education», (2022), *Active Learning in Higher Education*, 146978742110390.

Brown C and **Parnin C**, «Nudging Students Toward Better Software Engineering Behaviors», (2021), *International Workshop on Bots in Software Engineering*, 11.

Brown ME, **Treviño LK** and **Harrison DA**, «Ethical Leadership: A Social Learning Perspective for Construct Development and Testing», (2005), 97, *Organizational Behavior and Human Decision Processes*, https://doi.org/10.1016/j.obhdp.2005.03.002.

Bryan CJ, **Adams GS** and **Monin B**, «When Cheating Would Make You a Cheater: Implicating the Self Prevents Unethical Behavior», (2013), 142, *Journal of Experimental Psychology: General*, 1001.

Budiman A, **Roan A** and **Callan VJ**, «Rationalizing Ideologies, Social Identities and Corruption among Civil Servants in Indonesia during the Suharto Era», (2013), 116, *Journal of business ethics*, 139.

Buheji M.:

- «Behavioural Economics Trends in Improving Governments Outcomes-Much More than Nudge».

- «The Trust Project Building Better Accessibility to Healthcare Services through Behavioural Economics and Inspiration Labs», (2019), 7, *International Journal of Economics, Commerce and Management*, United Kingdom, 526.

Bürkle J and **Hauschka C**, *Der Compliance Officer. Ein Handbuch in eigener Sache*. (2015) CH Beck, München

Cabezas Rincón LM, «América Latina, El Continente de La Sorpresa y La Paradoja. Libro Curso de Ciencia Política», (2017), Senado de la República México, 676.

Cabo SV, «El Delito de Malversación de Caudales Públicos. La Cualidad de Funcionario Público. Influencia de La Dogmática Penal», https://ficp.es/wp-content/uploads/2019/03/Viv%C3%B3-Cabo.-Comunicaci%C3%B3n.pdf.

Caciagli M, *Il Clientelismo. Passato, Presente, Futuro* (Di Girolamo 2009).

Calvo Sánchez MD, «Nuevo reto para la Administración Pública del S. XXI : evaluación del desempeño y la sostenibilidad del sistema sanitario público español», *El nuevo derecho administrativo : libro homenaje al prof. Dr. Enrique Rivero Ysern*, 2011, ISBN 978-84-939756-1-6, págs. 513-521 (2011), https://dialnet.unirioja.es/servlet/articulo?codigo=3985694, accessed 23 June 2023.

Calvo Sánchez MD and **Arbe Ochandiano MM**, «La protección de la salud y la efectividad de las normas ambientales: innovar desde la experiencia», *Innovación en las normas ambientales*, 2019, ISBN 9788413132600, págs. 221-253 (Tirant lo Blanch 2019), https://dialnet.unirioja.es/servlet/articulo?codigo=6954594, accessed 23 June 2023

Campos-Mercade P and others, «Monetary Incentives Increase COVID-19 Vaccinations». (2021), *Science*.

Cappelletti L, *Burocrazia e Società. Uno Studio Dei Quadri Direttivi Dell'amministrazione Italiana* (Giuffré 1968).

Cardona LÁ, **Ortiz H** and **Vázquez LD**, «Violación de Derechos Humanos En México. Un Costo Poco Advertido de La Corrupción», (2018), 25, *Política y gobierno*, 153.

Caris, M, *IMAGINE - IMproving Adherence to Guidelines in Infectious Diseases through Nudging and Education: IMproving Adherence to Guidelines in Infectious Diseases through Nudging and Education*.

Carlson P.J and others, «Benefits of Pavement Markings; A Renewed Perspective Based on Recent and Ongoing Research» (2009), 2107, *Transportation Research Record*, 59.

Carloni E, «Fighting Corruption through Administrative Measures. The Italian Anti-Corruption Policy», (2017), 9, *Italian Journal of Public Law*.

Casas Hervilla J, *Prevaricación administrativa de autoridades y funcionarios públicos : análisis de sus fundamentos y revisión de sus límites*.

Caselles JA and **González JLJ**, *Efectos Políticos y Económicos de Los Escándalos de Corrupción y de Su Difusión Pública*, (Tirant lo Blanch 2017).

Caso G and **Vecchio R**, «Nudging Low-Medium Income Mothers towards Healthy Child Options in an Online Restaurant Scenario» (2022), 180, *Appetite*, 106360.

Cassagne JC and **Enterría EG de**, *El Principio de Legalidad y El Control Judicial de La Discrecionalidad Administrativa,* (Marcial Pons Madrid 2009).

Castañeda ASC, «Actos de Corrupción Como Violación a Los Derechos Humanos», (2012), 7, *Saber, Ciencia y Libertad*, 35.

Castillo-Blanco F, *Empleo Público, Derecho a Una Buena Administración e Integridad* (2018), 1.

Castillo-Blanco SC, «Corrupción, Funcionarios Públicos y El Papel de La Deontología» (2010), *Revista telemática de Filosofía del Derecho*, 16, http://rtfd.es/numero13/01-13.pdf

Castro ÁL and **Álvarez AH**, «Diseño Del Mapa Territorial y Metodológico de La Corrupción Política: Análisis Multinivel de Canarias», 189.

Catalá R and **Cortés O**, «Talento Público Para Una Administración Tras El Corona Shock», (2020) *Observatorio del Sector Público Esade-PWC*, https://www.pwc.es/es/publicaciones/tercer-sector/talento-publicopara-administracion-corona-shock.pdf, accessed 22 January 2023.

Cerezo Mir, José, *Límites Entre El Derecho Penal y El Derecho Administrativo.* (Anuario de derecho penal y ciencias penales 1975), https://www.boe.es/biblioteca_juridica/anuarios_derecho/abrir_pdf.php?id=ANU-P-1975-20015900175, accessed 15 May 2023.

Cesareo M and others, «The Effectiveness of Nudging Interventions to Promote Healthy Eating Choices: A Systematic Review and an Intervention among Italian University Students» (2022), 168, *Appetite*, 105662.

CF, O.D.D.S., «Transforming Our World: The 2030 Agenda for Sustainable Development | Department of Economic and Social Affairs» (2015), https://sdgs.un.org/2030agenda, accessed 19 May 2023.

Chan EY, «Moral Foundations Underlying Behavioral Compliance during the COVID-19 Pandemic». (2020), 171, *Personality and Individual Differences*, 110463.

Charron N, »Do Corruption Measures Have a Perception Problem? Assessing the Relationship between Experiences and Perceptions of Corruption among Citizens and Experts» (2016), 8, *European Political Science Review*, 147, https://www.cambridge.org/core/journals/european-political-science-review/article/abs/do-corruption-measures-have-a-perception-problem-assessing-the-relationship-between-experiences-and-perceptions-of-corruption-among-citizens-and-experts/228DFB5C02DF9AFC10E98C8889DFCE01, accessed 21 May 2023.

Chevallier J, «Les Nudges Dans La Modernisation de l ' Action Publique To Cite This Version» : HAL Id : Hal-02056338 DANS LA MODERNISATION DE L ' ACTION PUBLIQUE.

Choma BL and others, «Ideological and Psychological Predictors of COVID-19-Related Collective Action, Opinions, and Health Compliance Across Three Nations» (2021), 9, *Journal of Social and Political Psychology*, 123.

Christensen J and others, «Human Capital and Administrative Burden: The Role of Cognitive Resources in Citizen-State Interactions» (2020), 80, *Public Administration Review*, 127, https://onlinelibrary.wiley.com/doi/abs/10.1111/puar.13134, accessed 13 June 2023.

Christensen T and **Fan Y**, «Post-New Public Management: A New Administrative Paradigm for China?» (2018), 84, *International Review of Administrative Sciences*, https://doi.org/10.1177/0020852316633513.

Cid IVL, «La Lucha Contra La Corrupción Política. Hong Kong Un Modelo de Buenas Prácticas» (1970), 3, *Cuadernos de Gobierno y Administración Pública*, 171, https://revistas.ucm.es/index.php/CGAP/article/view/55086.

CIDH (Comisión Interamericana de derechos humanos):

- «Informe de La Relatoría Especial Para La Libertad de Expresión 2002. Capítulo IV: "Libertad de Expresión y Pobreza"» (2003).

- «Corrupción y Derechos Humanos: Estándares Interamericanos» (Comisión Interamericana de Derechos Humanos, 2019), http://www.oas.org/es/cidh/informes/pdfs/CorrupcionDDHHES.pdf, accessed 20 April 2023.

CIPDH, «La Corrupción y Los Derechos Humanos Estableciendo El Vínculo» (2009).

Clark AK, «Measuring Corruption: Transparency International's "Corruption Perceptions Index"», *Corruption, Accountability and Discretion*, vol 29 (Emerald Publishing Limited 2017), https://www.emerald.com/insight/content/doi/10.1108/S2053-769720170000029001/full/html, accessed 15 May 2023.

Cochrane C, «Teaching Integrity in the Public Sector: Evaluating and Reporting Anti-Corruption Commissions' Education Function» (2019), 38, *Teaching Public Administration*, 014473941985114.

Cohn A, **Fehr E** and **Maréchal MA**, «Business Culture and Dishonesty in the Banking Industry» (2014), 516, *Nature*, 86, https://www.nature.com/articles/nature13977, accessed 9 June 2023.

Comisión Europea, «About the Competence Centre on Behavioural Insights | Knowledge for Policy», https://knowledge4policy.ec.europa.eu/behavioural-insights/about_en, accessed 16 June 2023.

Comisión Interamericana de Derechos Humanos – CIDH:

- «Informe Anual de La Relatoría Para La Libertad de Expresión 2002» (2003).

- «Informe Sobre Pobreza y Derechos Humanos En Las Américas» (2017).

- «Resolución 1/17 Derechos Humanos y Lucha Contra La Impunidad y La Corrupción 12 de Septiembre de 2017» (2017) 1.

- «Resolución 1/17 Derechos Humanos y Lucha Contra La Impunidad y La Corrupción 12 de Septiembre de 2017», https://www.oas.org/es/cidh/decisiones/pdf/Resolucion-1-17-es.pdf.

- «Corrupción y Derechos Humanos: Estándares Interamericanos» (2019).

- «Resolución 14/2020. Medida Cautelar No. 1205-19 Familiares Del Periodista Roberto Deniz Machin Respecto de Venezuela» (COMISIÓN INTERAMERICANA DE DERECHOS HUMANOS, 2020) 1.

Comisión para el estudio y preparación del estatuto básico del Empleado Público, *Informe de La Comisión Para El Estudio y Preparación Del Estatuto Básico Del Empleado Público – CPAGE* (Instituto Nacional de Administración Pública, 2005), https://bci.inap.es/material-informe-de-la-comisión-para-el-estudio-y-preparación-del-estatuto-básico-del-empleado?page=4, accessed 3 February 2023.

Consejo Internacional de Políticas de Derechos Humanos (ICHRP), *La Corrupción y Los Derechos Humanos: Estableciendo El Vínculo* (Programa E, 2009).

Constantine D. Mavroudis and others, «Ethical Considerations of Transparency, Informed Consent, and Nudging in a Patient with Paediatric Aortic Stenosis and Symptomatic Left Ventricular Endocardial Fibroelastosis» (2016), 26, *Cardiology in The Young*, 1573.

Corchero Pérez M, *Delitos Urbanísticos* (Tirant lo Blanch 2021), https://biblioteca-tirant-com.ezproxy.usal.es/cloudLibrary/ebook/info/9788413973326.

Costa NLM, «"Nudge" Como Abordagem Regulatória De Prevenção à Corrupção Pública No Brasil». (2017), no. 214, *Revista De Informação Legislativam*, 54 91, http://www12.senado.leg.br/ril/edicoes/54/214/ril_, v. 54, n.º 214, p. 91.

Costas-Pérez E and **Tucat P**, «Nudges: Diseño y Evaluación» (2021), *Gestión y Análisis de Políticas Públicas*, 8, https://revistasonline.inap.es/index.php/GAPP/article/view/10868, accessed 4 May 2023.

Coto del Valle C, «Examen de La Perspectiva Penal de La Actividad. De Los Grupos de Presión», *Derechos de los Asuntos Públicos: una perspectiva jurídica del Lobby* (Tirant lo Blanch 2022), https://biblioteca-tirant-com.ezproxy.usal.es/cloudLibrary/ebook/info/9788411138567.

Council of Europe – CAHAI. (2020). *Towards Regulation of AI Systems*. Https://Www.Coe.Int/En/Web/Artificial-Intelligence/-/-toward-Regulation-of-Ai-Systems-. Accessed 31 March 2021.', https://www.coe.int/en/web/artificial-intelligence/-/-toward-regulation-of-ai-systems-

Crespo ED, *El Derecho Penal Del Estado de Derecho Entre El Espíritu de Nuestro Tiempo y La Constitución* (Editorial Reus 2021), https://www.editorialreus.es/media/pdf/primeraspaginas_9788429023152el-derecho-penal-y-constitucion-reus.pdf, accessed 3 February 2023.

Curt C. Braun and others, «Differences in Behavioral Compliance as a Function of Warning Color» (1994) 38 379

Dai H and others, «Behavioural Nudges Increase COVID-19 Vaccinations» (2021), 597, *Nature*, 404.

Damgaard MT and **Nielsen HS**.:

- «Nudging in Education: A Survey».

- «Behavioral Economics and Nudging in Education: Evidence from the Field», 21.

Dassah MO, «Is There a Hole in the Bucket? Identifying Drivers of Public Sector Corruption, Effects and Instituting Effective Combative Measures» (2008), 43, 37.

Davis K, «Corruption as a Violation of International Human Rights: A Reply to Anne Peters» (2018), 29, *European Journal of International Law*, 1289.

De Benedetto M, *Corruption from a Regulatory Perspective* (Hart Publishing 2021), https://www.bloomsbury.com/uk/corruption-from-a-regulatory-perspective-9781509929238/, accessed 10 June 2023.

De Catalunya OA, *La Gestió Dels Conflictes d'interès En El Sector Públic de Catalunya* (Parlament de Catalunya, 2017).

De Enterría EG, *Responsa Iurisperitorum Digesta, Vol. II*, vol 17 (Universidad de Salamanca, 2001).

De Liddo A, **Plüss B** and **Ardito A**, «Democratic Reflection: Nudging Citizens? Democratic Engagement with Political Election Debates» (2020), *CSCW Companion*, 25.

De Maria W, «Measurements and Markets: Deconstructing the Corruption Perception Index» (2008), 21, *International Journal of Public Sector Management*, 777.

De Pablo Serrano A, «La Responsabilidad Penal de Los Partidos Políticos: Delitos, Penas y "Compliance Programms"», *Problemas actuales sobre el control de los partidos políticos* (Tirant lo Blanch, 2016).

De Quintana J, «Nudges, Consideraciones Normativas de Sus Objetivos y Métodos» (2021), *Gestión y Análisis de Políticas Públicas*, 23.

De Sousa L and **Coroado S**, *Ethics and Integrity in Politics: Perceptions, Control, and Impact* (2022), https://ffms.pt/sites/default/files/2022-12/FFMS_Ethics_Web_AF_FT.pdf.

De Sousa L, Hindess B and Larmour P, *Governments, NGOs and Anti-Corruption: The New Integrity Warriors* (Routledge, 2012)

Della Porta D, «Social Capital, Beliefs in Government, and Political Corruption», *Disaffected democracies* (Princeton University Press, 2018).

DellaVigna S and **Linos E**, «RCTs to Scale: Comprehensive Evidence from Two Nudge Units» (2022), 90, *Econometrica*, 81.

Denhardt JV and **Denhardt RB**, "The New Public Service Revisited' (2015), 75, *Public Administration Review*, 664, https://onlinelibrary.wiley.com/doi/abs/10.1111/puar.12347, accessed 7 June 2023.

Denisova-Schmidt E, **Huber M** and **Prytula Y**, «An Experimental Evaluation of an Anti-Corruption Intervention among Ukrainian University Students» (2015), 56, *Eurasian Geography and Economics*, 713.

Deysine A, «Political Corruption: A Review of the Literature» (1980), 8, *European journal of political research*, 447.

Di Donato L, «Behavioural Research and Corruption: A New Promise for Governments?» (2018), 24, *European Law Journal*, 510.

Diaby A and **Sylwester K**, «Bureaucratic Competition and Public Corruption: Evidence from Transition Countries» (2014), 35 *European Journal of Political Economy*, 75, https://www.sciencedirect.com/science/article/pii/S0176268014000408, accessed 31 May 2023.

Díaz Bravo, Enrique and **Rodríguez Arana** J, *La Profesionalización En La Contratación Pública Estratégica* (Tirant lo Blanch 2023), https://biblioteca-tirant-com.ezproxy.usal.es/cloudLibrary/ebook/info/9788411477642.

Diego Bautista O, «La Ética En La Gestión Pública Fundamentos, Estado de La Cuestión y Proceso Para La Implementación de Un Sistema Ético Integral En Los Gobiernos» (Universidad Complutense de Madrid, 2007), https://eprints.ucm.es/id/eprint/7529/, accessed 23 April 2023.

Ding D and others, «Is the COVID-19 Lockdown Nudging People to Be More Active: A Big Data Analysis».

Directiva (UE) 2019/1937 Del Parlamento Europeo y Del Consejo, de 23. de Octubre de 2019, Relativa a La Protección de Las Personas Que Informen Sobre Infracciones Del Derecho de La Unión, https://app.vlex.com/#vid/877487576, accessed 13 February 2023

Directorate-General for Migration and Home Affairs (European Commission) and others, *Strengthening the Fight against Corruption: Assessing the EU Legislative and Policy Framework : Final Report for Acceptance* (Publications Office of the European Union 2023), https://data.europa.eu/doi/10.2837/22427, accessed 31 May 2023.

Djankov S and others, «Who Owns the Media?» (1 May 2001), 341.

Donaire MBL, «Marcos de Integridad y Los Canales de Denuncia. El Derecho a La Buena Administración» (Tirant lo Blanch, 2022).

Donath L, **Boldea M** and **Popa A-M**, «Nudging Generation Y towards Education for Sustainability», 123.

Dos-Santos-Alves E:

- «El Uso de Los Nudges y Cómplice En La Formación de Los Empleados Públicos Para Prevención y Control de La Corrupción En España Para Cumplir El Objetivo 16.5 de La Agenda 2030».

- «Las Contrataciones Públicas y La Corrupción Con La COVID-19 En Iberoamérica», *I Congreso Internacional de Derecho Procesal e Innovación en la Contratación Pública,* organizado por la USAL, Universidad del Miño y PUCE-SI. los días 27, 28 y 29 de Abril de 2021 (2021).

Dreher A and **Herzfeld T**, «The Economic Costs of Corruption: A Survey and New Evidence» (2005) Available at *SSRN*, 734184

Drugov M, **Hamman J** and **Serra D**, «Intermediaries in Corruption: An Experiment» (2014), 17, *Experimental Economics*, 78, http://link.springer.com/10.1007/s10683-013-9358-8.

Drury AC, **Krieckhaus J** and **Lusztig M**, «Corruption, Democracy, and Economic Growth» (2006), 27, *International political science review*, 121.

Duncan N, «The Non-Perception Based Measurement of Corruption: A Review of Issues and Methods from a Policy Perspective» (2006), *Measuring corruption*, 131.

Dupuy K and **Neset S**, «The Cognitive Psychology of Corruption» (U4 Anti-Corruption Resource Centre, Chr Michelsen Institute 2018), https://www.u4.no/publications/the-cognitive-psychology-of-corruption.pdf, accessed 11 June 2023.

Dyson KH and **Featherstone K**, *The Road to Maastricht: Negotiating Economic and Monetary Union* (Oxford University Press, 1999).

E. Warren M, «What Does Corruption Mean in a Democracy?» (2004) 48 American journal of political science 328.

Earl PE, «Richard H. Thaler: A Nobel Prize for Behavioural Economics» (2018), 30, *Review of Political Economy*, 107, https://www.tandfonline.com/doi/full/10.1080/09538259.2018.1513236, accessed 1 June 2023.

Elster J, *The Cement of Society: A Survey of Social Order* (Cambridge University Press 1989).

Engelen B and **Ivanković V**, «Nudging, Transparency, and Watchfulness» (2019), 45, *Social Theory and Practice*, 43.

Erber R and **Lau RR**, «Political Cynicism Revisited: An Information-Processing Reconciliation of Policy-Based and Incumbency-Based Interpretations of Changes in Trust in Government» (1990), *American Journal of Political Science*, 236.

Erlingsson GÓ, «Measuring Corruption: Whose Perceptions Should We Rely On?: Evidence from Iceland» (2016), 12, *Stjornmal Og Stjornsysla/The Icelandic Review of Politics & Administration*, 215.

Escudero JF, *¡Que Vienen Los Lobbies!: El Opaco Negocio de La Influencia En España*, vol. 240 (Grupo Planeta (GBS) 2013).

Espiell HG, *Los Derechos Económicos, Sociales y Culturales En El Sistema Interamericano* (Libro Libre 1986).

Esposito G and others, «Nudging to Prevent the Purchase of Incompatible Digital Products Online: An Experimental Study» (2017), 12, *PLOS ONE*, 1.

Esquivel SM, «Ética Pública y Compliance Del Sector Público» (2018) *La Buena Administración y la Ética*, 245, https://www.academia.edu/download/67506757/Libro_Gabardo_Salgado_Colombia_V_2.pdf#page=245, accessed 3 May 2023.

Eurobarómetro, «Report Corruption» (2020).

European Commission, «Eurobarometer: Citizens and Businesses Have Spoken – Corruption Remains a Serious Problem in EU Countries» (2022), https://home-affairs.ec.europa.eu/news/citizens-and-businesses-have-spoken-corruption-remains-serious-problem-eu-countries-2022-07-13_en, accessed 31 May 2023.

Ewert B, **Loer K** and **Thomann E**, «Beyond Nudge: Advancing the State-of-the-Art of Behavioural Public Policy and Administration» (2021), 49, *Policy & Politics*, 3.

Fabrigar LR and **Norris ME**, «Conformity, Compliance, and Obedience».

Facione NC, «Perceived Risk of Breast Cancer: Influence of Heuristic Thinking» (2002), 10, *Cancer Practice*, 256, https://onlinelibrary.wiley.com/doi/abs/10.1046/j.1523-5394.2002.105005.x, accessed 1 June 2023.

Fackler T and **Lin T**, «Political Corruption and Presidential Elections, 1929-1992» (1995), 57, *The Journal of Politics*, 971.

Faith Mwende Mutegi, **Nzioki S**, and **George King'oriah**, «Employee Training and Public Service Delivery of Huduma Centres in Kenya» (2021) 9, *The International Journal of Business and Management*.

Falisse J-B and others, «Do Anti-Corruption Messages Improve Public Service Delivery? Insights from a Lab-in-the-Field Experiment in Burundi» (2021), *Journal of Development Studies*, 1.

Farrales MJ, «What Is Corruption?: A History of Corruption Studies and the Great Definitions Debate» (2012), *SSRN Electronic Journal*.

Fazekas, M., **Cingolani, L.**, and **Tóth, B.**:

- «A Comprehensive Review of Objective Corruption *Proxies* in Public Procurement: Risky Actors, Transactions, and Vehicles of Rent Extraction» (2017), *Government Transparency Institute Working*.

- «Innovations in Objectively Measuring Corruption in Public Procurement» in HK Anheier, M Haber and MA Kayser (eds), *Governance indicators. Approaches, progress, promise* (Oxford University Press, 2018).

Fazekas M and **Kocsis G**, «Uncovering High-Level Corruption: Cross-NationalCorruption *Proxies* Using Government Contracting Data» (2017), *British Journal of Political Science.*, https://doi.org/10.1017/S0007123417000461.

Feldman Y, «Using Behavioral Ethics to Curb Corruption» (2017), 3, *Behavioral science & policy association*, 87, https://behavioralpolicy.org/wp-content/uploads/2018/05/06_BSPvol3no2_Feldman.pdf.

Felsen G, **Castelo N** and **Reiner PB**, ,«Decisional Enhancement and Autonomy: Public Attitudes towards Overt and Covert Nudges» (2013), 8, *Judgment and Decision making*, 202.

Fernández Ajenjo JA, «Los Nuevos Retos de La Auditoría Pública En Materia de Ética, Integridad y Lucha Contra El Fraude» (2022), *Auditoría pública: revista de los Órganos Autónomos de Control Externo*, 74.

Fernández González MC, «Public compliance, Next-Generation y entorno rural: retos de la nueva modernidad», *Rural renaissance: acción, promoción y resiliencia*, 2022, ISBN 9788413907475, págs. 637-651 (Thomson Reuters Aranzadi, 2022), https://dialnet.unirioja.es/servlet/articulo?codigo=8631502, accessed 16 May 2023.

Fernández MJS, «La Oficina Independiente de Regulación y Supervisión de La Contratación Como Órgano de Regulación Del Mercado de La Contratación Pública» (2019), 21, *Revista española de control externo*, 43.

Fernández-Valmayor JLC, «Ética Pública y Normativa Administrativa» (2010), *Revista de administración pública*, 9.

Ferraz C and **Finan F**, «Exposing Corrupt Politicians: The Effects of Brazil's Publicly Released Audits on Electoral Outcomes» (2008), 123, *The Quarterly Journal of Economics*, 703, https://doi.org/10.1162/qjec.2008.123.2.703, accessed 7 June 2023

Firas AlOmari, «How to Improve Patient Satisfaction Behavioral Compliance and Hospital Image through Nurse Caring: Strategizing for Healthcare during COVID-19» (2021) *Health Marketing Quarterly*, 1

Fishbane A, **Ouss A** and **Shah AK**, «Behavioral Nudges Reduce Failure to Appear for Court» (2020), 370, *Science* (New York, N.Y.), eabb6591

Fong GT and others, «The Impact of Pictures on the Effectiveness of Tobacco Warnings» (2009) 87, *Bulletin of The World Health Organization*, 640.

Fonseca ICM:

- *Estudos de E. Governação, Transparência e Proteção de Dados* (Leya 2021), https://books.google.es/books?hl=en&lr=&id=y4YgEAAAQBAJ&oi=fnd&pg=PT4&dq=info:xYok-I8UphYJ:scholar.google.com&ots=aoh57SNjac&sig=7jjRi41ApSMb9xvuoG3VclPpuw0&redir_esc=y#v=onepage&q&f=false

- "A Proteção Jurisdicional (in)Certa de Direitos Fundamentais Através Da Intimação Urgente», *Temas de investigação em direitos humanos para o século XXI* (Universidade do Minho Centro de Investigação Interdisciplinar em Direitos ... 2016), http://repositorium.uminho.pt/bitstream/1822/47269/1/JERÓNIMO%2c%20Patr%C3%ADcia_org._Temas%20Investigacao%20em%20Direitos%20Humanos%20para%20o%20séc.%20XXI.pdf, accessed 20 June 2023.

Frederickson HG and **Ghere RK**, *Ethics in Public Management* (Routledge 2014)

Fuentataja Pastor JÁ, «El Estatuto Básico del Empleado Público» (2007), Revista de Administración Pública, 457, https://www.cepc.gob.es/sites/default/files/2021-12/26544rap174019.pdf

Fundación del Español Urgente - Fundéu RAE, «"acicate", alternativa a "nudge"» La palabra española "acicate" es una alternativa válida al anglicismo "nudge" para hacer referencia a un estímulo o incentivo, señala la Fundéu BBVA.» (10 October 2017), https://www.fundeu.es/recomendacion/acicate-alternativa-a-nudge/, accessed 1 May 2023

Galtung F:

- «Measuring the Immeasurable: Boundaries and Functions of (Macro) Corruption Indices» (2006), 101, *Measuring corruption*.

- *Measuring Corruption* (Ashgate Publishing, Ltd 2013).

Gamero Casado E and **Fernández Ramos S**, *Manual básico de derecho administrativo*, 13.ª Ed. (Tecnos 2022)

García de Enterría y Martínez-Carande, Eduardo; **Fernández Rodríguez**, Tomás-Ramón, *Curso de Derecho Administrativo I (Tratados y Manuales de Derecho)*.

García García MJ, «Los Principios Constitucionales de Igualdad, Mérito y Capacidad: Su Plasmación En El Estatuto Del Empleado Público» (2008), 15, *Rev. Jurídica Castilla & León*, 129, https://core.ac.uk/download/pdf/75989002.pdf, accessed 12 February and 18 june 2023.

Gardiner JA, *The Politics of Corruption* (Russell Sage Foundation 1970)

Génaux M, «Social Sciences and the Evolving Concept of Corruption» (2004), 42, *Crime, law and social change*, 13.

Gilman SC, «To Understand and to Misunderstand How Corruption Is Measured: Academic Research and the Corruption Perception Index» (2018), 20, *Public Integrity*, S74, https://doi.org/10.1080/10999922.2018.1472974, accessed 21 May 2023.

Gingerich DW and others, «Corruption as a Self-Fulfilling Prophecy: Evidence from a Survey Experiment in Costa Rica» (2015), *SSRN Scholarly Paper*, 2581394, https://papers.ssrn.com/abstract=2581394, accessed 11 June 2023

Gobierno de España, «Empleados Públicos. Código de Conducta. - Organización y Empleo Público - Publicidad Activa - Portal de La Transparencia de La Administración Del Estado. España – Inicio», https://transparencia.gob.es/transparencia/transparencia_Home/index/PublicidadActiva/OrganizacionYEmpleo/CodigoConductaEEPP.html, accessed 13 March 2023.

Goitia AC and **Biel PR**, «Mas Allá de Los Nudges: Políticas Públicas Efectivas Basadas En La Evidencia de Las Ciencias Del Comportamiento» (2021), *Gestión y Análisis de Políticas Públicas*, 38.

Gold N and others, «Better off, as Judged by Themselves: Do People Support Nudges as a Method to Change Their Own Behavior?» (2020), *Behavioural Public Policy*, 1.

Golden MA and **Picci L**, «Proposal for a New Measure of Corruption, Illustrated with Data» (2005), 17, *Economics and Politics*, https://doi.org/10.1111/j.1468-0343.2005.00146.x

Gómez-García M and **Soto-Mota PI**, «Applying Behavioral Science to Increase Compliance and Reports of Gifts Received by Public Servants in Mexico», *International Research Society for Public Management Conference, Budapest, Hungary* (2017), https://oecd-opsi.org/innovations/using-behavioral-science-to-reduce-corruption-within-mexicos-public-service-an-innovative-way-to-fight-corruption/, accessed 6 June 2023.

González Botija F, «II. Procedimiento administrativo», *Formularios básicos de los ciudadanos con las administraciones públicas: Adaptados a la Ley 39/2015, de 1 de octubre, del Procedimiento Administrativo Común de las Administraciones Públicas, 2016, ISBN 9788491433170, págs. 33-50* (Tirant lo Blanch 2016), https://dialnet.unirioja.es/servlet/articulo?codigo=8358140, accessed 23 June 2023.

González M and others, *Transparencia, Lucha Contra La Corrupcion y El Sistema Interamericano de Derechos Humanos.* (2011), http://repositorio.uchile.cl/bitstream/handle/2250/122732/Transparencia-lucha-contra-la-corrupcion.pdf?sequence=2

Gómez Rivero, M.ª C and **Barrero Ortega A**, *Regeneración Democrática y Estrategias Penales En La Lucha Contra La Corrupción* (Tirant lo Blanch 2017), https://biblioteca-tirant-com.ezproxy.usal.es/cloudLibrary/ebook/info/9788491691181.

Goodsell CT, *The Case for Bureaucracy: A Public Administration Polemic* (CQ Press 2004).

Gosnell GK and **Bazilian MD**, «Changing Behaviour Is the Key to Solving the Climate Challenge» (2021), 5, *Nature Human Behaviour*, 294.

Granado C, «Understanding the Trainers´ View of the Effectiveness of Continuing Professional Training: The Case of Public Servants Training» (2019), 30, *Revista Complutense de Educación*, 997.

Graycar A and **Prenzler T**, *Understanding and Preventing Corruption* (Springer 2013).

GRECO:

- «Evaluation Report on Spain. First Evaluation Round: Independence, Specialisation and Means Available to National Bodies Engaged in the Prevention and Fight against Corruption Extent and Scope of Immunities» (2001), *GRECO*, 5, https://rm.coe.int/CoERMPublicCommonSearchServices/DisplayDCTMContent?documentId=09000016806c9cdc, accessed 14 October 2023.

- «Informe De Evaluación : Cuarta Ronda De Evaluación. Prevención de la corrupción respecto de parlamentarios, jueces y fiscales» (2019), *GRECO*, 62, https://rm.coe.int/CoERMPublicCommonSearchServices/DisplayDCTMContent?documentId=09000016806ca049, accessed 14 August 2023

- «Segundo Informe de Cumplimiento : Cuarta Ronda de Evaluación. Prevención de La Corrupción Con Respecto a Los Parlamentarios, Jueces y Fiscales» (2021), https://web.archive.org/web/20220117224901/https://rm.coe.int/cuarta-ronda-de-evaluacion-prevencion-de-la-corrupcion-con-respecto-a-/1680a3fd52, accessed 14 June 2023

- «Informe De Evaluación : Quinta Ronda De Evaluación. Prevención de la corrupción y promoción de la integridad en Gobiernos centrales (altas funciones ejecutivas) y Fuerzas y Cuerpos de Seguridad» (2019), *GRECO*, 83, https://rm.coe.int/quinta-ronda-de-evaluacion-prevencion-de-la-corrupcion-y-promocion-de-/168098c693, accessed 14 September 2023

- «Informe de Cumplimiento: Quinta Ronda de Evaluación. Prevención de La Corrupción y Promoción de La Integridad En Gobiernos Centrales (Altas Funciones Ejecutivas) y Las Fuerzas y Cuerpos de Seguridad» (2021), https://rm.coe.int/quinta-ronda-de-evaluacion-prevencion-de-la-corrupcion-y-promocion-de-/1680a5f3c2, accessed 14 June 2023

Greco L.:

- «Verfassungskonformes Oder Legitimes Strafrecht? Zu Den Grenzen Einer Verfassungsrechtlichen Orientierung Der Strafrechtswissenschaft», *Strafrecht und Verfassung* (Nomos Verlagsgesellschaft mbH & Co KG 2013).

- «Por Que Inexistem Deveres Absolutos de Punir» (2017), 1, *Católica Law Review*, 115, https://revistas.ucp.pt/index.php/catolicalawreview/article/view/1991, accessed 2 February 2023.

Grimmelikhuijsen S and others, «Behavioral public Administration: Combining Insights from Public Administration and Psychology» (2017), 77, *Public Administration Review*, 45.

Grupo de los Verdes/Alianza Libre Europea., «The Cost of Corruption across EU. 2018», https://www.greens-efa.eu/files/doc/docs/e46449daadbfebc325a0b408bbf5ab1d.pdf.

Guerrero Peralta C, «El Compliance Penal y La Implementación En La Administración Pública, En Los Delitos de Corrupción de Funcionarios En El Perú, 2018-2020».

Gupta S, Davoodi H and **Alonso-Terme R**, «Does Corruption Affect Income Inequality and Poverty?» (2002), 3, *Economics of Governance*, 23.

Gutiérrez Pérez E, «Corrupción Pública: Concepto y Mediciones. Hacia El Public Compliance Como Herramienta de Prevención de Riesgos Penales» (2018), 13*, Política criminal*, 104, http://politcrim.com/wp-content/uploads/2019/04/Vol13N25A3.pdf.

Guy Peters B, *The Politics of Bureaucracy. An Introduction to Comparative Public Administration*.

H. Carvalho, Alexandro Afonso, and **J. Mazzon**, «Tax Compliance in the Wild: Critical Review of Nudging and Proposition of an Integrative Framework» (2023), *BAR: Brazilian Administration Review*.

Haas EB, *When Knowledge Is Power: Three Models of Change in International Organizations*, vol 22 (University of California Press 1990).

Hagman W and others, «Public Views on Policies Involving Nudges» (2015), 6, *Review of philosophy and psychology*, 439.

Hallsworth M.:

- «A Manifesto for Applying Behavioural Science» (2023), 7, *Nature Human Behaviour*, 310.

- «The Behavioralist As Tax Collector: Using Natural Field Experiments to Enhance Tax Compliance», (2017) 148, *Journal of Public Economics*, 14.

Hand LC and **Catlaw TJ**, «Accomplishing the Public Encounter: A Case for Ethnomethodology in Public Administration Research» (2019), 2, *Perspectives on Public Management and Governance*, 125.

Handron NU Caitlin, **Upadhyaya N** and **Donald S**, «Five Insights and Actions to Enhance Compliance Programs» (Passle), https://insights.ropesgray.com/post/102icik/five-insights-and-actions-to-enhance-compliance-programs, accessed 10 June 2023.

Hanno EC, «Nudging Early Educators' Knowledge, Beliefs, and Practices: An Embedded Randomized Controlled Trial of Text Message Supports» (2022), *Early Education and Development*, 1.

Hansen PG, «The Definition of Nudge and Libertarian Paternalism: Does the Hand Fit the Glove?» (2016), 7, *European Journal of Risk Regulation*, 155, https://www.cambridge.org/core/journals/european-journal-of-risk-regulation/article/definition-of-nudge-and-libertarian-paternalism-does-the-hand-fit-the-glove/16D7A1CBCE9928E3E9ED713BF48C315C, accessed 4 June 2023.

Hansen PG and **Jespersen AM**, «Nudge and the Manipulation of Choice: A Framework for the Responsible Use of the Nudge Approach to Behaviour Change in Public Policy» (2013), 4, *European Journal of Risk Regulation*, 3.

Hansen P.G. and others, «Nudging Hand Hygiene Compliance: A Large-Scale Field Experiment on Hospital Visitors» (2021), *Journal of Hospital Infection*.

Hansen RS, «Tallerkenspild På Restauranter; Plate Waste at Restaurants».

Hanson J, **Sigman R**. «Leviathan's Latent Dimensions: Measuring State Capacity for Comparative Political Research: Manuscript, Maxwell School of Citizenship and Public Affairs, Syracuse University»; 2013. p. 1–41.

Harel A and **Teichman D**, «Análisis Conductista Del Derecho Penal y Su Aplicación: Una Amistosa Revisión Crítica» (2018), 22, *Discusiones*, 31.

Haugh T, «Nudging Corporate Compliance» (2017), 54, *Am. Bus. LJ*, 683.

Hauschka CE.:

- «Compliance Am Beispiel Der Korruptionsbekämpfung» (2004), 25, *Zeitschrift für Wirtschaftsrecht* ,877.

- «Von Compliance Zu Best Practice» (2006), *Zeitschrift für Rechtspolitik*, 258.

- «Compliance —Praktische Erfahrungen Und Thesen—», *Gesellschaftsrecht in der Diskussion 2007* (Verlag Dr Otto Schmidt 2008).

Hawken A and **Munck GL**, «Measuring Corruption: A Critical Assessment and a Proposal» (2009) *Perspectives on Corruption and Human Development*, Macmillan, https://papers.ssrn.com/sol3/papers.cfm?abstract_id=2480847, accessed 5 May 2023

Heidenheimer AJ, «Disjunctions between Corruption and Democracy? A Qualitative Exploration» (2004,) 42, *Crime L. & Soc. Chang*,e 99.

Heidenheimer AJ and **Johnston M**, *Political Corruption: Concepts and Contexts*, vol 1 (Transaction Publishers 2011).

Heller N, «Defining and Measuring Corruption: From Where Have We Come, Where Are We Now, and What Matters for the Future?» (2009), *Revista Del Clad Reforma Y Democracia*, 5.

Hellman J and **Kaufmann D**, «Confronting the Challenge of State Capture in Transition Economies» (2001), 38, *Finance and Development*, 31.

Hertwig R and **Grüne-Yanoff T**, «Nudging and Boosting: Steering or Empowering Good Decisions» (2017) 12, *Perspectives on Psychological Science: A Journal of the Association for Psychological Science*, 973.

Heywood P.:

- «Combating Corruption in the Twenty-First Century: New Approaches» (2018), 147, *Daedalus*, https://doi.org/10.1162/daed_a_00504.

- «Measuring Corruption: Perspectives, Critiques and Limits», *Routledge handbook of political corruption* (Routledge 2014).

- «Rethinking Corruption: Hocus-Pocus, Locus and Focus» (2017), 95, *The Slavonic and East European Review*, 21, http://dx.doi.org/10.5699/slaveasteurorev2.95.1.0021.

Heywood PM and **Rose J**, «"Close but No Cigar": The Measurement of Corruption» (2014) 34, *Journal of Public Policy*, 507

Hidalgo-Pérez M, **Sánchez JLM** and **Palma EB**, «Capacidad administrativa y absorción de los fondos Next-Generation» (2022), *Gestión y Análisis de Políticas Públicas*, 72, https://revistasonline.inap.es/index.php/GAPP/article/view/11078, accessed 13 February 2023

Hoe-Chang Kim, «A Study on Corruption Status of Elected Officials in Local Government and Anti-Corruption Measures» (2022), 5, 부패방지법연구, 107.

Hogdson GM and **Jiang S**, «The Economics of Corruption and the Corruption of Economics: An Institutionalist Perspective» (2007), 41, *Journal of Economic Issues*, 1043.

Hokamp EG and **Weimann J**, «Nudging Openly – An Experimental Analysis of Nudge Transparency in a Public Goods Setting» (2021), *German Economic Review*.

Hood C, *The Art of the State: Culture, Rhetoric, and Public Management* (Oxford University Press 2000)

Hopkin J, «Conceptualizing Political Clientelism: Political Exchange and Democratic Theory» (2006)

Hortal A.:

- «Virtue Nudges: Using Choice Architecture to Form Virtuous Citizens», https://papers.ssrn.com/abstract=4274050, accessed 8 June 2023

- «Evidence-Based Policies, Nudge Theory and Nancy Cartwright: A Search for Causal Principles» (2023), 7, *Behavioural Public Policy*, 333.

Huber B, «La Lucha Contra La Corrupción Desde Una Perspectiva Supranacional» (2002), *Anales de la Facultad de Derecho*, http://riull.ull.es/xmlui/handle/915/18453, accessed 10 February 2023.

Hue THH and **Sun MT-W**, «Democratic Governance: Examining the Influence of Citizen Participation on Local Government Performance in Vietnam» (2021), *International Journal of Public Administration*, 1.

Hummel D and **Maedche A**, «How Effective Is Nudging? A Quantitative Review on the Effect Sizes and Limits of Empirical Nudging Studies» (2019), 80, *Journal of Socio-economics*, 47.

Huntington SP, *Political Order in Changing Societies* (Yale university press 2006).

i Martínez AC.:

- *El Principio de Integridad En La Contratación Pública* (Aranzadi 2014).

- «La Oportunidad Perdida En La Prevención de Los Conflictos de Intereses En La Administración General Del Estado. Un Breve Análisis de La Ley 3/2015, de 30 de Marzo» (2017), *EUNOMÍA. Revista en Cultura de la Legalidad*, 77, https://e-revistas.uc3m.es/index.php/EUNOM/article/view/3643, accessed 3 January 2023

- «Implicações Do Covid-19 No Local De Trabalho Moçambique CORONAVIRUS E COVID-19».

INAP:

- «Estos son los tipos de empleos públicos que existen y los requisitos para acceder», https://laadministracionaldia.inap.es/noticia.asp?id=1509856, accessed 13 March 2023.

- (Grupo de análisis y propuesta de reformas de la Administración Pública), *13 Propuestas Para Reformar La Administración Del Estado* (2021), https://www.libreriavirtuali.com/inicio/13-propuestas-para-reformar-la--Administración-del-Estado-EBOOK-p427983422, accessed 23 April 2023.

Isensee J, «Das Grundrecht Als Abwehrrecht Und Als Staatliche Schutzpflicht» (1992), 9, *Handbuch des Staatsrechts der Bundesrepublik Deutschland*, 413, https://mediendb.hjr-verlag.de/cfmueller/texte/leseprobe/9783811499928_leseprobe_03.pdf, accessed 10 January 2023.

Jachimowicz JM and others, «When and Why Defaults Influence Decisions: A Meta-Analysis of Default Effects» (2019), 3, *Behavioural Public Policy*, 159.

Jahn M and Brodowski D, «Das Ultima Ratio-Prinzip Als Strafverfassungsrechtliche Vorgabe Zur Frage Der Entbehrlichkeit von Straftatbeständen» (2017), 129, *Zeitschrift für die gesamte Strafrechtswissenschaft*, 363, https://www.degruyter.com/document/doi/10.1515/zstw-2017-0015/html, accessed 5 January 2023.

Jain AK, *The Political Economy of Corruption*, vol 2 (Routledge 2001).

Jensen UT, **Ayers S** and **Koskan AM**, «Video-Based Messages to Reduce COVID-19 Vaccine Hesitancy and Nudge Vaccination Intentions» (2022), 17, *PloS one*, e0265736.

Jesse M, **Jannach D**, and **Bartosz Gula**, «Digital Nudging for Online Food Choices» (2021), 12, *Frontiers in Psychology*.

Jilke S, «Essays on the Microfoundations of Competition and Choice in Public Service Delivery».

Jiménez Asensio R and **Castillo Blanco FA**, *Informe Sobre El Empleo Público Local. Balance y Propuestas Para Su Racionalización En El Marco de La Reforma Del Empleo Público* (Fundación Democracia y Gobierno Local 2009), https://repositorio.gobiernolocal.es/xmlui/bitstream/handle/10873/583/Sumario_5_14. pdf?sequence=1&isAllowed=y, accessed 3 February 2023.

John P, «The International Appeal of Behavioural Public Policy: Is Nudge an Anglo-American Phenomenon?» (2019), 4, *Journal of Chinese Governance*, 144.

Johnsøn J and **Søreide T**, «Methods for Learning What Works and Why in Anti-Corruption: An Introduction to Evaluation Methods for Practitioners» (2013), 2013, U4 Issue.

Johnston M.:

- «Measuring Corruption: Numbers versus Knowledge versus Understanding», *The political economy of corruption* (Routledge 2001), http://www.crcnetbase.com/doi/abs/10.4324/9780203468388. pt4.

- *Political Corruption: Concepts and Contexts* (Routledge 2017).

Johnston M and **Kpundeh SJ**, «The Measurement Problem: A Focus on Governance», *Forum on Crime and Society* (United Nations Publications 2002).

Jordan, J., **Yoeli, E.**, & **Rand, D.** (2020). «Don't Get It or Don't Spread It? Comparing Self-Interested versus Prosocial Motivations for COVID-19 Prevention Behaviors». *Working Paper*, Https://Psyarxiv.Com/Yuq7x', https://psyarxiv.com/yuq7x

Juli PS.:

- *Acicates (nudges), buen gobierno y buena administración: Aportaciones de las ciencias conductuales, nudging y sector público y privado* (Marcial Pons 2022).

- «Buen Gobierno y Derecho a Una Buena Administración Desde Una Perspectiva de Calidad Normativa. A Propósito Del Libro de La Profesora Maria De Benedetto, Corruption from a Regulatory Perspective» (2023), *EUNOMÍA Revista en Cultura de la Legalidad*.

Julián M and **Bonavia T**, «Aproximaciones Psicosociales a La Corrupción: Una Revisión Teórica» (2017), 26, *Revista Colombiana de Psicología*, 231.

Jung JY and **Mellers BA**, «American Attitudes toward Nudges» (2016), 11, *Judgment and Decision making,* 62.

Junhui Li and **Xitong Guo**, «Nudging Effective Health Education via Message Design: Evidence from a Randomized Experiment» (2021), *Pacific Asia Conference on Information Systems*.

Jurisprudencia de la Audiencia Provincial de Madrid, Ponente: María del Carmen Herrero Pérez, N.° de Resolución: 117/2019. Sentencia. Roj: SAP M 2252/2019-ECLI:ES:APM:2019:2252 Id Cendoj:28079370152019100107', https://www.poderjudicial.es/search/AN/openCDocument/c5308f76d64f5ce58b2f5b07294479e405107db6f15291e1, accessed 20 March 2023.

Justesen MK and **Bjørnskov C**, «Exploiting the Poor: Bureaucratic Corruption and Poverty in Africa» (2014), 58, *World Development*, 106, https://www.sciencedirect.com/science/article/pii/S0305750X14000035, accessed 7 June 2023

Kaiser M and others, «The Power of Green Defaults: The Impact of Regional Variation of Opt-out Tariffs on Green Energy Demand in Germany» (2020), 174, *Ecological Economics*, 106685.

Kantorowicz-Reznichenko, E and **Wells, L**. «Nudging Compliance», *The Cambridge Handbook of Compliance* (2021), https://www.cambridge.org/core/books/abs/cambridge-handbook-of-compliance/nudging-compliance/080F9566A69D2B7098F51078C7174D31, accessed 5 May 2023.

Kantorowicz-Reznichenko E, Kantorowicz J and **Wells L**, «Can Vaccination Intentions against COVID-19 Be Nudged?» (2022) *Behavioural Public Policy*, 1, https://www.cambridge.org/core/journals/behavioural-public-policy/article/can-vaccination-intentions-against-covid19-be-nudged/AB186B6D497EE60FE333FCFDBBE10C00, accessed 5 June 2023.

Kaufmann D, «Myths and Realities of Governance and Corruption» (2005) Available at *SSRN* 829244.

Kaufmann D, Kraay A and **Mastruzzi M**, «Measuring Corruption: Myths and Realities».

Kaufmann D, Kraay A and **Zoido P**, «Governance Matters» (1999), WPS 2196, *World Bank Policy Research Working Paper*.

Kawata J, *Comparing Political Corruption and Clientelism* (Ashgate Publishing, Ltd 2006).

Kettle S and others, «Behavioral Interventions in Tax Compliance : Evidence from Guatemala», 1.

Khan MH and **Jomo KS**, *Rents, Rent-Seeking and Economic Development: Theory and Evidence in Asia* (Cambridge University Press 2000)

Kerkhoff, T. (2020). «Political corruption, modernity and the public interest: The perceived (im)morality of Dutch politicians (1750–1850)». *Journal of Modern European History*, 18(3), 243-248. https://doi.org/10.1177/1611894420927216.

Kerkhoff, T., & **Overeem, P**. (2021). *The fluidity of integrity: Lessons from Dutch scandals. Public Integrity*, 23(1), 82-94. https://doi.org/10.1080/10999922.2020.1826139.

Klitgaard R.:

- *Controlando La Corrupción* (Editorial Quipus 1990).

- *Controlling Corruption* (University of California Press 1991).

- «Estrategias a Nivel Nacional e Internacional Para Reducir La Corrupción. Pena y Estado» (1995), 1, n.° 1, Revista Latino-americana de Política Criminal, 245.

- «Combating Corruption» (1998) Tomo 35, N, *United Nations Chronicle*, 90, https://search-proquest-com.ezproxy.usal.es/trade-journals/combating-corruption/docview/218162651/se-2?accountid=17252.

Klopp T, *Der Compliance-Beauftragte* (DUNCKER UND HUMBLOT 2012), https://elibrary.duncker-humblot.com/book/32900/der-compliance-beauftragte, accessed 17 May 2023.

Kobayashi M, «Political Clientelism and Corruption: Neo-Structuralism and Republicanism», *Comparing political corruption and clientelism* (Routledge 2017).

Kobis N and others:

- «Social Norms of Corruption in the Field -Social Nudges on Posters Can Help to Reduce Bribery».

- *Bribery across Nations* (2022).

Kolenkautsky SP, «Conferencia Magistral: Reflexiones Sobre La Corrupción, Patología Mental, Social, Política y Ética» (2007,) 10, *Revista de investigación en psicología*, 163.

König A-Uh and others, «Achenbach/Ransiek Achenbach/Ransiek, Handbuch Wirtschaftsstrafrecht, 3. Aufl.(2011) AE-EV Alternativ-Entwurf Reform Des Ermittlungsverfahrens (AE-EV); Entwurf Eines Arbeitskreises Deutscher, Öster-Reichischer Und Schweizerischer Strafrechtslehrer (2001)» (2013), 9, *Europarecht*.

Konu M, *Die Garantenstellung Des Compliance-Officers* (DUNCKER UND HUMBLOT 2014), https://elibrary.duncker-humblot.com/book/34483/die-garantenstellung-des-compliance-officers, accessed 17 May 2023.

Krawiec JM and others, «Tools for Public Health Policy: Nudges and Boosts as Active Support of the Law in Special Situations Such as the COVID-19 Pandemic» (2021), 17, *Globalization and Health*, 132, https://doi.org/10.1186/s12992-021-00782-5, accessed 4 June 2023.

Kuhlen L, «Strafrechtliche Haftung von Führungskräften», *Corporate Compliance und Arbeitsrecht* (Nomos Verlagsgesellschaft mbH & Co KG 2009).

Kurer O, «Corruption: An Alternative Approach to Its Definition and Measurement» (2005), 53, *Political Studies*, 222.

Kurtz MJ and **Schrank A**, «Growth and Governance: Models, Measures, and Mechanisms» (2007), 69, *The Journal of Politics*, 538.

Kusbandrijo B, **Bambang Kusbandrijo** and **Widanti NPT**, «Ethical Dimension of Public Service» (2019), *Iapa Proceedings Conference*, 127.

Lacerda da Costa Pinto FD and others, «Compliance y Lucha Contra La Corrupción En España, Portugal e Iberoamérica» (2021), *Compliance y lucha contra la corrupción en España, Portugal e Iberoamérica*, 1.

Laffont J-J and **Meleu M**, «Separation of Powers and Development» (2001), 64, *Journal of Development Economics* ,129.

Lakshmi G and others, «Nudging Student Recycling Behaviour: An Experimental Study in Kazakhstan and UK Higher Education» (2022), *Journal of Cleaner Production*, 134164.

Lambsdorff J.G:

- *Causes and Consequences of Corruption: What Do We Know from a Cross-Section of Countries? International Handbook on the Economics of Corruption* (2007).

- «Chapter 10 Behavioral and Experimental Economics as a Guidance to Anticorruption» in Danila Serra and Leonard Wantchekon (eds), *New Advances in Experimental Research on Corruption*, vol 15 (Emerald Group Publishing Limited 2012).

- «Measuring Corruption: The Validity and Precision of Subjective Indicators» (2006), Measuring corruption, 81.

- «Preventing Corruption by Promoting Trust – Insights from Behavioral Science» (2015).

- *The Institutional Economics of Corruption and Reform: Theory, Evidence and Policy* (Cambridge university press 2007).

Lamoglia ACM and **Rodríguez-García N**, «Administración Pública y Corrupción», Ciudad Autónoma de Buenos Aires: Zavalia.

Lancaster TD and **Montinola GR**, «Comparative Political Corruption: Issues of Operationalization and Measurement» (2001), 36, *Stud Comp Int Dev.*

Langevoort DC.:

- «Behavioral Ethics, Behavioral Compliance», *Research handbook on corporate crime and financial misdealing* (Edward Elgar Publishing 2018), https://web.archive.org/web/20191112161518id_/https://scholarship.law.georgetown.edu/cgi/viewcontent.cgi?article=2519&context=facpub, accessed 4 June 2023

- «Global Behavioral Compliance» in Stefano Manacorda and Francesco Centonze (eds), *Corporate Compliance on a Global Scale: Legitimacy and Effectiveness* (Springer International Publishing 2022), https://doi.org/10.1007/978-3-030-81655-1_10, accessed 11 June 2023.

Lawton A, Rayner J and **Lasthuizen K**, *Ethics and Management in the Public Sector* (Routledge 2013).

Lebanon Nugde, «Promoting Compliance , Rule of Law and Anti-Corruption Using Behavioral Science and Nudge».

Lederman, D; Loayza Norman V.; Soares RR, «Accountability and Corruption: Political Institutions Matter» (2005), 17, *Economics & Politics. Blackwell Publishing Ltd*. 1.

Lee Y and **Schachter HL**, «Exploring the Relationship between Trust in Government and Citizen Participation» (2019), 42, *International Journal of Public Administration*, 405.

Leff NH, «Economic Development through Bureaucratic Corruption» (1964), 8, *American Behavioral Scientist*, https://doi.org/10.1177/000276426400800303, accessed 4 April 2023

Levi M, «Social and Unsocial Capital: A Review Essay of Robert Putnam's Making Democracy Work» (1996), 24, *Politics & Society*, 45.

Li RB, «Measures to Prevent Corruption and to Encourage Cooperation between All Sectors of Society» (2014) paper delivered to the 16th UNAFEI UNCAC Training Programme, Visiting Experts' Paper, *Resource Materials Series*, 150

Lieberman DA, «Management of Chronic Pediatric Diseases with Interactive Health Games: Theory and Research Findings» (2001), 24, *The Journal of ambulatory care management*, 26.

Linazasoro Espinoza I, ,«El Derecho a Una Buena Administración Pública Cambios de Paradigmas En El Derecho Administrativo Chileno: De Las Potestades y Privilegios a Los Derechos de Los Ciudadanos» (2018), *TransJus Working Papers*; 5/2018.

Linz JJ «Presidents vs. Parliaments: The Virtues of Parliamentarism» (1990). 1. *Journal of Democracy*. 84.

Liu AP, «The Politics of Corruption in the People's Republic of China» (1983), 77, *American Political Science Review*, 602.

Loewenstein G and others, «Can Behavioural Economics Make Us Healthier?» (2012), 344, *Bmj*.

Loh B, «Disaster Risk Management in Southeast Asia: A Developmental Approach» (2005), 22, *ASEAN Economic Bulletin*, 229.

Loibl C and others, «Which Europeans like Nudges? Approval and Controversy in Four European Countries» (2018), 52, *Journal of Consumer Affairs*, 655.

Loosemore M and others, «The Role of Construction Corruption in Worsening the Human Impact of Natural Disasters: A Systematic Literature Review», *Proceedings of the 37th Annual ARCOM Conference, ARCOM 2021* (2021).

López TQ, «La Potestad Disciplinaria de Las Administraciones Sobre Los Empleados Públicos» (2009), *Documentación Administrativa*, https://search.proquest.com/openview/38e1b166d08e5c6ad61f515defa5f57f/1?pq-origsite=gscholar&cbl=2046215, accessed 3 March 2023.

López VM, «Aspectos Psicosociales de La Corrupción, La Violencia y El Ejercicio Del Poder En El Perú» (2017), 20, *Revista de investigación en psicología*, 209.

Lorente JM, «Delito de Tráfico de Influencias» (2014), *Eunomía: Revista en Cultura de la Legalidad*, 248, https://dialnet.unirioja.es/servlet/articulo?codigo=5074016.

Lorenz-Spreen P and others, «How Behavioural Sciences Can Promote Truth, Autonomy and Democratic Discourse Online» (2020), 4, *Nature Human Behaviour*, 1102.

Lucke J, «Context Is All Important in Investigating Attitudes: Acceptability Depends on the Nature of the Nudge, Who Nudges, and Who Is Nudged» (2013), 13, *The American journal of bioethics: AJOB*, 24.

Luna-Pla I and **Nicolás-Carlock JR**, «Corruption and Complexity: A Scientific Framework for the Analysis of Corruption Networks» (2020), 5, *Applied Network Science*, 1, https://appliednetsci.springeropen.com/articles/10.1007/s41109-020-00258-2, accessed 20 May 2023.

Luzón Cánovas, A and others, *Comentarios al Código Penal 2 Tomos 2023*, (2023), https://biblioteca-tirant-com.ezproxy.usal.es/cloudLibrary/ebook/info/9788411692915.

Macías JIS, «Corrupción, Evasión Fiscal y Paraísos Fiscales: Una Relación Simbiótica» (Tirant lo Blanch 2017).

Mackenbach, J and others, «Abstract 53: Real-Life Effects of Nudging and Pricing Strategies in the Supermarket to Promote Healthy Diets and Cardiometabolic Health: The Supreme Nudge Parallel Cluster-Randomized Controlled Trial» (2023), *Circulation*.

Mackey LL, **Grutzmacher S** and **Miller CR**, «Nudging Students towards Healthful Choices through Education Enhanced by Environmental Cues» (2013), 45, *Journal of Nutrition Education and Behavior*.

Maesschalck J and **Bertók J**, «Towards a Sound Integrity Framework: Instruments, Processes, Structures and Conditions for Implementation» (2009), *Processes, Structures and Conditions for Implementation*.

Maier M and others, «No Evidence for Nudging after Adjusting for Publication Bias» (2022), 119, *Proceedings of the National Academy of Sciences*, e2200300119, https://www.pnas.org/doi/full/10.1073/pnas.2200300119, accessed 5 June 2023.

Malem Seña J, «Financiación de Partidos Políticos, Democracia y Corrupción» (2002) *La corrupción: Aspectos éticos, económicos, políticos y jurídicos*, Gedisa, Barcelona.

Maneiro Vázquez Y, «El nuevo código de conducta del empleado público», *El Estatuto básico del empleado público: XIX Congreso Nacional de Derecho del Trabajo y de la Seguridad Social, Badajoz, 29 y 30 de mayo de 2008*, Vol. 2, 2009, ISBN 978-84-8417-334-2, págs. 251-269 (Subdirección General de Información Administrativa y Publicaciones 2009), https://dialnet.unirioja.es/servlet/articulo?codigo=4357848, accessed 31 May 2023.

Manor J, *The Political Economy of Democratic Decentralization* (The World Bank 1999).

Manzetti L and **Wilson C**, «Why Do Corrup Governments Maintain Public Support», *CHARLES, Blake y Stephen MORRIS. Corruption and democracy in Latin America* (University of Pittsburgh Press 2009).

Marina Jalvo B, «Aspectos fundamentales de la configuración actual de la potestad disciplinaria de la Administración Pública española sobre el personal a su servicio» (2020), *Derecho & Sociedad*, 7, https://dialnet.unirioja.es/servlet/articulo?codigo=7793078, accessed 13 March 2023.

Martín AN, «El Cumplimiento Normativo», *Manual de cumplimiento penal en la empresa* (Tirant lo Blanch 2015).

Martínez Fernández JM, *Contratación Pública y Transparencia. Medidas Prácticas Para Atajar La Corrupción En El Marco de La Nueva Regulación* (2016) Wolters Kluwer.

Martínez Fernández, José Manuel, «Transparencia Versus Corrupción En La Contratación Pública. Medidas de Transparencia En Todas Las Fases de La Contratación Pública Como Antídoto Contra La Corrupción» (Tesis, UNIVERSIDAD DE LEÓN 2015), https://buleria.unileon.es/bitstream/handle/10612/7261/TESIS DE JOSÉ MANUEL MARTÍNEZ FERNÁNDEZ.pdf?sequence=1.

Martínez MAA, «El Principio de Objetividad En El Empleo Público: La Objetividad Como Deber de Los Empleados Públicos» (2011), *Documentación administrativa*, https://revistasonline.inap.es/index.php/DA/article/view/10074, accessed 10 May 2023.

Maschmann F (ed), *Corporate Compliance Und Arbeitsrecht*, vol 15 (1st edn, Nomos 2009).

Masters A and **Graycar A**, «Media Reporting of Corruption: Policy Implications» (2015), 64, *Crime, Law and Social Change*, 153.

Mastrodi J and **Alves EDS**, «A Segurança Jurídica Da Posse Como Pressuposto Do Direito Fundamental À Moradia» (2017), 9, *Revista de Direito da Cidade*, 27.

Matjasko JL and others, «Applying Behavioral Economics to Public Health Policy: Illustrative Examples and Promising Directions» (2016), 50, *American journal of preventive medicine*, S13.

Mauro P.:

- «Corruption and Growth» (1995) 110–3, *Quarterly Journal of Economics*, 681.

- «The Persistence of Corruption and Slow Economic Growth» (2002).

Maynard OM and **Munafò MR**, «Nudging Transparent Behavioural Science and Policy» (2018), 2, *Behavioural Public Policy*, 198.

Mazar N, **Amir O** and **Ariely D**, «The Dishonesty of Honest People: A Theory of Self-Concept Maintenance» (2008), 45, *Journal of marketing research*, 633

Mazar N and **Hawkins SA**, «Choice Architecture in Conflicts of Interest: Defaults as Physical and Psychological Barriers to (Dis) Honesty» (2015), 59, *Journal of Experimental Social Psychology*, 113.

Mazzoni M, **Marchetti R** and **Mincigrucci R**, «Corruption, Mass Media and Public Opinion» in Enrico Carloni and Michela Gnaldi (eds), *Understanding and Fighting Corruption in Europe: From Repression to Prevention* (Springer International Publishing 2021), https://doi.org/10.1007/978-3-030-82495-2_3, accessed 21 May 2023.

Mccoy JL, «The Emergence of a Global Anti-Corruption Norm» (2001), 38, *International Politics*, 65, https://doi.org/10.1057/palgrave.ip.8892613.

Méndez F and **Sepúlveda F**, «What Do We Talk about When We Talk about Corruption?» (2009), 26, *J Law Econ Org*, https://doi.org/10.1093/jleo/ewp003.

Mendieta MV, «Corrupción», *Conceptos políticos: en el contexto español* (Síntesis 2007).

Menzel DC, *Ethics Management for Public and Nonprofit Managers: Leading and Building Organizations of Integrity* (Routledge 2016).

Menzies C, *Sarbanes-Oxley Und Corporate Compliance: Nachhaltigkeit, Optimierung, Integration* (Schäffer-Poeschel 2006).

Mertens S and others, «The Effectiveness of Nudging: A Meta-Analysis of Choice Architecture Interventions across Behavioral Domains» (2022),, 119 *Proceedings of the National Academy of Sciences of the United States of America*, e2107346118.

Meyer-Sahling J-H, Mikkelsen KS and **Schuster C**, «The Causal Effect of Public Service Motivation on Ethical Behavior in the Public Sector: Evidence from a Large-Scale Survey Experiment» (2019), 29, *Journal of Public Administration Research and Theory*, 445.

Miller WL, «Perceptions, Experience and Lies: What Measures Corruption and What Do Corruption Measures Measure» (2006) *Measuring corruption*, 163.

Mirsch T, Lehrer C and **Jung R**, «Making Digital Nudging Applicable: The Digital Nudge Design Method» (2018), *International Conference on Interaction Sciences*.

Montero LM, *El Club de Las Puertas Giratorias: De Los Escaños a La Poltrona. Todos Los Privilegios de Los Políticos Que Pasan a La Empresa Privada... y Viceversa* (La Esfera de los Libros 2016).

Morales Hernández MÁ, «Los delitos de financiación ilegal de los partidos políticos tipificados en los artículos 304 bis y 304 ter del código penal. Diseño de una propuesta de compliance para prevenir la corrupción en el seno de las formaciones políticas» (Universidad de Granada 2021), https://digibug.ugr.es/handle/10481/71655, accessed 17 May 2023.

Morandini F,«Exigencias Éticas En Ámbitos Públicos y Privados En Argentina: Ética Pública e Integridad» (2018), *La buena Administración y la ética*, 29.

Morón MS, *Derecho Administrativo. Parte General* (7th edn, Tecnos 2021).

Morris SD, «Variations on a Theme: Corruption in Mexico and the US» (2018), 14, *Can Soc Sci*.

Moseley A, «Nudging in Public Policy», *Oxford research encyclopedia of politics* (2020).

Mpumi Monageng, «The Effect Of Reciprocity And Social Norm Nudges On Tax Compliance», https://www.business.unsw.edu.au/About-Site/Schools-Site/Taxation-Business-Law-Site/Documents/MONAGENG%20Mpumi%20%20THE%20EFFECT%20OF%20RECIPROCITY%20AND%20SOCIAL%20NORM%20NUDGES%20ON%20TAX%20COMPLIANCE.pdf, accessed 5 May 2023.

Mulgan R, «Aristotle on Legality and Corruption» (2012), Corruption, 25.

Munda G and others, "Measuring Uncertainties in Composite Indicators of Sustainability' (2009) 11 International Journal of Environmental Technology and Management, https://doi.org/10.1504/IJETM.2009.027185.

Mungiu-Pippidi A.:

- *The Quest for Good Governance: How Societies Develop Control of Corruption* (Cambridge University Press 2015)

- «The Time Has Come for Evidence-Based Anticorruption» (2017) 1, *Nat Hum Behav*.

- «Transparency and Corruption: Measuring Real Transparency by a New Index» n/a, *Regulation & Governance*, https://onlinelibrary.wiley.com/doi/abs/10.1111/rego.12502, accessed 9 February 2023.

Mungiu-Pippidi A and **Dadašov R**, «When Do Anticorruption Laws Matter? The Evidence on Public Integrity Enabling Contexts» (2017) 68 Crime, Law and Social Change, available.

Mungiu-Pippidi A and **Fazekas M**, «How to Define and Measure Corruption», *A research agenda for studies of corruption* (Edward Elgar Publishing 2020).

Münkler H, **Fischer K** and **Bluhm H**, «Das Ende Einer Semantischen Karriere?: Zur Gegenbegrifflichkeit von Gemeinwohl Und Politischer Korruption», *Berichte und Abhandlungen/Berlin-Brandenburgische Akademie der Wissenschaften (vormals Preußische Akademie der Wissenschaften); 8.2000* (2000).

Muñoz Conde F, *Derecho Penal Parte Especial 22ª Edición 2019* (Tirant lo Blanch 2019), https://biblioteca-tirant-com.ezproxy.usal.es/cloudLibrary/ebook/info/9788413362014.

Muñoz JR-A.:

- «Ética y Empleados Públicos» (1997), *Gestión y Análisis de Políticas Públicas*, 29, https://revistasonline.inap.es/index.php?journal=GAPP&page=article&op=view&path[]=112, accessed 30 January 2023.

- «Compliance y Self-Cleaning En La Contratación Pública (Especial Referencia al Derecho Comunitario Europeo)» (2017), 1, *Revista do Direito. Santa Cruz do Sul*, 36, https://core.ac.uk/download/pdf/228497988.pdf, accessed 15 May 2023.

Mustafee N and others, «Investigating the Use of Real-Time Data in Nudging Patients' Emergency Department (ED) Attendance Behaviour», 6.

Muthukrishna M and others, «Corrupting Cooperation and How Anti-Corruption Strategies May Backfire» (2017), 1, *Nat Hum Behav*, 0138, https://doi.org/10.1038/s41562-017-0138.

Naciones Unidas - ONU, «At the Heart of the Struggale: Human Rights Defenders Working against Corruption» (2021).

Nagtegaal R, «Handling Heuristics: How Behavioral Sciences Can Support Decision-Making in the Public Sector» (PhD Thesis, Utrecht University 2022), https://dspace.library.uu.nl/handle/1874/416553.

Nas TF, **Price AC** and **Weber CT**, «A Policy-Oriented Theory of Corruption» (1986), 80, *American Political Science Review*, 107.

Nash Rojas C.:

- «Corrupción, Democracia,Estado de Derecho y Derechos Humanos. Sus Vínculos y Sus Consecuencias», Nash; Fuchs. *Corrupción, Estado de derecho y derechos humanos*, Tirant to blanch y Konrad Adenauer Stiftung, 2019. (Tirant to blanch y Konrad Adenauer Stiftung 2019).

- «Nuevos Desarrollos Sobre Corrupción Como Violación de Derechos Humanos. El Informe "Derechos Humanos y Corrupción" de La Comisión Interamericana de Derechos Humanos» (2021), *Cuestiones constitucionales*, 205.

- «Sistema Interamericano de Derechos Humanos y Corrupción», *Corrupción, Estado de derecho y derechos humanos - Manual de casos* (Tirant to blanch y Konrad Adenauer Stiftung 2019).

Nash Rojas C, **Aguiló Bascuñán P** and **Meza-Lopehandía M**, *Corrupción y Derechos Humanos: Una Mirada Desde La Jurisprudencia de La Corte Interamericana de Derechos Humanos*.

Neo S, **Grimmelikhuijsen S** and **Tummers L**, «Core Values for Ideal Civil Servants: Service-Oriented, Responsive and Dedicated», n/a, *Public Administration Review*, https://onlinelibrary.wiley.com/doi/abs/10.1111/puar.13583, accessed 7 June 2023.

Neupavert Alzola M, **Hava García, E**, «Los Delitos de Prevaricación, Aranzadi, Cizur Menor (Navarra), 1.ª Ed., 2019, 149 Páginas' (2020), *Revista de Estudios Jurídicos y Criminológicos*, 253, https://revistas.uca.es/index.php/rejucrim/article/view/6711/7089

Nichols PM, «The Psychic Costs of Violating Corruption Laws»(2012), 45, *Vand. J. Transnat'l L.*, 145.

Nieto A, *El Desgobierno de Lo Público*, vol 9 (Grupo Planeta (GBS) 2012).

Nikken P, «"EL Concepto de Los Derechos Humanos" En El Volumen Colectivo Estudios Básicos de Derechos Humanos», *Edit.(IIDH)*, vol Tomo I (1994).

Nizama V.M, «La Corrupción: Psicopatología» (2014), 11, *Revista de Investigación en Psicología*, 201, http://revistasinvestigacion.unmsm.edu.pe/index.php/psico/article/view/3849.

Nordensvärd, J, **Therese Sefton**, and **Godenhjelm, S**, «Interpreting the State–Citizen Nexus in Contemporary Nordic Legal and Social Citizenship: The Case of Divergence in Restriction on Freedom of Movement as a Mitigation Policy in the COVID-19 Pandemic» (2023), *Journal of International and Comparative Social Policy*.

Nouran Nashaat, **Rasha Abd El Aziz**, and **Marwa Tarek Abd El Azeem**, «The Role of Digital Nudging and Gender on Students' Online Commitment during Digitalization: The Private Higher Education Sector» (2022), *IBIMA Business Review*, 1.

Nye JS, «Corruption and Political Development: A Cost-Benefit Analysis» (1967), 61, *American political science review*, 417.

OCDE, «Recomendación de La OCDE Sobre Integridad Pública – OECD» (2017), https://www.oecd.org/gov/integridad/recomendacion-integridad-publica/, accessed 13 March 2023

OEA, «Convención Interamericana Contra La Corrupción», https://www.oas.org/juridico/spanish/tratados/sp_conve_interame_contr_corrup.pdf

OECD:

- «Behavioural Insights and Public Policy: Lessons from Around the World» (Organisation for Economic Co-operation and Development 2017), https://www.oecd-ilibrary.org/governance/behavioural-insights-and-public-policy_9789264270480-en, accessed 11 June 2023

-«Behavioural Insights for Public Integrity» (2018), https://www.oecd-ilibrary.org/content/publication/9789264297067-en, accessed 3 January 2023

-«Anti-Corruption Compliance in Times of Crisis: Building Resilience and Seizing Opportunities», vol 19 (2022) OECD Business and Finance Policy Papers 19, https://www.oecd-ilibrary.org/finance-and-investment/anti-corruption-compliance-in-times-of-crisis_467cf791-en, accessed 20 May 2023

Oficina Independiente de Regulación y Supervisión de la Contratación - OIReScon, «Resumen Ejecutivo Del Informe Anual de Supervisión de La Contratación Pública de España. Diciembre de 2022» (Oficina Independiente de Regulación y Supervisión de la Contratación 2022), https://www.hacienda.gob.es/RSC/OIReScon/informe-anual-supervision-2022/ias2022-resumen-ejecutivo-es.pdf, accessed 13 June 2023.

Olken BA, «Monitoring Corruption: Evidence from a Field Experiment in Indonesia» (2007), 115, *Journal of Political Economy*, 200, https://www.journals.uchicago.edu/doi/10.1086/517935, accessed 7 June 2023.

Olken BA and **Pande R**, «Corruption in Developing Countries» (2012), 4, *Annu. Rev. Econ.*, 479.

Olsen AL and others, «Behavioral Dishonesty in the Public Sector» (2019), 29, *Journal of Public Administration Research and Theory*, https://doi.org/10.1093/jopart/muy058

ONU:

- «Declaración Universal de Los Derechos Humanos» (1948), https://www.un.org/chinese/center/chbus/events/hurights/spanish.htm, accessed 24 March 2021.

- «Pacto Internacional de Derechos Económicos, Sociales y Culturales» (ACNUDH 1966).

- «Pacto Internacional de Derechos Civiles y Políticos» (1966).

- «Convención de Las Naciones Unidas Contra La Corrupción» (2004).

- «Research-Based Progress Report on the Negative Impact of Corruption on the Enjoyment of Human Rights' (2014).

- «The Negative Impact of Corruption on the Enjoyment of Human Rights : Resolution / Adopted by the Human Rights Councilon 23 June 2017» (UN, 2017).

- «¿Qué Son Los Derechos Humanos?», https://www.hchr.org.mx/index.php?option=com_content&view=article&id=448&Itemid=249, accessed 28 January 2021.

ONU NU, *Compendio de Instrumentos Jurídicos Universales y Regionales Contra La Corrupción* (United Nations Office on Drugs and Crime 2010), http://www.un-ilibrary.org/democracy-and-governance/compendio-de-instrumentos-juridicos-universales-y-regionales-contra-la-corrupcion_38416484-es.

Ordiñana Torró P, «Alcance de los principios de transparencia, igualdad y no discriminación en la gestión de asuntos públicos según la Ley 19/2013: su régimen sancionador» (UNIVERSIDAD POLITÉCNICA DE VALENCIA FACULTAD DE ADMINISTRACIÓN Y DIRECCIÓN DE EMPRESAS 2019), https://riunet.upv.es/bitstream/handle/10251/128422/Ordiñana%20-%20Alcance%20de%20los%20principios%20de%20transparencia%2C%20igualdad%20y%20no%20discriminación%20en%20la%20gestión....pdf?sequence=2&isAllowed=y, accessed 13 February 2023.

Organización de Cooperación y Desarrollo Económicos – OCDE:

- «Use of Behavioural Insights in Consumer Policy. Organisation for Economic Co-Operation and Development Science, Technology and Innovation Policy» (2017) 36.

- *La Integridad Pública Desde Una Perspectiva Conductual* (OECD 2018).

Ostrom E, «A Behavioral Approach to the Rational Choice Theory of Collective Action: Presidential Address, American Political Science Association, 1997» (1998), 92, *American Political Science Review*, 1, https://www.cambridge.org/core/product/identifier/S0003055400209088/type/journal_article, accessed 10 January 2023

Ozafrain L, «El Principio de Ultima Ratio» (PhD Thesis, Universidad Nacional de La Plata 2017)

Paisal MS, «El Derecho Penal Como Prima Ratio: La Inadecuación Del Derecho Administrativo Sancionador y La Necesidad de Buscar Soluciones En El Seno Del Derecho Penal» (2019), *Revista General de Derecho Administrativo*, 15, https://laadministracionaldia.inap.es/noticia.asp?id=1509744, accessed 10 May 2023

Palacín Sáenz, Bernabé, **Martín Moreno**, Jose Luis, **Mayor Gómez**, Roberto, **Fondevila Antolín**, Jorge, **Ruiz-Tapiador Sanmartín**, Javier *Calidad, Transparencia y Ética Pública,* https://books.google.com/books/about/Calidad_transparencia_y_%C3%A9tica_p%C3%BAblica.html?hl=es&id=gExGDwAAQBAJ, accessed 15 May 2023.

Pallai K and **Gregor A**, «Assessment of Effectiveness of Public Integrity Training Workshops for Civil Servants - A Case Study» (2016), 34, *Teaching Public Administration*.

Panth S, «Changing Norms Is Key to Fighting Everyday Corruption», http://hdl.handle.net/10986/20185, accessed 11 June 2023.

Parada Vázquez, R.:

- *Derecho Administrativo I. Introducción. Organización Administrativa. Empleo Público* (Open Ediciones Universitarias 2014).

- *Derecho Administrativo II. Organización y Empleo Público.* (Marcial Pons 2010).

Parejo Alfonso L, *Lecciones de Derecho Administrativo 12ª Edición, Revisada, Actualizada y Ampliada*, https://biblioteca.tirant.com/cloudLibrary/ebook/info/9788411470810, accessed 14 May 2023.

Parikh-Briggs A, Suraj Nair, and **Prakriti Sharma**, «The Impact of Behavioral Nudging in Economic Theory on High School Grading Policies and Student Achievement», (2022), 11, *Journal of Student Research*.

Pecune F, Callebert L, and **Marsella S**, «Designing Persuasive Food Conversational Recommender Systems With Nudging and Socially-Aware Conversational Strategies» (2022), 8, *Frontiers in Robotics and AI*.

Pegoraro L, «Existe Un Derecho a Una Buena Administración?(Algunas Consideraciones Sobre El (Ab) Uso de La Palabra "Derecho")», *Ensayos de derecho público en conmemoración del sesquicentenario del natalicio de León Duguit* (Lezcano Garza Editores 2011).

Persson A, **Rothstein B** and **Teorell J**, «Why Anticorruption Reforms Fail-Systemic Corruption as a Collective Action Problem» (2012), , *Governance*, 449, https://doi.org/10.1111%2Fj.1468-0491.2012.01604.x

Persson T, **Roland G** and **Tabellini G**, «Separation of Powers and Political Accountability» (1997), 112, *The Quarterly Journal of Economics*, 1163.

Persson TA and **Povitkina M**, «"Gimme Shelter": The Role of Democracy and Institutional Quality in Disaster Preparedness» (2017), 70, *Political Research Quarterly*, 833.

Perumal K, «Rents, Administrative Sanctions and Conventional Corruption-Control Approach: Evidence from the Prevention of Corruption Act, India».

Peters A.:

- «Corruption as a Violation of International Human Rights» (2018), 29, *European Journal of International Law*, 1251.

- «La Corrupción Como Una Violación de Derechos Humanos» (2020), 6, *Revista del Centro de Estudios Constitucionales*, 123.

Petrescu DC and others, «Public Acceptability in the UK and USA of Nudging to Reduce Obesity: The Example of Reducing Sugar-Sweetened Beverages Consumption» (2016), 11, *PLOS ONE*, e0155995, https://journals.plos.org/plosone/article?id=10.1371/journal.pone.0155995, accessed 4 June 2023.

Pharr SJ, «Corruption and Public Trust: Perspectives on Japan and East Asia», https://scholarspace.manoa.hawaii.edu/server/api/core/bitstreams/8d91ee8b-783f-4594-a318-c74cd2a12e2c/content, accessed 20 May 2023.

Pierre J, «Nudges against Pandemics: Sweden's COVID-19 Containment Strategy in Perspective» (2020), 39, *Policy and Society*, 478.

Pieth M and **Aiolfi G**, «The Private Sector Become Active: The Wolfsberg Process» (2003), *Journal of Financial Crime*.

Pineda Nebot C and **Pardo Beneyto G**, «La Contratación Pública En Tiempos de Pandemia Del Covid-19 En España» (2020), 12, *Revista da CGU*, 330.

Pioggia A, **Pacilli MG** and **Mannella F**, «Good Administration, Integrity and Corruption» in Enrico Carloni and Michela Gnaldi (eds), *Understanding and Fighting Corruption in Europe: From Repression to Prevention* (Springer International Publishing 2021), https://doi.org/10.1007/978-3-030-82495-2_5, accessed 21 May 2023.

Piotrowski SJ and **Van Ryzin GG**, «Citizen Attitudes toward Transparency in Local Government» (2007), 37, *The American review of public administration*, 306.

Platteau J, «Behind the Market Stage Where Real Societies Exist-part I: The Role of Public and Private Order Institutions» (1994), 30, *The Journal of Development Studies*, 533.

Plaza Jiménez VE, *La Influencia de Los Lobbies En Los Poderes Del Estado* (Tirant lo Blanch 2021), https://biblioteca-tirant-com.ezproxy.usal.es/cloudLibrary/ebook/info/9788411135610.

Ponce Solé J.:

- «Derecho Administrativo, Ciencias Conductuales y Nudging En La Gestión Pública – Dialnet»(2018), 15, *Revista Vasca de Gestión de Personas y Organizaciones Públicas*, 8, https://dialnet.unirioja.es/servlet/articulo?codigo=6748829

- «La prevención de riesgos de mala administración y corrupción, la inteligencia artificial y el derecho a una buena administración», https://repositorio.uam.es/handle/10486/702253, accessed 9 June 2023.

- «Derecho, nudging digital y manipulación: patrones oscuros, inteligencia artificial y derecho a una buena administración» (2023), *Anuario de la Red Eurolatinoamericana de Buen Gobierno y Buena Administración*, 9, https://dialnet.unirioja.es/servlet/articulo?codigo=8890050, accessed 9 June 2023.

Ponti B, **Cerrillo-i-Martínez A** and **Di Mascio F**, «Transparency, Digitalization and Corruption» in Enrico Carloni and Michela Gnaldi (eds), *Understanding and Fighting Corruption in Europe: From Repression to Prevention* (Springer International Publishing 2021), https://doi.org/10.1007/978-3-030-82495-2_6, accessed 9 June 2023.

Popova M, «How Can the EU Help Ukraine Build the Rule of Law and Fight Corruption? Romania and Bulgaria as Guideposts» (2017), *PonarsEuarasia - Policy Memos*.

Prateeppornnarong D, «Fighting Corruption While Having Hands Tied: A Case Study of Thailand's Public Sector Anti-Corruption Commission» (2021), 56, *Journal of Asian and African Studies*, 320.

Prince Opoku, **Amankwa M** and **Dagba G**, «Institutionalizing Nudge to Fight Corruption and Promote Economic Growth in Developing Countries. The Case of Ghana» (2018), *Social Science Research Network*.

Prittwitz C, «Das Strafrecht: Ultima Ratio, Propria Ratio Oder Schlicht Strafrechtliche Prohibition?» (2017), 129, *Zeitschrift für die gesamte Strafrechtswissenschaft*, 390, https://www.degruyter.com/document/doi/10.1515/zstw-2017-0017/html?lang=en, accessed 4 January 2023.

Programa de las Naciones Unidas para el Desarrollo – PNUD:

- «Corruption and Development»(2008) 1.

- «El PNUD Colaborará Con La OEA, Organismos de Las Naciones Unidas y Otras Organizaciones En La Lucha Contra La Corrupción» (5 de septiembre, 2018), https://www.latinamerica.undp.org/content/rblac/es/home/presscenter/pressreleases/2018/undp-will-collaborate-with-oas--un-agencies-and-other-organizati.html, accessed 21 June 2019.

Programme DGGB for DPUND, «Corruption and Development Anti-Corruptions for Poverty Reduction, Realization of the MDGs and Promoting Sustainable Development» (2008), *United Nations Development Programme*, 1, www.undp.org/governance.

Prud'homme R, «The Dangers Of Decentralization» (1995), 10, *The World Bank Research Observer*, 201.

Puaschunder JM, «Nudging in The Digital Big Data Era» (2017) 4 18.

Puente CG and **Botija FG**, «Los Drones y Los Derechos Fundamentales En La UE» (2018), 29, *Revista Universitaria Europea*, N °143, https://aedae-aeroespacial.org/wp-content/uploads/2021/02/14.-FERNANDO-GONZALEZ-BOTIJA-1-.-UCM.-Drones-y-Derechos-Fundamentales-UE.pdf, accessed 20 June 2023.

Purba, L.A.H. and **Erliana, A** «Developing the Civil Servant Ethics to Combat Corruption to Enhance Good Governance in the Government of Dki Jakarta (A Literature Study)» (2019) 18, http://seajbel.com/wp-content/uploads/2019/05/SEAJBEL-18_55.pdf, accessed 6 June 2023.

Purohit AK and others, «Nudging to Change, the Role of Digital Health» in Homero Rivas and Thomas Boillat (eds), *Digital Health: From Assumptions to Implementations* (Springer International Publishing 2023), https://doi.org/10.1007/978-3-031-17666-1_10, accessed 4 June 2023.

Quesada Lumbreras JE, *La carrera profesional del empleado público: propuestas para la configuración de un modelo* (Universidad de Granada 2014), https://digibug.ugr.es/handle/10481/30344, accessed 15 June 2023.

Rabell LS, «La Formación de La Administración Pública Como Objeto de Conocimiento: Del Absolutismo al Estado Liberal» (1986), 19, Núm. 1, *Revista de Administración Pública*, https://revistas.upr.edu/index.php/ap/article/view/14364/11951.

Radaelli CM, «The Role of Knowledge in the Policy Process» (1995), 2, *Journal of European public policy*, 159.

Rangone N, «Making Law Effective: Behavioural Insights into Compliance» (2018), 9, *European Journal of Risk Regulation*, 483, https://www.cambridge.org/core/journals/european-journal-of-risk-regulation/article/abs/making-law-effective-behavioural-insights-into-compliance/773D-3B3B061D25427A411D9D0A1A9F2C, accessed 10 June 2023.

Rastrollo Suárez JJ, «Contratación Pública y Programas de Cumplimiento Empresarial En América Latina: Los Casos de Brasil y Colombia (Public Procurement and Regulatory Compliance in Latin America: The Cases of Brazil and Colombia)» (2021), *Revista Digital de Derecho Administrativo*, https://deliverypdf.ssrn.com/delivery.php?.ID=294114121126074124030028103118087070063055032019074004085074097009029007070023102007042057100123047057125069086109123018020007126016017086082012065092091091020124092053080082006085016097066094009094006122085099108023083123114001094019006065083094067087&EXT =pdf&INDEX=TRUE

Razafindrakoto M and **Roubaud F**, «Are International Databases on Corruption Reliable? A Comparison of Expert Opinion Surveys and Household Surveys in Sub-Saharan Africa» (2010), 38, *World development*, 1057.

Real Academia Española, «Corrupción | Definición | Diccionario de La Lengua Española | RAE -» (23.ª ed., [versión 23.4 en línea]), https://dle.rae.es/corrupción#4ayBRPW, accessed 20 March 2021.

Redelmeier DA and Thaler RH, «One Nudge for Hand Hygiene» (2021), 7, 249.

Reijula S and **Hertwig R**, «Self-Nudging and the Citizen Choice Architec» (2022), 6, *Behavioural Public Policy*, 119, https://www.cambridge.org/core/journals/behavioural-public-policy/article/abs/selfnudging-and-the-citizen-choice-architect/F526628F7F3C7B436FA2BCBFC1FC3C76, accessed 5 June 2023.

Reinikka R and **Svensson J**, «Using Micro-Surveys to Measure and Explain Corruption» (2006), 34, *World Development*, 359.

Reisch LA and **Sunstein CR**, «Do Europeans like Nudges?» (2016), 11, *Judgment and Decision making*, 310.

Reisch LA, **Sunstein CR** and **Gwozdz W**, «Viewpoint: Beyond Carrots and Sticks: Europeans Support Health Nudges» (2017), 69, *Food Policy*, 1, https://www.sciencedirect.com/science/article/pii/S0306919216306467, accessed 7 June 2023.

Reno W, «Corruption and State Politics in Sierra Leone», *Corruption and state politics in Sierra Leone* (Cambridge University Press; African Studies Series, 83 1995).

Resnik J and **Curtis DE**, *Representing Justice: Invention, Controversy, and Rights in City-States and Democratic Courtrooms* (Yale University Press 2011)

Rey PI, «El Desafío Del Sector Público Ante La Aplicación de La Directiva de Protección Del Informante. Los Canales de Denuncia» (2022) 1, *RE-GAP: Revista galega de administración pública*, 175.

Reynolds JP and others, «Public Acceptability of Nudging and Taxing to Reduce Consumption of Alcohol, Tobacco, and Food: A Population-Based Survey Experiment» (2019), 236, *Social Science & Medicine* (1982) 112395.

Richardson L and **John P**, «Co-Designing Behavioural Public Policy: Lessons from the Field about How to "Nudge Plus"» (2021), 17, *Evidence & Policy*, 405

Rinaldi PG, «Transparency and Anti-Bribery Measures in the Italian Public Procurement System» in E Carloni (ed), *Preventing corruption through administrative measures* (Morlacchi 2019).

Rithalia A and others, «Impact of Presumed Consent for Organ Donation on Donation Rates: A Systematic Review» (2009), 338, *BMJ*.

Rivero-Ortega R, «Preámbulo a La Obra" Acicates (Nudges), Bueno Gobierno y Buena Administración: Aportaciones de Las Ciencias Conductuales, Nudging y Sectores Público y Privado"», https://gredos.usal.es/handle/10366/149619, accessed 4 May 2023.

Roberts A, *Blacked out: Government Secrecy in the Information Age* (Cambridge University Press 2006).

Rodríguez Á, **Rodríguez FG**, *El Derecho a Una Buena Administración y La Ética Pública* (2011) Valencia: Tirant lo Blanch.

Rodríguez López S, «Trata de Seres Humanos y Corrupción» (2022) *Trata de seres humanos y corrupción*, 1.

Rodríguez-Arana Muñoz J.:

- «Ética y Empleados Públicos» (1997) *Gestión y Análisis de Políticas Públicas*, 29, https://revistasonline.inap.es/index.php?journal=GAPP&page=article&op=view&path[]=112.

- «La Buena Administración Como Principio y Como Derecho Fundamental En Europa» (2013) 6, *Misión Jurídica*, 23, http://www.revistamisionjuridica.com/la-buena-administracion-como-principio-y-como-derecho-fundamental-en-europa/

- «La ética en la administración pública» (2005) 970-32-1953-5, http://ru.juridicas.unam.mx:80/xmlui/handle/123456789/23245, accessed 7 June 2023.

Roekel H van and others, «Nudges Can Be Both Autonomy-Preserving and Effective: Evidence from a Survey and Quasi-Field Experiment» (2023), *Behavioural Public Policy*, 1, https://www.cambridge.org/core/journals/behavioural-public-policy/article/nudges-can-be-both-autonomypreserving-and-effective-evidence-from-a-survey-and-quasifield-experiment/31CAE447654D0541B2F2E7824099C288, accessed 5 June 2023.

Rohwer A, «Measuring Corruption: A Comparison between the Transparency International's Corruption Perceptions Index and the World Bank's Worldwide Governance Indicators» (2009) 7, *CESifo DICE Report*, 42.

Rojas CN, «Derechos Humanos y Corrupción. Un Enfoque Multidimensional» (2018) 75, *Estudios de derecho*, 137.

Rosas A, *So-Called Rights of the Third Generation, In: Asbjorn Eide, Catarina Krause e Allan Rosas, Economic, Social and Cultural Rights* (Martinus Nijhoff Publishers 1995).

Rose-Ackerman S.:

- «Desarrollo y Corrupción» (2001) *Gestión y análisis de políticas públicas*, 5.

- «Corruption: A Study in Political Economy» (1978), *Nova Iorque: Academic Press*.

- *Corruption and Government: Causes, Consequences, and Reform* (1999) Cambridge University Press, 10.1017/CBO9781139175098.

- *La Corrupción y Los Gobiernos: Causas, Consecuencias y Reforma* (Siglo XXI de España Editores 2001).

- «Political Corruption and Reform in Democracies: Theoretical Perspectives», *Comparing political corruption and clientelism* (Routledge 2017).

- «The Political Economy of Corruption» (1997), 31, *Corruption and the Global Economy*.

- «Transparencia, Responsabilidad Pública y Equidad Social' Reformas y Equidad Social en América Latina y el Caribe: Memorias de la Primera Fase 291», https://www.academia.edu/download/30661521/reformas.pdf#page=300, accessed 30 May 2023.

Rose-Ackerman S and **Sauca Cano J.M.ª** trad., «Corrupción y COVID-19» (2021) *EUNOMÍA. Revista en Cultura de la Legalidad*, 37, https://e-revistas.uc3m.es/index.php/EUNOM/article/view/6062

Rose-Ackerman S and **Palifka B**, *Corruption and Government: Causes, Consequences, and Reform, Second Edition* (2016).

Rothstein B, «Anti-Corruption: The Indirect "big Bang" Approach» (2011) 18, *Review of International Political Economy*, 228.

Rotsch T.:

- «Criminal Compliance in Theorie Und Praxis Des Wirtschaftsstrafrechts», *Criminal Compliance vor den Aufgaben der Zukunft* (Nomos Verlagsgesellschaft mbH & Co KG 2013).

- «Compliance Und Strafrecht–Fragen, Bedeutung, Perspektiven» (2014) 125, *Zeitschrift für die gesamte Strafrechtswissenschaft*, 481

- «Sobre Las Preguntas Científicas y Prácticas Del Criminal Compliance» (2015), *XLII Revista de Ciencias Penales*.

- «Criminal Compliance».

Rouquié A, «A La Sombra de Las Dictaduras. La Democracia En América Latina» (2011), *FCE*.

Royo EG, *Los Delitos de Prevaricación Urbanística* (Tirant lo Blanch 2004)

Rueda López N, «La eficiencia y su importancia en el sector público» (2011), *eXtoikos*, 38, https://dialnet.unirioja.es/servlet/articulo?codigo=4017945, accessed 7 March 2023.

Ruffner JGR, «Corrupción, Ética y Función Pública En El Perú» (2014) 22, *Quipukamayoc*, 59.

Ruiz PP, «Los Principios de Eficacia y Eficiencia En La Actuación Del Empleado Público y Su Conexión Con La Evaluación Del Desempeño» (2018) *Revista Aranzadi Doctrinal*, 18, https://dialnet.unirioja.es/servlet/articulo?codigo=6722222, accessed 27 February 2023.

Ruiz-Lorenzo V. «De Las Microconductas Desviadas a La Corrupción Política En España / From Deviant Microbehavior to Political Corruption in Spain», (2022), *Revista Espanola De Investigaciones Sociológicas*.

Rumi RA, «Pakistan: Rescuing a Drowning State», (2010), *Economic and Political Weekly*, 12.

Sáenz BP and others, *Calidad, Transparencia y Ética Pública* (INAP 2017).

Sah S and **Loewenstein G**, «Nothing to Declare: Mandatory and Voluntary Disclosure Leads Advisors to Avoid Conflicts of Interest», (2014), 25, *Psychol Sci*, https://doi.org/10.1177/0956797613511824.

Sainsbury E and others, «Public Support for Government Regulatory Interventions for Overweight and Obesity in Australia» (2018), 18, *BMC public health*, 513.

Salcedo AMG, «Los Delitos de Malversación», (2014), 2, 69.

Sánchez JMB, «Oportunidad Legal y Necesidad Democrática de Crear Una Autoridad Administrativa Independiente de Lucha Contra La Corrupción y Protección Del Denunciante», (2022), *Revista de administración pública*, 209.

Sánchez Morón M.:

- «La Administración Tras La Crisis: El Empleo Público», *SUMAS-Congreso sobre Gestión de Recursos Humanos en la Administración Pública, págs* (2012).

- «Los condicionamientos y los márgenes de intervención en la designación de los titulares de los órganos y puestos directivos en las administraciones y entidades del sector público», *Empleo público, derecho a una buena administración e integridad, 2018, ISBN 978-84-7351-646-4, págs. 27-40* (Instituto Nacional de Administración Pública (INAP) 2018), https://dialnet.unirioja.es/servlet/articulo?codigo=6780198, accessed 14 May 2023.

Sánchez Sánchez Z.:

- «Las Órdenes Del Juez a La Administración Pública», *Horizontes del contencioso administrativo. Tomo II, El contencioso administrativo no jurisdiccional, volumen 2, El contencioso administrativo ante la jurisdicción de lo contencioso administrativo* (2022), https://bdigital.uexternado.edu.co/server/api/core/bitstreams/23d86508-1a7b-4c47-8a4e-3b2df96a38ec/content, accessed 4 May 2023.

- *¿Es Ético El "Green Nudging" Para La Mejora de La Calidad Normativa En Materia Medioambiental?*, Innovación en las Normas Ambientales. (Tirant Lo Blanch 2019).

Sánchez ZS and **Bachiller ME**, *Regulación con prospectiva de futuro y de consenso* (Thomson Reuters Aranzadi 2022), https://produccioncientifica.usal.es/documentos/63db1076ce41a8765aab5cf5, accessed 8 June 2023

Sandoval JC, «Aportación a Una Reflexión Político Criminal Sobre La Corrupción En La Financiación de Los Partidos Políticos», (2014), 22, *Revista General de Derecho*, 1.

Sanduni Hansika and **Thushanthi Perera**, «O14 Digital Nudging as a Trigger for Healthy Eating Among Young Adults», *Journal of Nutrition Education and Behavior*.

Santillán MÁP, «Corrupción de La Función Pública, Ética Cívica y Democracia», (2020), *Trayectorias Humanas Trascontinentales*, http://www.unilim.fr/URL:https://www.unilim.fr/trahs/2520

Santos Silva M, «Nudging and Other Behaviourally Based Policies as Enablers for Environmental Sustainability», (2022), 11, *Laws*, 9, https://www.mdpi.com/2075-471X/11/1/9, accessed 7 June 2023.

Sartori R and others, «Enhancing Critical Thinking Skills and Media Literacy in Initial Vocational Education and Training via Self-Nudging: The Contribution of NERDVET Project» (2022). 13. *Frontiers in Psychology*.

Sasaki S, **Kurokawa H** and **Ohtake F**, «Effective but Fragile? Responses to Repeated Nudge-Based Messages for Preventing the Spread of COVID-19 Infection», (2021), 72, *The Japanese Economic Review*, 371.

Sasaki S, **Saito T** and **Ohtake F**, «Nudges for COVID-19 Voluntary Vaccination: How to Explain Peer Information?», (2022), 292, *Social science & medicine*, 114561.

Saxe R and others, «Using Social and Behavioural Science to Support COVID-19 Pandemic Response», (2020), 4, 460.

Schilke O and **Rossman G**, «It's Only Wrong If It's Transactional: Moral Perceptions of Obfuscated Exchange», (2018), 83, *American Sociological Review*, 1079.

Schmidt AT and **Engelen B**, «The Ethics of Nudging: An Overview» (2020), 15, *Philosophy Compass*, e12658, https://onlinelibrary.wiley.com/doi/abs/10.1111/phc3.12658, accessed 6 June 2023.

Schultz J and **Søreide T**, «Corruption in Emergency Procurement», (2008), 32, *Disasters*, 516.

Schwarz G, **Christensen T** and **Zhu X**, «Bounded Rationality, Satisficing, Artificial Intelligence, and Decision-Making in Public Organizations: The Contributions of Herbert Simon», (2022), 82, *Public Administration Review*, 902, https://onlinelibrary.wiley.com/doi/abs/10.1111/puar.13540, accessed 4 June 2023

Scott JC, *Comparative Political Corruption* (Prentice Hall 1972)

Sekkat K and **Méon P-G**, «Does Corruption Grease or Sand the Wheels of Growth?», (2005), 122, *Public Choice*, 69.

Selinger E and **Whyte KP**, «Is There a Right Way to Nudge? The Practice and Ethics of Choice Architecture», (2011), *Sociology Compass*.

Sentencia de 30 de Marzo de 2017, de La Sala Tercera Del Tribunal Supremo, «que estima el recurso de casación en interés de la ley interpuesto y, respetando la situación jurídica particular derivada del fallo, fija como doctrina legal que "la aplicación de los artículos 7 y 8 del reglamento de régimen disciplinario de los funcionarios civiles del estado aprobado por RD 33/1986, de 10 de enero, para sancionar las faltas disciplinarias graves y leves en que incurran los empleados públicos no resulta contraria al principio de legalidad, sino que tal norma tiene la cobertura legal que resulta de la aplicación integradora de los artículos 94 apartado 3.º, 95 apartados 3.º y 4.º, disposición derogatoria única, apartado g) y disposición final cuarta, apartado 3.º de la ley 7/2007, de 12 de abril, del estatuto básico del empleado público, que mantienen en vigor el citado reglamento hasta tanto se produzca el desarrollo legislativo en el ámbito de cada administración pública"». 39704 a 39704, https://www.boe.es/diario_boe/txt.php?id=BOE-A-2017-5275, accessed 25 June 2023

Sentencia Del Tribunal Supremo 76/1990, de 26 de Abril de 1990, ECLI:ES:TC:1990:76, https://hj.tribunalconstitucional.es/es-ES/Resolucion/Show/1501#:~:text=En%20estos%20preceptos%20se%20establece,y%20sancionadas%20en%20las%20Leyes., accessed 25 June 2023.

Sequeira S, «Advances in Measuring Corruption in the Field» in **D Serra** and **L Wantchekon** (eds), *New Advances in Experimental Research on Corruption (Research in Experimental Economics)* (Emerald Group Publishing 2012)

Serrano ALDP, «Artículo 31 Bis CP y Partidos Políticos. Programas de "compliance" y "nudging"», (2022), *Eunomía*, 180.

Seshathiri Dhanasekaran and others, «Data Collection and Smart Nudging to Promote Physical Activity and a Healthy Lifestyle Using Wearable Devices», (2022), *Linköping electronic conference proceedings*.

Shleifer A and **Vishny RW**, «Corruption» (1993), 108, *Quarterly Journal of Economics*, https://doi.org/10.2307/2118402

Shmakov A, «Поведенческие причины недостаточной эффективности мер по борьбе с коррупцией в образовательных учреждениях. The Low Effectiveness of Anti-Corruption Measures in Educational Organizations: The Behavioral Aspects», (2022), *Journal of Institutional Studies*, http://hjournal.ru/files/JIS_14_4/JIS_14.4_6.pdf, accessed 1 June 2023

Siddiquee C and **Ledeneva A**, «Where Does Informality Stop and Corruption Begin? Informal Governance and the Public/Private Crossover in Mexico, Russia and Tanzania», (2017), 95, *The Slavonic and East European Review*, 49

Siddiquee NA and **Zafarullah H**, «Absolute Power, Absolute Venality: The Politics of Corruption and Anti-Corruption in Malaysia», (2020), *Public Integrity*, 1.

Silva Abbott M, «El Deber de Prevenir Violaciones a Los Derechos Humanos y Algunas Posibles Consecuencias», (2016), 22, *Revista de Derecho de la Universidad San Sebastian*, 45.

Simon HA.:

- *Administrative Behavior* (The Free Press 1997).

- *Administrative Behavior* (Simon and Schuster 2013).

Smith DJ, «Corruption, Inequality, and the Rule of Law: The Bulging Pocket Makes the Easy Life. By Eric M Uslaner» (2010), 8, *Perspectives on Politics*, 1177.

Smith HS and others, «A Review of the MINDSPACE Framework for Nudging Health Promotion during Early Stages of the COVID-19 Pandemic», (2022), 25, *Population Health Management*, 487.

Smith SM and others, «Preferences of Women with a Vulnerable Health Status towards Nudging for Adequate Pregnancy Preparation as Investment in Health of Future Generations: A Qualitative Study», (2022), 22, *BMC Pregnancy and Childbirth*.

Solé JP.:

- «La Prevención de Riesgos de Mala Administración y Corrupción, La Inteligencia Artificial y El Derecho a Una Buena Administración», (2018), *Revista internacional de Transparencia e Integridad*, 11, https://repositorio.uam.es/bitstream/handle/10486/702253/EM_65_12.pdf?sequence=1&isAllowed=y, accessed 3 May 2023.

- «Panorama Comparado Sobre La Integridad y Los Códigos de Conducta», *Empleo público, derecho a una buena administración e integridad* (Instituto Nacional de Administración Pública (INAP) 2018), https://biblioteca-tirant-com.ezproxy.usal.es/cloudLibrary/ebook/show/9788491908395?showPage=11, accessed 3 May 2023.

Solé JP, **Durán EM** and **Valdés JAR**, «Derecho Conductual y Nudges: Implicaciones Jurídicas y Lingüísticas», (2021), *Gestión y Análisis de Políticas Públicas*, 58.

Solé JP and **Mendieta MV**, «Estudio Introductorio a La Edición de 2021», (2020), *Anuario del buen gobierno y de la calidad de la regulación: ABGCR*, 31, https://www.gobiernolocal.org/publicaciones/2022/04_ABGCR21_est_intr.pdf

Soriano R, «La corrupción política: Tipos, causas y remedios», (2011), 45, *Anales de la Cátedra Francisco Suárez*, 383, https://revistaseug.ugr.es/index.php/acfs/article/view/538, accessed 22 May 2023

Stachowicz-Stanusch A and **Aleksander A**, «Development of Managerial Competences of the Future–Shaping Curricula for Higher Education», (2017), *Organizacja i Zarządzanie: kwartalnik naukowy*, 93.

Stahl C, «Behavioural Insights and Anti-Corruption A Practitioner-Tailored Review of the Latest Evidence (2016–2022)» (Basel Institute on Governance 2022), https://baselgovernance.org/publications/behavioural-insights-and-anti-corruption, accessed 6 June 2023.

Stanak M, «Nudging in Neonatology: Practical Wisdom and Accountability for Reasonableness», (2019), 35, *International Journal of Technology Assessment in Health Care*, 5.

Stark TH, «Adopting a Peer-Led Approach to Disseminate Anti-Corruption Messages: Results of the Network Survey» (Basel Institute on Governance, 2022), https://baselgovernance.org/sites/default/files/2022-09/220908_tz_report_2_network_survey.pdf, accessed 10 June 2023.

Starke AD and others, «Nudging Healthy Choices in Food Search Through List Re-Ranking» (2021), User Modeling, Adaptation, and Personalization, 293.

Starke AD, Willemsen MC and **Trattner C**, «Nudging Healthy Choices in Food Search Through Visual Attractiveness», (2021), 4, *Frontiers in Artificial Intelligence*, 621743.

Stuber JM and others:

- «Shifting toward a Healthier Dietary Pattern through Nudging and Pricing Strategies: A Secondary Analysis of a Randomized Virtual Supermarket Experiment», (2021) 114, *The American Journal of Clinical Nutrition*, 628.

- «Nudging Customers towards Healthier Food and Beverage Purchases in a Real-Life Online Supermarket: A Multi-Arm Randomized Controlled Trial», (2022), 20, *BMC Medicine*.

Stuber, JM and others, «Real-Life Effects of Nudging and Pricing Strategies in the Supermarket to Promote Healthy Diets» (2022), 32, *European journal of public health*.

Suárez JR, «La Evolución Del Principio de Eficacia y Su Aplicación En El Ámbito de La Función Pública: La Evaluación Del Desempeño», (2017), 45, *Revista General de Derecho Administrativo*, http://laadministracionaldia.inap.es/noticia.asp?id=1507505.

Sunstein CR.:

- «Análisis Conductual Del Derecho», (2012), *Themis Revista de Derecho*, 53.

- *The Ethics of Influence: Government in the Age of Behavioral Science* (2016).

- *Consideraciones Preliminares. Algunas Ideas Generales Sobre Las Aportaciones Conductuales y Los Nudges* (Marcial Pons 2022).

- «Misconceptions about Nudges», (2018), Available at *SSRN*, 3033101, https://econpapers.repec.org/article/behjbepv1/v_3a2_3ay_3a2018_3ai_3a1_3ap_3a61-67.htm, accessed 29 May 2023.

- *The Cost-Benefit Revolution* (MIT Press, 2018).

Sunstein CR and **Reisch L**, *The Economics of Nudge* (2016).

Sunstein CR, Reisch LA and **Kaiser M**, «Trusting Nudges? Lessons from an International Survey», (2019), 26, *Journal of European Public Policy*, 1417.

Svensson J, «Eight Questions about Corruption», (2005), 19, *Journal of Economic Perspectives*, https://doi.org/10.1257/089533005774357860

Szaszi B and others, «No Reason to Expect Large and Consistent Effects of Nudge Interventions», (2022), 119, *Proceedings of the National Academy of Sciences*, e2200732119, https://www.pnas.org/doi/full/10.1073/pnas.2200732119, accessed 5 June 2023.

Tablante C and **Morales M**, «Impacto de La Corrupción En Los Derechos Humanos», (2018), *Instituto de Estudios Constitucionales del Estado de Querétaro*,. México. Recuperado de: https://www. corteidh. or. cr/tablas/r37786. Pdf.

Tallacchini M, «Nudging or Education to Responsible Choices? The Example of Breast Screening» (2017), 41, *Epidemiologia & Prevenzione*, 14.

Tannock S, «Nudging and Informal Learning», (2021), *Palgrave Studies in Education and the Environment*, 55.

Tanzi V, «Corruption Around the World: Causes, Consequences, Scope, and Cures», (1998) 1998, *IMF Working Papers*, https://www.elibrary.imf.org/view/journals/001/1998/063/article-A001-en.xml, accessed 21 May 2023.

Tanzi V and **Davoodi H**, *Corruption, Public Investment, and Growth*, (Springer 1998), http://link.springer.com/chapter/10.1007/978-4-431-67939-4_4.

Tarling N, *Corruption and Good Governance in Asia* (2005).

Taylor, J, «Choice Architecture, Nudging, and the Historic Environment: The Subtle Influences of Heritage through the Lens of Behavioural Science» (2023), *International Journal of Heritage Studies (IJHS)*.

Taylor, K, «Data and Growth in Education: A Deweyan Analysis».

Tedeschi JT and others, «Power, Influence, and Behavioral Compliance», (1970), 4, *Law & Society Review*, 521.

Tella R and **Schargrodsky E**, «The Role of Wages and Auditing during a Crackdown on Corruption in the City of Buenos Aires», (2003), 46, *J Law Econ*.

Tella RD and **Franceschelli I**, «Government Advertising and Media Coverage of Corruption Scandals», (2011), 3, *American Economic Journal: Applied Economics*, 119.

Teorell J, «Corruption as an Institution: Rethinking the Nature and Origins of the Grabbing Hand».

Teresa Costa, Costa T and **Sanches T**, «Nudging Higher Education Libraries: The Portuguese Recommendations», 1.

Thaler RH and **Sunstein CR**, *NUDGE: Improving Decisions About Health, Wealth, and Happiness*, vol 47 (2009).

Thaler RH, «Behavioral Economics: Past, Present, and Future», (2016), 106, *The American Economic Review*, 1577.

Theisen MR, *Information Und Berichterstattung Des Aufsichtsrats* (Schäffer-Poeschel 2007).

Thompson T and **Shah A**, «Transparency International's Corruption Perceptions Index: Whose Perceptions Are They Anyway», (2005), 14, Retrieved May 2013.

Tomczyk S, **Rahn M** and **Schmidt S**, «Social Distancing and Stigma: Association Between Compliance With Behavioral Recommendations, Risk Perception, and Stigmatizing Attitudes During the COVID-19 Outbreak», (2020), 11, *Frontiers in Psychology*, 1821.

Torre FG de la, «Crisis del principio penal de ultima ratio ¿Debemos retomar la orientación constitucional del Derecho penal?», (2021), *Anales de la Cátedra Francisco Suárez*, 131, https://revistaseug.ugr.es/index.php/acfs/article/view/16747, accessed 3 February 2023.

Torres JRF.:

- «La potestad sancionadora en el Derecho comparado. Francia (I)», (2009,) 282–283, *Documentación administrativa*, 7, https://produccioncientifica.ucm.es/documentos/5d399a14299952068445deb0, accessed 27 June 2023

- «La Justicia Administrativa Durante El Estado de Alarma», *COVID-19 y derecho público:(durante el estado de alarma y más allá)* (Tirant lo Blanch 2020), https://biblioteca-tirant-com.ezproxy.usal.es/cloudLibrary/ebook/show/9788413555584?showPage=366&search=Juan+Ram%C3%B3n+Fern%C3%A1ndez+Torres+&returnTo=%2FcloudLibrary%2Febook%2Fsearch%3Fgeneral%3DJuan%2BRam%25C3%25B3n%2BFern%25C3%25A1ndez%2BTorres%2B%26max%3D10, accessed 20 June 2023

Transparência Internacional, «Guía de Lenguaje Claro Sobre Lucha Contra La Corrupción» (2009), https://transparencia.org.es/wp-content/uploads/2014/10/Gu{\'{i}}a-de-lenguaje-claro-sobre-lucha-contra-la-corrupci{\'{o}}n.pdf.

Transparencia Internacional:

- «El Índice de Percepción de La Corrupción Muestra Un Estancamiento de La Lucha Contra La Corrupción En La Mayoría de Los Países», https://www.transparency.org/news/pressrelease/el_indice_de_percepcion_de_la_corrupcion_2018.

- «Transparency.Org - CPI 2020: Resumen Global – News» (2021), https://www.transparency.org/es/news/cpi-2020-global-highlights, accessed 7 April 2021.

- «El Índice de Percepción de La Corrupción 2021 Revela Que Los Niveles de Corrupción Se Han Estancado En Los Últimos Diez Años, En Medio de Un Entorno de Abusos a Los Derechos Humanos y Deterioro de La Democracia» (25 January 2022), https://www.transparency.org/es/press/2021-corruption-perceptions-index-press-release, accessed 15 March 2022.

- «Transparency International». (2020). *Transparency International. CPI Index*. Https://Www.Transparency.Org. Accessed April 16, 2021, https://www.transparency.org.

Trayter Jiménez, J. M., «La Responsabilidad Administrativa y Penal de Los Empleados Públicos: Una Visión Actual», (2020), 213, *Revista de Administración Pública*, 345, https://www.google.com/url?sa=t&rct=j&q=&esrc=s&source=web&cd=&ved=2ahUKEwiE5Z3Dh5r9AhXf9r-sIHehCAGAQFnoECDEQAQ&url=https%3A%2F%2Fdialnet.unirioja.es%2Fdescarga%2Farticulo%2F7677179.pdf&usg=AOvVaw3_er5wanGiG1QANgzF6yBF, accessed 16 February 2023.

Treisman D.:

- «The Causes of Corruption: A Cross-National Study», (2000), 76, *Journal of Public Economics*, 399, www.elsevier.nl/locate/econbase

- «The Causes of Corruption: A Cross-National Study», (2000), 76, *Journal of Public Economics*, https://doi.org/10.1016/S0047-2727(99)00092-4

- «What Have We Learned about the Causes of Corruption from Ten Years of Cross-National Empirical Research?», (2007), 10, *Annu. Rev. Polit. Sci*, 211.

Tribunal Superior De Justicia De Asturias. Sala De Lo Contencioso-Administrativo. Oviedo Sentencia: 00129/2022 Recurso: P.O. No : 688/2020. STSJ AS 390/2022 - ECLI:ES:TSJAS:2022:390', https://www.poderjudicial.es/search/AN/openDocument/1141d77afd74a653/20220321, accessed 14 March 2023.

Tribunal Superior De Justicia De Cataluña Sala De Lo Contencioso Administrativo. Sección Cuarta .Recurso SALA TSJ 923/2020 - Recurso Ordinario No 399/2020. STSJ CAT 1685/2022 - ECLI:ES:TSJCAT:2022:1685', https://www.poderjudicial.es/search/AN/openDocument/914c4a-8c0478495b/20220511, accessed 14 March 2023.

Tryggvadottir Á, «OECD Best Practices for Spending Reviews' (2022) 22 OECD Journal on Budgeting.

Tummers L:

- «Public Policy and Behavior Change» (2019), 79, *Public Administration Review*, 925.

- «Nudge in the News: Ethics, Effects, and Support of Nudges», (2022), n/a, *Public Administration Review*, https://onlinelibrary.wiley.com/doi/abs/10.1111/puar.13584, accessed 4 June 2023.

- «The Impact of Red Tape on Citizen Satisfaction: An Experimental Study», (2016), 19, *International Public Management Journal*, 320.

Tversky A and **Kahneman D**, «Availability: A Heuristic for Judging Frequency and Probability», (1973), 5, *Cognitive Psychology*, 207, https://www.sciencedirect.com/science/article/pii/0010028573900339, accessed 1 June 2023.

Tyler T, *Why People Obey the Law Yale University Press New Haven*.

Ulen TS, «La Importancia Del Derecho Conductual», (2015), 2, *Revista de Teoría del Derecho de la Universidad de Palermo*, 25.

United Nations:

- *United Nations Office on Drugs and Crime—UNODC* (Routledge 2003), https://www.unodc.org/documents/brussels/UN_Convention_Against_Corruption.pdf

- «The Sustainable Development Goals Report 2018» (2018), https://unstats.un.org/sdgs/files/report/2018/thesustainabledevelopmentgoalsreport2018-en.pdf.CFjnxoKd3KkNwPzBws, accessed 19 May 2023.

Uslaner EM and **Brown M**, «Inequality, Trust, and Civic Engagement», (2005), 33, *American politics research*, 868

Vainre M and others, «Nudging towards Tax Compliance: A Fieldwork Informed Randomised Controlled Trial», (2020), 3.

Valladolid MN, «La Corrupción: Psicopatología», (2008), 11, *Revista de investigación en psicología*, 201.

Van der Sande, L and others, «Nudging to Stimulate Reading in Primary and Secondary Education» (2023), *SAGE Open*.

Van Rijckeghem C and **Weder B**, «Bureaucratic Corruption and the Rate of Temptation: Do Wages in the Civil Service Affect Corruption, and by How Much?», (2001), 65, *Journal of Development Economics*, 307, https://www.sciencedirect.com/science/article/pii/S0304387801001390, accessed 31 May 2023.

Varraich A, «Corruption: An Umbrella Concept» (2014), *QoG Working Paper Series*, 2014:05, https://gupea.ub.gu.se/bitstream/handle/2077/38896/gupea_2077_38896_1.pdf?sequence=1&isAllowed=y, accessed 3 January 2023.

Vázquez JRP, «El Poder Sancionador de La Administración y La Crisis Del Sistema Judicial Penal», (1972), *Revista de administración pública*, 41, https://dialnet.unirioja.es/servlet/articulo?codigo=2111364, accessed 3 May 2023.

Verissimo de Carli C, «Anticorrupção e Compliance: A Incapacidade Da Lei 12.846/2013 Para Motivar as Empresas Brasileiras à Adoção de Programas e Medidas de Compliance» (Universidade Federal do Rio Grande do Sul; Universidad de Salamanca 2016), http://hdl.handle.net/10366/132820.

Vieira GAM and **Varella MD**, «A Conexão Entre Os Direitos Humanos e a Corrupção», (2014), 12, *Revista de Direito Internacional – UNICEUB*.

Villagrasa OC and **Solé JP**, «Nudging e Inteligencia Artificial Contra La Corrupción En El Sector Público: Posibilidades y Riesgos», (2022), *Revista Digital de Derecho Administrativo*, 225.

Villalva MB, «La Formación y Los Empleados Públicos», (1997), *Reis*, 51, https://www.jstor.org/stable/10.2307/40183938?origin=crossref.

Villoria M.:

- «Breve Comentario al Libro de Maria De Benedetto, Corruption from a Regulatory Perspective» (2023), *EUNOMÍA Revista en Cultura de la Legalidad*.

- «Integridad», (2011), *EUNOMÍA. Revista en Cultura de la Legalidad*, 107.

- «La corrupción en España: rasgos y causas esenciales» (2015) Cahiers de civilisation espagnole contemporaine. De 1808 au temps présent, https://journals.openedition.org/ccec/5949, accessed 26 May 2023.

- «¿Qué Condiciones Favorecen Una Transparencia Pública Efectiva? Artículo de Revisión», (2021), 194, *Revista de estudios políticos 213*, https://recyt.fecyt.es/index.php/RevEsPol/article/view/92453, accessed 3 February 2023.

Villoria M and **Jiménez F**, «La Corrupción En España (2004-2010): Datos, Percepción y Efectos», (2012), 138, *Revista Española de Investigaciones Sociológicas (REIS)*, 109, https://www.ingentaconnect.com/content/cis/reis/2012/00000138/00000001/art00007, accessed 13 January 2023.

Villoria M and **Lizcano J**, «Corrupción y Transparencia: Aspectos Contextuales, Metodológicos y Empíricos», (2013), 14, *Revista de Responsabilidad Social de la Empresa*, 13.

Vives AR, *El Nuevo Delito de Desobediencia Por Enriquecimiento Injustificado de Autoridades* (Tirant lo Blanch 2023).

Vollmann K, *Compliance in Der Öffentlichen Verwaltung* (Springer 2021).

Von Alemann U, «The Unknown Depths of Political Theory: The Case for a Multidimensional Concept of Corruption», (2004), 42, *Crime L. & Soc. Change*, 25.

Vugts A and others, «How Autonomy Is Understood in Discussions on the Ethics of Nudging», (2020), 4, *Behavioural Public Policy*, 108.

Xavier, P. R. S.:

- «El Reto de la Regulación de la Inteligencia Artificial en el Sistema Judicial y su Entorno». (2022).*Revista Jurídica Portucalense*, 144-157. https://revistas.rcaap.pt/juridica/article/view/26275.

- *Gobernanza, Inteligencia Artificial y Justicia Predictiva: Los retos de la Administración de Justicia ante la Sociedad en Red*. (2021) https://riuma.uma.es/xmlui/handle/10630/20979.

Wachner, J and others, «The Influence of Nudges on Autonomy: Does Transparency Matter?».

Wachner J, **Adriaanse MA** and **de Ridder DTD**, «The Influence of Nudge Transparency on the Experience of Autonomy», 1.

Wang H and **Rosenau J**, «Transparency International and Corruption as an Issue of Global Governance», (2001), 7, *Global Governance*, 25.

Wang J and others, «The Mediating Role of Job Competence between Safety Participation and Behavioral Compliance», (2021), 18, *International Journal of Environmental Research and Public Health*, 5783.

Wang X and others, «Understanding the Spread of COVID-19 Misinformation on Social Media: The Effects of Topics and a Political Leader's Nudge», (2022), 73, *Journal of the Association for Information Science and Technology*, 726.

Warleigh-Lack A, *European Union: The Basics* (Routledge 2008).

Wei S-J, «How Taxing Is Corruption on International Investors?», (2000), 82, *Review of economics and statistics*, 1.

Weijers R, «Nudging Autonomous Learning Behavior: Three Field Experiments in Vocational Education and Training» (2022). *Proceedings of the 2022 AERA Annual Meeting*.

Weijers R and others, «Nudging Autonomous Learning Behavior: Three Field Experiments» (2023), *Education sciences*.

Weijers RJ, **de Koning BB** and **Paas F**, «Nudging in Education: From Theory towards Guidelines for Successful Implementation», (2020), 36, *European Journal of Psychology of Education*, 883.

Welsch MB, *Compliance Due Diligence: Minimierung von Haftungsrisiken Beim Unternehmenskauf* (Bachelor+ Master Publication 2014).

Wolfsberg Group, «Wolfsberg Anti-Bribery and Corruption Compliance Programme Guidance» (*Wolfsberg Group*, 2023), https://baselgovernance.org/publications/wolfsberg-anti-bribery-and-corruption-compliance-programme-guidance, accessed 10 June 2023.

Wu AM, **Yan Y** and **Vyas L**, «Public Sector Innovation, e-Government, and Anticorruption in China and India: Insights from Civil Servants», (2020), 79, *Australian Journal of Public Administration*, https://doi.org/10.1111/1467-8500.12439.

Yan H and **Yates JF**, «Improving Acceptability of Nudges: Learning from Attitudes towards Opt-in and Opt-out Policies», (2019), 14, *Judgment and Decision Making*, 26.

Yoo SH, «Petty Corruption», (2008), 37, *Economic Theory*, 267.

Z. Taylor, **S. Meghani**, and **Liz Nguyen**, «Nudging in a Pandemic: Lessons Learned from Text Messaging College Students amid COVID-19», (2022), *Social Science Research Network*.

Zimmermann SA, *Strafbarkeitsrisiken Durch Compliance: Auswirkungen von Compliance-Regelungen Auf Das Wirtschaftsstrafrecht*, vol 255 (Duncker & Humblot, 2014).

Zorell CV, «Nudges, Norms, or Just Contagion? A Theory on Influences on the Practice of (Non-)Sustainable Behavior», (2020), 12, *Sustainability*, 10418, https://www.mdpi.com/2071-1050/12/24/10418, accessed 4 June 2023

Žuffová M, «Do FOI Laws and Open Government Data Deliver as Anti-Corruption Policies? Evidence from a Cross-Country Study», (2020), 37, *Government information quarterly*, 101480

Бондаренко АМ, Карпова НС and Михайлова ДС, «Использование подходов поведенческой экономики в разработке цифровых сервисов повышения комплаентности пациентов» (2022), потенциал инновационного развития в новых геополитических, 168

REFERENCIAS NORMATIVAS

Bribery Act: An Act to make provisions about offences relating to bribery and for connected purposes. United Kingdom. (2010)

Constitución Española (1978).

Convención de las Naciones Unidas Contra la Corrupción 2004.

Convención para Combatir el Cohecho de Servidores Públicos Extranjeros en Transacciones Comerciales Internacionales. Adoptada por la Conferencia Negociadora el 21 de noviembre de 1997. 1997 1.

Council Directive 2014/24/EU of the European Parliament and of the Council of 26 February 2014 on public procurement and repealing Directive 2004/18/EC Text with EEA relevance 2014 (OJ L).

Council Directiva 2014/62/UE del Parlamento Europeo y del Consejo, de 15 de mayo de 2014, relativa a la protección penal del euro y otras monedas frente a la falsificación, y por la que se sustituye la Decisión marco 2000/383/JAI del Consejo.

Council Directive (EU) 2015/849 of the European Parliament and of the Council of 20 May 2015 on the prevention of the use of the financial system for the purposes of money laundering or terrorist financing, amending Regulation (EU) No 648/2012 of the European Parliament and of the Council, and repealing Directive 2005/60/EC of the European Parliament and of the Council and Commission Directive 2006/70/EC (Text with EEA relevance) 2015 (OJ L).

Council Directive (EU) 2017/1371 of the European Parliament and of the Council of 5 July 2017 on the fight against fraud to the Union's financial interests by means of criminal law 2017 (Legislation).

Council Directive (EU) 2019/1937 of the European Parliament and of the Council of 23 October 2019 on the protection of persons who report breaches of Union law 2019 (Legislation).

Council of Europe, Criminal Law Convention on Corruption 1999.

Decisión (UE) 2017/984 del Consejo —de 8 de agosto de 2016— por la que se formula una advertencia a España para que adopte medidas dirigidas a una reducción del déficit que se considera necesaria para poner remedio a la situación de déficit excesivo 2017.

EUROPEAN COMMISSION:

- Communication from the Commission to the European Parliament, the Council, the European Economic and Social Committee and the Committee of the Regions on the EU Strategy to tackle Organised Crime 2021-2025 2021..

- Communication From The Commission to the European Parliament, the Council, the European Economic and Social Committee and the Committee of the Regions on the EU Strategy to tackle Organised Crime 2021-2025 2021

EUROPEAN PARLIAMENT AND OF THE COUNCIL:

- Directiva 2014/95/UE del Parlamento Europeo y del Consejo, de 22 de octubre de 2014, por la que se modifica la Directiva 2013/34/UE en lo que respecta a la divulgación de información no financiera e información sobre diversidad por parte de determinadas grandes empresas y determinados grupos Texto pertinente a efectos del EEE 2014.

- Proposal for a Directive Of The European Parliament And Of The Council on combating corruption, replacing Council Framework Decision 2003/568/JHA and the Convention on the fight against corruption involving officials of the European Communities or officials of Member States of the European Union and amending Directive (EU) 2017/1371 of the European Parliament and of the Council 2023.

Instrumento de ratificación de la Convención de las Naciones Unidas contra la corrupción, hecha en Nueva York el 31 de octubre de 2003 2006 27132.

Ley 1/2008, de 30 de julio, por la que se autoriza la ratificación por España del Tratado de Lisboa, por el que se modifican el Tratado de la Unión Europea y el Tratado Constitutivo de la Comunidad Europea, firmado en la capital portuguesa el 13 de diciembre de 2007.

Ley 1/2019, de 20 de febrero, por la que se modifica la Ley Orgánica 10/1995, de 23 de noviembre, del Código Penal, para transponer Directivas de la Unión Europea en los ámbitos financiero y de terrorismo, y abordar cuestiones de índole internacional. 2019.

Ley 19/2013, de 9 de diciembre, de transparencia, acceso a la información pública y buen gobierno. 2013.

Ley 2/2023, de 20 de febrero, reguladora de la protección de las personas que informen sobre infracciones normativas y de lucha contra la corrupción Ley no 2/2023, 20 de febrero de 2023, Boletín Oficial del Estado, 21 de febrero de 2023 (España) BOE-A-2023-4513 2023.

Ley 3/2007, de 22 de marzo, para la igualdad efectiva de mujeres y hombres. (2007).

Ley 3/2015, de 30 de marzo, reguladora del ejercicio del alto cargo de la Administración General del Estado. Ley 3/2007, de 22 de marzo, para la igualdad efectiva de mujeres y hombres. 2015.

Ley 5/2015, de 30 de octubre, por el que se aprueba el texto refundido de la Ley del Estatuto Básico del Empleado Público. 2015.

Ley 9/2017, de 8 de noviembre, de Contratos del Sector Público, por la que se transponen al ordenamiento jurídico español las Directivas del Parlamento Europeo y del Consejo 2014/23/UE y 2014/24/UE, de 26 de febrero de 2014. 2014.

Ley 10/1995, de 23 de noviembre, del Código Penal 1995.

Ley 39/2015, de 1 de octubre, del Procedimiento Administrativo Común de las Administraciones Públicas. 2015.

Ley 40/2015, de 1 de octubre, de Régimen Jurídico del Sector Público. La Ley 3/2007, de 22 de marzo. 2015.

Ley 43/2010, de 30 de diciembre, del servicio postal universal, de los derechos de los usuarios y del mercado postal. 2010.

Ley 53/1984, de 26 de diciembre, de Incompatibilidades del personal al servicio de las Administraciones Públicas. 1984.

Proposal for a directive of the european parliament and of the council on combating corruption, replacing Council Framework Decision 2003/568/JHA and the Convention on the fight against corruption involving officials of the European Communities or officials of Member States of the European Union and amending Directive (EU) 2017/1371 of the European Parliament and of the Council 2023.

OECD, Convention On Combating Bribery Of Foreign Public Officials In International Business Transactions 1977.

OEA:

- «Convención Interamericana Contra La Corrupción» .1996, https://www.oas.org/juridico/spanish/tratados/sp_conve_interame_contr_corrup.pdf.

- Compendio de Instrumentos Jurídicos Universales y Regionales Contra La Corrupción (United Nations Office on Drugs and Crime 2010) http://www.un-ilibrary.org/democracy-and-governance/compendio-de-instrumentos-juridicos-universales-y-regionales-contra-la-corrupcion_38416484-es.

ONU:

- «Declaración Universal de Los Derechos Humanos» 1948, https://www.un.org/chinese/center/chbus/events/hurights/spanish.htm, accessed 24 March 2023.

- «Pacto Internacional de Derechos Económicos, Sociales y Culturales» (ACNUDH) 1966

- «Convención de Las Naciones Unidas Contra La Corrupción» 2004, https://www.unodc.org/documents/treaties/UNCAC/Publications/Convention/04-56163_S.pdf.

- «Objetivos de Desarrollo Sostenible 2015», https://www.un.org/sustainabledevelopment/es/objetivos-de-desarrollo-sostenible/, accessed 21 March 2023.

Orden HFP/1031/2021, de 29 de septiembre, por la que se establece el procedimiento y formato de la información a proporcionar por las Entidades del Sector Público Estatal, Autonómico y Local para el seguimiento del cumplimiento de hitos y objetivos y de ejecución presupuestaria y contable de las medidas de los componentes del Plan de Recuperación, Transformación y Resiliencia.

Regulation (EU) 2016/679 of the European Parliament and of the Council of 27 April 2016 on the protection of natural persons with regard to the processing of personal data and on the free movement of such data, and repealing Directive 95/46/EC (General Data Protection Regulation) (Text with EEA relevance) 2016 (OJ L).

Resolución de 6 de marzo de 2019, de la Oficina Independiente de Regulación y Supervisión de la Contratación, por la que se publica la Instrucción 1/2019, de 28 de febrero, sobre contratos menores, regulados en la Ley 9/2017, de 8 de noviembre 2019 21893.

United Nations, «United Nations Office on Drugs and Crime» - UNODC (Routledge) 2003, https://www.unodc.org/documents/brussels/UN_Convention_Against_Corruption.pdf

U.S. Department of Justice., «9-47.000 - Foreign Corrupt Practices Act Of 1977» (19 February 2015), https://www.justice.gov/jm/jm-9-47000-foreign-corrupt-practices-act-1977, accessed 19 May 2023.

Vienna European Council: The European Council met in Vienna on 11 and 12 December 1998.

JURISPRUDENCIA

Sentencia del Audiencia Provincial de Madrid 20 de febrero de 2019 Roj: SAP M 2252/2019 - ECLI:ES:APM:2019:2252.

Sentencia del Tribunal Constitucional de 05 de agosto 1983, STC 76/1983, ES:TC:1983:76.

Sentencia del Tribunal Constitucional de 14 de octubre de 1991, STC 192/1991, ES:TC:1991:192.

Sentencia del Tribunal Constitucional de 28 de octubre de 1991, STC 200/1991, ECLI:ES:TC:1991:200.

Sentencia del Tribunal Constitucional de 5 de febrero de 2018, STS 153/2018, ES:TS:2018:705.

Sentencia del Tribunal Superior De Justicia De Asturias de 17 de febrero de 2022, STSJ AS 390/2022 - ECLI:ES:TSJAS:2022:390.

Sentencia del Tribunal Superior de Justicia de 17 febrero de 2022, STSJ AS 390/2022 - ECLI:ES:TSJAS:2022:390.

Sentencia del Tribunal Superior De Justicia De Cataluña de 31 de Marzo de 2022, STSJ CAT 1685/2022 - ECLI:ES:TSJCAT:2022:1685.

Sentencia del Tribunal Supremo de 24 de octubre de 1984, STS Arz. n.° 5141 ES:TS:1984:436.

Sentencia del Tribunal Supremo de 29 de diciembre de 1987 STS Arz. n.° 9855 ES:TS:1987:8419.

Sentencia del Tribunal Supremo de 26 de abril de 1990, STS 76/1990, ECLI:ES:TC:1990:76.

Sentencia del Tribunal Supremo de 06 de junio de 1994, STC 168/1994, ES:TC:1994:168.

Sentencia del Tribunal Supremo de 22 de enero de 1999, STS 726/1998, Rec. 3536/1995..

Sentencia del Tribunal Supremo de 31 de mayo de 2002, STS 1015/2002, ES:TS:2002:3936.

Sentencias del Tribunal Supremo de 31 de marzo de 2003, STS 331/2003, Rec. 2528/1997 ES:TS:2003:2210.

Sentencias del Tribunal Supremo de 04 de diciembre de 2003, STS 1658/2003, ES:TS:2003:7743.

Sentencia del Tribunal Supremo de 16 de febrero de 2004, Rec. 8544/1998, ES:TS:2004:978.

Sentencia del Tribunal Supremo de 09 de junio de 2011, Rec. 3703/2008, ES:TS:2011:3712.

Sentencia del de la Sala de lo Penal del Tribunal Supremo de 27 de noviembre de 2009, STS 1127/2009.

Sentencia del Tribunal Supremo de 28 de Julio de 2010, STS 512/2010 ES:TSJICAN:2010:930.

Sentencia del Tribunal Supremo de 30 de junio de 2011, STS Rec. 2682/2009, ES:TS:2011:4620.

Sentencia del Tribunal Supremo de 04 de junio de 2012, STS 497/2012, Rec. 732/2011.

Sentencia del Tribunal Supremo de 13 de julio de 2012, STS 636/2012.

Sentencia del Tribunal Supremo de 20 de noviembre de 2013, STS 884/2013, Rec. 884/2013.

Sentencia del Tribunal Supremo de 08 de Mayo de 2014, STS 391/2014, ES:TS:2014:1869.

Sentencia del Tribunal Supremo de 29 de febrero de 2016, STS 154/2016, Rec. 10011/2015.

Sentencia del Tribunal Supremo de 05 de Julio de 2016, STS 459/2016, ES:TS:2016:3150.

Sentencia del Tribunal Supremo de 21 de julio de 2016, STS 673/2016, ES:TS:2016:3662..

Sentencia del Tribunal Supremo de 18 de enero de 2017, STS 100/2017, ECLI:ES:TS:2017:100.

Sentencia del Tribunal Supremo de 13 de febrero de 2017, STS 82/2017, ROJ: STS 446/2017.

Sentencia del Tribunal Supremo de 30 de marzo de 2017, STS 548/2017, ES:TS:2017:1455.

Sentencia del Tribunal Supremo de 31 de octubre de 2018, STS 516/2018, Rec. 732/2011.

Sentencia del Tribunal Supremo de 19 de junio de 2019, STS 321/2019, ES:TS:2019:2029.

Sentencia del Tribunal Supremo de 3 de marzo de 2020, STS 89/2020, TOL7.819.871.

Sentencia del Tribunal Supremo de 13 de mayo de 2020, STS 143/2020, ROJ: STS 1086.

Sentencia del Tribunal Supremo de 14 de octubre 2020, STS 507/2020, ECLI:ES:TS:2020:3191.

Sentencia del Tribunal Supremo de 19 de noviembre, STS 623/2020, ROJ: STS 3795/2020.

Sentencia del Tribunal Supremo de 03 de febrero de 2021, STS 572/2021, ECLI:ES:TS:2021:572.

Sentencia del Tribunal Supremo de 22 de febrero de 2021, STS 243/2021, ES:TS:2021:608.

Sentencia del Tribunal Supremo de 10 de febrero de 2022, STS 486/2022, ECLI:ES:TS:2022:486.

Made in United States
Orlando, FL
04 November 2026

90202176R00221